Datenanalyse mit SPSS

Peter P. Eckstein

Datenanalyse mit SPSS

Realdatenbasierte Übungs- und Klausuraufgaben mit vollständigen Lösungen

7., aktualisierte und erweiterte Auflage

Springer Gabler

Peter P. Eckstein
HTW Berlin
Berlin, Deutschland

ISBN 978-3-658-31836-9 ISBN 978-3-658-31837-6 (eBook)
https://doi.org/10.1007/978-3-658-31837-6

Die Deutsche Nationalbibliothek verzeichnet diese Publikation in der Deutschen Nationalbibliografie; detaillierte bibliografische Daten sind im Internet über http://dnb.d-nb.de abrufbar.

Springer Gabler

Springer Gabler ist ein Imprint der eingetragenen Gesellschaft Springer Fachmedien Wiesbaden GmbH und ist ein Teil von Springer Nature.
Die Anschrift der Gesellschaft ist: Abraham-Lincoln-Str. 46, 65189 Wiesbaden, Germany

Vorwort

Das vorliegende Lehrbuch ist in seiner inhaltlichen Gestaltung ein Übungs- und Aufgabenbuch, das als eine paradigmenorientierte Ergänzung des von mir verfassten und ebenfalls bei *Springer Gabler* in mehreren Auflagen erschienenen Lehrbuches

Statistik für Wirtschaftswissenschaftler Eine realdatenbasierte Einführung mit SPSS konzipiert ist. Die positive Resonanz, die das vorliegende Lehrbuch bisher erfuhr, bestärkte mich, eine siebente, vollständig überarbeitete und erweiterte Auflage bereitzustellen.

Die augenscheinliche Neuerung der siebenten Auflage der „Datenanalyse mit SPSS" wird durch eine neue Struktur und Gestaltung getragen, die sich vor allem im Hinblick auf seine e-Book-Nutzung als vorteilhaft erweist. Zudem wurde das Aufgabenspektrum erweitert, das nun 195 praktische und realdatenbasierte Problemstellungen mit vollständigen Lösungen umfasst.

Problemstellungen, die mit einem * gekennzeichnet sind, waren ein integraler Bestandteil von Semesterabschlussklausuren in den Fächern Statistik, Multivariate Statistik und Quantitative Methoden der am Fachbereich Wirtschafts- und Rechtswissenschaften der Hochschule für Technik und Wirtschaft Berlin angebotenen Bachelor- und Master-Studiengänge.

Die zur Lösung der Problemstellungen erforderlichen SPSS Datendateien sind im Anhang des Lehrbuches in alphabetischer Anordnung aufgelistet und stehen unter der in der Rubrik

Datenzugriff via Internet angegebenen Adresse zur freien Verfügung. Die SPSS Datendateien wurden mittels der Version IBM SPSS Statistics 25 erstellt bzw. bearbeitet. Zur Vermeidung von inhaltlichen Perturbationen und Irritationen mit den vorherigen Auflagen des Lehrbuches wurden alle 64 Datendateien mit der Schlussziffer 7 gekennzeichnet, welche die Zugehörigkeit zur 7. Auflage indiziert.

Das vorliegende Lehrbuch wäre ohne die Unterstützung von geschätzten Damen und Herren nicht möglich gewesen. In diesem Zusammenhang gilt mein besonderer Dank Frau Dipl.-Ing. Renate Schilling für die Betreuung dieses Buchprojekts seitens des Verlages sowie Frau Professor Dr. Monika Kummer für die hilfreichen und sachdienlichen Hinweise zur inhaltlichen Gestaltung des Lehrbuches. Zu einem besonderen Dank bin ich

Herrn Diplom-Wirtschaftsinformatiker Frank Steinke für die Gestaltung und Betreuung des lehrbuchbezogenen Downloadbereichs verpflichtet. Äußerst dankbar bin ich meiner geliebten Gattin für ihre erwiesene Geduld bei der Fertigstellung des Lehrbuches.

Wandlitz, Sommer 2020 Peter P. Eckstein

Inhaltsverzeichnis

Statistische Grundbegriffe 1

1.1 Problemstellungen

Problemstellung 1-1

Erläutern Sie anhand der nachstehenden Abbildung, welche die Wohnlagenkarte des Berliner Mietspiegels 2019 beinhaltet, die folgenden statistischen Grundbegriffe:

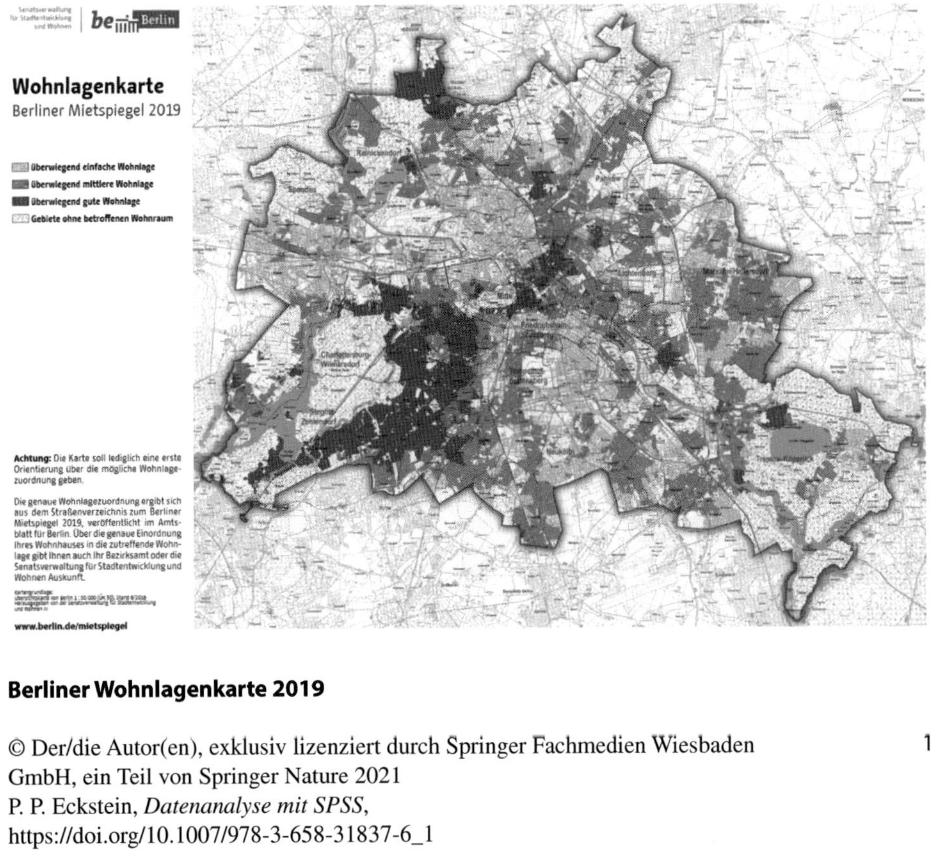

Berliner Wohnlagenkarte 2019

P. P. Eckstein, *Datenanalyse mit SPSS*,
https://doi.org/10.1007/978-3-658-31837-6_1

a. statistische Einheit
b. statistische Gesamtheit einschließlich ihrer Identifikationsmerkmale und ihres Umfangs
c. Erhebungsmerkmal
d. Merkmalsausprägung, Zustandsmenge und Skalierung

Problemstellung 1-2
Im Statistik-Programm-Paket SPSS werden Merkmale, deren Ausprägungen für eine wohldefinierte statistische Gesamtheit erhoben wurden, als Variablen gekennzeichnet und in der Kopfzeile des Dateneditors mit der Kennung **var** vermerkt.

Die nachfolgende Abbildung beinhaltet einen Ausschnitt des Dateneditors der SPSS Version 25, in dessen ersten vier Spalten die Variablen A, B, C und D optional vereinbart und zudem mit variablenbezogenen Piktogrammen in Gestalt von vorgelagerten Symbolen bildhaft versehen wurden.

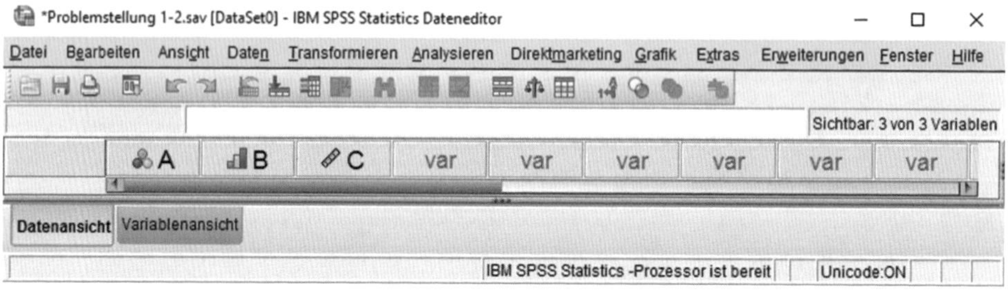

SPSS Dateneditor

Auf welcher Skala sind die Ausprägungen der vier Variablen A, B, C und D jeweils definiert? Begründen Sie kurz Ihre Antwort unter einer alleinigen Betrachtung der in SPSS üblichen und variablenbezogenen Piktogramme.

Problemstellung 1-3
Verwenden Sie zur Beantwortung der folgenden Fragen die nachstehende Grafik. Sie beruht auf den Klausurergebnissen, die im Sommersemester 2011 am Fachbereich Wirtschafts- und Rechtswissenschaften der Berliner Hochschule für Technik und Wirtschaft im Fach Statistik erzielt wurden.

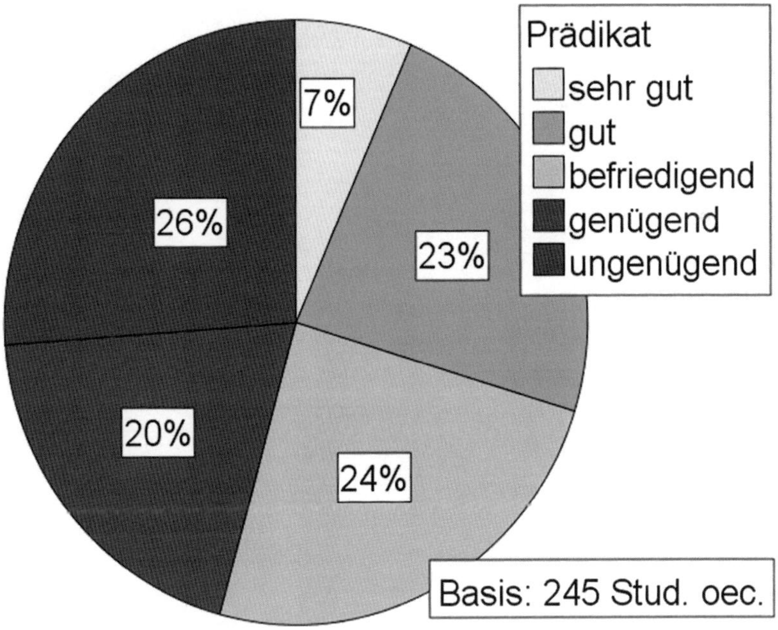

Ergebnisse der Statistikklausur 2011

a. Benennen Sie den Merkmalsträger.
b. Wie ist die statistische Gesamtheit inhaltlich abgegrenzt?
c. Benennen Sie das Erhebungsmerkmal und geben Sie explizit die Zustandsmenge für das Erhebungsmerkmal an.
d. Auf welcher statistischen Skala sind die Ausprägungen des Erhebungsmerkmals definiert? Warum?
e. Wie wird in der Statistik das Ensemble der grafisch dargestellten Informationen bezeichnet?
f. Erstellen Sie anhand der Grafik eine Häufigkeitstabelle mit den folgenden Inhalten: Nummer der Merkmalsausprägung, Merkmalsausprägung, (ganzzahlig gerundete) absolute, relative, kumulierte absolute und kumulierte relative Häufigkeit.

Problemstellung 1-4
Die nachfolgende Abbildung beinhaltet einen Auszug aus einer Internet-Recherche für gebrauchte PKW der Marke „Smart ForTwo", die im Oktober 2011 auf dem Berlin-Brandenburger Gebrauchtwagenmarkt zum Verkauf angeboten wurden.

Gebrauchtwagen der Marke Smart ForTwo

a. Benennen Sie den Merkmalsträger.

b. Wie ist die statistische Gesamtheit inhaltlich abgegrenzt?

c. Treffen Sie eine sachlogisch begründete Aussage über den Umfang der statistischen Gesamtheit.

d. Fassen Sie i) das Modell, ii) die Farbe, iii) die Motorleistung (Angaben in kW bzw. PS), iv) die Postleitzahl des Anbieters, v) die bisherige Fahrleistung (Angaben in km), vi) das Alter (Angaben in Monaten, gezählt ab dem Monatsdatum der Erstzulassung (EZ)) sowie vii) den Zeitwert (Angaben in €) als Erhebungsmerkmale für einen gebrauchten Smart ForTwo auf.

e. Auf welcher Skala sind die Ausprägungen des jeweiligen Erhebungsmerkmals definiert? Begründen Sie kurz Ihre jeweilige Aussage.

f. Geben Sie unter Nutzung des Urlistenauszuges für jedes unter d) vermerkte Erhebungsmerkmal die Zustandsmenge an.

g. Nennen Sie jeweils ein diskretes und ein stetiges Erhebungsmerkmal. Begründen Sie kurz Ihre jeweilige Aussage.
h. Ist es im konkreten Fall sinnvoll, die Farbe als ein häufbares Erhebungsmerkmal aufzufassen? Begründen Sie kurz Ihre Aussage.

Problemstellung 1-5

Die folgenden zwei Diagramme basieren auf den börsentäglichen Schlusskursen des Deutschen Aktienindexes DAX, die im zweiten Halbjahr 2009 an der Frankfurter Börse notiert wurden.

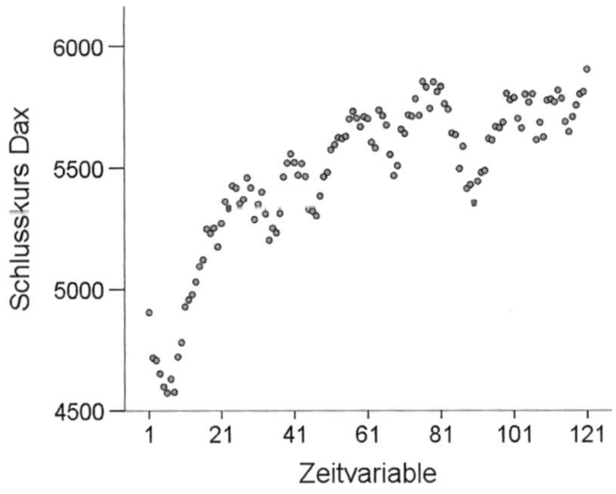

DAX-Schlusskurse – Diagramm 1

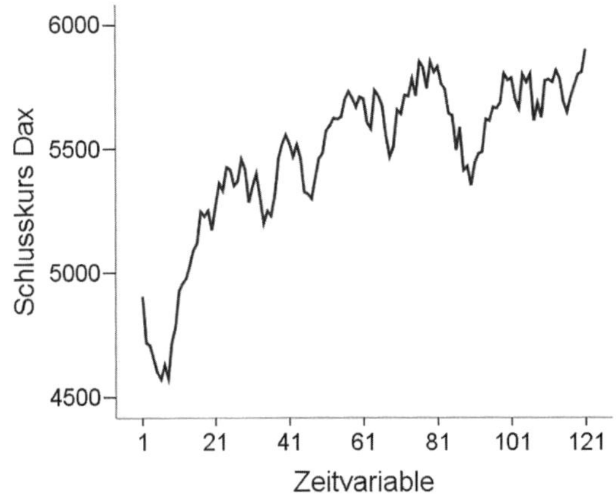

DAX-Schlusskurse – Diagramm 2

a. Benennen Sie das Ordnungskriterium der grafisch präsentierten Daten.
b. Worin unterscheiden sich die beiden inhaltsgleichen Diagramme? Erläutern Sie aus statistisch-methodischer Sicht kurz die augenscheinlichen Vor- und Nachteile der jeweiligen grafischen Datenpräsentation.
c. Unter welchem Begriff firmieren in der statistischen Methodenlehre die grafisch präsentierten Daten und ihre mathematische Analyse?

Problemstellung 1-6

Welche statistische Skala wird jeweils in den folgenden Aussagen charakterisiert? Begründen Sie kurz Ihre jeweilige Antwort.

a. Eine Merkmalsausprägung ist doppelt so groß wie eine andere.
b. Die Merkmalsausprägungen eines Erhebungsmerkmals lassen sich in sachlich begründeter Weise hinsichtlich ihrer Intensität bzw. Wertigkeit anordnen.
c. Die Abstände zwischen je zwei Merkmalsausprägungen eines Erhebungsmerkmals lassen sich messen bzw. berechnen und vergleichen.
d. Die Merkmalsausprägungen eines Erhebungsmerkmals sind positive reelle Zahlen und das Resultat eines Messvorgangs.
e. Die Merkmalsausprägungen eines Erhebungsmerkmals sind Rangplätze.
f. Die Merkmalsausprägungen eines Erhebungsmerkmals sind das Resultat einer Zählung.
g. Die Merkmalsausprägungen eines Erhebungsmerkmals können lediglich als gleich- oder verschiedenartig eingeordnet werden.
h. Die Merkmalsausprägungen eines Erhebungsmerkmals sind wertfrei und begrifflich gefasst und werden einer einfacheren Handhabung wegen auf die Menge der natürlichen Zahlen abgebildet.
i. Eine ungerade Anzahl von Ausprägungen eines Erhebungsmerkmals wurde begrifflich und wertungsbezogen erfasst und einer einfacheren Handhabung wegen auf die Menge der ganzen Zahlen abgebildet. Welche Zahlen würden die Ausprägungen repräsentieren, wenn insgesamt fünf wohl voneinander zu unterscheidende Wertigkeitsaussagen optional vereinbart und erfasst wurden und die neutrale Zahl Null die mittlere Ausprägung symbolisiert?

Problemstellung 1-7

Verwenden Sie zur Lösung der folgenden Problemstellungen bzw. zur Erläuterung der interessierenden statistischen Grundbegriffe die nachfolgende Grafik.

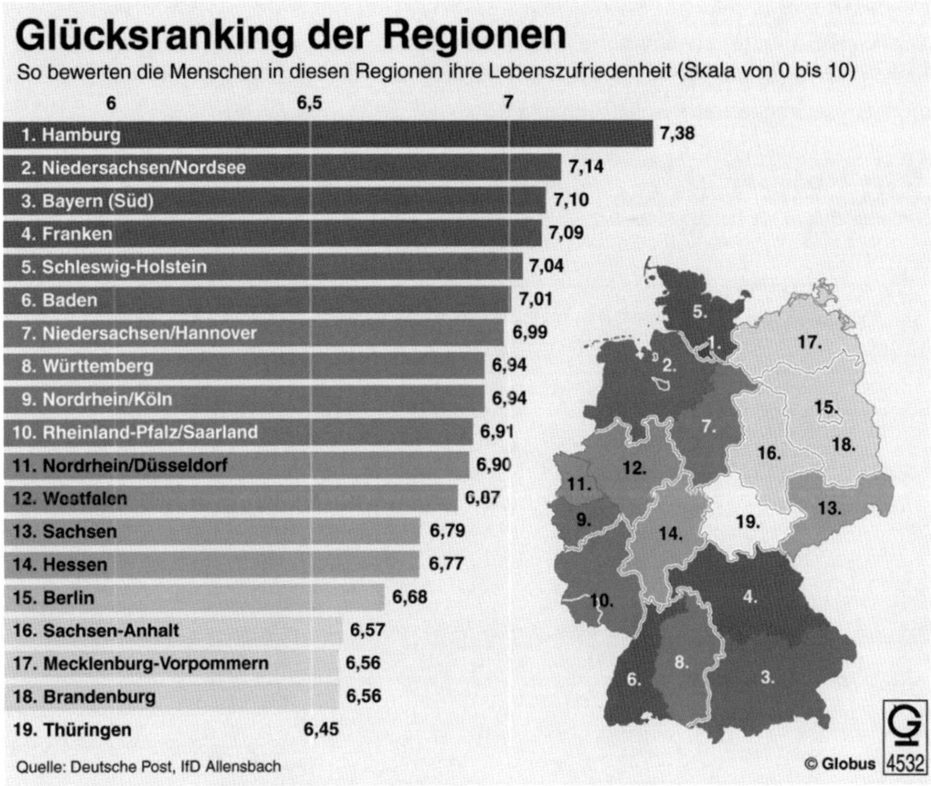

Glücksranking der Regionen

a. Benennen Sie die statistische Einheit.
b. Charakterisieren Sie die statistische Gesamtheit unter expliziter Benennung ihrer Identifikationsmerkmale und ihres Umfangs.
c. Wie heißt das statistische Erhebungsmerkmal?
d. Auf welcher Skala sind die Ausprägungen des Erhebungsmerkmals definiert?
e. Geben Sie die Zustandsmenge des Erhebungsmerkmals an.
f. Klassifizieren Sie die indizierten Zufriedenheitswerte im Blickwinkel der Dichotomie von „diskret" und „stetig".
g. Welches ist das Ordnungskriterium der statistischen Einheiten?
h. Bestimmen und interpretieren Sie die mediane Merkmalsausprägung.
i. Welches Skalenniveau impliziert die folgende Aussage: „erster Platz: Hamburg, letzter Platz: Thüringen"?
j. Erläutern Sie anhand der Grafik die folgenden statistischen Begriffe: i) Pareto-Diagramm und ii) Kartogramm.

Problemstellung 1-8
Verwenden Sie zur Lösung der folgenden Problemstellungen die nachfolgende Grafik. Fassen Sie dabei einen lebendgeborenen Jungen bzw. ein lebendgeborenes Mädchen als die interessierende statistische Einheit auf.

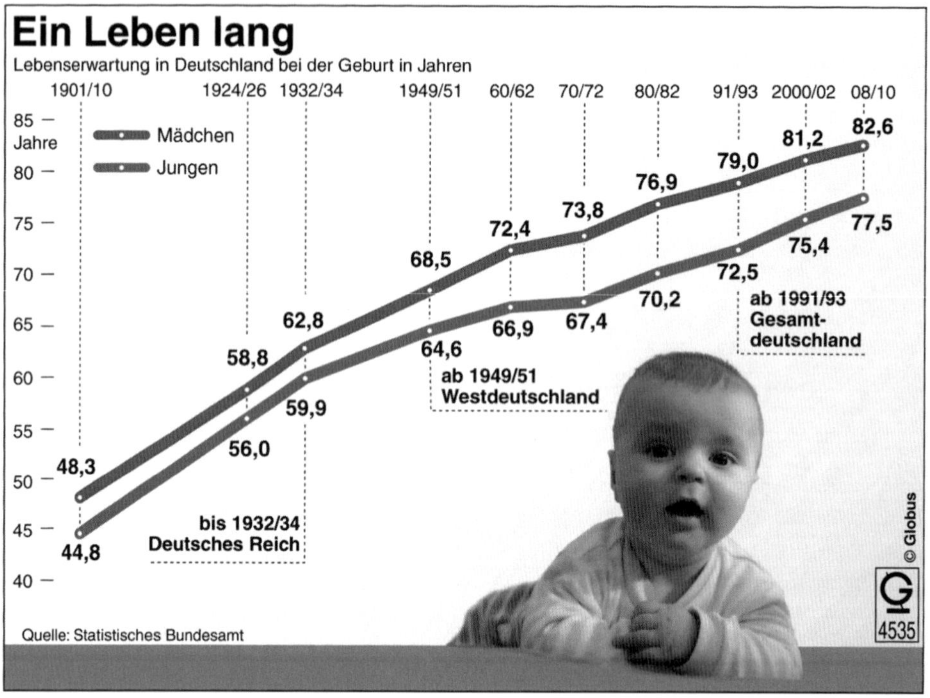

Lebenserwartung in Deutschland

a. Erläutern Sie am konkreten Sachverhalt die folgenden Grundbegriffe: Erhebungsmerkmal, Gruppierungsmerkmal, Ordnungsmerkmal.
b. Interpretieren Sie jeweils die ersten und letzten Angaben sachlogisch.
c. Wie werden in der statistischen Methodenlehre die geschlechtsspezifischen Datenmengen bezeichnet?
d. Ordnen Sie die grafisch präsentierten Daten in die folgende begriffliche Dichotomie ein: „äquidistant" versus „nicht äquidistant".
e. Welches statistische Analyseinstrument ist geeignet, um eine Prognose der geschlechtsspezifischen Lebenserwartungen zu bewerkstelligen?

Problemstellung 1-9

Betrachtet werden die folgenden statistischen Erhebungsmerkmale:

1. Körpergröße, Körpergewicht, Kopfumfang und Geschlecht eines lebendgeborenen Kindes
2. Alter (in vollendeten Jahren), Beruf(e) und Familienstand einer berufstätigen Person
3. Akademischer Grad, Abschlussprädikat und Nationalität eines Hochschulabsolventen
4. Datum der Erstzulassung, Farbe, bisherige Fahrleistung, Hubraum, Alter und Zeitwert eines gebrauchten PKW
5. Konfektionsgröße, Körper-Masse-Index und Schuhgröße eines Rekruten
6. Postleitzahl, Größenkategorie, Einwohneranzahl und Erwerbslosenanteil einer Stadt bzw. Kommune
7. Rechtsform, Jahresumsatz, Marktanteil und Mitarbeiteranzahl eines Unternehmens
8. Intelligenzquotient, Bildungsniveau und sozialer Status eines Straftäters
9. Fläche, Quadratmeterpreis, Zimmeranzahl und Wohnlage einer Mietwohnung.

a. Benennen Sie jeweils den Merkmalsträger und geben Sie für die interessierenden Erhebungsmerkmale jeweils eine sachlogisch plausible Skalierung sowie die zugehörige Zustandsmenge an. Begründen Sie kurz Ihre Aussagen.
b. Welche der genannten Erhebungsmerkmale sind häufbar?
c. Benennen Sie die diskreten und die stetigen Erhebungsmerkmale.
d. Welche Erhebungsmerkmale sind ihrem Wesen nach dichotom?
e. Gliedern Sie die Erhebungsmerkmale in „qualitativ“ und „quantitativ“.
f. Nennen Sie für jedes Erhebungsmerkmal eine zulässige Ausprägung.
g. Benennen Sie jeweils ein mittelbar und ein unmittelbar statistisch erfassbares Erhebungsmerkmal.
h. Geben Sie jeweils ein häufbares und ein nicht häufbares Erhebungsmerkmal an. Begründen Sie kurz Ihre Antwort.

Problemstellung 1-10

Erläutern Sie anhand der folgenden Abbildung die jeweiligen statistischen Grundbegriffe bzw. ordnen Sie der jeweiligen Aussage eine adäquate statistische Skala zu:

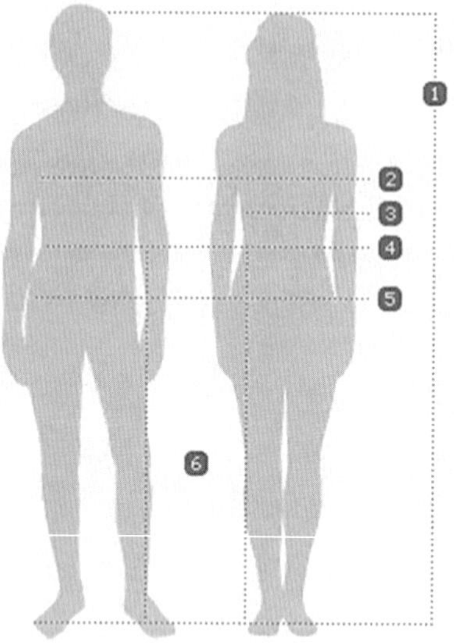

1 Körpergröße
ohne Schuhe, vom Scheitel bis zur Sohle.

2 Brustumfang
über der stärksten Stelle der Brust waagerecht um den Körper

3 Unterbrustumfang (Mieder)
am unteren Brustansatz waagerecht um den Körper führen.

4 Taillen- bzw. Bundumfang
ohne zu schnüren rings um die Taille

5 Hüftumfang
waagerecht um die stärkste Stelle des Gesäßes.

6 Seitenlänge
von der Taille über die Hüfte bis zur Fußsohle messen. Die Seitenlängen- Angaben in den Artikelbeschreibungen sind immer ohne Bund bis zum Saumabschluss gemessen.

*** Größenangaben**
Alle mit * gekennzeichneten Angaben in cm.

Körpermaße

a. Merkmalsträger
b. Skalierung und Zustandsmenge des Erhebungsmerkmals *Geschlecht*
c. Skalierung und Zustandsmenge des Erhebungsmerkmals *Körpergröße*, das bzw. die auf zwei Dezimalstellen genau und in Metern gemessen wird
d. Skalierung und Zustandsmenge des Erhebungsmerkmals *Konfektionsgröße* im Rahmen der üblichen „angelsächsischen" Klassifikation von XS für „eXtra Small" bis XXL für „eXtra eXtra Large"
e. Die Körpergrößen zweier Personen sind voneinander verschieden.
f. Die erste Person besitzt einen kleineren Brustumfang als die zweite Person.
g. Der Hüftumfang der ersten Person ist um fünf Zentimeter größer als der Hüftumfang der zweiten Person.
h. Die Seitenlänge der ersten Person macht das 1,1-Fache der Seitenlänge der zweiten Person aus.
i. Eine Damenschneiderin erfasst für eine Kundin alle sechs in der Grafik indizierten Körpermaße.
j. Zur Konfektionsgrößenklassifikation von erwachsenen Personen verwendet man fünf geschlechtsneutrale Körpermaße.
k. Erläutern Sie exemplarisch die Begriffe *diskretes* bzw. *stetiges* metrisches Erhebungsmerkmal. Geben Sie jeweils eine mögliche Merkmalsausprägung an.

Problemstellung 1-11*

Verwenden Sie zur Lösung der folgenden Problemstellungen die drei Abbildungen, welche den SPSS Dateneditor zum einen in der Datenansicht ohne und mit Wertbeschriftungen und zum anderen in der Variablenansicht auszugsweise plakatieren. Die zugrunde liegende Datei beinhaltet Daten von lebendgeborenen Kindern, die im Jahr 2015 in einem Berliner Geburtshaus „das Licht der Welt erblickten".

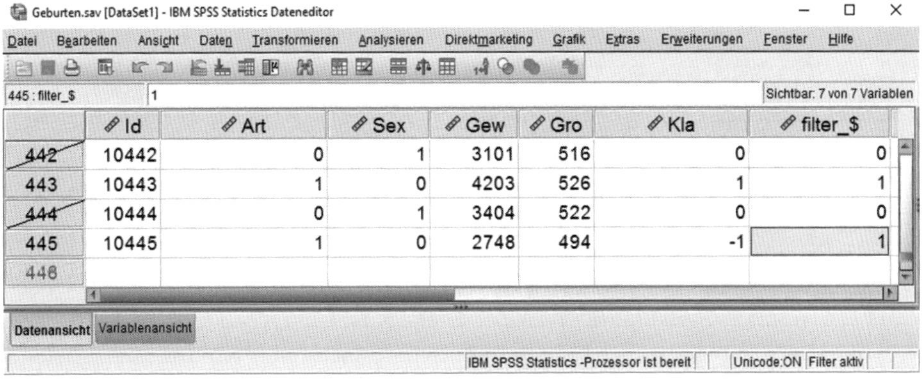

	Id	Art	Sex	Gew	Gro	Kla	filter_$
442	10442	0	1	3101	516	0	0
443	10443	1	0	4203	526	1	1
444	10444	0	1	3404	522	0	0
445	10445	1	0	2748	494	-1	1
446							

SPSS Dateneditor, Datenansicht ohne Wertbeschriftungen

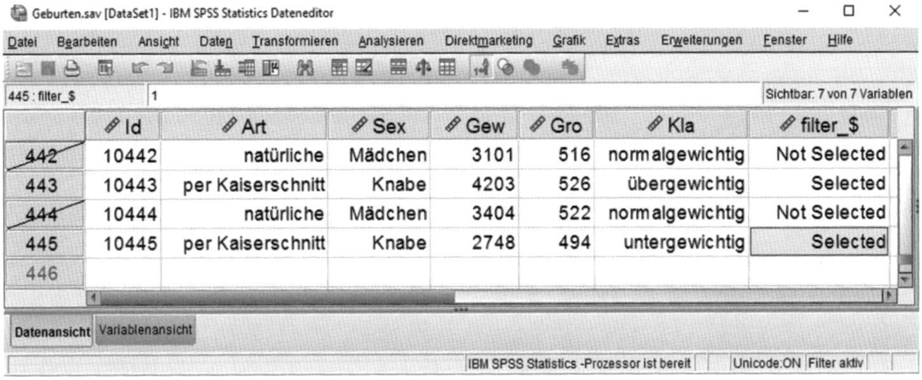

	Id	Art	Sex	Gew	Gro	Kla	filter_$
442	10442	natürliche	Mädchen	3101	516	normalgewichtig	Not Selected
443	10443	per Kaiserschnitt	Knabe	4203	526	übergewichtig	Selected
444	10444	natürliche	Mädchen	3404	522	normalgewichtig	Not Selected
445	10445	per Kaiserschnitt	Knabe	2748	494	untergewichtig	Selected
446							

SPSS Dateneditor, Datenansicht mit Wertbeschriftungen

SPSS Dateneditor, Variablenansicht

a. Benennen Sie die statistische Einheit und die statistische Gesamtheit einschließlich ihrer Identifikationsmerkmale sowie den Umfang der Gesamtheit.
b. Wie viele Merkmale wurden für jede statistische Einheit empirisch erfasst und zugleich datenanalytisch erweitert?
c. In der praktischen Arbeit mit SPSS ist eine Variablendefinition unabdingbar. Welche Komponenten einer Variablendefinition stehen im konkreten Fall im Zentrum der paradigmatischen Betrachtungen?
d. Erläutern Sie kurz die in SPSS möglichen Skalierungen sowohl aus verbaler als auch aus piktografischer Sicht.
e. Sind die indizierten Skalierungen für die in Rede stehenden Merkmale sachlogisch plausibel? Begründen Sie kurz Ihre jeweilige Aussage und legen Sie gegebenenfalls ein geeignetes Messniveau fest.
f. Erläutern Sie kurz den Begriff „Zustandsmenge" und geben für jedes indizierte Merkmal die zugehörige Zustandsmenge explizit an.
g. Erläutern Sie anhand der verfügbaren Informationen exemplarisch die folgenden statistischen Grundbegriffe: numerische Variable, dichotome Variable, diskrete und stetige metrische Variable.
h. Welche Geburten stehen im konkreten Fall im Zentrum der Betrachtungen? Begründen Sie kurz Ihre Aussage.

Problemstellung 1-12*

Benennen bzw. erläutern Sie anhand der nachstehenden Abbildung die folgenden statistischen Grundbegriffe. Gehen Sie dabei davon aus, dass auf dieser Grundlage in dieser Woche insgesamt 1234 Personen im Alter von mindestens 15 Jahren in Berlin zufällig und unabhängig voneinander ausgewählt und befragt wurden.

Nummer der befragten Person: □□□□

F1: Geschlecht: 0 □ männlich 1 □ weiblich

F2: Alter: □□□ Jahre

F3: Familienstand: 1 □ ledig 2 □ verheiratet 3 □ verwitwet 4 □ geschieden

F4: Schulabschluss: 1 □ Hauptschule 2 □ Realschule 3 □ Gymnasium

F5: Bewerten und **markieren** Sie jeweils auf der dargestellten 100 %-Skala Ihre Zufriedenheit mit der Bundesregierung bezüglich der ...

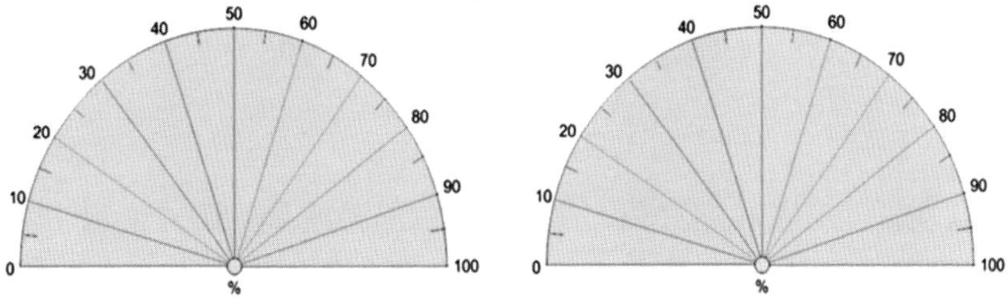

a) Arbeitsmarktpolitik b) Gesundheitspolitik

F6: Bewerten und **markieren** Sie auf der dargestellten Zufriedenheitsskala den Zufriedenheitsgrad mit der Bildungspolitik des Bundeslandes Berlin

unzufrieden  zufrieden

F7: Wie viele Politik-Sendungen verfolgten Sie in der letzten Woche im Fernsehen?
0 □ keine 1 □ eine 2 □ zwei 3 □ drei 4 □ vier 5 □ fünf 6 □ mehr als fünf

F8: Mit Hilfe welcher Medien informieren Sie sich über aktuelle politische Themen? (**Mehrfachnennungen** sind möglich.)
a) Presse 1 □ b) Rundfunk 1 □ c) Fernsehen 1 □ d) Internet 1 □

Fragebogen

a. Datenerhebungskonzept
b. standardisierter Fragebogen
c. Merkmalsträger, Grundgesamtheit, Zufallsstichprobe, Stichprobenumfang, realisierte Zufallsstichprobe, Identifikationsmerkmale, Erhebungsmerkmale
d. nominale, ordinale, metrische, dichotome, multinominale, nicht häufbare, häufbare, stetige, diskrete, qualitative, quantitative Erhebungsmerkmale
e. Zustandsmenge und Kodierung des Erhebungsmerkmals *Schulabschluss*
f. Mehrfachnennung
g. Analysekonzept *multiple Dichotomien*

1.2 Lösungen

Lösung 1-1

a. Mietwohnung
b. alle Berliner Mietwohnungen 2019, Identifikationsmerkmale: Mietwohnung (sachlich), Berlin (örtlich), Jahr 2019 (zeitlich), Umfang: unbestimmt
c. Wohnlage
d. Ausprägung: z. B. gute Wohnlage, Zustandsmenge: {einfache, mittlere, gute}, Skalierung: ordinal, da drei unterschiedliche Niveaustufen erfasst wurden

Lösung 1-2

Variable A: Die drei unterschiedlich farbigen, jedoch gleichgroßen Kreise symbolisieren eine Nominalskala, mit deren Hilfe man lediglich die Gleich- oder die Verschiedenartigkeit von Merkmalsausprägungen beschreiben kann.

Variable B: Die drei unterschiedlich farbigen und der Größe nach aufsteigend geordneten Balken symbolisieren eine Ordinalskala, mit deren Hilfe man sowohl die Gleich- oder Verschiedenartigkeit als auch die Rangfolge bzw. Wertigkeit von Merkmalsausprägungen beschreiben kann.

Variable C: Das Metermaß symbolisiert eine metrische Skala, mit deren Hilfe man die Gleich- oder die Verschiedenartigkeit und die Rangfolge bzw. die Wertigkeit sowie die Abstände oder das Vielfache von Merkmalsausprägungen zahlenmäßig beschreiben kann.

Variable D: Die drei unterschiedlich farbigen, jedoch gleichgroßen Kreise, die zudem durch den Kleinbuchstaben a ergänzt wurden, symbolisieren eine alphanumerische Zeichenkette, auch Stringvariable genannt.

Lösung 1-3*

a. Studentin bzw. Student (Stud. oec.)
b. sachlich: Studenten der Wirtschaftswissenschaften, Studienfach Statistik, örtlich: HTW Berlin, zeitlich: SS 2011, Umfang: 245 Stud. oec.
c. Erhebungsmerkmal: Prädikat der Semesterabschlussklausur im Fach Statistik, Zustandsmenge: {sehr gut, gut, befriedigend, genügend, ungenügend}
d. ordinale Skala, da mit den fünf Prädikaten sowohl eine Gleich- oder Verschiedenartigkeit als auch eine Wertigkeit der Klausurergebnisse verbal oder numerisch zum Ausdruck gebracht werden kann
e. Häufigkeitstabelle:

Nr.	Prädikat	Häufigkeit absolut	relativ	abs., kumuliert	rel., kumuliert
1	sehr gut	17	0,07	17	0,07
2	gut	56	0,23	73	0,30
3	befriedigend	59	0,24	132	0,54
4	genügend	49	0,20	181	0,74
5	ungenügend	64	0,26	245	1,00
gesamt		245	1,00		

Lösung 1-4*

a. Gebrauchtwagen der Marke „Smart ForTwo“
b. sachlich: zum Verkauf angebotene Gebrauchtwagen der Marke „Smart For-Two“, örtlich: Bundesländer Berlin und Brandenburg, zeitlich: Oktober 2011
c. endliche, jedoch unbestimmte Anzahl von Gebrauchtwagen
d. nominal, da nur Gleich- oder Verschiedenartigkeit der Gebrauchtwagen beschrieben werden soll: i), ii), iv), metrisch, da Eigenschaften das Ergebnis eines Zähl- oder Messvorganges sind: iii), v), vi), vii)
e. Zustandsmengen: i) {Coupé, ...}, ii) {Grün, Schwarz, ...}, iii) Menge der natürlichen Zahlen, iv) Zeichenkette „D-fünf Ziffern“, v) Menge der natürlichen bzw. positiven reellen Zahlen, vi) Menge der natürlichen Zahlen, da Alter in vollendeten Monaten erfasst wurde, vii) Menge der positiven reellen Zahlen
f. diskret: Preis, da auf Euro und Cent genaue Angaben möglich und sinnvoll sind, stetig: bisherige Fahrleistung z. B. 1234,5678 km
g. ja, da ein Gebrauchtwagen durchaus mehrfarbig sein kann.

Lösung 1-5*

a. Zeit in Gestalt einer Zeitvariablen, die auf den natürlichen Zahlen basiert
b. Sequenzdiagramm in der Abb. „DAX-Schlusskurse – Diagramm 1“: Vorteil: korrekte „zeitdiskrete“ Darstellung der börsentäglichen Schlusskurse, Nachteil: zeitlicher Verlauf der Schlusskurse ist schwer erkennbar
c. Sequenzdiagramm in der Abb. „DAX-Schlusskurse – Diagramm 2“: Vorteil: zeitlicher Verlauf der Schlusskurse ist durch die „zeitstetige“ Trajektorie besser erkennbar, Nachteil: die Zwischenwerte wurden nicht erfasst und sind somit nicht „existent und korrekt“
d. Zeitreihenanalyse.

Lösung 1-6

a. Verhältnisskala als eine spezielle metrische Skala, da messbare Größenrelationen zwischen den Merkmalsausprägungen gegeben sind
b. Ordinalskala
c. Intervallskala als die niedrigstwertige metrische Skala, da jeweils die „absoluten Abstände“ zwischen zwei Merkmalsausprägungen gegeben sind
d. metrische Skala

e. Ordinalskala, da Rangzahlen ihrem Wesen nach „Platzziffern“ sind
f. Absolutskala als „natürliche“ metrische Skala
g. Nominalskala
h. zahlenmäßig kodierte Nominalskala
i. zum Beispiel analog zu einer Temperaturskala mit $\{-2, -1, 0, 1, 2\}$ eine zahlenmäßig kodierte Ordinalskala, niedrigstwertige Ausprägung: -2, mittlere Ausprägung: 0, höchstwertige Ausprägung: 2

Lösung 1-7*

a. Region
b. 19 Regionen Deutschlands, sachlich: Region, örtlich: Deutschland, zeitlich: keine Angabe, Umfang: 19 Regionen
c. (durchschnittliche) Lebenszufriedenheit der Menschen
d. metrisch, Basis: elfstufige Punkte-Skala
e. Zustandsmenge: wegen Durchschnittswerte reelle Zahlen von 0 bis 10
f. stetige Zufriedenheitswerte, die ihrem Wesen nach Durchschnitte sind
g. Zufriedenheitswert
h. Median: 6,91, repräsentiert die „Mitte“ der absteigend geordneten durchschnittlichen Zufriedenheitswerte, Träger: Region Rheinland-Pfalz, Saarland
i. ordinal
j. *Pareto*-Diagramm als absteigend geordnetes Balkendiagramm, Kartogramm als farbig abgestufte und mit Platzziffern markierte regionale Landkarte.

Lösung 1-8

a. Erhebungsmerkmal: (mittlere ferne) Lebenserwartung eines Mädchens bzw. Jungen, Gruppierungsmerkmal: Geschlecht, Ordnungsmerkmal: Zeit
b. Während sich vor ca. 100 Jahren die (mittlere ferne) Lebenserwartung eines lebend geborenen Mädchens bzw. Jungen auf 48,3 Jahre bzw. auf 44,8 Jahre belief, liegt sie derzeit bei 82,6 Jahren bzw. 77,5 Jahren.
c. Zeitintervallreihen
d. nicht äquidistant, da die Erfassung bzw. Berechnung nicht in gleichgroßen bzw. äquidistanten Zeitintervallen erfolgte
e. Zeitreihen- bzw. Regressionsanalyse.

Lösung 1-9

a. 1. Merkmalsträger: lebend geborenes Kind, Erhebungsmerkmale (mit Skalierung): Körpergröße, Körpergewicht und Kopfumfang (metrisch), Geschlecht (nominal)
   2. Merkmalsträger: arbeitnehmende Person, Erhebungsmerkmale (mit Skalierung): Alter (metrisch), Beruf(e) und Familienstand (nominal)

3. Merkmalsträger: Hochschulabsolvent, Erhebungsmerkmale (mit Skalierung): akademischer Grad und Abschlussprädikat (jeweils ordinal), Nationalität (nominal)
4. Merkmalsträger: gebrauchter PKW, Erhebungsmerkmale (mit Skalierung): Datum der Erstzulassung (ordinal), Farbe (nominal), Fahrleistung, Hubraum, Alter und Zeitwert (metrisch)
5. Merkmalsträger: Rekrut, Erhebungsmerkmale (mit Skalierung): Konfektionsgröße (ordinal), Körper-Masse-Index (metrisch), Schuhgröße (metrisch)
6. Merkmalsträger: Stadt bzw. Kommune, Erhebungsmerkmale (mit Skalierung): Postleitzahl (nominal), Größenkategorie (ordinal), Einwohneranzahl und Erwerbslosenanteil (jeweils metrisch)
7. Merkmalträger: Unternehmen, Erhebungsmerkmale (mit Skalierung): Rechtsform (nominal), Jahresumsatz, Marktanteil und Mitarbeiteranzahl (jeweils metrisch)
8. Merkmalsträger: Straftäter, Erhebungsmerkmale (mit Skalierung): Intelligenzquotient (metrisch), Bildungsniveau (ordinal), sozialer Status (je nach Betrachtung nominal bzw. ordinal)
9. Merkmalsträger: Mietwohnung, Erhebungsmerkmale (mit Skalierung): Fläche, Quadratmeterpreis, Zimmeranzahl (jeweils metrisch), Wohnlage (ordinal)

b. häufbare Erhebungsmerkmale: Beruf, akademischer Grad und Abschlussprädikat, Farbe, als Besitzer zweier oder mehrerer Pässe auch die Nationalität
c. diskrete Merkmale: Zeitwert (auf Euro und Cent genau), Einwohneranzahl, Mitarbeiteranzahl, Zimmeranzahl, Schuhgröße, stetige Merkmale: Alter, Körpergröße, Körpergewicht, Fahrleistung, Hubraum, Körper-Masse-Index, Jahresumsatz (eigentlich diskret, jedoch quasistetig, wenn z. B. in Mio. €), Marktanteil, Fläche, Quadratmeterpreis
d. Geschlecht
e. qualitative Merkmale: Geschlecht, Beruf, Familienstand, akademischer Grad, Abschlussprädikat, Nationalität, Datum der Erstzulassung, Farbe, Konfektionsgröße, Postleitzahl, Größenkategorie, Bildungsniveau, sozialer Status, Wohnlage
   quantitative Merkmale: Körpergröße, Körpergewicht, Fahrleistung, Hubraum, Alter, Zeitwert, Körper-Masse-Index, Schuhgröße, Einwohneranzahl, Erwerbslosenanteil, Jahresumsatz, Marktanteil, Mitarbeiteranzahl, IQ, Fläche, Preis, Zimmeranzahl
f. 1. Körpergröße: 48 cm, Körpergewicht: 2780 g, Geschlecht: weiblich,
   2. Alter: 61 Jahre, Beruf: Schmied, Familienstand: ledig
   3. akademischer Grad: Bachelor, Prädikat: Mit Auszeichnung, Nationalität: deutsch
   4. Erstzulassung: 28.10.2012, Farbe: Blau, bisherige Fahrleistung: 6666 km, Hubraum: 1,6 Liter, Alter: 11 Monate, Zeitwert: 11111,11 €
   5. Größe: XL, Körper-Masse-Index: 23,456 kg/m^2, Schuhgröße: 44
   6. Postleitzahl: 96528, Kategorie: Kleinstadt, Einwohner: 2500, Erwerbslosenanteil: 12,3 %
   7. Rechtsform: GmbH, Jahresumsatz: 2,5 Mio. €, Marktanteil: 5 %, Mitarbeiteranzahl: 33
   8. I(ntelligenz)Q(uotient): 88 Punkte, Bildungsniveau: gering, sozialer Status: prekär
   9. Fläche: 90 m^2, Quadratmeterpreis: 6,78 €/m^2, Zimmeranzahl: 4, Wohnlage: gehoben

g. mittelbar erfassbar: Intelligenz mittels IQ, unmittelbar erfassbar: Körpergröße
h. häufbar: akademischer Grad, da eine Person mehrere akademische Grade erwerben und besitzen kann, nicht häufbar: Geschlecht, da gemäß dem Bürgerlichen Gesetzbuch eine Person entweder nur männlichen oder weiblichen Geschlechts sein kann.

Lösung 1-10

a. Person
b. nominal, {männlich, weiblich} als Dichotomie
c. metrisch, Menge der positiven reellen Zahlen
d. ordinal, {XS, S, M, L, XL, XXL}
e. Nominalskala
f. Ordinalskala
g. Intervallskala als niedrigstwertige metrische Skala
h. Verhältnisskala als „klassische" metrische Skala
i. sogenannte Urliste als metrisches skaliertes „Zahlenprotokoll"
j. Absolutskala als „natürliche" metrische Skala und Zählmaß
k. diskret: Anzahl geschlechtsneutraler Körpermaße, z. B. 5 Körpermaße, stetig: z. B. Körpergröße von 1,81 m.

Lösung 1-11*

a. Einheit bzw. Merkmalsträger: lebendgeborenes Kind, Gesamtheit: alle Lebendgeborenen (sachlich), die im Jahr 2015 (zeitlich) in einem Berliner Geburtshaus (örtlich) erfasst wurden, Anzahl bzw. Umfang: 445 Lebendgeborene, da im SPSS Dateneditor 445 Zeilen „belegt" sind
b. insgesamt 7 Variablen, davon 5 empirisch erhobene Variablen und 2 datenanalytisch ergänzte Variablen (Id, filter_$)
c. Variablenname, Variablentyp, Variablenbeschriftung, Variablenwerte, Messniveau bzw. Skalierung
d. drei mögliche Skalierungen: metrische Skala als Metermaß, ordinale Skala als abgestuftes Balkendiagramm, nominale Skala als gleichgroße, jedoch unterschiedlich farbige Kreise
e. nein, sachlogisch plausible Skalierungen: Identifikator: nominal, da die alleinige Zweckbestimmung der Variablen *Id* eine eindeutige Zuordnung eines Lebendgeborenen ist, Art der Entbindung, Geschlecht und Filter: nominal und dichotom, da nur die Gleich- bzw. die Verschiedenartigkeit der Entbindungsart des Geschlechts und der geschlechtsspezifischen Auswahl eines Lebendgeborenen erfasst wurde bzw. von Interesse ist, Körpergewicht und Körpergröße: metrisch, da beide mittels eines Messvorganges zahlenmäßig erfasst wurden, Gewichtigkeitsklassifikation: ordinal, da drei mittels ganzer Zahlen kodierte Gewichtigkeitsniveaus erfasst wurden

f. Zustandsmenge als Verzeichnis definierter bzw. zulässiger Merkmalsausprägungen, *Id*: Menge der natürlichen Zahlen als Identifikationskode, *Art*: {0 für natürliche Entbindung, 1 für Entbindung per Kaiserschnitt}, *Sex*: {0 für Knabe, 1 für Mädchen}, *Filter*: {0 für nicht ausgewählt, 1 für ausgewählt}, Körpergröße und Körpergewicht: Menge der natürlichen Zahlen, da keine Dezimalangaben, *Kla*(ssifikation): {−1 für untergewichtig, 0 für normalgewichtig, 1 für übergewichtig}
g. numerisch: wegen ihrer zahlenmäßigen Ausprägungen in Gestalt von Messungen oder Kodierungen alle erfassten Variablen, dichotom: die drei Variablen *Art*, *Sex* und *Filter*, da jeweils nur zwei Zustände definiert bzw. möglich sind, diskret metrisch: Körpergröße und Körpergewicht wurden als Messgrößen ganzzahlig erfasst und können als diskrete Erhebungsmerkmale gekennzeichnet werden, obgleich sie ihrem Wesen nach als Messgrößen stetige Erhebungsmerkmale sind
h. Knabengeburten, da die Filtervariable in der Datenansicht des Dateneditors den Wert 1 annimmt bzw. mit der Kennung bzw. mit dem Label „selected" versehen wird und zudem die jeweilige Zeilennummer im Dateneditor nicht „durchgestrichen" ist

Lösung 1-12*

a. Primärerhebung mittels eines standardisierten Fragebogens
b. z. B. beigefügte Fragebogenvorlage
c. Merkmalsträger: Person, Grundgesamtheit: alle Personen in Berlin, Zufallsstichprobe einschließlich Umfang: Menge von 1234 zufällig ausgewählten und befragten Personen, realisierte Zufallsstichprobe: Menge der erfassten und personenbezogenen Aussagen, Identifikationsmerkmale: mindestens 15 Jahre alte Person (sachlich), in dieser Woche (zeitlich) in Berlin befragt (örtlich), Erhebungsmerkmale: Geschlecht, Alter etc.
d. nominal: Nummer, F1, F3, F8, ordinal: F4, metrisch: F2, F5, F6, F7, dichotom: F1, F8a bis F8d, wenn zwischen Nennung und Nichtnennung unterschieden wird, häufbar: F8a bis F8d, stetig: F5, F6 (theoretisch), diskret: F7, qualitativ: nominal oder ordinal, quantitativ: metrisch
e. ordinale Kodierung: 1 für Hauptschule, 2 für Realschule, 3 für Gymnasium
f. Auswertung der Mehrfachnennungen im Kontext der achten Frage (F8), multiple Dichotomien: Nutzung der vier aufgelisteten Medien, die als 0-1-kodierte, nominale Dichotomien definiert sind, nominale Kodierung: 1 für genannt, 0 bzw. fehlender Wert für nicht genannt, statistisch aufbereitet und „gezählt" werden alle Nennungen in Gestalt von „Einsen"

Literatur

Eckstein PP (2014) Repetitorium Statistik – Deskriptive Statistik, Stochastik, Induktive Statistik, 8. Aufl. Springer Gabler, Wiesbaden

Eckstein PP (2019) Statistik für Wirtschaftswissenschaftler – Eine realdatenbasierte Einführung mit SPSS, 6. Aufl. Springer Gabler, Wiesbaden

Datenerhebung 2

2.1 Problemstellungen

Problemstellung 2-1
Erfassen Sie analog zur nachfolgenden Abbildung mit Hilfe eines Metermaßbandes den Umfang (Angaben in cm) der jeweils linken Hand (ohne Daumen) von zehn erwachsenen weiblichen und von zehn erwachsenen männlichen Personen aus dem Kreis Ihrer Familie, Ihrer Freunde und/oder Ihrer Kommilitonen.

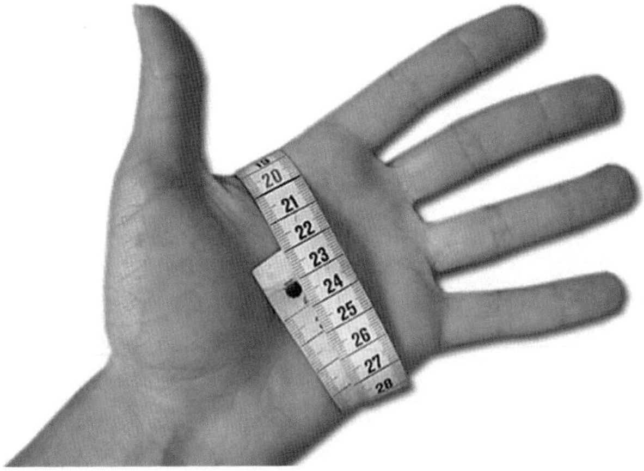

Erfassung des Handumfangs mit einem Meterbandmaß

P. P. Eckstein, *Datenanalyse mit SPSS*,
https://doi.org/10.1007/978-3-658-31837-6_2

a. Benennen Sie den Merkmalsträger und die Erhebungsmerkmale sowie die Skala, auf der jeweils die erfassten Merkmalsausprägungen definiert sind.
b. Erläutern Sie kurz den Zustandsmengenbegriff und geben Sie für die Erhebungsmerkmale die jeweilige Zustandsmenge an.
c. Welche der nachfolgend genannten Merkmalsklassifikationen treffen für die in Rede stehenden Erhebungsmerkmale zu? Klassifikationen: häufbar, nicht häufbar, mittelbar erfassbar, unmittelbar erfassbar.
d. Wie wird in der angewandten Statistik die Zusammenstellung der erfassten Daten bezeichnet?
e. Welche der nachfolgend aufgelisteten Begriffe sind geeignet, Ihre empirisch erhobenen Daten zu charakterisieren? Begründen Sie kurz Ihre jeweilige Aussage. Auflistung: i) Primärerhebung, ii) Sekundärerhebung, iii) Totalerhebung, iv) Stichprobenerhebung.
f. Welche erfassungsstatistische Konsequenz resultiert aus der Festlegung der Geschlechtszugehörigkeit als ein Identifikationsmerkmal? Erläutern Sie kurz den Begriff „Identifikationsmerkmal".
g. Erläutern Sie in Anlehnung an die vorhergehende Fragestellung am konkreten Sachverhalt die Adjektive „dichotom" und „disjunkt".

Problemstellung 2-2*

Die aufgelisteten Daten sind analog zur nachfolgenden Abbildung ein Bestandteil einer empirischen Studie, die im Jahr 2008 in Berliner Orthopädiepraxen durchgeführt wurde.

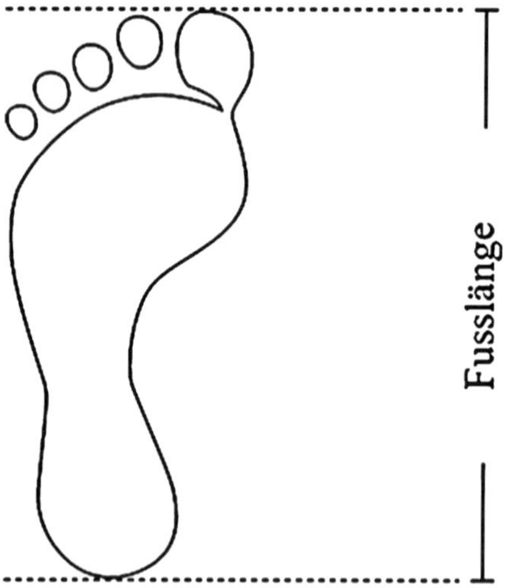

Fußlänge eines Orthopädie-Patienten

Die Daten beschreiben die Länge ((1), Angaben in cm) des jeweils linken Fußes eines Patienten. Die Studie basiert auf den Daten von insgesamt 1000 Patienten.

24,3	28,1	12,2	18,6	22,2	32,1	11,1	28,1	25,7
27,0	26,4	24,8	24,5	25,7	23,5	26,9	25,7	25,0
25,8	26,2	28,3	29,4	30,0	17,1	23,6		

a. Erläutern Sie am konkreten Sachverhalt die folgenden statistischen Grundbegriffe: Merkmalsträger, Grundgesamtheit, Grundgesamtheitsumfang, Stichprobe, Zufallsstichprobe, realisierte Zufallsstichprobe, Stichprobenumfang, Identifikationsmerkmal, Erhebungsmerkmal, Merkmalsausprägung, Zustandsmenge, Skala.
b. Aus der „bunt gemischten" Menge aller für die Studie erfassten Patienten wurde jeder zehnte Patient ausgewählt. Als Erster wurde der Patient mit der Ordnungsnummer 100 ausgewählt. Wie wird in der Statistik die praktizierte Patientenauswahl bezeichnet?
c. Mit welchem Zählabstand hätte man die Patienten auswählen müssen, wenn als erster Patient der Patient mit der Ordnungsnummer 1 und als letzter Patient der Patient mit der Ordnungsnummer 1000 ausgewählt worden wäre?
d. Bestimmen und interpretieren Sie den prozentualen Auswahlsatz.
e. Welche Form der Zufallsauswahl wäre im konkreten Fall praktiziert worden, wenn theoretisch jeder Patient eine gleiche Chance besessen hätte, in die Auswahl zu gelangen?
f. Die Gesamtheit der 1000 erfassten Patienten wird durch die beiden Gruppierungsmerkmale „Geschlecht" und „Altersgruppe" in insgesamt sechs disjunkte Teilgesamtheiten gegliedert. Aus den disjunkten Teilgesamtheiten wird jeweils jeder fünfte Patient ausgewählt. Welche Zufallsauswahl hätte man in diesem Fall praktiziert? Wie viele Ausprägungen muss im konkreten Fall die Zustandsmenge des Gruppierungsmerkmals „Altersgruppe" beinhalten?

Problemstellung 2-3*

In Anlehnung an die Problemstellung 1-12* liegt Ihnen ein „Stapel ausgefüllter Fragebögen" vor. Die hinsichtlich ihres Umfanges zahlreich erhobenen Informationen sollen mit Hilfe des Statistik-Programm-Pakets SPSS in einer Datendatei gespeichert, aufbereitet und analysiert werden.

a. Wie wird in der statistischen Methodenlehre das praktizierte Datenerhebungskonzept gekennzeichnet?
b. Wie viele Variablen müssen Sie im Dateneditor insgesamt definieren?
c. In SPSS kann eine Vielzahl von Variablentypen optional vereinbart werden. Welchen Typ würden Sie vereinbaren? Begründen Sie kurz Ihre Entscheidung.
d. Erläutern Sie exemplarisch und kurz den Vorgang und die Zweckbestimmung einer numerischen Kodierung.

e. Sie haben unter beachtlichem Zeitaufwand die vermerkten Informationen von bereits 789 Fragebögen via Tatstatur in den SPSS Dateneditor eingegeben und in einer SPSS Arbeitsdatei gespeichert. Charakterisieren und begründen Sie die im Dateneditor angezeigte Datenmatrix in der üblichen Zeilen-Spalten-Kennung.

2.2 Lösungen

Lösung 2-1

a. Merkmalsträger: erwachsene Person
Erhebungsmerkmale: i) Handumfang, metrisch skaliert, ii) Geschlechtszugehörigkeit, nominal skaliert
b. Zustandsmenge als Menge aller wohl voneinander unterschiedenen Aussagen über ein Erhebungsmerkmal
   i) Zustandsmenge für Handumfang: Menge der positiven reellen Zahlen
   ii) Zustandsmenge für Geschlechtszugehörigkeit: Aussagenpaar „männlich“ bzw. „weiblich“
c. nicht häufbar, unmittelbar erfassbar
d. Urliste
e. i) Primärerhebung, da für die Merkmalsträger die gewünschten Daten noch nicht erhoben wurden bzw. nicht verfügbar sind
   ii) Sekundärerhebung hier nicht zu treffend, wäre zum Beispiel zutreffend, wenn man auf bereits erfasste geschlechtsspezifische Handumfangsdaten zurückgreifen würde
   iii) Totalerhebung, wenn man die Erhebung nur auf die 20 Personen bezieht
   iv) Stichprobenerhebung, wenn man die 20 Personen als eine Teilmenge aus einer großen Menge von Personen auffasst
f. Identifikationsmerkmal: wird für eine statistische Gesamtheit festgelegt und variiert somit bezüglich seiner möglichen Ausprägung nicht
Konsequenz: Dichotomisierung der statistischen Gesamtheit, d. h. die Gesamtheit wird in zwei disjunkte Teilgesamtheiten (zehn männliche und zehn weibliche Personen) aufgeteilt
g. dichotom: Geschlechtszugehörigkeit einer Person ist eine Dichotomie, da nur die zwei Zustände „männlich bzw. weiblich“ definiert sind
disjunkt: elementefremd, d. h. eine Person kann entweder nur männlich oder nur weiblich sein, ein gemeinsames Eintreten der beiden Ausprägungen ist per Definition im Sinne einer „leeren Schnittmenge“ ausgeschlossen

Lösung 2-2*

a. Merkmalsträger: Patient
Grundgesamtheit einschließlich Umfang: 1000 Patienten
Stichprobe: Auswahl von 25 aus 1000 Patienten
Zufallsstichprobe: zufällige Auswahl von 25 aus 1000 Patienten

realisierte Zufallsstichprobe einschließlich Umfang: 25 Fußlängendaten von 25 zufällig ausgewählten Patienten

Identifikationsmerkmale: Patient (sachlich), Berliner Orthopädiepraxen (örtlich), 2008 (zeitlich)

Erhebungsmerkmal: Länge des linken Fußes

Zustandsmenge: Menge der positiven reellen Zahlen, Skala: metrisch, da die Fußlänge mittels eines Messvorgang bewerkstelligt und mit Hilfe positiver reeller Zahlen bzw. Dezimalzahlen beschrieben wurde

b. systematische Zufallsauswahl
c. Zählabstand: INT(1000/25) = 40

▶ **Hinweis**: Die numerische Funktion INT(eger) erzeugt in Anlehnung an den lateinischen Begriff „numerus integer" aus einer reellen Zahl (etwa in Gestalt eines Quotienten a = b/c) eine ganze Zahl.

d. aus der Grundgesamtheit wurden (25/1000) × 100 % = 2,5 % der Patienten zufällig ausgewählt
e. reine Zufallsauswahl
f. geschichtete Zufallsauswahl; die Zustandsmenge des kategorialen Gruppierungsmerkmals „Altersgruppe" muss im konkreten Fall drei Ausprägungen (z. B. Kinder, Jugendliche, Erwachsene) beinhalten

Lösung 2-3*

a. primärstatistische Datenerhebung mit Hilfe eines standardisierten Fragebogens
b. insgesamt 13 Variablen, wobei die erste Variable F0 die Nummer der befragten Person und die letzte Variable F8d in Gestalt einer numerischen, dichotomen und 0-1-kodierten Größe die Mehrfachnennungsoption *Internet* beinhaltet
c. numerisch, da sämtliche Fragen bezüglich der möglichen Antworten entweder zahlenmäßig kodierte Größen oder Mess- bzw. Zählgrößen sind
d. zum Beispiel Frage F4: Schulabschluss einer befragten Person

Vorgang: die drei im Sinne einer geschlossenen persönlichen Frage indizierten, wohl voneinander zu unterscheidenden, hinsichtlich ihrer Wertigkeit geordneten und verbal beschriebenen Schulabschlüsse werden auf die natürlichen Zahlen 1 bis 3 abgebildet

vorteilhafte Zweckbestimmung: bei der Dateneingabe braucht man jeweils nur ein Zeichen in Gestalt einer einziffrigen Zahl und keine Zeichenkette in Gestalt eines Begriffes via Tastatur in den Dateneditor einzugeben, hinzu kommt noch, dass in SPSS viele Analyseverfahren nur mit Hilfe von numerischen Informationen bewerkstelligt werden können

e. Datenmatrix vom Typ 789 × 13, wobei die 789 im SPSS Dateneditor belegten Zeilen die erfassten Fragebögen bzw. befragten Personen und die 13 Spalten die fragebogenbasierten bzw. personenbezogenen Erhebungsmerkmale einschließlich der Fragebogennummer kennzeichnen

Literatur

Eckstein PP (2014) Repetitorium Statistik – Deskriptive Statistik, Stochastik, Induktive Statistik, 8. Aufl. Springer Gabler, Wiesbaden

Eckstein PP (2016) Angewandte Statistik mit SPSS – Praktische Einführung für Wirtschaftswissenschaftler, 8. Aufl. Springer Gabler, Wiesbaden

Eckstein PP (2019) Statistik für Wirtschaftswissenschaftler – Eine realdatenbasierte Einführung mit SPSS, 6. Aufl. Springer Gabler, Wiesbaden

Datenmanagement

3

3.1 Problemstellungen

Problemstellung 3-1
Erstellen Sie in Anlehnung an die Problemstellung 1-4* für Gebrauchtwagen der Marke „Smart ForTwo" eine SPSS Datendatei, welche die folgenden Erhebungsmerkmale beinhaltet: Nummer, Farbe, Motorleistung (in kW), bisherige Fahrleistung (in km), Alter (in Monaten) und Zeitwert (in €).

a. Definieren Sie unter der expliziten Angabe des jeweiligen Variablennamens die jeweiligen SPSS Variablen. Wie viele Charakteristika sind im konkreten Fall für jede SPSS Variable zu vereinbaren bzw. zu benennen?
b. Welchem Variablentyp ordnen Sie im konkreten Fall das jeweilige Erhebungsmerkmal zu? Begründen Sie kurz Ihre Aussagen.
c. Wie viele Editorspalten sind nach der Variablendefinition „belegt"? Warum?
d. Geben Sie für die erfassten Gebrauchtwagen die Ausprägungen der Erhebungsmerkmale in den SPSS Dateneditor ein und speichern Sie die erfassten Daten unter einem geeigneten Dateinamen.
e. Durch welche Extension ist die „angelegte" SPSS Datendatei gekennzeichnet?
f. Fügen Sie in die SPSS Datendatei jeweils eine Variable ein, welche für jeden Gebrauchtwagen die i) monatsdurchschnittliche, ii) die quartalsdurchschnittliche und iii) die jahresdurchschnittliche Fahrleistung (Angaben jeweils in km) beschreibt. Geben Sie die jeweilige Berechnungsvorschrift explizit an.
g. Wie viele Zeilen und wie viele Spalten des SPSS Dateneditors sind im finalen Fall mit „Daten belegt"? Warum?

P. P. Eckstein, *Datenanalyse mit SPSS*,
https://doi.org/10.1007/978-3-658-31837-6_3

Problemstellung 3-2*

Verwenden Sie zur Lösung der folgenden Problemstellungen die SPSS Datendatei **MW7.sav**, die Sie im lehrbuchbezogenen Downloadbereich finden. Die Datei basiert auf Daten von zufällig ausgewählten Mietwohnungen, die im Jahr 2016 auf dem Berliner Wohnungsmarkt angeboten wurden.

a. Benennen Sie den Merkmalsträger.
b. Wie viele Merkmalsträger wurden in der SPSS Datendatei erfasst? Wie wird diese Menge von Merkmalsträgern in der Statistik bezeichnet?
c. Benennen Sie für die erfassten Merkmalsträger die Identifikations- und die Erhebungsmerkmale.
d. Beschreiben Sie die Zustandsmenge der SPSS Variablen „Ortskode", „Lage" und „Zimmer". Auf welcher Skala sind die Ausprägungen des jeweiligen Erhebungsmerkmals definiert? Begründen Sie kurz Ihre Aussagen.
e. Von Interesse sind alle erfassten Berliner Mietwohnungen, die im Stadtteil Pankow liegen, vier Zimmer besitzen und für die monatlich eine Kaltmiete von höchstens 1000 € zu zahlen ist. Geben Sie explizit die angewandte SPSS Auswahlbedingung und die Anzahl der erfassten Wohnungen an.
f. Beschreiben Sie die SPSS Auswahlbedingung
   (Ortskode = 9 | Ortskode = 18) & Zimmer = 2 & Fläche >= 60
   verbal. Wie viele Merkmalsträger genügen dieser Auswahlbedingung?
g. Fügen Sie in die SPSS Arbeitsdatei eine Variable „Preis" ein, welche für jeden Merkmalsträger den Mietpreis (Angaben in € monatliche Kaltmiete je m^2 Wohnfläche) beinhaltet. Geben Sie die Berechnungsvorschrift in der verbindlichen SPSS Syntax an und komplettieren Sie die Variablendefinition.

Problemstellung 3-3*

Verwenden Sie zur Lösung der folgenden Problemstellungen die SPSS Datendatei **FB7.sav** aus dem lehrbuchbezogenen Downloadbereich. Die Datendatei basiert auf semesterbezogenen Studierendenbefragungen, die am Fachbereich Wirtschafts- und Rechtswissenschaften der Hochschule für Technik und Wirtschaft Berlin auf der Grundlage eines standardisierten Fragebogens durchgeführt wurden.

a. Wie viele Studierende wurden semesterbezogen und insgesamt befragt?
b. Fügen Sie in die SPSS Arbeitsdatei eine Variable ein, welche für jeden Studierenden den Körper-Masse-Index (Angaben in kg/m^2) beinhaltet. Geben Sie die SPSS Berechnungsvorschrift explizit an.

► **Hinweis**: Der Körper-Masse-Index einer Person ist definiert als Quotient aus dem Körpergewicht (in Kilogramm (kg)) und dem Quadrat der Körpergröße (in Metern (m)).

c. Erläutern Sie konkret anhand des Körper-Masse-Indexes die statistischen Begriffe „gültige bzw. fehlende Werte“.
d. Fügen Sie mit Hilfe der SPSS Funktionsgruppe „Visuelles Klassieren“ in die SPSS Arbeitsdatei eine Variable „Klasse“ ein, welche auf der Basis des Körper-Masse-Indexes die befragten Studierenden wie folgt klassifiziert: i) unter 20 kg/m^2 als untergewichtig, ii) von 20 kg/m^2 bis unter 25 kg/m^2 als normalgewichtig, iii) von 25 kg/m^2 bis unter 30 kg/m^2 als übergewichtig und iv) mindestens 30 kg/m^2 als fettleibig (bzw. adipös). Komplettieren Sie in der SPSS Variablenansicht die Definition der SPSS Variablen „Klasse“.
e. Charakterisieren Sie die praktizierte Klassifikation aus statistisch-methodischer Sicht. Gehen Sie der Einfachheit halber davon aus, dass die untere Klassengrenze der ersten Klasse auf 15 kg/m^2 und die obere Klassengrenze der letzten Klasse auf 35 kg/m^2 festlegt wurde.
f. Im physiologischen Sinne beschreibt die SPSS Variable „Klasse“ die Gewichtigkeit einer Person. Geben Sie die Zustandsmenge des Erhebungsmerkmals „Gewichtigkeit“ explizit an. Auf welcher Skala sind die Ausprägungen des betrachteten Erhebungsmerkmals definiert?
g. Wie viele der befragten männlichen Studierenden sind mindestens übergewichtig? Geben Sie explizit die angewandte SPSS Auswahlbedingung an.

Problemstellung 3-4*

Erstellen Sie in Weiterführung der Problemstellung 2-2* für die angegebene Urliste eine SPSS Datendatei und kommentieren Sie kurz die folgenden Aktionen des SPSS Datenmanagements.

a. Skizzieren Sie die Bestandteile der SPSS Variablendefinition für das in Rede stehende Erhebungsmerkmal.
b. Wie viele Zeilen und Spalten des SPSS Dateneditors sind nach der Dateneingabe mit Daten „belegt“? Wieso und warum?
c. Fügen Sie in die SPSS Arbeitsdatei eine Variable mit dem Namen „Nummer“ ein, welche die Merkmalsträger nummeriert. Geben Sie die benutzte SPSS Funktion explizit an.
d. Fügen Sie in die SPSS Arbeitsdatei eine Variable ein, welche für jeden erfassten Patienten die auf ganze Zahlen gerundete Schuhgröße beschreibt, die traditionell auf der Basis des sogenannten französischen Stichmaßes ermittelt wird.

▶ **Hinweis**: Das französische Stichmaß, für dessen kleinste Einheit „ein Stich gleich zwei Drittel eines Zentimeters" gilt und das keinen Unterschied zwischen Kinder- und Erwachsenenschuhgrößen kennt, beginnt bei der kleinsten Kinderschuhgröße von 15 Stich (= 2 × 15/3 = 10 cm) und endet bei der größten Herrenschuhgröße bei 50 Stich (= 2 × 50/3 = 33,33 cm).

Geben Sie die applizierte Berechnungsvorschrift in der verbindlichen SPSS Syntax explizit an und skizzieren Sie die Bestandteile der Variablendefinition.

e. Welche Schuhgröße besitzt der Patient „Nummer 22“?
f. Wie viele der zufällig ausgewählten Patienten besitzen eine Schuhgröße von mindestens 40 und höchstens 43? Geben Sie die SPSS Auswahlbedingung explizit an und charakterisieren Sie die zugrunde liegende SPSS Filtervariable.
g. Speichern Sie die Arbeitsdatei unter dem Namen „Schuhgröße“. Durch welche Extension wird in SPSS eine Datendatei gekennzeichnet?

Problemstellung 3-5

Erstellen Sie in Anlehnung an die Problemstellung 2-1 eine SPSS Datendatei und kommentieren Sie kurz die zugehörigen Aktionen des SPSS Datenmanagements.

a. Beschreiben Sie die folgenden Bestandteile der SPSS Variablendefinition für die interessierenden Erhebungsmerkmale: Name, Typ, Variablenlabel, Wertelabels, Messniveau.

> **Hinweis**: Definieren Sie für das Erhebungsmerkmal „Geschlechtszugehörigkeit" die SPSS Variable „Sex" als Zeichenfolge bzw. Zeichenkette mit den sogenannten String-Ausprägungen „männlich" oder „weiblich".

b. Fügen Sie in die SPSS Arbeitsdatei eine Stringvariable mit dem Namen „ID“ ein, die jedem Merkmalsträger eine Kennung derart zuordnet, dass aus dieser Kennung sowohl mit Hilfe der beiden Kleinbuchstaben „m“ und „w“ auf die Geschlechtszugehörigkeit als auch mit Hilfe der natürlichen Zahlen auf die Zählnummer des Merkmalsträgers in der geschlechtsspezifischen Merkmalsträgerteilmenge geschlossen werden kann. Der Einfachheit halber soll die Zählnummer dreistellig sein und mit dem Wert 100 beginnen.

Geben Sie explizit die jeweils applizierte „geschlechtsspezifische“ Kodierungsvorschrift in der verbindlichen SPSS Syntax an.

c. Im Kürschner-Handwerk und im einschlägigen Handel verwendet man gleichermaßen die nachfolgend tabellarisch zusammengestellten traditionellen und kommerziellen Handschuhgrößenbezeichnungen.

traditionell	5	6	7	8	9	10	11
kommerziell	XXS	XS	S	M	L	XL	XXL

Die traditionelle Handschuhgröße kann näherungsweise mittels der Berechnungsvorschrift bestimmt werden: Größe = RND(−0,6 + 0,4 * Umfang)

Die Variable „Umfang“ beschreibt den Handumfang (in cm) ohne Daumen.

Fügen Sie in die SPSS Arbeitsdatei eine Variable ein, die für die erfassten Probanden die traditionelle Handschuhgröße zum Inhalt hat. Komplettieren Sie die SPSS Variablendefinition.

d. Ergänzen Sie die SPSS Arbeitsdatei durch eine Variable, die für die erfassten Probanden die kommerzielle Handschuhgröße zum Inhalt hat. Speichern Sie die SPSS Arbeitsdatei unter dem Dateinamen „Handschuhgrößen".

Problemstellung 3-6*

Die nachfolgende Grafik skizziert die Lagekoordinaten der traditionellen Berliner Stadtteile.

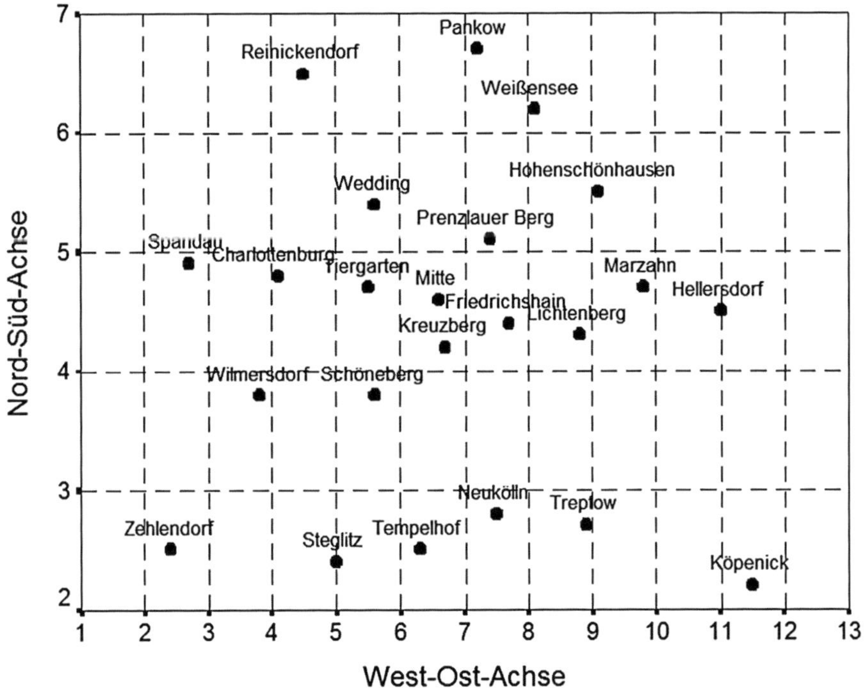

Lagekoordinaten der traditionellen Stadtteile Berlins

Verwenden Sie zur Lösung der folgenden Problemstellungen sowohl die beigefügte Lagekarte mit den Koordinaten der traditionellen Berliner Stadtteile als auch die SPSS Datendatei **MW7.sav** aus dem lehrbuchbezogenen Downloadbereich. Die Datei basiert (einem Mietspiegel gleich) auf Daten von zufällig ausgewählten Mietwohnungen, die im Jahr 2016 auf dem Berliner Mietwohnungsmarkt angeboten wurden. Wie viele Mietwohnungen wurden im jeweiligen geografischen Gebiet Berlins statistisch erfasst? Geben Sie die jeweilige SPSS Auswahlbedingung explizit an.

a. Westteil: alle Stadtteile mit einer West-Ost-Ordinate kleiner oder gleich 7
b. Ostteil: alle Stadtteile mit einer West-Ost-Ordinate größer als 7
c. Nordteil: alle Stadtteile mit einer Nord-Süd-Ordinate größer als 4

d. Südteil: alle Stadtteile mit einer Nord-Süd-Ordinate kleiner oder gleich 4
e. Zentrum: alle Stadtteile mit einer West-Ost-Ordinate größer als 5 aber kleiner als 8 und einer Nord-Süd-Ordinate größer als 4 aber kleiner als 6
f. Randgebiet: alle Stadtteile, die nicht zum Zentrum gehören.

Problemstellung 3-7
Verwenden Sie zur Lösung der folgenden Problemstellungen die SPSS Datendatei **EL7.sav** aus dem lehrbuchbezogenen Downloadbereich. Die verfügbaren Daten sind das Resultat einer geschichteten Zufallsauswahl von Lehrveranstaltungen in den ehemaligen Diplomstudiengängen, die am Fachbereich Wirtschafts- und Rechtswissenschaften der HTW Berlin im Wintersemester 2002/03 evaluiert wurden. Als Schichtungsmerkmal fungierte der Studiengang.

a. Benennen Sie den Merkmalsträger.
b. Wie ist die statistische Grundgesamtheit inhaltlich abgegrenzt?
c. Sind die in den SPSS Variablen *Studiengang*, *Durchfaller* und *Sterne* abgebildeten Erhebungsmerkmale adäquat skaliert? Wenn ja, wie?
d. Wie groß ist der Umfang der Zufallsstichprobe insgesamt und in den jeweiligen Schichten?
e. Im Kontext der Auswertung der erfassten Evaluationsergebnisse ist die folgende Lehrveranstaltungskategorie von Interesse: Lehrveranstaltung im Grundstudium mit 40 oder mehr eingeschriebenen Teilnehmern und einer Durchfallerquote über 20 %. Wie viele Lehrveranstaltungen können dieser Kategorie zugeordnet werden? Geben Sie die Auswahlbedingung in der verbindlichen SPSS Syntax explizit an.
f. Legen Sie jeweils eine externe SPSS Datendatei an, welche die folgenden nach dem Grundstudium und nach dem Hauptstudium gegliederten Evaluationsergebnisse beinhaltet: Anzahl der evaluierten Lehrveranstaltungen, Gesamtanzahl der Teilnehmer, durchschnittliche Durchfallerquote, Standardabweichung der Durchfallerquote, kleinster und größter mittlerer Punktewert für die didaktischen Fertigkeiten eines evaluierten Dozenten.

Problemstellung 3-8*
Verwenden Sie zur Lösung der folgenden Problemstellungen die SPSS Datendatei **LH7.sav** aus dem lehrbuchbezogenen Downloadbereich. Die Datei beinhaltet Schlusskurse der Stammaktie „Deutsche Lufthansa AG", die an der Frankfurter Börse börsentäglich erfasst wurden.

► **Hinweis**: Fassen Sie der Einfachheit und Praktikabilität halber die börsentägliche Datenerhebung als einen chronologisch äquidistanten Vorgang auf.

a. Charakterisieren Sie die chronologisch erfassten Schlusskurse aus statistisch-methodischer Sicht im Kontext der folgenden Grundbegriffe: Zeitreihe, Zeitpunktreihe, Zeitintervallreihe, Äquidistanz.
b. Fügen Sie in die SPSS Arbeitsdatei eine Variable ein, welche die chronologische Abfolge der erfassten Schlusskurse mit Hilfe der natürlichen Zahlen beschreibt. Geben Sie die applizierte Berechnungsvorschrift in der SPSS Syntax explizit an.
c. Beschreiben Sie den Beobachtungszeitraum der Zeitreihe mit Hilfe einer geeigneten Indexmenge. Geben Sie die Länge des Beobachtungszeitraumes an.
d. Fügen Sie in die SPSS Arbeitsdatei eine Variable ein, welche die auf eine logarithmische Skala transformierten Schlusskurse beinhaltet. Geben Sie die applizierte Berechnungsvorschrift in der SPSS Syntax explizit an.
e. Stellen Sie mit Hilfe einer geeigneten und konkret zu benennenden Grafik jeweils den zeitlichen Verlauf i) der erfassten Schlusskurse und ii) der auf eine logarithmische Skala transformierten Schlusskurse bildhaft dar. Zu welcher Aussage gelangen Sie aus einer alleinigen und vergleichenden Betrachtung der beiden grafischen Darstellungen?
f. Ergänzen Sie die gemäß Problemstellung e. erstellte Grafik der logarithmisch transformierten Schlusskurse sowohl durch eine sogenannte zentrierte 50-Tage-Trajektorie als auch durch eine sogenannte zurückgreifende 50-Tage-Trajektorie. Zu welcher Aussage gelangen Sie aus einer alleinigen Betrachtung der erweiterten Grafik? Worin unterscheiden sich die beiden 50-Tage-Trajektorien?
g. Ein einfaches und für praktische Zwecke oft ausreichendes statistisches Instrument zur Trendelimination bei Zeitreihen bildet ein sogenannter Differenzenfilter erster Ordnung. Fügen Sie in die SPSS Arbeitsdatei eine Variable ein, welche die erste Differenzenfolge der auf eine logarithmische Skala transformierten Schlusskurse beinhaltet. Geben Sie die applizierte Berechnungsvorschrift in der SPSS Syntax explizit an. i) Worin liegt der analytische und sachlogische Vorteil der praktizierten Transformation der Schlusskurswerte? ii) Charakterisieren Sie kurz das grafische Erscheinungsbild der praktizierten Schlusskurs-Transformation.

3.2 Lösungen

Lösung 3-1

a. Variablennamen z. B. Nummer, Farbe, Motor, Fahr, Alter, Wert, jeweils elf Charakteristika, d. h. von „Name“ über „Typ“ bis „Rolle“
b. Variable „Farbe“ kann als String (Zeichenkette, Zeichenfolge) oder als kodierte numerische Variable erfasst werden, die restlichen Variablen sind wegen der zahlenmäßigen Erfassung numerisch
c. sechs Editorspalten, da insgesamt sechs Erhebungsmerkmale erfasst wurden
d. Dateneingabe als Zeichenketten oder Zahlen via Tastatur, Dateiname: Smart
e. Extension: *.sav
f. Berechnungsvorschriften z. B. i) Monat = Fahr/Alter, ii) Quartal = Fahr/(Alter/4),

iii) Jahr = Fahr/(Alter/12)

g. drei Editorzeilen wegen dreier erfasster Merkmalsträger „Smart", 6 + 3 = 9 Editorspalten, da die sechs originären Erhebungsmerkmale durch drei berechnete Variablen erweitert wurden

Lösung 3-2*

a. Mietwohnung
b. 5148 Mietwohnungen, statistische Gesamtheit als Mietwohnungsstichprobe
c. Identifikationsmerkmale: Mietwohnung (sachlich), Berlin (örtlich), 2016 (zeitlich), Erhebungsmerkmale: Wohnungsnummer, Stadtteil, Ortskode, Lage auf der West-Ost-Achse, Lage auf der Nord-Süd-Achse, Wohnlage, Zimmeranzahl, Wohnfläche, monatliche Kaltmiete
d. Ortskode: nominales Erhebungsmerkmal, da mit der kodierten Zustandsmenge: {1 für Charlottenburg, …, 23 für Zehlendorf} eine wertfreie Unterscheidung der Berliner Stadtteile bewerkstelligt wird,
   Wohnlage: ordinales Erhebungsmerkmal, da mit der kodierten Zustandsmenge {1 für einfache (Wohnlage), 2 für mittlere (Wohnlage), 3 für gute (Wohnlage)} eine „verbal auf- bzw. abgestufte" Wertigkeitsaussage getroffen wird,
   Zimmeranzahl: diskretes metrisches Erhebungsmerkmal, Zustandsmenge: {1, 2, 3, 4, 5} als Teilmenge der Menge N der natürlichen Zahlen
e. Filter: Stadtteil = „Pan" & Zimmer = 4 & Miete <= 1000
   bzw. Ortskode = 11 & Zimmer = 4 & Miete <= 1000
   Anzahl: 50 Mietwohnungen
f. Von Interesse sind alle erfassten Berliner Zwei-Zimmer-Mietwohnungen, die entweder im Stadtteil Mitte oder im Stadtteil Tiergarten angesiedelt sind und mindestens eine Wohnfläche von 60 m^2 besitzen.
   Anzahl: 83 Wohnungen
g. Berechnungsvorschrift: Preis = Miete/Fläche
   Variablendefinitionsrubriken: Name: Preis, Typ: numerisch, Breite: 8, Dezimalstellen: 2, Beschriftung: Mietpreis (€/m^2), …, Messniveau: metrisch, Rolle: z. B. Eingabe

Lösung 3-3*

a. 2646 Studierende
b. z. B. KMI = F4/(F3/100) ** 2
c. für 2580 befragte Studierende konnte ein Körper-Masse-Index (KMI) berechnet werden, da diese jeweils eine „gültige" Antwort auf die Frage nach dem Körpergewicht (F4) und nach der Körpergröße (F3) gaben, 66 Befragte gaben wenigstens für eines der beiden metrischen Erhebungsmerkmale keinen Wert an
d. via Transformieren, Visuelles Klassieren, Aktuelle Variable: KMI, Klassierte Variable: Klasse, Beschriftung: Gewichtigkeit, Trennwerte für Intervalle mit gleicher Breite erstellen: erster Trennwert: 20, Anzahl der Trennwerte: 3, Breite: 5, Obere Endpunkte:

Ausgeschlossen (<), Beschriftungen erstellen: 1 für untergewichtig, 2 für normalgewichtig, 3 für übergewichtig, 4 für fettleibig (bzw. adipös), Virtuelle Klassierung via Schaltfläche OK abschließen

e. äquidistante Klassierung eines stetigen metrischen Erhebungsmerkmals
f. kodierte Zustandsmenge: {1 für untergewichtig, 2 für normalgewichtig, 3 für übergewichtig, 4 für adipös}, Skala: ordinal
g. Anzahl: 373 männliche Studierende, Auswahlbedingung in der SPSS Syntax: entweder F1 = 0 & KMI >= 25 oder F1 = 0 & Klasse >= 3

Lösung 3-4*

a. z. B. Name: Länge, Typ: numerisch, Spaltenformat: 8, Dezimalstellen: 1, Variablenlabel: Fußlänge (cm), Wertelabels: keine, Fehlende Werte: keine, Spalten: 8, Ausrichtung: rechts, Messniveau: metrisch
b. 25 Zeilen, 1 Spalte, da für 25 Patienten jeweils die Länge des rechten Fußes gemessen und erfasst wurde
c. Nummer = $CASENUM
d. z. B. Größe = RND(Länge * 3/2), Spaltenformat: 8, Dezimalstellen: 0, Variablenlabel: Schuhgröße, Wertelabels: keine, Messniveau: metrisch
e. Schuhgröße 42
f. 6 Patienten, Filter: Größe >= 40 & Größe <= 43, Filtervariable ist numerisch, dichotom und 0-1-kodiert, Kode 0: nicht ausgewählt, Kode 1: ausgewählt
g. Extension: *.sav

Lösung 3-5

a. zwei Erhebungsmerkmale:
   Name: Sex, Typ: String, Länge: 8 Zeichen, Variablenlabel: Geschlecht, Wertelabels: keine, Messniveau: nominal,
   Name: Umfang, Typ: numerisch, Dezimalstellen: 1, Variablenlabel: Handumfang ohne Daumen (cm), Wertelabels: kein, Messniveau: metrisch
b. Arbeitsschritte: Merkmalsträger hinsichtlich der Stringvariable *Sex* jeweils via *Daten, Fälle sortieren* aufsteigend bzw. absteigend anordnen und danach analog zum beigefügten Screenshot jeweils via *Transformieren, Variable berechnen* die Kodierungsvorschrift
   ID = CONCAT(SUBSTR(Sex,1,1), STRING(100 + $casenum,F3.0))
   anwenden, wobei im SPSS Unterdialogfeld „Variable berechnen: Falls Bedingung erfüllt ist“ in der Rubrik „Fall einschließen, wenn Bedingung erfüllt ist“ die jeweilige Bedingung (Sex = „männlich“ bzw. Sex = „weiblich“) zu vereinbaren ist.

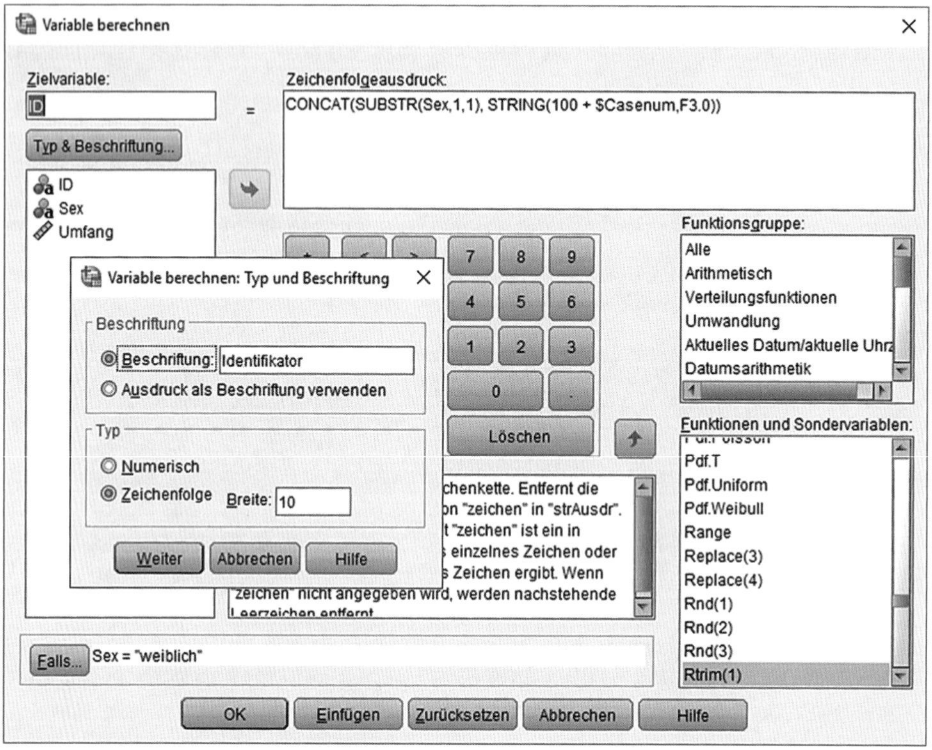

SPSS Dialogfeld „Variable berechnen"

c. Name: Größe, Typ: numerisch, Variablenlabel: traditionelle Handschuhgröße, Messniveau: ordinal
d. Variable „kommerziell" einfügen via Transformieren, Umkodieren in andere Variablen

Lösung 3-6*

Setzen des Filters bzw. der Auswahlbedingung via Daten, Fälle auswählen:

a. Filter: WestOst <= 7
   Anzahl: 2729 Mietwohnungen
b. Filter: WestOst > 7
   Anzahl: 2419 Mietwohnungen
c. Filter: NordSüd > 4
   Anzahl: 3327 Mietwohnungen
d. Filter: NordSüd <= 4
   Anzahl: 1821 Mietwohnungen

e. Filter: WestOst > 5 & WestOst < 8 & NordSüd > 4 & NordSüd < 6
   Anzahl: 1408 Mietwohnungen
f. Filter: ~(WestOst > 5 & WestOst < 8 & NordSüd > 4 & NordSüd < 6)
   Anzahl: 3740 Mietwohnungen

Lösung 3-7

a. Merkmalsträger: Lehrveranstaltung
b. Grundgesamtheit: alle Lehrveranstaltungen, die am Fachbereich Wirtschafts- und Rechtswissenschaften der HTW Berlin im Wintersemester 2002/03 evaluiert wurden
c. ja, Studiengang: nominal, Stern: ordinal, Durchfaller: metrisch
d. Verteilung der Lehrveranstaltungen (LV) auf die fünf Studiengänge (Schichten): insgesamt: 120 LV, Wirtschaftsrecht: 25 LV, Betriebswirtschaftslehre (BWL): 30 LV, BWL-Immobilien: 25 LV, BWL-Banken: 20 LV, Public Management: 20 LV
e. Filter: Studium = 0 & Teilnehmer >= 40 & Durchfaller > 20, Anzahl: 9 Lehrveranstaltungen
f. Grund- bzw. Hauptstudium: 66 bzw. 54 Lehrveranstaltungen, 2816 bzw. 1297 Teilnehmer, durchschnittliche Durchfallerquote: 13,49 % bzw. 8,88 %, Standardabweichung der Durchfallerquoten: 9,83 % bzw. 11,18 %, kleinster mittlerer Punktewert: 2,28 bzw. 2,11 Punkte, größter mittlerer Punktewert: 4,47 bzw. 4,88 Punkte

Lösung 3-8*

a. äquidistante Zeitpunktreihe
b. z. B. Zeit = $CASENUM
c. Beobachtungszeitraum $T_B = \{t \mid t = 1, 2, \ldots, n\}$, Länge n = 124 Börsentage, Zeitraum: 2. August 2010 bis 21. Januar 2011
d. z. B. lnK = ln(Kurs)
e. im Beobachtungszeitraum ist ein volatiler und ansteigender Kursverlauf angezeigt, die Trajektorien der originären und der logarithmisch transformierten Kurse sind identisch
f. degressiv steigender Trend der Schlusskurse, der augenscheinliche Unterschied liegt in der zeitlichen Projektion des „geglätteten Kursverlaufs“
g. via Transformieren, Zeitreihe erstellen, z. B. Rendite = DIFF(lnK 1)

   Vorteil: die Differenzen der chronologisch geordneten und logarithmisch transformierten Kurse können als börsentägliche Veränderungsraten der Schlusskurse bzw. als börsentägliche Renditen der Schlusskurse der Lufthansa-Aktie gedeutet werden; die Trajektorie der börsentäglichen Veränderungsraten bzw. Renditen der Lufthansa-Aktie indiziert einen schwach stationären stochastischen Prozess

Literatur

Eckstein PP (2016) Angewandte Statistik mit SPSS – Praktische Einführung für Wirtschaftswissenschaftler, 8. Aufl. Springer Gabler, Wiesbaden

Eckstein PP (2019) Statistik für Wirtschaftswissenschaftler – Eine realdatenbasierte Einführung mit SPSS, 6. Aufl. Springer Gabler, Wiesbaden

Datendeskription

4

4.1 Problemstellungen

Problemstellung 4-1

Verwenden Sie zur Lösung der folgenden Problemstellungen die SPSS Datendatei **FB7.sav** aus dem lehrbuchbezogenen Downloadbereich. Die Datendatei basiert auf semesterbezogenen Studierendenbefragungen, die am Fachbereich Wirtschafts- und Rechtswissenschaften der HTW Berlin im Fach Statistik auf der Grundlage eines standardisierten Fragebogens durchgeführt wurden.

Von Interesse sind alle Studierenden, die im Sommersemester 2015 befragt wurden.

a. Geben Sie explizit die SPSS Auswahlbedingung an und beschreiben Sie vollständig die statistische Gesamtheit.
b. Geben Sie unter Verwendung absoluter Häufigkeiten die geschlechtsspezifische Verteilung an.
c. Erstellen Sie für das Erhebungsmerkmal, das in der SPSS Variablen F6 abgebildet ist, eine Häufigkeitstabelle. Erläutern Sie anhand der Tabelle die folgenden Begriffe: Zustandsmenge, Skalierung, absolute Häufigkeit, prozentuale Häufigkeit, prozentuale Häufigkeitsverteilung auf der Basis der „gültigen Fälle“. Interpretieren Sie die kumulierte prozentuale Häufigkeit für die Ausprägung „M“.
d. Sie werden aufgefordert, die Häufigkeitsverteilung des Erhebungsmerkmals „Zufriedenheit mit dem bisherigen Studium“ grafisch zu präsentieren. Welche Form der grafischen Darstellung ist im konkreten Fall sinnvoll? Warum?
e. Fügen Sie in Anlehnung an die Problemstellung 3-3* in die SPSS Arbeitsdatei eine Variable ein, welche für alle interessierenden Studierenden den Körper-Masse-Index zum Inhalt hat. Wie viele gültige Werte erhalten Sie? Warum?

P. P. Eckstein, *Datenanalyse mit SPSS*,
https://doi.org/10.1007/978-3-658-31837-6_4

f. Konstruieren Sie die geschlechtsspezifischen Stamm-Blatt-Diagramme der Körper-Masse-Indizes. Auf wie vielen äquidistanten Körper-Masse-Index-Klassen basiert das jeweilige geschlechtsspezifische Stamm-Blatt-Diagramm? Interpretieren Sie jeweils die modale Körper-Masse-Index-Klasse.

Problemstellung 4-2*

Im Zuge der Verhandlungen zum Semesterticket ist der Fachschaftsrat daran interessiert zu erfahren, welche Verkehrsmittel die Studierenden in der Regel auf dem Weg zur Hochschule nutzen. Verwenden Sie zur Beantwortung der damit verbundenen Fragestellungen die SPSS Datendatei **FB7.sav** aus dem lehrbuchbezogenen Downloadbereich. Die Datei basiert auf semesterbezogenen Studierendenbefragungen, die am Fachbereich Wirtschafts- und Rechtswissenschaften der HTW Berlin auf der Grundlage eines standardisierten Fragebogens durchgeführt wurden.

Von Interesse sind die Studierenden, die ab dem Sommersemester 2014 befragt wurden.

a. Wie viele Studierende wurden befragt? Geben Sie die Auswahlbedingung in der verbindlichen SPSS Syntax an.
b. Die Verkehrsmittelnutzungen wurden in den SPSS Variablen F12a bis F12l erfasst. Wie viele Verkehrsmittel sind im „Variablenkatalog" vermerkt?
c. Charakterisieren Sie den Verkehrsmittelkatalog aus statistisch-methodischer Sicht und benennen Sie das entsprechende SPSS Analysekonzept zur statistischen Auswertung des Variablenkatalogs.
d. Wie viele der befragten Studierenden nannten kein Verkehrsmittel?
e. Wie groß ist der prozentuale Anteil der befragten Studierenden, die eine gültige Antwort gaben?
f. Wie viele Verkehrsmittelnennungen wurden insgesamt erfasst?
g. Welches Verkehrsmittel wurde von den Befragten, die wenigstens ein Verkehrsmittel nannten, am häufigsten und insgesamt wie oft genannt?
h. Wie viel Prozent der Verkehrsmittelnennungen entfallen auf die „S-Bahn"?
i. Wie viel Prozent der befragten Studierenden, die wenigstens ein Verkehrsmittel nannten, gaben an, einen „PKW" zu nutzen?
j. Die Befragten, die wenigstens ein Verkehrsmittel nannten, nutzten auf dem Weg zur Hochschule im Durchschnitt wie viele Verkehrsmittel?

Problemstellung 4-3*

Die Grafiken in den zwei nachfolgenden Abbildungen beschreiben jeweils die jahresdurchschnittliche Fahrleistung von 150 Gebrauchtwagen der Marke Opel Corsa, die im ersten Quartal 2010 auf dem Berliner Gebrauchtwagenmarkt zum Verkauf angeboten wurden.

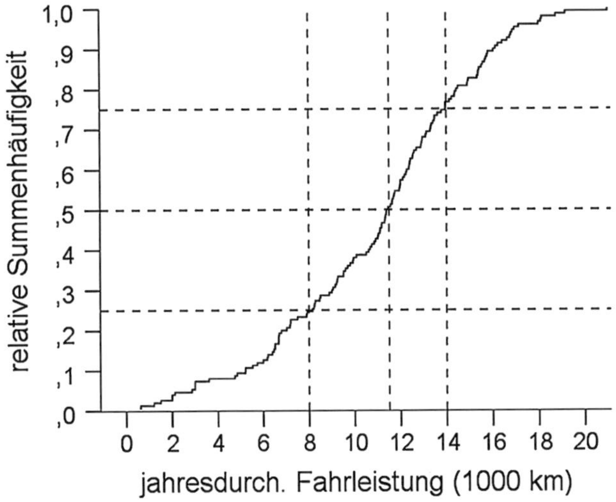

Jahresdurchschnittliche Fahrleistung von 150 Opel Corsa – Darstellung 1

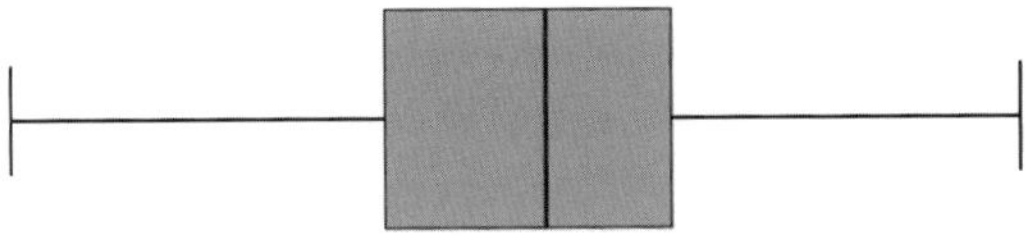

Jahresdurchschnittliche Fahrleistung von 150 Opel Corsa – Darstellung 2

a. Benennen Sie den Merkmalsträger und die statistische Gesamtheit einschließlich ihrer Identifikationsmerkmale.
b. Benennen und charakterisieren Sie das Erhebungsmerkmal hinsichtlich seiner Skalierung, seiner Zustandsmenge und seiner Typisierung.
c. Benennen Sie die Grafiken in den beiden Abbildungen und komplettieren Sie die zweite Grafik sowohl durch die Benennung als auch durch die „näherungsweise" und dimensionsgeladene Angabe der sie charakterisierenden Kennzahlenwerte.
d. Bestimmen und interpretieren Sie den Quartilskoeffizienten der Schiefe.
e. Benennen Sie die semigrafische Darstellung in der nachfolgenden Abbildung. Worüber gibt sie Auskunft? Zu welcher analytischen Aussage gelangen Sie aus einer alleinigen Betrachtung der Semigrafik?

```
jahresdurchschnittliche Fahrleistung (1000 km)
 Frequency    Stem &  Leaf
     5           0 .  00111
     7           0 .  2223333
     6           0 .  445555
    19           0 .  6666666666667777777
    20           0 .  88888899999999999999
    27           1 .  000000011111111111111111111
    31           1 .  2222222222222222222223333333333333
    19           1 .  4444444445555555555
    10           1 .  6666666667
     5           1 .  88889
     1           2 .  0
 Stem width:    10
 Each leaf:      1 case(s)
```

Jahresdurchschnittliche Fahrleistung von 150 Opel Corsa – Darstellung 3

f. Interpretieren Sie die modale Ziffernfolge innerhalb der Semigrafik sowohl aus statistisch-methodischer als auch aus sachlogischer Sicht.

g. Erstellen Sie anhand der Semigrafik eine Häufigkeitstabelle, die gemäß dem Klassierungsprinzip „von … bis unter …“ auf drei äquidistanten Fahrleistungsklassen mit der Klassenbreite von 7000 km beruht. Verwenden Sie für die erste Fahrleistungsklasse eine Obergrenze von 7000 km und ergänzen Sie die Fahrleistungsklassen durch die zugehörigen absoluten, relativen und kumulierten relativen Häufigkeiten.

h. Berechnen Sie anhand der Häufigkeitstabelle aus der Problemstellung g. näherungsweise das arithmetische Mittel der jahresdurchschnittlichen Fahrleistungen der erfassten Gebrauchtwagen der Marke Opel Corsa. Begründen Sie kurz Ihren Lösungsansatz.

Problemstellung 4-4*

Verwenden Sie zur Lösung der folgenden Problemstellungen die SPSS Datendatei **EW7.sav** aus dem lehrbuchbezogenen Downloadbereich. Die Datei beinhaltet Daten von Eigentumswohnungen, die im Jahr 2015 auf dem Berliner Wohnungsmarkt zum Verkauf angeboten wurden.

a. Erläutern Sie am konkreten Sachverhalt kurz die folgenden statistischen Begriffe: Einheit, Gesamtheit, Identifikations- und Erhebungsmerkmale, Zustandsmenge, Skalierung.

b. Fügen Sie in die Datei eine Variable ein, welche den Quadratmeterpreis (Angaben in € pro m²) beschreibt. Charakterisieren Sie die Variable aus statistisch-methodischer Sicht und geben Sie die von Ihnen applizierte Berechnungsvorschrift in der verbindlichen SPSS Syntax explizit an.

c. Für alle weiteren Betrachtungen sind die erfassten Eigentumswohnungen mit zwei Wohnräumen von Interesse. Wie viele Zwei-Raum-Eigentumswohnungen wurden statistisch erfasst? Geben Sie die applizierte Auswahlbedingung in der verbindlichen SPSS Syntax explizit an.

d. Benennen und komplettieren Sie die nachfolgend beigefügte Grafik, indem Sie unter Verwendung der Quadratmeterpreisdaten die erforderlichen Verteilungsmaßzahlen benennen und interpretieren sowie deren ganzzahlig gerundete Werte mit Maßeinheit in der Grafik vermerken.

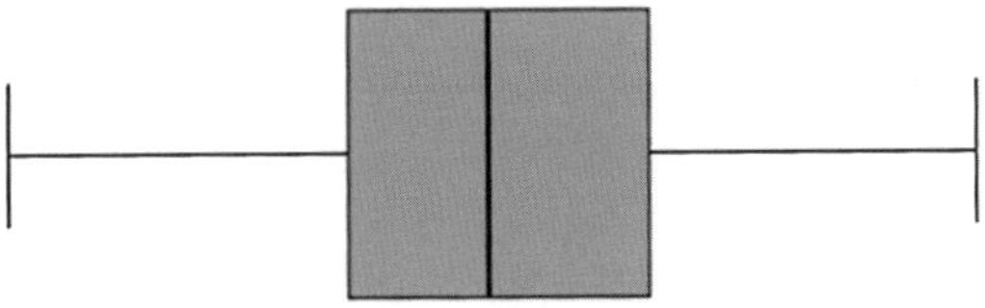

Quadratmeterpreise – grafische Darstellung

e. Bestimmen und interpretieren Sie die Spannweite, den Interquartilsabstand und den Quartilskoeffizienten der Schiefe der Quadratmeterpreise.
f. Bestimmen und interpretieren Sie das arithmetische Mittel und die Standardabweichung der Quadratmeterpreise.
g. Ist es sinnvoll, den prozentualen Anteil der interessierenden Eigentumswohnungen, die sich hinsichtlich ihres Quadratmeterpreises im sogenannten Ein-Sigma-Bereich befinden, zu bestimmen? Begründen Sie kurz Ihre Aussage. Bestimmen Sie die Anteilszahl und geben Sie die Auswahlbedingung an.
h. Fügen Sie in die Arbeitsdatei eine Variable ein, welche die standardisierten Quadratmeterpreise der interessierenden Wohnungen zum Inhalt hat. i) Worin besteht der Vorteil von standardisierten Werten? ii) Bestimmen Sie für die standardisierten Quadratmeterpreise das arithmetische Mittel und die Standardabweichung. iii) Interpretieren Sie die standardisierten Quadratmeterpreise für die Eigentumswohnungen mit den Nummern 1102, 1103 und 1104.

Problemstellung 4-5

Verwenden Sie zur Lösung der folgenden Problemstellungen die SPSS Datendatei **GG7.sav** aus dem lehrbuchbezogenen Downloadbereich. Die Datei beinhaltet Daten von 200 zufällig ausgewählten Gebrauchtwagen der Marke VW Golf Benziner mit einem 1,6 Liter Triebwerk, die im zweiten Quartal 2005 auf dem Berliner Gebrauchtwagenmarkt zum Verkauf angeboten wurden. Im Zuge einer angestrebten Datenaggregation ist die SPSS Funktion *Visuelles Klassieren* innerhalb der SPSS Funktionsgruppe *Transformieren* von Interesse.

a. Erläutern Sie am konkreten Sachverhalt kurz die folgenden statistischen Begriffe: Einheit, Gesamtheit, Identifikations- und Erhebungsmerkmale, Zustandsmenge, Skalierung.

b. Fügen Sie in die SPSS Arbeitsdatei eine Variable ein, welche die jahresdurchschnittliche Fahrleistung (Angaben in km, auf ganzzahlige Werte gerundet) der erfassten VW Golf zum Inhalt hat. Geben Sie die benutzte SPSS Berechnungsvorschrift explizit an.
c. Klassieren Sie die jahresdurchschnittlichen Fahrleistungswerte derart, dass diese gemäß dem Klassierungsprinzip „von … bis unter …“ in sechs äquidistante Klassen mit einer Breite von 5000 km gegliedert werden. Verwenden Sie als obere Klassengrenze der ersten Klasse den Fahrleistungswert 5000 km. Geben Sie die prozentuale relative Häufigkeitsverteilung der klassierten Fahrleistungswerte an. Charakterisieren Sie die Häufigkeitsverteilung.
d. Klassieren Sie die jahresdurchschnittlichen Fahrleistungswerte derart, dass diese gemäß dem Klassierungsprinzip „von … bis unter …“ in vier äquifrequente Klassen gegliedert werden. Geben Sie die prozentuale relative Häufigkeitsverteilung der klassierten Fahrleistungswerte an. Charakterisieren Sie die Häufigkeitsverteilung.
e. Klassieren Sie die jahresdurchschnittlichen Fahrleistungswerte derart, dass diese gemäß dem Klassierungsprinzip „von … bis unter …“ in vier Klassen gegliedert werden. Verwenden Sie jeweils als obere Klassengrenze die folgenden drei Fahrleistungswerte: arithmetisches Mittel minus Standardabweichung, arithmetisches Mittel, arithmetisches Mittel plus Standardabweichung. Geben Sie die prozentuale relative Häufigkeitsverteilung der klassierten Fahrleistungswerte an. Charakterisieren Sie die Häufigkeitsverteilung.

Problemstellung 4-6*

Verwenden Sie zur Lösung der folgenden Problemstellungen die SPSS Datendatei **GB7.sav** aus dem lehrbuchbezogenen Downloadbereich. Die Datei beruht auf einer deutschlandweiten Gästebefragung in Fünf-Sterne-Hotels aus dem Jahr 2007. Von Interesse sind alle befragten weiblichen Hotelgäste, die angaben, verheiratet zu sein und aus privaten Gründen im Hotel zu logieren.

a. Wie viele der befragten Hotelgäste genügen der eingangs formulierten Auswahlbedingung? Geben Sie die SPSS Auswahlbedingung explizit an.
b. Wie ist die interessierende statistische Gesamtheit inhaltlich abgegrenzt?
c. Geben Sie die Zustandsmenge der Erhebungsmerkmale „Geschlecht“ und „Aufenthaltsgrund“ an. Auf welcher Skala sind die Ausprägungen jeweils definiert? Begründen Sie kurz Ihre Aussagen.
d. Die Geschäftsführung der in Rede stehenden Hotels ist daran interessiert zu erfahren, welche Erwartungen die Hotelgäste an ein Fünf-Sterne-Hotel richten. Dazu wurde im Kontext der Frage 4 eines standardisierten Fragebogens ein Erwartungskatalog erstellt, aus dem die befragten Hotelgäste die für sie wichtigsten Erwartungen nennen sollten.
   i) Wie viele Erwartungen umfasst der Erwartungskatalog?

ii) Charakterisieren Sie die Erwartungen des Erwartungskatalogs aus statistisch-methodischer Sicht und benennen Sie das entsprechende SPSS Analysekonzept zur statistischen Auswertung des Erwartungskatalogs.
iii) Wie oft wurden von den interessierenden Hotelgästen Erwartungen aus dem Erwartungskatalog insgesamt genannt?
iv) Welche Erwartung wurde von den interessierenden Hotelgästen am wenigsten und insgesamt wie oft genannt?
v) Wie viel Prozent der Erwartungen, die von den interessierenden Hotelgästen insgesamt genannt wurden, entfallen auf die Erwartung „Internetanschluss"?
vi) Wie viel Prozent der interessierenden Hotelgäste, die mindestens eine Erwartung nannten, vermerkten die Erwartung „Wellnessangebot"?
vii) Wie viele Erwartungen des Erwartungskatalogs wurden im Durchschnitt von den interessierenden Hotelgästen im Fragebogen „angekreuzt"?

e. Erläutern Sie am konkreten Sachverhalt die statistischen Begriffe „Häufigkeit" und „Häufbarkeit".

Problemstellung 4-7
Verwenden Sie zur Lösung der Problemstellungen die beigefügte Grafik.

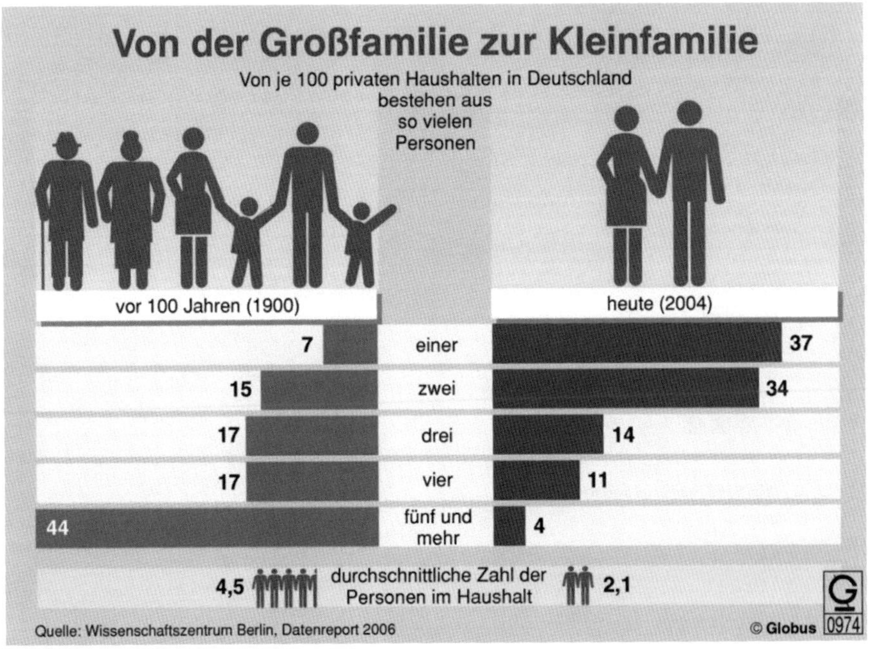

Von der Großfamilie zur Kleinfamilie

a. Benennen Sie die statistische Gesamtheit einschließlich ihrer sachlichen, zeitlichen und örtlichen Abgrenzung sowie das Erhebungsmerkmal.
b. Charakterisieren Sie das Erhebungsmerkmal mittels der folgenden Begriffe: Zustandsmenge, Skala, Erfassbarkeit, Häufbarkeit, Stetigkeit.
c. Erstellen Sie eine SPSS Arbeitsdatei mit den folgenden drei SPSS Variablen: Anzahl (der Personen in einer Familie), gestern (für 1900), heute (für 2004).

► **Hinweis:** Verwenden Sie für die SPSS Variable „Anzahl" wegen der offenen Flügelklasse „fünf ~~und~~ oder mehr" eine Klassenmitte von sieben Personen.

d. Welche Summen liefern die SPSS Variablen „gestern" und „heute"? Warum?
e. Bestimmen und interpretieren Sie jeweils für die Jahre 1900 und 2004 die folgenden Verteilungsparameter: arithmetisches Mittel, Standardabweichung, Schiefemaß. Skizzieren Sie Ihren Lösungsweg.

Problemstellung 4-8*

Die beiden explorativen und mit Hilfe von SPSS erstellten Grafiken basieren auf der Breite (Angabe in mm) von Hühnereiern, die von Hühnern der Rasse Loheimer Braun gelegt wurden.

```
Breite in mm
Freq Stem & Leaf
   6  41 . 4&
  11  41 . 56&
  40  42 . 001223344
  56  42 . 5556677788899
  84  43 . 000111122222233344444
 109  43 . 555555566666777778888899999
 157  44 . 0000000000111111222222233333333444444
 113  44 . 5555666666777777788888999999
  81  45 . 000001111122223344 4
  56  45 . 55556666777789
  44  46 . 00001122334
  27  46 . 555789&
   1  47 . &
Stem width: 1, Each leaf: 4 cases
& denotes fractional leaves
```

Breite von Hühnereiern – Darstellung 1

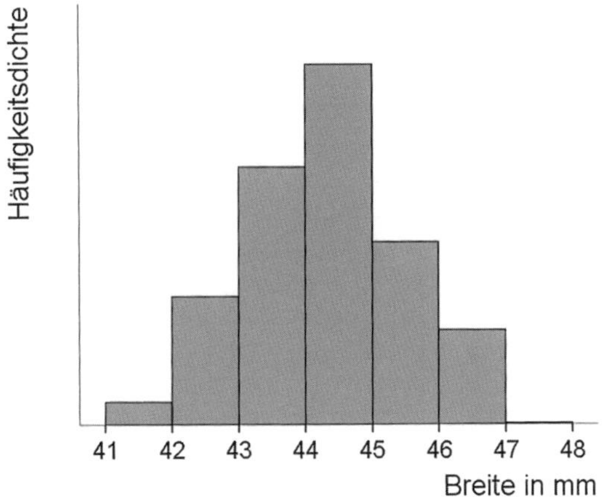

Breite von Hühnereiern – Darstellung 2

a. Benennen Sie die beiden explorativen Grafiken. Worüber geben sie Auskunft?
b. Erläutern Sie anhand der ersten Grafik die folgenden Grundbegriffe: Einheit, Gesamtheit, Erhebungsmerkmal, Zustandsmenge, Skalierung, Klassierung, äquidistante Klassenbreite, absolute Häufigkeit der modalen Klasse.
c. Charakterisieren Sie anhand der zweiten Grafik das Klassierungsprinzip der Hühnereierbreiten.
d. Komplettieren Sie die zweite Grafik, indem Sie für jede Merkmalswerteklasse auf der Ordinate den jeweiligen Wert der relativen Häufigkeitsdichte (auf vier Dezimalstellen gerundet) markieren. Skizzieren Sie für die erste Merkmalswerteklasse die Berechnung der relativen Häufigkeitsdichte.
e. Wie groß ist der Flächeninhalt der aneinandergrenzenden Säulen im zweiten Diagramm? Wie wird ein Diagramm mit dieser Eigenschaft bezeichnet?
f. Bestimmen Sie anhand der zweiten Grafik näherungsweise das arithmetische Mittel aller erfassten Hühnereierbreiten. Begründen Sie Ihren Lösungsweg.

Problemstellung 4-9

Verwenden Sie zur Lösung der folgenden Problemstellungen die SPSS Datendatei **HE7.sav** aus dem lehrbuchbezogenen Downloadbereich. Die Datei beinhaltet Breiten-, Gewichts- und Höhendaten von Hühnereiern, die von Hühnern der Rasse Loheimer Braun gelegt wurden.

a. Benennen Sie den Merkmalsträger und identifizieren Sie die statistische Gesamtheit einschließlich ihres Umfanges.
b. Charakterisieren Sie die Erhebungsmerkmale sowie deren Zustandsmenge und deren Skalierung.

c. Charakterisieren Sie die empirische Verteilung des jeweiligen Erhebungsmerkmals mittels der folgenden Maßzahlen: arithmetisches Mittel, Standardabweichung, Schiefemaß und Wölbungsmaß.
d. Bestimmen Sie für jedes Erhebungsmerkmal den Variationskoeffizienten. Zu welcher Aussage gelangen Sie aus einem paarweisen Vergleich der Koeffizienten?
e. Ergänzen Sie die SPSS Arbeitsdatei durch drei SPSS Variablen, welche für die Erhebungsmerkmale die standardisierten Merkmalswerte beinhalten. Charakterisieren Sie die empirische Verteilung des jeweiligen standardisierten Erhebungsmerkmals mittels der folgenden Maßzahlen: arithmetisches Mittel, Standardabweichung, Schiefe- und Wölbungsmaß. Welche der berechneten Maße werden durch die Standardisierung der Merkmalswerte nicht berührt?
f. Ist es im konkreten Fall sinnvoll und möglich, für die standardisierten Erhebungsmerkmale jeweils einen Variationskoeffizienten zu berechnen?
g. Durch einen individuellen Fehler im SPSS Datenmanagement haben Sie die originäre SPSS Datendatei mit einer SPSS Arbeitsdatei „überschrieben", die nur noch die Werte der standardisierten Erhebungsmerkmale beinhaltet. Zum Glück ist im SPSS Viewer noch die Mittelwerttabelle für die originären Daten verfügbar, die in der SPSS Standardeinstellung neben der Anzahl der Merkmalsträger stets auch das arithmetische Mittel und die Standardabweichung beinhaltet. Ist es im konkreten Fall möglich, die originären Daten zu rekonstruieren? Wenn ja, skizzieren Sie Ihren Lösungsansatz.

Problemstellung 4-10*

Verwenden Sie zur Lösung der folgenden Problemstellungen die SPSS Datendatei **GG7.sav**, die im lehrbuchbezogenen Downloadbereich verfügbar ist. Die Datei beinhaltet Daten von 200 zufällig ausgewählten Gebrauchtwagen der Marke VW Golf Benziner mit einem 1,6 Liter Triebwerk, die im zweiten Quartal 2005 auf dem Berliner Gebrauchtwagenmarkt zum Verkauf angeboten wurden.

a. Erläutern Sie am konkreten Sachverhalt die folgenden statistischen Grundbegriffe: Merkmalsträger, Grundgesamtheit, Stichprobe, Identifikationsmerkmal, Erhebungsmerkmal, Zustandsmenge, Skala.
b. Eine Kennzahl, die bei Autoversicherungen von Bedeutung ist, ist die jahresdurchschnittliche Fahrleistung eines PKW. Fügen Sie in die SPSS Arbeitsdatei eine Variable ein, welche die jahresdurchschnittliche Fahrleistung (Angaben in km, auf ganzzahlige Werte gerundet) der erfassten VW Golf zum Inhalt hat. Geben Sie die benutzte SPSS Berechnungsvorschrift explizit an.
c. Benennen und erstellen Sie ein Diagramm, welches im Hinblick auf die jahresdurchschnittliche Fahrleistung eine äquifrequente Vierteilung der statistischen Gesamtheit bildhaft verdeutlicht. Zu welcher Aussage gelangen Sie aus einer alleinigen Betrachtung des Diagramms? Bestimmen, benennen und interpretieren Sie die Kennzahlen, die dem Diagramm zugrunde liegen.

d. Bestimmen und interpretieren Sie für die jahresdurchschnittlichen Fahrleistungswerte die Spannweite, den Interquartilsabstand und den Quartilskoeffizienten der Schiefe. Benennen Sie eine grafische Darstellung, die „auf einem Blick" die drei Verteilungskennzahlen bildhaft verdeutlicht. Beschreiben Sie kurz das Erscheinungsbild der jeweiligen Kennzahl.
e. Welche jahresdurchschnittlichen Fahrleistungswerte würden im konkreten Fall sowohl „nach unten" als auch „nach oben" als Ausreißerwerte bzw. als Extremwerte klassifiziert. Begründen Sie kurz Ihre Lösung.

Problemstellung 4-11*

Verwenden Sie zur Lösung der folgenden Problemstellungen die SPSS Datendatei **MW7.sav** aus dem lehrbuchbezogenen Downloadbereich. Die Datei beinhaltet Daten von zufällig ausgewählten Mietwohnungen, die im Jahr 2016 auf dem Berliner Mietwohnungsmarkt angeboten wurden. Von Interesse sind die erfassten Zwei-Zimmer Mietwohnungen in den drei nördlichen Stadtteilen Reinickendorf, Pankow und Weißensee.

a. Erläutern Sie am konkreten Sachverhalt die folgenden statistischen Grundbegriffe: Merkmalsträger, Grundgesamtheit, Stichprobe, Identifikationsmerkmal, Erhebungsmerkmal, Zustandsmenge, Skala.
b. Wie viele der interessierenden Zwei-Zimmer-Mietwohnungen wurden zufällig ausgewählt und erfasst? Geben Sie die von Ihnen benutzte SPSS Auswahlbedingung in der verbindlichen Syntax explizit an.
c. Fügen Sie in die Arbeitsdatei eine Variable ein, welche den Quadratmeterpreis (Angaben in € je m^2) der interessierenden Mietwohnungen beschreibt. Geben Sie die Berechnungsvorschrift in der verbindlichen SPSS Syntax an.
d. Segmentieren Sie die interessierenden Mietwohnungen derart, dass sie hinsichtlich ihres Quadratmeterpreises in vier gleichgroße Teilmengen gegliedert werden. Benennen, berechnen und interpretieren Sie die dafür erforderlichen (und auf zwei Dezimalstellen gerundeten) statistischen Kennzahlen.
e. Ergänzen Sie Ihre Analyseergebnisse aus der Problemstellung d. durch eine geeignete und konkret zu benennende Grafik. Zu welcher analytischen Aussage gelangen Sie aus einer alleinigen Betrachtung der Grafik?
f. Erläutern Sie anhand der Grafik den statistischen Begriff „Ausreißerwert".
g. Welche und wie viele der interessierenden Mietwohnungen sind im statistischen Sinne „Quadratmeterpreisausreißer"?
h. Berechnen und interpretieren Sie für die interessierenden Mietwohnungen das arithmetische Mittel und die Standardabweichung der Quadratmeterpreise.
i. Bestimmen Sie die Anzahl und den prozentualen Anteil der interessierenden Mietwohnungen, die einen Quadratmeterpreis besitzen, der im sogenannten Ein-Sigma-Bereich zu liegen kommt. Geben Sie die applizierte SPSS Auswahlbedingung explizit an.

Problemstellung 4-12*

Verwenden Sie zur Lösung der folgenden Problemstellungen die SPSS Datendatei **MW7.sav** aus dem lehrbuchbezogenen Downloadbereich. Die Datei basiert auf Daten von Berliner Mietwohnungen, die im Jahr 2016 statistisch erhoben wurden. Für die weiteren Betrachtungen sind die Vier-Zimmer-Mietwohnungen aus dem Berliner Stadtteil Pankow von Interesse.

a. Erläutern Sie am konkreten Sachverhalt die folgenden Begriffe: Merkmalsträger, statistische Gesamtheit, Umfang der Gesamtheit, Identifikationsmerkmal, Erhebungsmerkmal, Zustandsmenge, Skala.
b. Fügen Sie in die Arbeitsdatei eine Variable ein, welche den Mietpreis (Angaben in € monatliche Kaltmiete je m^2 Wohnfläche) zum Inhalt hat. Geben Sie die benutzte Berechnungsvorschrift in der verbindlichen SPSS Syntax an.
c. Charakterisieren Sie den Mietpreis aus statistisch-methodischer Sicht. Geben Sie zudem die Zustandsmenge und die Skalierung an.
d. Erstellen Sie für die Mietpreise der interessierenden Mietwohnungen ein sogenanntes Stamm-Blatt-Diagramm. Zu welcher analytischen Aussage gelangen Sie aus einer alleinigen Betrachtung des Diagramms?
e. Interpretieren Sie im Diagramm „den Stamm mit den meisten Blättern".
f. Komplettieren Sie anhand des Diagramms die folgende Häufigkeitstabelle.

Nummer	Mietpreisklasse (Angaben in €/m²)	Häufigkeit		
		absolut	relativ	relativ, kumuliert
1	bis unter 7			
2	7 bis unter 9			
3	mindestens 9			
gesamt				

Häufigkeitstabelle Mietpreisklassen

Wie groß ist der Anteil der betrachteten Mietwohnungen, die gemäß der Tabelle einen Mietpreis von mindestens 7 €/m^2 besitzen?

g. Geben Sie sowohl die Anzahl als auch den Anteil der interessierenden Mietwohnungen an, die durch einen Mietpreis von mindestens 7,75 €/m^2, jedoch von höchstens 9,25 €/m^2 gekennzeichnet sind? Geben Sie die applizierte Auswahlbedingung in der verbindlichen SPSS Syntax an.

Problemstellung 4-13*

Verwenden Sie zur Lösung der folgenden Problemstellungen die SPSS Datendatei **GC7.sav** aus dem lehrbuchbezogenen Downloadbereich. Die Datei beinhaltet Daten von

Personenkraftwagen der Marke Renault Clio, die im ersten Quartal 2011 auf dem Berliner Gebrauchtwagenmarkt angeboten wurden.

a. Erläutern Sie am konkreten Sachverhalt die folgenden statistischen Grundbegriffe: Merkmalsträger, Gesamtheit, Identifikationsmerkmale, Erhebungsmerkmale, Zustandsmenge, Skala.
b. Bei Autoversicherungen bildet die jahresdurchschnittliche Fahrleistung (Angaben in km) eines Personenkraftwagens die Beitragsbemessungsbasis. Fügen Sie in die Arbeitsdatei eine Variable ein, welche für die erfassten Gebrauchtwagen diese Kennzahl zum Inhalt hat. Runden Sie die Kennzahlenwerte auf ganze Zahlen und geben Sie die angewandte Berechnungsvorschrift in der verbindlichen SPSS Syntax an.
c. Segmentieren Sie die erfassten Gebrauchtwagen derart, dass sie hinsichtlich der interessierenden Kennzahl in vier gleichgroße Teilmengen gegliedert werden. Benennen, berechnen und interpretieren Sie die dafür erforderlichen und auf ganze Zahlen gerundeten statistischen Parameterwerte.
d. Unterlegen Sie Ihre Analyseergebnisse aus der Problemstellung c) durch eine geeignete und konkret zu benennende Grafik. Zu welcher analytischen Aussage gelangen Sie aus einer alleinigen Betrachtung der Grafik? Ergänzen Sie Ihre Aussage durch die Berechnung, grafische Deutung und Interpretation der Spannweite und des Interquartilsabstandes.
e. Berechnen und interpretieren Sie für die erfassten Gebrauchtwagen das arithmetische Mittel und die Standardabweichung der jahresdurchschnittlichen Fahrleistungswerte. Runden Sie die berechneten und mit der zugehörigen Dimension versehenen Kennzahlen auf ganzzahlige Werte.
f. Wie groß sind die Anzahl und der prozentuale Anteil der erfassten Gebrauchtwagen, die hinsichtlich ihrer jahresdurchschnittlichen Fahrleistung im sogenannten Ein-Sigma-Bereich liegen? Verwenden Sie zur Beantwortung dieser Frage die Ergebnisse aus der Problemstellung e) und geben Sie die benutzte Auswahlbedingung in der verbindlichen SPSS Syntax explizit an.

Problemstellung 4-14*
Im Auftrag einer Berliner Tageszeitung wurden im Mai 2010 im Zuge einer Blitzumfrage volljährige und in Berlin wohnhafte Personen zufällig ausgewählt und unter anderem mit der folgenden vorlagegestützten Fragestellung konfrontiert:

> „Welche der fünf aufgelisteten Maßnahmen sind aus Ihrer Sicht zur Bekämpfung der Finanzkrise unbedingt erforderlich?“

Die validen Umfrageergebnisse sind in der SPSS Datendatei **BU7.sav** in den Variablen M1 bis M5 gespeichert. Die Datei ist im lehrbuchbezogenen Downloadbereich verfügbar.

a. Wie viele der Befragten nannten keine der aufgelisteten Maßnahmen?
b. Charakterisieren Sie die Variablen M1 bis M5.
c. Werten Sie die interessierenden Variablen aus und beantworten Sie die folgenden Fragen: i) Wie viel Prozent der befragten Personen nannten wenigstens eine Maßnahme? ii) Welche Maßnahme wurde am wenigsten und wie oft genannt? iii) Wie viele Maßnahme-Nennungen wurden insgesamt statistisch erfasst? iv) Von den befragten Personen, die wenigstens eine Maßnahme nannten, wurden im Durchschnitt wie viele Maßnahmen genannt?
d. Demoskopen und Journalisten sind im Rahmen vergleichbarer Umfragen stets an einem statistischen Indikator interessiert, der Auskunft über die Anzahl der Maßnahmen gibt, die von jedem Befragten insgesamt genannt wurden. Die SPSS Datendatei enthält eine Variable „Indikator", welche diese personenbezogenen Maßnahme-Nennungen zählt. Von Interesse sind alle befragten männlichen Personen, welche die Inflationsgefahr als hochgradig einschätzten. i) Wie viele der befragten Personen genügen diesen Kriterien? Geben Sie die benutzte Auswahlbedingung in der verbindlichen SPSS Syntax explizit an. ii) Erstellen Sie für die Variable „Indikator" eine Häufigkeitstabelle und beantworten Sie die folgenden Fragen: Wie groß ist der prozentuale Anteil der interessierenden Personen, die 1) genau, 2) höchstens, 3) mindestens eine Maßnahme nannten?

Problemstellung 4-15*

Die nachfolgende unvollständige Semigrafik basiert auf statistisch erhobenen Daten von Eigentumswohnungen mit sechs Wohnräumen, die im zweiten Quartal 2011 auf dem Berliner Wohnungsmarkt zum Kauf angeboten wurden.

```
Basis: Wohnfläche (m²)
Frequency     Stem & Leaf
                 1 . 579
                 2 . 012234
                 2 . 556777889
                 3 . 0112334
                 3 . 59
Stem width:    100
Each leaf:       4 cases
```

Unvollständige Semigrafik von Eigentumswohnungen

a. Benennen Sie den Merkmalsträger, die Identifikationsmerkmale, das Erhebungsmerkmal einschließlich seiner Zustandsmenge und Skalierung.
b. Benennen Sie die Semigrafik und komplettieren Sie die Rubrik „Frequency".
c. Wie viele Eigentumswohnungen wurden statistisch erfasst?
d. Interpretieren Sie in der Semigrafik die modale Ziffernfolge.

e. Wie viele der erfassten Eigentumswohnungen besitzen gemäß der semigrafischen Darstellung eine Wohnfläche von mindestens 350 m^2?
f. Komplettieren Sie anhand der Semigrafik die folgende Häufigkeitstabelle.

Nummer	Klasse (Angaben in m^2)	Häufigkeit absolut	relativ	relativ, kumuliert
1	150 bis unter 250			
2	250 bis unter 300			
3	300 bis unter 400			
gesamt				

Wie viel Prozent der betrachteten Eigentumswohnungen besitzen gemäß der Häufigkeitstabelle eine Wohnfläche von mindestens 250 m^2?
g. Erläutern Sie anhand der Häufigkeitstabelle aus der Problemstellung f. kurz die Begriffe „äquidistante Klassen“ und „äquifrequente Klassen“.

Problemstellung 4-16*
Im Zuge einer Umfrage auf dem Campus „Treskowallee“ der HTW Berlin wurden im Sommersemester 2013 Studierende gebeten, unter anderem die folgende vorlagegestützte Fragestellung zu beantworten:

> „Welche der aufgelisteten Kriterien sind für Sie wesentliche Bestandteile eines optimalen Studienumfeldes?“

Mehrfachnennungen waren dabei möglich. Die validen Umfrageergebnisse sind in der SPSS Datendatei **UE7.sav** aus dem lehrbuchbezogenen Downloadbereich in den Variablen K0 bis K9 gespeichert.

a. Charakterisieren Sie die SPSS Variablen K0 bis K9 aus statistisch-methodischer Sicht unter Benennung ihrer Skalierung und ihrer Zustandsmenge.
b. Erläutern Sie am konkreten Sachverhalt kurz das Analysekonzept der multiplen Dichotomien.
c. Werten Sie die in der Problemstellung a. charakterisierten Variablen aus und beantworten Sie die folgenden Fragen: i) Wie viele der befragten Studierenden nannten kein Kriterium? ii) Wie viel Prozent der befragten Studierenden nannten wenigstens ein Kriterium? iii) Welches Kriterium wurde am häufigsten und wie oft genannt? iv) Wie viele Kriterien-Nennungen wurden insgesamt statistisch erfasst? v) Von den befragten Studierenden, die wenigstens ein Kriterium nannten, wurden im Durchschnitt wie viele Kriterien genannt?
d. Die Hochschulleitung und die Fachschaften sind im Rahmen vergleichbarer Umfragen stets an einer statistischen Kennzahl interessiert, die Auskunft über die Anzahl der Kriterien gibt, die von jedem Befragten insgesamt genannt wurden. Die SPSS Variable „Kennzahl“ beschreibt die individuellen Kennzahl-Nennungen. Von Interesse sind alle

befragten weiblichen Studierenden, die in einem Bachelor-Programm im dritten Studiensemester sind. i) Wie viele der befragten Studierenden genügen diesen Kriterien? Geben Sie die benutzte Auswahlbedingung in der verbindlichen SPSS Syntax explizit an. Erstellen Sie für die Variable „Kennzahl" eine Häufigkeitstabelle und beantworten Sie die folgenden Fragen: Wie viele der befragten Studierenden nannten ii) vier, iii) höchstens vier, iv) mindestens vier Kriterien?

Problemstellung 4-17*

Verwenden Sie zur Lösung der folgenden Problemstellungen die SPSS Datendatei **MW7.sav** aus dem lehrbuchbezogenen Downloadbereich. Die Datei beinhaltet Daten von Mietwohnungen, die im Jahr 2016 auf dem Berliner Wohnungsmarkt angeboten wurden. Von Interesse ist die statistische Gesamtheit der erfassten Mietwohnungen mit den folgenden Eigenschaften: Lagekoordinate auf der Nord-Süd-Achse größer als sechs, mittlere Wohnlage, drei Zimmer.

a. Benennen Sie die statistische Einheit und geben Sie den Umfang der interessierenden statistischen Gesamtheit an.
b. Wie verteilen sich die interessierenden statistischen Einheiten auf die betreffenden Berliner Stadtteile?
c. Geben Sie die Zustandsmenge für das Erhebungsmerkmal *Wohnlage* an. Auf welcher Skala sind die Merkmalsausprägungen definiert? Wieso und warum?
d. Erstellen Sie für das Erhebungsmerkmal *Wohnfläche* ein sogenanntes Stamm-Blatt-Diagramm und interpretieren Sie die modale Ziffernfolge sachlogisch.
e. In der Immobilienwirtschaft ist es üblich, einen Wohnungsmarkt auf der Basis von bestimmten Merkmalen zu klassieren. Komplettieren Sie für die interessierende statistische Gesamtheit die Tabelle und beantworten Sie die nachfolgenden Fragen:

Nummer	monatliche Kaltmiete (Angaben in €)	Häufigkeit prozentual	Häufigkeit prozentual, kumuliert
1	von bis unter		25
2	von bis unter		50
3	von bis unter		75
4	von bis		100
gesamt			

i) Handelt es sich um äquifrequente oder um äquidistante Klassen? ii) Wie viele statistische Kennzahlen sind erforderlich, um die praktizierte Klassierung bewerkstelligen zu können? Benennen Sie die Kennzahlen. iii) Sie werden in Vorbereitung eines Fachvortrages gebeten, die praktizierte Klassierung durch eine geeignete grafische Darstellung zu ergänzen. Welche grafische Darstellung verwenden Sie?

Problemstellung 4-18*

Verwenden Sie zur Lösung der folgenden Problemstellungen die SPSS Datendatei **TK7.sav** aus dem lehrbuchbezogenen Downloadbereich. Die Datei basiert auf der Tageskassenabrechnung einer stark frequentierten Tankstelle im Landkreis Barnim, Bundesland Brandenburg. Dabei wurden für zufällig ausgewählte Kunden die Nummer der benutzten Zapfsäule, die Treibstoffart, die gezapfte Treibstoffmenge und der zu zahlende Betrag statistisch erfasst. Für die weiteren Betrachtungen sind lediglich die Kunden von Interesse, die ihr Fahrzeug mit Benzinkraftstoff auftankten.

a. Erläutern Sie für die interessierenden Kunden anhand des Erhebungsmerkmals „Betrag" kurz den Begriff „realisierte Zufallsstichprobe".
b. Charakterisieren Sie das Erhebungsmerkmal „Betrag" hinsichtlich seiner Zustandsmenge und Skalierung.
c. Erstellen Sie für das Erhebungsmerkmal „Betrag" ein Stamm-Blatt-Diagramm und interpretieren Sie die modale Komponente statistisch und sachlogisch.
d. Bestimmen und benennen Sie für das Erhebungsmerkmal „Betrag" die statistischen Maßzahlen „auf Euro und Cent gerundet", die eine äquifrequente Vierteilung der erfassten Beträge ermöglichen. Interpretieren Sie die „zentrale" Maßzahl.
e. Unter welcher Bezeichnung firmiert in der Statistik die bildhafte Darstellung einer äquifrequenten Vierteilung?
f. Bestimmen und interpretieren Sie das arithmetische Mittel und die Standardabweichung der zu zahlenden Beträge „auf Euro und Cent gerundet".
g. Wie groß ist der prozentuale Anteil der Kunden, die sich hinsichtlich des zu zahlenden Betrages im sogenannten Ein-Sigma-Bereich befinden? Geben Sie die angewandte Auswahlbedingung in der SPSS Syntax explizit an.

Problemstellung 4-19*

Verwenden Sie zur Lösung der Problemstellungen die SPSS Datendatei **ST7.sav** aus dem lehrbuchbezogenen Downloadbereich. Die Datei beinhaltet Daten von zufällig ausgewählten PKW der Marke Smart ForTwo, die im Jahr 2016 auf dem Berliner Gebrauchtwagenmarkt zum Kauf angeboten wurden. Für die weiteren Betrachtungen sind die Smart ForTwo von Interesse, die höchstens sieben Jahre alt sind.

a. Benennen Sie die statistische Einheit und geben Sie sowohl den Umfang der interessierenden statistischen Gesamtheit als auch die benutzte SPSS Auswahlbedingung in der verbindlichen SPSS Syntax explizit an.
b. Im Gebrauchtwagenhandel ist es üblich, Gebrauchtwagen auf der Basis ihrer jahresdurchschnittlichen Fahrleistung (Angaben in km) zu segmentieren. Fügen Sie in die Arbeitsdatei eine Variable ein, welche diese Kennzahl zum Inhalt hat. Geben Sie die benutzte Berechnungsvorschrift an.
c. Erstellen Sie für die unter b. berechnete Kennzahl ein sogenanntes Stamm-Blatt-Diagramm und interpretieren Sie die modale Ziffernfolge sachlogisch.
d. Die beigefügte Grafik basiert auf der unter b. berechneten Kennzahl. Welche Segmentierung liegt der Grafik zugrunde? Benennen Sie die Grafik.

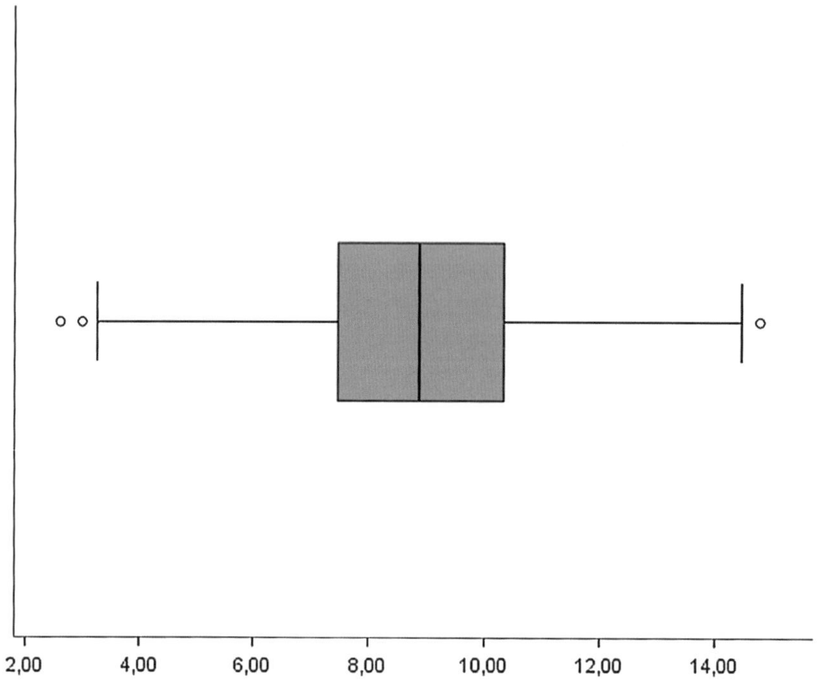

Grafik zur Darstellung der jahresdurchschnittlichen Fahrleistung

e. Benennen Sie die statistischen Kennzahlen, die der Grafik zugrunde liegen und geben Sie jeweils die zugehörigen ganzzahlig gerundeten Kennzahlenwerte an.
f. Erläutern Sie kurz den Begriff eines sogenannten Ausreißerwertes. Untermauern Sie Ihre Aussage sowohl bildhaft als auch zahlenmäßig.

Problemstellung 4-20*
Verwenden Sie zur Lösung der nachfolgenden Problemstellungen die SPSS Datendatei **LG7.sav** aus dem lehrbuchbezogenen Downloadbereich. Die Datei beinhaltet Daten von lebendgeborenen Kindern, die im Jahr 2015 in einem Berliner Geburtshaus „das Licht der Welt erblickten“. Für die weiteren Betrachtungen sind die erfassten Knaben von Interesse.

a. Wie ist die interessierende statistische Gesamtheit inhaltlich abgegrenzt?
b. Wie viele lebendgeborene Knaben wurden erfasst? Geben Sie die Auswahlbedingung in der verbindlichen SPSS Syntax an.
c. Geben Sie die Zustandsmenge für das Erhebungsmerkmal *Kategorie* an. Auf welcher Skala sind die Merkmalsausprägungen definiert? Wieso und warum?

d. In der Geburtsmedizin ist das Körpergewicht von Lebendgeborenen von besonderem Interesse. Erstellen Sie für das interessierende Merkmal ein Stamm-Blatt-Diagramm und interpretieren Sie die modale Komponente aus sachlogischer Sicht.
e. In der Geburtsmedizin ist es üblich, lebendgeborene Kinder auf der Basis ihres Geburtsgewichtes zu klassieren. i) Eine in der angewandten Statistik häufig praktizierte Klassierung ist die sogenannte äquifrequente Vierteilung. Worin besteht das Charakteristikum dieser Klassierung? ii) Benennen Sie die statistischen Kennzahlen, die dieser Klassierung zugrunde liegen und geben Sie jeweils die zugehörigen Kennzahlenwerte mit Dimension an. iii) Im Rahmen eines Fachvortrages sind Sie bestrebt, die praktizierte Klassierung grafisch zu präsentieren. Benennen und erstellen Sie die in der explorativen Datenanalyse übliche grafische Darstellung. Zu welcher verteilungsanalytischen Aussage gelangen Sie aus einer alleinigen Betrachtung der Grafik? iv) Bestimmen und interpretieren Sie die Spannweite und den Interquartilsabstand. Durch welches Erscheinungsbild wird die jeweilige Kennzahl in der explorativen Grafik augenscheinlich?

4.2 Lösungen

Lösung 4-1

a. Auswahlbedingung: Semester = 15, Umfang: 178 Studierende, sachlich: Studierende im Fach Statistik, örtlich: HTW Berlin, Fachbereich Wirtschafts- und Rechtswissenschaften, zeitlich: Sommersemester 2015
b. Häufigkeitsverteilung
c. Häufigkeitstabelle für Variable F6
   Zustandsmenge: {XS, S, M, L, XL, XXL}, Skalierung: ordinal
   z. B. für Konfektionsgröße M: absolute Häufigkeit: 68 Studierende,
   relative Häufigkeit: 68/176 = 0,382 × 100 % = 38,2 % der 176 Studierenden, die eine „gültige Antwort" gegeben haben,
   prozentuale Häufigkeitsverteilung (Basis: gültige Prozente): {(XS, 3,4 %), (S, 27,8 %),…, (XXL, 1,7 %},
   kumulierte relative Häufigkeit: 69,9 % aller Befragten, die eine gültige Antwort gaben, haben höchstens die Konfektionsgröße M
d. wegen des diskreten metrischen Merkmals ist ein Stabdiagramm sinnvoll
e. gemäß Ausgabeprotokoll
   172 gültige Werte, da insgesamt 6 Befragte hinsichtlich der Körpergröße und/oder des Körpergewichts keine bzw. keine gültige Antwort gaben
f. männlich: fünf äquidistante Klassen mit einer Breite von 5 kg/m², modale Klasse: 42 Studierende, die einen Körper-Masse-Index von 20 kg/m² oder mehr, aber weniger als 25 kg/m² besitzen
   weiblich: 14 äquidistante Klassen mit einer Breite von 1 kg/m², 24 Studierende, die einen Körper-Masse-Index von 20 kg/m² oder mehr, aber weniger als 21 kg/m² besitzen

Geschlecht

		Häufigkeit
Gültig	männlich	74
	weiblich	104
	Gesamt	178

Absolute Häufigkeitsverteilung der Geschlechter

Konfektionsgröße

		Häufigkeit	Prozent	Gültige Prozente	Kumulierte Prozente
Gültig	XS	6	3,4	3,4	3,4
	S	49	27,5	27,8	31,3
	M	68	38,2	38,6	69,9
	L	35	19,7	19,9	89,8
	XL	15	8,4	8,5	98,3
	XXL	3	1,7	1,7	100,0
	Gesamt	176	98,9	100,0	
Fehlend	System	2	1,1		
Gesamt		178	100,0		

Häufigkeitstabelle für Variable F6: Konfektionsgröße

Körper-Masse-Index

Anzahl	Gültig	172
	Fehlend	6

Ausgabeprotokoll Körper-Masse-Index

Lösung 4-2*

a. 509 Studierende, Filter: Semester >= 13

b. 12 Verkehrsmittel

c. Verkehrsmittelnutzungen sind nominale, dichotome und 0-1-kodierte Variablen, Kodierungen: 1 für genannt, 0 für nicht genannt, Analysekonzept: Mehrfachantwortenanalyse, multiple Dichotomien

d. 15 Befragte

e. $(494/509) \times 100\ \% \cong 97{,}1\ \%$ der befragten Studierenden

f. 1122 Verkehrsmittelnennungen

g. U-Bahn, 340 mal genannt

h. 20,2 %

i. $(97/494) \times 100\ \% \cong 19{,}6\ \%$

j. im Durchschnitt $1122/494 \cong 2{,}271$ Verkehrsmittel

Lösung 4-3*

a. Merkmalsträger: gebrauchter Personenkraftwagen (PKW), Gesamtheit: gebrauchte PKW der Marke Opel Corsa (sachlich), angeboten im 1. Quartal 2010 (zeitlich) auf dem Berliner Gebrauchtwagenmarkt (örtlich), Umfang: 150 PKW
b. Erhebungsmerkmal: jahresdurchschnittliche Fahrleistung (Angaben in 1000 km), Skalierung: metrisch, Zustandsmenge: Menge der positiven reellen Zahlen, Typisierung: stetig, mittelbar erfassbar
c. Darstellung 1: empirische Verteilungsfunktion, Darstellung 2: Boxplot, kleinste jahresdurchschnittliche Fahrleistung: ca. 500 km, unteres Quartil: ca. 8000 km, mittleres Quartil bzw. Median: ca. 11500 km, oberes Quartil: ca. 14000 km, größte jahresdurchschnittliche Fahrleistung: ca. 21000 km, die drei jahresdurchschnittlichen Fahrleistungsquartile ermöglichen eine Aufteilung der Gesamtheit aller 150 Gebrauchtwagen in vier gleichgroße Gruppen
d. wegen $((14000 - 11500) - (11500 - 8000))/(14000 - 8000) \cong -0{,}17$ ist die mittlere Hälfte der jahresdurchschnittlichen Fahrleistungen geringfügig linksschief bzw. rechtssteil verteilt, diese Aussage koinzidiert mit der leicht asymmetrisch geteilten Box im Boxplot
e. Stem-and-Leaf-Plot bzw. Stamm-Blatt-Diagramm, gibt Auskunft über die empirische Häufigkeitsverteilung der jahresdurchschnittlichen Fahrleistungswerte, die geringfügig linksschief bzw. rechtssteil ist
f. statistisch-methodisch: modale Klasse der jahresdurchschnittlichen Fahrleistungen, Basis: Klassenbreite von 2000 km, sachlogisch: 31 gebrauchte Opel Corsa haben wegen $(1 \times 10 + 2) \times 1000$ km und $(1 \times 10 + 4) \times 1000$ km eine jahresdurchschnittliche Fahrleistung von mindestens 12000 km aber weniger als 14000 km
g. Häufigkeitstabelle:

Nummer	Klasse (Angaben in km)	Häufigkeit absolut	Häufigkeit relativ	Häufigkeit kumuliert
1	0 bis unter 7000	30	0,200	0,200
2	7000 bis unter 14000	85	0,567	0,767
3	14000 bis unter 21000	35	0,233	1,000
gesamt		150	1,000	

h. das arithmetische Mittel aus allen 150 Fahrleistungswerten kann näherungsweise als ein gewogenes arithmetisches Mittel aus den drei Klassenmitten $(7000 + 0)/2 = 3500$, $(14000 + 7000)/2 = 10500$, $(21000 + 14000)/2 = 17500$
und den zugehörigen relativen Klassenhäufigkeiten bestimmt werden:
$3500 \times 0{,}2 + 10500 \times 0{,}567 + 17500 \times 0{,}233 \approx 10731$ (1000 km)

Lösung 4-4*

a. Einheit: Eigentumswohnung, Gesamtheit: 400 Eigentumswohnungen, Identifikationsmerkmale: Eigentumswohnung (sachlich), 2015 (zeitlich) auf dem Berliner Wohnungsmarkt (örtlich) zum Verkauf angeboten, Erhebungsmerkmale einschließlich Skalierung und Zustandsmenge: Nummer (als Identifikator nominal, Menge der natürlichen Zahlen), Wohnraumanzahl (metrisch, diskret, Menge der natürlichen Zahlen), Wohnfläche (metrisch, stetig, Menge der positiven reellen Zahlen), Verkaufswert (metrisch, quasistetig, Menge der positiven reellen Zahlen)
b. z. B. P = W * 1000/F, numerisch, metrisch, stetig, mittelbar erfassbar
c. 105 Zwei-Raum-Wohnungen, Filter: R = 2
d. Boxplot der Quadratmeterpreise:
Min(imum) bzw. Max(imum) als niedrigster bzw. höchster Quadratmeterpreis in Höhe von 805 €/m² bzw. 1703 €/m², unteres Quartil (uQ): das quadratmeterpreisschwächste Viertel der Zwei-Raum-Eigentumswohnungen ist durch einen Quadratmeterpreis von höchstens 1122 €/m² gekennzeichnet, M(edian): die quadratmeterpreisschwache Hälfte der erfassten Zwei-Raum-Eigentumswohnungen ist durch einen Quadratmeterpreis von höchstens 1253 €/m² gekennzeichnet, oberes Quartil (oQ): die quadratmeterpreisschwachen Dreiviertel der Zwei-Raum-Eigentumswohnungen sind durch einen Quadratmeterpreis von höchstens 1403 €/m² gekennzeichnet
e. Spannweite: 1703 – 805 = 898, d. h. die Quadratmeterpreise der 105 erfassten Zwei-Raum-Eigentumswohnungen variieren zwischen 1703 €/m² und 805 €/m² auf einem Niveau von 898 €/m²
Interquartilsabstand: 1403 – 1122 = 281, d. h. die mittlere Hälfte der Quadratmeterpreise der 105 erfassten Zwei-Raum-Eigentumswohnungen variiert zwischen 1403 €/m² und 1122 €/m² auf einem Niveau von 281 €/m²
Quartilskoeffizient der Schiefe: ((1403 – 1253) – (1253 – 1122))/281 ≅ 0,068, d. h. die mittlere Hälfte der Quadratmeterpreise ist nahezu symmetrisch verteilt
f. arithmetisches Mittel: 1260,20 €/m², Standardabweichung: 210,37 €/m², d. h. im Durchschnitt streuen die Quadratmeterpreise der erfassten Zwei-Raum-Eigentumswohnungen um 210,37 €/m² um den Durchschnittspreis von 1260,20 €/m²
g. Filter: R = 2 & P >= (1260.20 – 210.37) & P <= (1260.20 + 210.37)
Anteil: 73/105 = 0,695 bzw. 69,5 %, Angabe des Anteils in Prozent ist sinnvoll, da die Gesamtheit mehr als 100 Merkmalsträger umfasst
h. im Dialogfeld „Deskriptive Statistiken“ die Option „Standardisierte Werte als Variablen speichern“ vereinbaren, i) Vorteil: vergleichende Betrachtungen von Merkmalsträgern und/oder verteilungsanalytische Aussagen sind ohne weitere aufwändige Berechnungen möglich, ii) arithmetisches Mittel: 0, Standardabweichung: 1, iii) im Ensemble der betrachteten Zwei-Raum-Eigentumswohnungen besitzt die Wohnung 1102 wegen –0,383 einen unterdurchschnittlichen Quadratmeterpreis, die Wohnung 1103 wegen 0,011 einen „marktüblichen“ durchschnittlichen Quadratmeterpreis und

die Wohnung 1104 wegen 2,105 nicht nur einen überdurchschnittlichen, sondern einen vergleichsweise sehr hohen Quadratmeterpreis, da dieser bereits außerhalb des Zwei-Sigma-Bereichs im Drei-Sigma-Bereich der Quadratmeterpreise zu liegen kommt

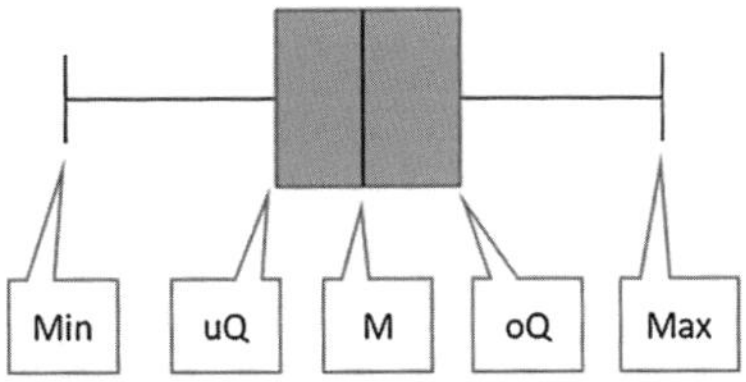

Boxplot der Quadratmeterpreise

Lösung 4-5

a. Einheit: Gebrauchtwagen, Gesamtheit: 200 Gebrauchtwagen, Identifikationsmerkmale: Gebrauchtwagen der Marke VW Golf Benziner mit einem 1,6 Liter Triebwerk (sachlich), II/2005 (zeitlich) auf dem Berliner Gebrauchtwagenmarkt (örtlich) zum Verkauf angeboten, Erhebungsmerkmale: Zeitwert, Alter, Fahrleistung, Zustandsmenge: jeweils Menge der natürlichen Zahlen, da alle Werte ganzzahlig gerundet wurden, Skalierung: jeweils metrisch

b. z. B. Durch = RND(Fahr * 1000/(Alter/12))

c. erster Trennwert: 5000, Anzahl der Trennwerte: 5, Breite: 5000, Häufigkeitsverteilung:
{(bis unter 5000 km, 3,5 %), (5000 km bis unter 10000 km, 20 %),
(10000 km bis unter 15000 km, 41 %), (15000 km bis unter 20000 km, 26,5 %),
(20000 km bis unter 25000 km, 8,5 %), (25000 km oder mehr, 0,5 %)},
sechs äquidistante Klassen mit leicht asymmetrischem (linksschiefen bzw. rechtssteilen) Häufigkeitsbesatz

d. Anzahl der Trennwerte: 3, Häufigkeitsverteilung:
{(bis unter 10081 km, 25 %), (10081 km bis unter 13352 km, 25 %),
(13352 km bis unter 16296 km, 25 %), (16296 km oder mehr, 25 %)}
vier unterschiedlich breite bzw. nicht äquidistante Klassen mit gleichem bzw. äquifrequenten Häufigkeitsbesatz

e. Trennwerte bei Mittelwert ± Standardabweichung, Häufigkeitsverteilung:
{(bis unter 8648 km, 14,5 %), (8648 km bis unter 13302 km, 35 %),
(13302 km bis unter 17955 km, 35 %), (17955 km oder mehr, 15,5 %)},
vier äquidistante Klassen mit nahezu symmetrischem Häufigkeitsbesatz

Lösung 4-6*

a. 244 Hotelgäste, SPSS Filter: Gender = 0 & Stand = 2 & Grund = 0
b. sachlich: weibliche Hotelgäste, verheiratet, privater Reisegrund, örtlich: deutschlandweit in 5-Sterne-Hotels logierend, zeitlich: im Jahr 2007 befragt
c. Geschlechtszugehörigkeit: {0 für weiblich, 1 für männlich}, Aufenthaltsgrund: {0 für privat, 1 für geschäftlich}, jeweils kodiert, nominal und dichotom, da nur eine Gleich- oder Verschiedenartigkeit zum Ausdruck gebracht wird
d. i) 10 Erwartungen, ii) Erwartungen sind dichotome und 1-2-kodierte Variablen, 1 bedeutet „nicht genannt", 2 bedeutet „genannt", Mehrfachantwortenanalyse auf der Basis multipler Dichotomien, iii) 1349 Erwartungsnennungen, iv) Erwartung: Kinderbetreuung, 10 Nennungen, v) 11,0 % der insgesamt 1349 Erwartungsnennungen, vi) 80,2 % der Hotelgäste, vii) im Durchschnitt 5,574 bzw. ca. 5,6 Erwartungen
e. Häufigkeit: z. B. wie oft eine Erwartung insgesamt genannt wurde bzw. wie sich „die Nennungen auf eine Erwartung häufen", Häufbarkeit: wie viele Erwartungen für einen zufällig ausgewählten und befragten Hotelgast von Bedeutung sind bzw. wie sich „die Erwartungen auf einen Hotelgast häufen"

Lösung 4-7

a. Gesamtheit: alle privaten Haushalte (sachlich) in Deutschland (örtlich) heute (für 2004) und vor 100 Jahren (für 1900) (zeitlich), Erhebungsmerkmal: Anzahl der Personen in einem privaten Haushalt (Familie)
b. Zustandsmenge: Menge der natürlichen Zahlen, Skala: metrisch, direkt erfassbar, nicht häufbar, diskret, da Anzahlen ganzzahlige Werte sind
c. jeweils numerisch und metrisch
d. Werte addieren sich jeweils zu 100 %, da jeweils eine prozentuale relative Häufigkeitsverteilung gegeben ist
e. via *Daten, Fälle gewichten*, Gewichtung „gestern" bzw. „heute",
Deskriptive Statistiken für SPSS Variable „Anzahl": im Durchschnitt 4,4 bzw. 2,2 Personen je Familie, im Mittel streut die Personenanzahl um 2 bzw. 1,3 Personen um den Durchschnitt,
wegen –0,2 bzw. 1,5 linksschiefe bzw. rechtsschiefe Verteilung der Personen in den privaten Haushalten

Lösung 4-8*

a. Darstellung 1: Stamm-Blatt-Diagramm, Darstellung 2: Histogramm, beide Grafiken beschreiben jeweils die Häufigkeitsverteilung von Hühnereierbreiten
b. Merkmalsträger: Hühnerei, Gesamtheit: 785 Hühnereier, Erhebungsmerkmal: Breite (mm), Zustandsmenge: positive reelle Zahlen, Skala: metrisch, 13 Breitenklassen mit einer konstanten bzw. äquidistanten Klassenbreite von 0,5 mm, modale Klasse: von 44 mm bis unter 44,5 mm, Häufigkeit: 157 Hühnereier
c. sieben Breitenklassen mit einer äquidistanten Klassenbreite von 1 mm

d. Klassierung: 1. Klasse: 41 mm bis unter 42 mm, relative Häufigkeitsdichte: $((6 + 11)/785)/1 \cong 0{,}0217$, 2. Dichte: 0,1223, 3. Dichte: 0,2459, 4. Dichte: 0,3439, 5. Dichte: 0,1745, 6. Dichte: 0,0904, 7. Dichte: 0,0013
e. eins, normiertes Histogramm
f. da äquidistante Klassen vorliegen, berechnet man näherungsweise eine durchschnittliche Breite von $((41 + 42)/2) \times 0{,}0217 + ((42 + 43)/2) \times 0{,}1223 + \ldots + ((47 + 48)/2) \times 0{,}0013 \approx 44{,}3$ mm, die applizierte Berechnungsvorschrift ist ihrem Wesen nach ein gewogenes arithmetisches Mittel aus den Klassenmitten und den relativen Klassenhäufigkeiten

Lösung 4-9

a. Merkmalsträger: Hühnerei, Gesamtheit: $6 + 11 + 40 + \ldots + 27 + 1 = 785$ Hühnereier, gelegt von Hühnern der Rasse Loheimer Braun
b. Breite, Gewicht, Höhe, Zustandsmenge: jeweils Menge der positiven reellen Zahlen, Skalierung: jeweils metrisch
c. im Durchschnitt ist ein Ei 44,23 mm breit bzw. 62,78 g schwer bzw. 57,09 mm hoch, im Durchschnitt streuen die einzelnen Breiten um 1,18 mm bzw. Gewichte um 4,76 g bzw. Höhen um 2,09 mm um den jeweiligen Durchschnitt, wegen −0,01 (Breite), 0,11 (Gewicht), 0,16 (Höhe) können die Daten jeweils als nahezu symmetrisch verteilt angesehen werden,
wegen −0,35 bzw. −0,26 bzw. −0,16 kann die empirische Verteilung der Breiten bzw. Gewichte bzw. Höhen nahezu als normal gewölbt angesehen werden
d. Breite: $((1{,}18 \text{ mm})/(44{,}23 \text{ mm})) \times 100\,\% = 2{,}67\,\%$,
Gewicht: $((4{,}76 \text{ g})/(62{,}78 \text{ g})) \times 100\,\% = 7{,}58\,\%$,
Höhe: $((2{,}09 \text{ mm})/(57{,}09 \text{ mm})) \times 100\,\% = 3{,}66\,\%$, d. h. im Vergleich zum Durchschnittsniveau streuen wegen $2{,}67\,\% < 3{,}66\,\% < 7{,}58\,\%$ die Breitenwerte am geringsten und die Gewichtswerte am stärksten
e. Durchschnitt: null, Standardabweichung: eins, das Schiefemaß und das Wölbungsmaß bleiben unberührt
f. nicht möglich und nicht sinnvoll
g. ja, via Breite = 44,23 + 1,18 × ZBreite bzw. Gewicht = 62,78 + 4,76 × ZGewicht bzw. Höhe = 57,09 + 2,09 × ZHöhe, wobei die mit dem Präfix Z gekennzeichneten Variablen die standardisierten Variablen sind

Lösung 4-10*

a. Merkmalsträger: Gebrauchtwagen, Grundgesamtheit: endlich große, aber unbestimmte Menge von Gebrauchtwagen, Stichprobe: Teilmenge von 200 zufällig ausgewählten Gebrauchtwagen, Identifikationsmerkmale: Gebrauchtwagen der Marke VW Golf Benziner mit einem 1,6 Liter Triebwerk (sachlich), II/2005 (zeitlich) auf dem Berliner Gebrauchtwagenmarkt (örtlich) zum Verkauf angeboten, Erhebungsmerkmale: Zeitwert, Alter und Fahrleistung, Zustandsmenge: jeweils Menge der natürlichen Zahlen, da nur ganzzahlig gerundete Werte erfasst wurden, Skala: jeweils metrisch

b. z. B. Jahresmittel = RND(Fahr * 1000/(Alter/12))
c. Boxplot, indiziert eine symmetrische Verteilung der jahresdurchschnittlichen Fahrleistungen, kleinster Fahrleistungswert: 1714 km, unteres Fahrleistungsquartil: 10068,25 km, d. h. das fahrleistungsschwächste Viertel der VW Golf wird im Verlaufe eines Jahres im Durchschnitt höchstens 10068,25 km gefahren, Fahrleistungsmedian: 13352 km, d. h. die fahrleistungsschwache Hälfte der VW Golf wird im Jahresdurchschnitt höchstens 13352 km gefahren, oberes Fahrleistungsquartil: 16314,25 km, d. h. das fahrleistungsstärkste Viertel der VW Golf wird im Jahresdurchschnitt mindestens 16314,25 km gefahren, größter Fahrleistungswert: 25091 km
d. Spannweite: 23377 km, d. h. die 200 VW Golf variieren in ihrer jahresdurchschnittlichen Fahrleistung auf einem Niveau von 23377 km, Interquartilsabstand: 6246 km, d. h. die mittlere Hälfte der VW Golf variiert hinsichtlich der jahresdurchschnittlichen Fahrleistung auf einem Niveau von 6246 km, Quartilskoeffizient der Schiefe: –0,05, d. h. die mittlere Hälfte der jahresdurchschnittlichen Fahrleistungswerte ist symmetrisch verteilt, Boxplot, Spannweite als Ausdehnung des Boxplots, Interquartilsabstand als Ausdehnung der Box, Quartilskoeffizient der Schiefe: mittig geteilte Box
e. Ausreißer „nach unten“: alle jahresdurchschnittlichen Fahrleistungswerte, die geringer als $10068{,}25 - 1{,}5 \times 6246 = 699{,}25$ km, mindestens jedoch 0 km pro Jahr betragen, Extremwerte „nach unten“: sind sachlogisch nicht plausibel, Ausreißer „nach oben“: über $16314{,}25 + 1{,}5 \times 6246 = 25683{,}25$ km, aber höchstens $16314{,}25 + 3 \times 6246 = 35052{,}25$ km, Extremwerte „nach oben“: über 35052,25 km

Lösung 4-11*

a. Merkmalsträger: Mietwohnung, Grundgesamtheit: endliche, aber unbestimmte Menge von Mietwohnungen, Stichprobe: Teilmenge von zufällig ausgewählten Mietwohnungen, Identifikationsmerkmale: Zwei-Zimmer-Mietwohnung (sachlich), die drei nördlichen Stadtteile Berlins (örtlich), angeboten 2016 (zeitlich), Erhebungsmerkmal: z. B. monatliche Kaltmiete, Zustandsmenge: Menge der positiven reellen Zahlen, Skala: metrisch
b. 207 Wohnungen, Filter z. B. in Anlehnung an die Lagekoordinaten gemäß Problemstellung 3-6*: Zimmer = 2 & NordSüd > 6
c. z. B. Preis = Miete/Fläche
d. drei Mietpreisquartile, d. h. ein Viertel der Wohnungen besitzt bzw. die Hälfte bzw. drei Viertel der Wohnungen besitzen einen Quadratmeterpreis von höchstens 7,18 €/m^2 bzw. 8,17 €/m^2 bzw. 8,82 €/m^2
e. Boxplot, indiziert eine symmetrische Mietpreisverteilung
f. alle Mietwohnungen, die wegen $7{,}18 - 1{,}5 \times (8{,}82 - 7{,}18) \cong 4{,}72$ bzw. wegen $8{,}82 + 1{,}5 \times (8{,}82 - 7{,}18) \cong 11{,}28$ einen Quadratmeterpreis unter 4,72 €/m^2 bzw. über 11,28 €/m^2 besitzen
g. wegen 12,18 €/m^2 > 11,28 €/m^2 Mietwohnung mit der Nummer 102363

h. arithmetisches Mittel von 8,04 €/m² als durchschnittlicher Quadratmeterpreis für die 207 Zwei-Zimmer-Mietwohnungen, Standardabweichung: 1,25 €/m², d. h. im Durchschnitt streuen die Quadratmeterpreise der Zwei-Zimmer-Mietwohnungen um 1,25 €/m² um den Durchschnittspreis von 8,04 €/m²
i. Zimmer = 2 & NordSüd > 6 & Preis >= (8.04 – 1.25) & Preis <= (8.04 + 1.25), Anzahl: 137 Wohnungen, prozentualer Anteil: (137/207) × 100 % ≅ 66,2 %

Lösung 4-12*

a. Merkmalsträger: Mietwohnung, Gesamtheit: 72 Mietwohnungen, Identifikationsmerkmale: 4 Zimmer (sachlich), Pankow (örtlich), angeboten 2016 (zeitlich), Erhebungsmerkmale: z. B. Wohnfläche, Zustandsmenge: Menge der positiven reellen Zahlen, Skala: metrisch
b. z. B. Preis = Miete/Fläche
c. mittelbar erfasstes, stetiges metrisches Erhebungsmerkmal, da es im konkreten Fall aus den Miet- und Flächendaten berechnet wurde
d. Stamm-Blatt-Diagramm indiziert eine eingipflige und nahezu symmetrische Mietpreisverteilung für die interessierenden Vier-Zimmer-Mietwohnungen
e. 22 der erfassten Vier-Zimmer-Mietwohnungen besitzen einen Mietpreis von mindestens 8 €/m², aber weniger als 9 €/m²
f. Häufigkeitstabelle:

Nummer	Mietpreisklasse (Angaben in €/m²)	Häufigkeit absolut	Häufigkeit relativ	Häufigkeit relativ, kumuliert
1	bis unter 7	14	0,194	0,194
2	7 bis unter 9	42	0,584	0,778
3	mindestens 9	16	0,222	1,000
gesamt		72	1,000	

Anteil: 1 – 0,194 = 0,806

g. z. B. Ortskode = 11 & Zimmer = 4 & Preis >= 7.75 & Preis <= 9.25, Anzahl: 33 Wohnungen, Anteil: 33/72 ≅ 0,458

Lösung 4-13*

a. Merkmalsträger: PKW, Gesamtheit: 210 PKW, Identifikationsmerkmale: gebrauchter PKW der Marke Renault Clio (sachlich), I/2011 (zeitlich) auf dem Berliner Gebrauchtwagenmarkt (örtlich) angeboten, Erhebungsmerkmale: Alter, bisherige Fahrleistung, Zeitwert, Zustandsmenge: Menge der natürlichen Zahlen, da jeweils nur ganzzahlige Werte statistisch erfasst wurden, Skala: jeweils metrisch
b. z. B. Durch = RND(Fahr/(Alter/12))
c. unteres Quartil: 8292 km, d. h. das fahrleistungsschwächste Viertel der PKW der Marke Renault Clio wird im Jahresdurchschnitt höchstens 8292 km gefahren, mittleres Quartil

bzw. Median: 10105 km, d. h. die fahrleistungsschwache Hälfte der PKW der Marke Renault Clio wird im Jahresdurchschnitt höchstens 10105 km gefahren, oberes Quartil: die fahrleistungsschwachen drei Viertel der PKW der Marke Renault Clio werden im Jahresdurchschnitt höchstens 11696 km gefahren

d. das in seiner Konstruktion symmetrische Boxplot indiziert eine symmetrische Verteilung der jahresdurchschnittlichen Fahrleistungswerte, Spannweite als Ausdehnung des Boxplots: 16605 km – 3689 km = 12916 km, d. h. die jahresdurchschnittlichen Fahrleistungen differieren in ihrem Niveau bis zu 12916 km, Interquartilsabstand als Ausdehnung der Box: 11696 km – 8292 km = 3404 km, d. h. die mittlere Hälfte der jahresdurchschnittlichen Fahrleistungen differiert in ihrem Niveau bis zu 3404 km

e. arithmetisches Mittel: 10033 km, d. h. im Durchschnitt wird ein Renault Clio im Verlaufe eines Jahres 10033 km gefahren,

   Standardabweichung: 2412 km, d. h. im Durchschnitt streuen die 210 jahresdurchschnittlichen Fahrleistungswerte um 2412 km um den Durchschnittswert von 10033 km

f. Auswahlbedingung in verbindlicher SPSS Syntax:
   Durch >= (10033 – 2412) & Durch <= (10033 + 2412),
   Anzahl: 150 PKW, prozentualer Anteil: (150/210) × 100 % ≅ 71,4 %

Lösung 4-14*

a. 28 Befragte
b. nominale, dichotome und 0-1-kodierte Variablen
c. i) 97,2 % der Befragten, ii) Verstaatlichung der Banken, 470-mal genannt, iii) insgesamt 2666 Nennungen, iv) im Durchschnitt 2,712 bzw. 2,7 Maßnahmen
d. i) 161 männliche Personen, Auswahlbedingung: Gender = 2 & Gefahr = 3,
   ii) 1) genau eine Maßnahme: 15,5 %, 2) höchstens eine Maßnahme: 18,6 %,
   3) mindestens eine Maßnahme: (1 – 0,031) × 100 % = 96,9 %

Lösung 4-15*

a. Merkmalsträger: Wohnung, Identifikationsmerkmale: Eigentumswohnung mit sechs Wohnräumen (sachlich), II/2011 (zeitlich) auf dem Berliner Wohnungsmarkt (örtlich) zum Verkauf angeboten, Erhebungsmerkmal: Wohnfläche, Zustandsmenge: Menge der positiven reellen Zahlen Skala: metrisch
b. Stamm-Blatt-Diagramm, Frequency-Rubrik: 12, 24, 36, 28, 8
c. Umfang der Gesamtheit: 12 + 24 + 36 + 28 + 8 = 108 Eigentumswohnungen
d. modale Wohnflächenklasse: 36 Eigentumswohnungen mit sechs Räumen besitzen eine Wohnfläche von 250 m^2 oder mehr, aber weniger als 300 m^2
e. 2 (leafs) × 4 (cases) = 8 Eigentumswohnungen
f. Häufigkeitstabelle:

Nummer	Klasse (Angaben in m²)	Häufigkeit absolut	relativ	relativ, kumuliert
1	150 bis unter 250	36	0,333	0,333
2	250 bis unter 300	36	0,333	0,667
3	300 bis unter 400	36	0,333	1,000
gesamt		108	1,000	

prozentualer Anteil: (1 − 0,333) × 100 % ≅ 66,7 % der Eigentumswohnungen besitzen eine Wohnfläche von mindestens 250 m²

g. nicht äquidistant wegen unterschiedlicher Klassenbreiten, äquifrequent wegen eines gleichen Häufigkeitsbesatzes der drei Wohnflächenklassen

Lösung 4-16*

a. zehn nominale, 0-1-kodierte dichotome Variablen, Zustandsmenge: 0 steht für nicht genannt, 1 steht für genannt
b. statistische Auswertung eines Bündels bzw. einer Menge von dichotomen Variablen im Kontext einer Mehrfachantwortenanalyse
c. i) 11 Studierende, ii) 97,6 %, iii) Internet-Zugang, 262-mal, iv) 1752 Nennungen, v) wegen 3,937 letztlich 4 Kriterien
d. i) Anzahl: 25 Studierende, Filter: Gender = 2 & Programm = 1 & Semester = 3, ii) 9 Studierende, iii) 2 + 1 + 9 = 12 Studierende, iv) 9 + 10 + 1 + 2 = 22 Studierende

Lösung 4-17*

a. Einheit: Mietwohnung, Gesamtheit: 122 Mietwohnungen
b. Pankow: 57 Mietwohnungen, Reinickendorf: 26 Mietwohnungen, Weißensee: 39 Mietwohnungen
c. kodierte Zustandsmenge: 1 für einfache, 2 für mittlere und 3 für gute Wohnlage, Skala: ordinal, da die kodierten begrifflichen Ausprägungen eine Rangordnung darstellen
d. von den 122 interessierenden Mietwohnungen besitzen 23 Mietwohnungen eine Wohnfläche von mindestens 75 m², aber weniger als 80 m²
e. Häufigkeitstabelle:

Nummer	monatliche Kaltmiete (Angaben in €)	Häufigkeit prozentual	prozentual, kumuliert
1	von 434,50 bis unter 597,65	25	25
2	von 597,65 bis unter 680,65	25	50
3	von 680,65 bis unter 807,23	25	75
4	von 807,23 bis 1225,20	25	100
gesamt		100	

i) vier äquifrequente Klassen, ii) fünf Kennzahlen: niedrigste monatliche Kaltmiete: 434,50 €, unteres Kaltmietenquartil: 597,65 €, Kaltmietenmedian: 680,65 €, oberes

Kaltmietenquartil: 807,23 €, höchste monatliche Kaltmiete: 1225,20 €, iii) Boxplot, skizziert eine äquifrequente Vierteilung auf der Basis der vorhergehend vermerkten fünf statistischen Kennzahlen

Lösung 4-18*

a. realisierte Zufallsstichprobe als Menge von 184 erfassten Beträgen
b. Zustandsmenge: Menge der positiven reellen Zahlen, Skala: metrisch
c. statistisch: Betragsklasse: von 45 € bis unter 50 €, absolute Klassenhäufigkeit: 53 Kunden, sachlogisch: 53 Kunden, die Benzinkraftstoff tankten, zahlten an der Kasse mindestens 45 €, aber weniger als 50 €
d. kleinster Betrag: 25,84 €, unteres Quartil: 41,71 €, mittleres Quartil oder Median: 47,21 €, d. h. die Hälfte der Kunden zahlte an der Kasse einen Betrag von höchstens 47,21 €, oberes Quartil: 52,18 €, größter Betrag: 68,34 €
e. Boxplot bzw. Box-and-Whisker-Plot
f. arithmetisches Mittel: 47,19 €, d. h. im Durchschnitt zahlte ein Kunde einen Betrag von 47,19 €; Standardabweichung: 7,81 €, die von den Kunden gezahlten Beträge weichen im Durchschnitt um 7,81 € um den durchschnittlichen Betrag in Höhe von 47,19 € „nach oben und nach unten“ ab
g. Filter: Art = 1 & Betrag <= (47.19 + 7.81) & Betrag >= (47.19 – 7.81), wegen (124/184) × 100 % ≅ 67,4 % trifft dies nicht schlechthin auf die Mehrheit, sondern im konkreten Fall sogar auf zwei Drittel aller erfassten Kunden zu

Lösung 4-19*

a. Umfang: 128 PKW Smart ForTwo, Filter: A <= 7
b. z. B. X = F * 1000/A
c. 25 der 128 höchstens sieben Jahre alten PKW Smart ForTwo besitzen eine jahresdurchschnittliche Fahrleistung von 8000 km bis unter 9000 km
d. äquifrequente Vierteilung, Grafik: Boxplot
e. Minimum: 2600 km, unteres Quartil: 7472 km, mittleres Quartil: 8875 km, oberes Quartil: 10338 km, Maximum: 14767 km
f. Ausreißerwerte sind per Definition alle jahresdurchschnittlichen Fahrleistungswerte, die mindestens 1,5-mal und höchstens 3-mal Boxbreite unterhalb des unteren bzw. oberhalb des oberen Quartil liegen und mit dem Symbol o gekennzeichnet werden, im konkreten Fall sind es drei Ausreißerwerte 2600 km, 3000 km und 14767 km, die durch die PKW mit den Nummern 10087, 100103 und 100108 repräsentiert werden

Lösung 4-20*

a. erfasst: 216 Knaben, Filter: Sex = 0
b. kodierte Zustandsmenge: –1 für untergewichtig, 0 für normalgewichtig, 1 für übergewichtig, Skala: ordinal, da die Ausprägungen begrifflich gefasste und numerisch kodierte Größenordnungen sind

c. modale Gewichtsklasse: 29 der 216 lebendgeborenen Knaben hatten ein Körpergewicht von 3600 g bis unter 3700 g

d. i) Gliederung einer großen Datenmenge in vier gleichhäufig besetzte Klassen

ii) Minimum: 2750 g, unteres Gewichtsquartil: 3352,5 g, mittleres Gewichtsquartil bzw. Gewichtsmedian: 3600 g, oberes Gewichtsquartil: 3857,5 g, Maximum: 4350 g,

iii) explorative Grafik: Boxplot

verteilungsanalytische Aussage: Das symmetrische Boxplot (mittige und halbierte Box sowie zwei gleichlange Whisker) ist ein Hinweis auf eine symmetrische Verteilung der Körpergewichte der 216 lebendgeborenen Knaben.

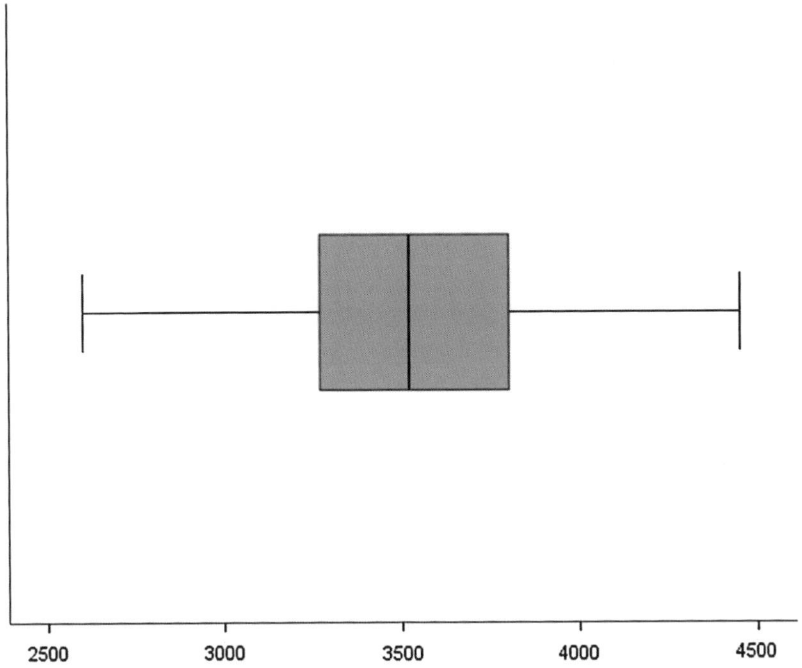

Boxplot der Körpergewichte

iv) Die Spannweite von 4350 g – 2750 g = 1600 g wird durch die Ausdehnung des Boxplots augenscheinlich. Interpretation: Die Gewichtswerte der 216 lebendgeborenen Knaben variieren zwischen 2750 g und 4350 g auf einem Niveau von 1600 g. Der Interquartilsabstand von 3857,5 g – 3352,5 g = 505 g wird durch die Ausdehnung der Box augenscheinlich. Interpretation: Die mittlere Hälfte der Gewichtswerte der 216 der lebendgeborenen Knaben variiert bzw. streut zwischen 3857,5 g und 3352,5 g auf einem Niveau von 505 g.

Literatur

Eckstein PP (2014) Repetitorium Statistik – Deskriptive Statistik, Stochastik, Induktive Statistik, 8. Aufl. Springer Gabler, Wiesbaden

Eckstein PP (2019) Statistik für Wirtschaftswissenschaftler – Eine realdatenbasierte Einführung mit SPSS, 6. Aufl. Springer Gabler, Wiesbaden

Stochastik 5

5.1 Problemstellungen

Problemstellung 5-1

Eine Ein-Euro-Münze wird zweimal geworfen. Anschließend wird geprüft, welche Seite der Münze (Zahl oder Bundesadler) sichtbar ist.

a. Erläutern Sie am konkreten Sachverhalt den Begriff „Zufallsexperiment".
b. Geben Sie die Ergebnismenge des Zufallsexperiments explizit an. Wie viele Ergebnisse gibt es aus kombinatorischer Sicht insgesamt zu verzeichnen?
c. Erläutern Sie anhand der Ergebnismenge des betrachteten Zufallsexperiments exemplarisch die Begriffe: Ergebnis, Ereignis, Elementarereignis.
d. Von Interesse sind die folgenden zufälligen Ereignisse: Die Zahl erscheint A: keinmal, B: einmal, C: zweimal, D: höchstens einmal, E: mindestens einmal.
   Wie viele Ergebnisse sind für das jeweilige zufällige Ereignis günstig? Notieren Sie für die interessierenden Ereignisse die jeweils günstigen Ergebnisse.
e. Einmal unterstellt, dass jedes Ergebnis des betrachteten Zufallsexperiments gleichmöglich ist. Geben Sie gemäß Problemstellung d. die Wahrscheinlichkeit für die interessierenden zufälligen Ereignisse an. Welcher Wahrscheinlichkeitsbegriff liegt Ihrer Berechnung zugrunde? Begründen Sie kurz Ihre Aussage.
f. Welche der in der Problemstellung d. vermerkten zufälligen Ereignisse sind in ihrer paarweisen Betrachtung i) disjunkt und ii) gleichwahrscheinlich? Begründen Sie kurz Ihre Aussagen.

P. P. Eckstein, *Datenanalyse mit SPSS*,
https://doi.org/10.1007/978-3-658-31837-6_5

Problemstellung 5-2

Aus der Menge Ω der Hörer einer Statistik-Vorlesung an der HTW Berlin wird eine Person zufällig ausgewählt. Von Interesse sind die folgenden zufälligen Ereignisse: A: „Die Person ist männlichen Geschlechts.", B: „Die Person wohnt in Berlin.", C: „Die Person ist Bafög-Empfänger."

a. Beschreiben Sie die folgenden Ereignisse verbal, wenn Sie der Einfachheit halber zum Beispiel das zum Ereignis A gehörende Komplementärereignis mit A^c bezeichnen: i) $A \cap B$, ii) $A \cap B \cap C$, iii) $A^c = \Omega \setminus A$, iv) $A \cap B^c$ mit $B^c = \Omega \setminus B$, v) $C \setminus A$, vi) $A \setminus C$, vii) $(A \cup A^c) \cap B^c$, viii) $A \cap A^c$, ix) $B \cup B^c$
b. Unter welcher Bedingung gilt i) $A \cap B \cap C = A$ und ii) $A^c = B$?

Problemstellung 5-3

Um sich ein Bild darüber zu verschaffen, warum und weshalb Studierende in den wirtschaftswissenschaftlichen Bachelor-Studiengängen die fakultativen Statistik-Tutorien besuchen, befragte die Tutorin Melanie B. alle 66 Teilnehmer an den Tutorien unter anderem danach, ob sie einem Nebenjob nachgehen (Ereignis N) bzw. ob sie Wiederholer des Statistik-Kurses (Ereignis W) sind. Die empirisch erhobenen Befragungsergebnisse hat sich die Tutorin Melanie B. kurz und knapp im nachfolgend skizzierten Diagramm vermerkt.

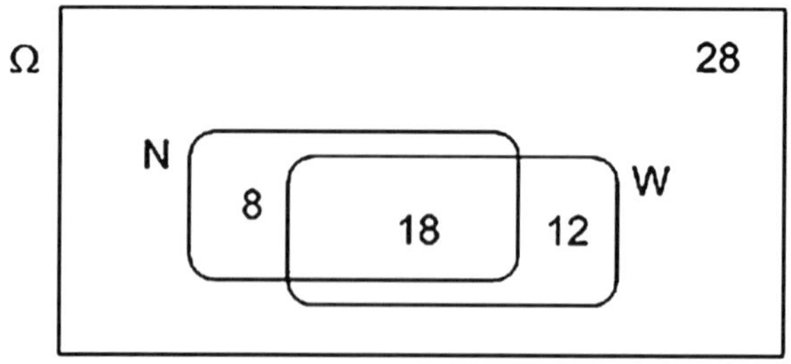

Diagramm der Befragungsergebnisse

a. Wie wird dieses Diagramm in der Mengentheorie bezeichnet?
b. Beschreiben Sie die folgenden Ereignisse verbal und geben Sie jeweils die zugehörige Teilnehmeranzahl an: i) $W^c = \Omega \setminus W$, ii) $(N \cup W)^c$, iii) $N^c \cap W^c$, iv) $(N \cap W)^c$, v) $N^c \cup W^c$
c. Wie groß ist die Wahrscheinlichkeit, dass ein zufällig ausgewählter Tutorium-Teilnehmer i) einem Nebenjob nachgeht, ii) ein Kurswiederholer ist, iii) sowohl einem Nebenjob nachgeht als auch den Statistik-Kurs wiederholt, iv) einem Nebenjob nachgeht, unter der Bedingung, dass er (sie) den Statistik-Kurs wiederholt, v) ein Kurswiederholer ist unter der Bedingung, dass er (sie) einem Nebenjob nachgeht?

d. Gilt im konkreten Fall i) $(N \cup W)^c = N^c \cap W^c$, ii) $(N \cap W)^c = N^c \cup W^c$? Unter welcher Bezeichnung firmieren die beiden Beziehungen?
e. Sind die zufälligen Ereignisse N und W i) disjunkt und ii) stochastisch voneinander unabhängig? Begründen Sie kurz Ihre jeweilige Aussage.

Problemstellung 5-4

Die nachfolgenden Problemstellungen beruhen auf dem folgenden Vorgang: Mittels eines Würfelbechers werden zwei ideale, sechsseitige und unterschiedlich farbige Spielwürfel einmal geworfen.

a. Beschreiben Sie das durchgeführte Zufallsexperiment.
b. Geben Sie explizit die Ergebnismenge des Zufallsexperiments an. Wie viele Ergebnisse beinhaltet die Ergebnismenge?
c. Erläutern Sie anhand der Ergebnismenge die Begriffe: Ergebnis, Ereignis, Elementarereignis.
d. Stellen Sie die folgenden Ereignisse als Ergebnisteilmengen explizit dar:
Ereignis A: Die Summe der Augenzahlen ist kleiner als vier.
Ereignis B: Die Summe der Augenzahlen ist höchstens vier.
Ereignis C: Die Summe der Augenzahlen ist mindestens vier.
Wie viele Ergebnisse beinhalten die Ereignisse jeweils?
e. Welche der zufälligen Ereignisse A bis C sind paarweise disjunkt? Begründen Sie Ihre Aussagen.
f. Erläutern Sie die folgenden Mengenoperationen und geben Sie jeweils die zugehörige Teilmenge der Ergebnismenge an: i) $(A \cup C)$, ii) $(B \cap C)$, iii) $(\Omega \setminus A)$.
g. Bestimmen Sie für die zufälligen Ereignisse A bis C die zugehörige Ereigniswahrscheinlichkeit. Welchen Wahrscheinlichkeitsbegriff legen Sie Ihren Berechnungen zugrunde? Begründen Sie kurz Ihre Aussage.
h. Überprüfen Sie die folgenden Aussagen auf ihre Gültigkeit. i) Die Chancen, beim einmaligen Werfen zweier verschiedenfarbiger, sechsseitiger und idealer Würfel eine Augenzahlsumme kleiner als vier zu erhalten, stehen eins zu elf. ii) Wenn die Chancen eins zu elf stehen, beträgt die zugehörige Ereigniswahrscheinlichkeit 0,0833…

Problemstellung 5-5*

Eine Befragung von zufällig und unabhängig voneinander ausgewählten Reisenden auf dem Flughafen Berlin-Tegel erbrachte im zweiten Quartal 2007 unter anderem das folgende Ergebnis: Von den insgesamt 683 befragten Fluggästen gaben 52 % an, geschäftlich unterwegs zu sein. 370 der Befragten gaben an, mit einem Taxi zum Flughafen gefahren zu sein. 242 Fluggäste waren geschäftlich unterwegs und nutzten ein Taxi auf dem Weg zum Flughafen. Von Interesse sind die folgenden Ereignisse: Ein zufällig ausgewählter und befragter Fluggast ist i) mit dem Taxi zum Flughafen gefahren (Ereignis T), ii) geschäftlich unterwegs (Ereignis G).

a. Erläutern Sie kurz den Begriff „relative Häufigkeit als Wahrscheinlichkeit in Konvergenz" und benennen Sie den zugehörigen theoretischen Hintergrund.
b. Geben Sie die folgenden Wahrscheinlichkeiten an: i) P(T), ii) P(G), iii) $P(G \cap T)$, iv) $P(G \mid T)$, v) $P(T \mid G)$. Benennen Sie den theoretischen Sachverhalt, auf dessen Grundlage Sie die Wahrscheinlichkeiten bestimmt haben.
c. Benennen Sie die folgenden Beziehungen und überprüfen Sie diese anhand der verfügbaren Informationen auf ihre Gültigkeit:
   i) $P(G \cup T) = P(G) + P(T)$,
   ii) $P(G \cup T) = P(G) + P(T) - P(G \cap T)$,
   iii) $P(G \cap T) = P(G) \times P(T)$,
   iv) $P(G \cap T) = P(G) \times P(T \mid G) = P(T) \times P(G \mid T)$.

Problemstellung 5-6

Für eine Gruppe von zehn Studierenden wurde jeweils der Vorname notiert und zugleich vermerkt, in welchem Semester die betreffende Person studiert. Es liegt die folgende Ergebnismenge vor:

{(Anja, 3), (Julia, 3), (Bianca, 3), (Daniela, 4), (Ramona, 4), (Sandra, 4), (Peter, 3), (Daniel, 3), (Niko, 3), (Oliver, 4)}.

Man betrachte für das Zufallsexperiment „zufällige Auswahl einer Person aus den zehn Studierenden" die Ereignisse A: „Die zufällig ausgewählte Person ist weiblich." und B: „Die zufällig ausgewählte Person studiert im dritten Semester."

a. Bestimmen Sie die Wahrscheinlichkeiten P(A), P(B), $P(A \cup B)$, $P(A \cap B)$.
b. Überprüfen Sie anhand der berechneten Wahrscheinlichkeiten, ob die jeweilige Beziehung gilt:
   i) $P(A \cup B) = P(A) + P(B)$, ii) $P(A \cap B) = P(A) \times P(B)$.
   Unter welcher Bezeichnung firmiert die jeweilige Beziehung? Welche Schlussfolgerung ziehen Sie aus der jeweiligen Überprüfung?

Problemstellung 5-7

Fünf der sechs Seiten eines Würfels von drei Zentimeter Kantenlänge werden rot angestrichen. Die sechste Fläche bleibt ohne Anstrich. Der Würfel wird in Teilwürfel von einem Zentimeter Kantenlänge zerlegt. Diese Teilwürfel werden in ein Gefäß gelegt. Das Gefäß wird geschüttelt. Aus dem Gefäß wird mit geschlossenen Augen ein Würfel entnommen. (Quelle: *Pisa*-Studie 2006, Schwerpunkt Naturwissenschaften)

a. Benennen Sie das Zufallsexperiment und geben Sie die Ergebnismenge an.
b. Von Interesse sind die folgenden zufälligen Ereignisse:
   K: Der entnommene Teilwürfel besitzt keine rote Fläche.
   E: Der entnommene Teilwürfel besitzt eine rote Fläche.
   Z: Der entnommene Teilwürfel besitzt zwei rote Flächen.
   D: Der entnommene Teilwürfel besitzt drei rote Flächen.
   V: Der entnommene Teilwürfel besitzt vier rote Flächen.
   Geben Sie für jedes interessierende zufällige Ereignis die Anzahl der zugehörigen Teilwürfel an.
c. Geben Sie für jedes interessierende zufällige Ereignis die Wahrscheinlichkeit seines Eintretens an. Welcher Wahrscheinlichkeitsbegriff liegt Ihren Berechnungen zugrunde? Begründen Sie kurz Ihre Antwort.
d. Charakterisieren Sie das zufällige Ereignis V.

Problemstellung 5-8*
Verwenden Sie zur Lösung der folgenden Problemstellungen die Informationen über die jeweiligen prozentualen Anteile der Frauen mit dem betreffenden Bildungsabschluss aus der beigefügten Grafik.

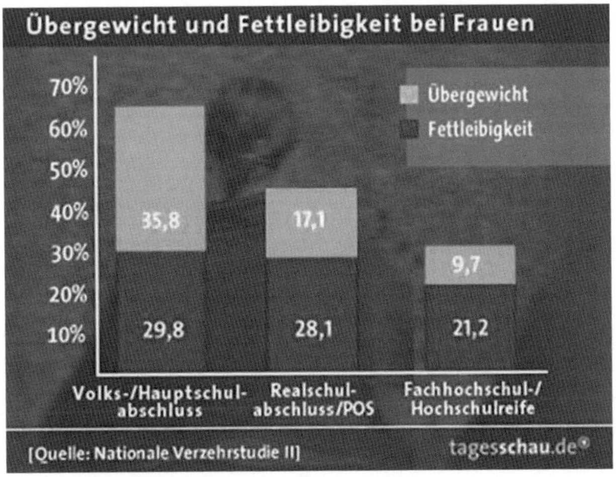

Übergewicht und Fettleibigkeit bei Frauen

Gehen Sie von der Prämisse aus, dass lediglich weibliche Personen mit einem Schulabschluss von Interesse sind, worunter wiederum 45 % einen Volks- bzw. Hauptschulabschluss und 32 % einen Realabschluss bzw. einen Abschluss einer Polytechnischen Oberschule (POS) besitzen.

Von Interesse sind die folgenden Ereignisse: Eine zufällig ausgewählte weibliche Person besitzt i) einen Volks- bzw. Hauptschulabschluss (Ereignis A), ii) einen Realschul- bzw. POS-Abschluss (Ereignis B), iii) besitzt die Fachhochschul- bzw. Hochschulreife

(Ereignis C). Das Ereignis D besteht darin, dass eine zufällig ausgewählte weibliche Person übergewichtig ist.

a. Geben Sie gemäß dem schwachen Gesetz großer Zahlen die folgenden Ereigniswahrscheinlichkeiten an: P(A), P(B), P(C), P(D | A), P(D | B), P(D | C).
b. Worin besteht die Kernaussage des schwachen Gesetzes großer Zahlen?
c. Geben Sie die Wahrscheinlichkeit dafür an, dass eine zufällig ausgewählte weibliche Person übergewichtig ist. Benennen Sie die benutzte Rechenregel.
d. Eine übergewichtige weibliche Person wird zufällig ausgewählt. Von Interesse ist ihr Schulabschluss. Welcher Schulabschluss ist am wahrscheinlichsten? Begründen Sie kurz Ihre „Risiko-Entscheidung".
e. Geben Sie die Wahrscheinlichkeit dafür an, dass eine zufällig ausgewählte weibliche Person die Fachhochschul- bzw. Hochschulreife besitzt und zugleich übergewichtig ist. Benennen Sie die angewandte Rechenregel.

Problemstellung 5-9*

Die zwei nachfolgenden Grafiken beruhen auf einer empirischen Studie aus dem Jahr 2010, in deren Zentrum die Motivation von Arbeitnehmern in deutschen Unternehmen stand.

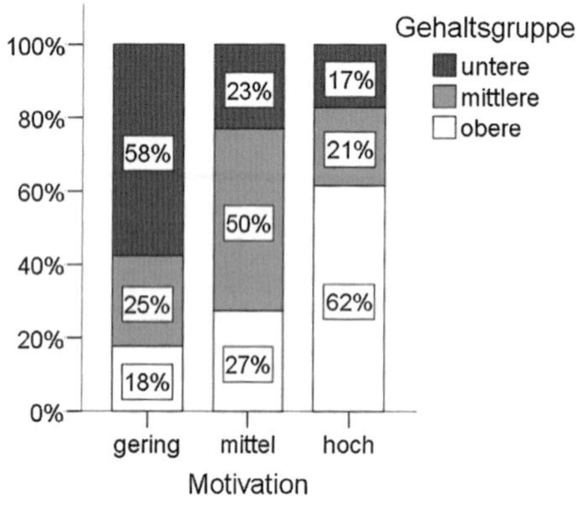

Grafik 1

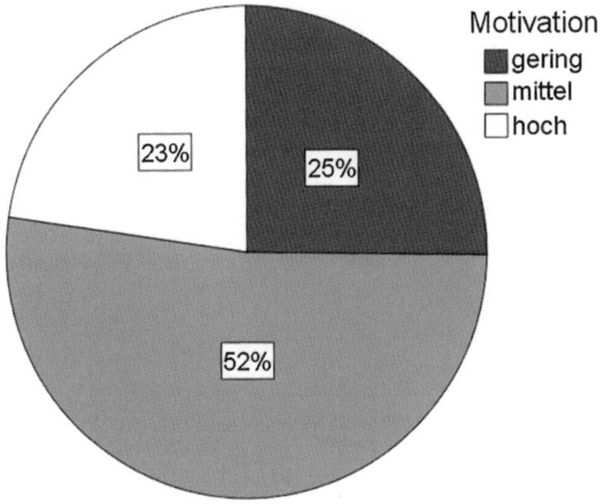

Grafik 2

Von Interesse sind die folgenden zufälligen Ereignisse: G: Arbeitnehmer mit geringer Motivation, M: Arbeitnehmer mit mittlerer Motivation, H: Arbeitnehmer mit hoher Motivation, O: Arbeitnehmer der oberen Gehaltsgruppe.

a. Charakterisieren Sie aus statistisch-methodischer Sicht die beiden Grafiken. Worüber geben diese Auskunft?
b. Beschreiben Sie das zufällige Ereignis $(O \cap H)$ verbal.
c. Bestimmen Sie gemäß dem schwachen Gesetz großer Zahlen aus den verfügbaren Informationen die folgenden Wahrscheinlichkeiten: $P(G)$, $P(M)$, $P(H)$, $P(O \mid G)$, $P(O \mid M)$, $P(O \mid H)$. Worin besteht die Kernaussage des schwachen Gesetzes großer Zahlen?
d. Berechnen Sie gemäß Problemstellung b. die Wahrscheinlichkeit für das Eintreten des zufälligen Ereignisses O. Benennen Sie die angewandte Formel.
e. Aus der Menge der Arbeitnehmer der oberen Gehaltsgruppe wird ein Arbeitnehmer zufällig ausgewählt. Geben Sie die Wahrscheinlichkeit dafür an, dass dieser Arbeitnehmer ein Arbeitnehmer mit i) geringer, ii) mittlerer, iii) hoher Motivation ist. Benennen Sie die angewandte Rechenregel.
f. Welches Ergebnis erhalten Sie, wenn Sie gemäß Problemstellung d. die Summe der drei a-posteriori-Wahrscheinlichkeiten bilden? Welche Rechenregel liegt dieser Berechnung zugrunde? Warum?

Problemstellung 5-10*

Die befreundeten Studentinnen Lydia und Elisabeth jobben in einer stark frequentierten Geschenke-Boutique im Zentrum Berlins unabhängig voneinander an zwei getrennten Arbeitsplätzen. Ihre alleinige Aufgabe besteht im wunschgemäßen Verpacken der von Kunden gekauften Geschenke. Obgleich Lydia im Verlaufe einer Schicht im Durchschnitt drei

Fünftel der gekauften Geschenke wunschgemäß verpackt, versäumt sie im Unterschied zu Elisabeth, die durchschnittlich in einhundert Fällen dreimal vergisst, das Preisschild abzunehmen, dies zweimal so häufig.

a. Unter welchen Bedingungen ist es berechtigt, die verfügbaren Informationen als Wahrscheinlichkeiten zu deuten? Begründen Sie kurz Ihre Antwort.
b. Definieren Sie auf der Basis der verfügbaren Informationen geeignete Ereignisse und geben Sie die zugehörigen Wahrscheinlichkeiten an.
c. Wie groß ist unter den gegebenen Bedingungen die Wahrscheinlichkeit dafür, dass ein zufällig gekauftes und wunschgemäß verpacktes Geschenk noch mit einem Preisschild versehen ist? Wie wird das zugrunde liegende Wahrscheinlichkeitstheorem bezeichnet?
d. Einmal angenommen, Sie haben in der Boutique ein Geschenk gekauft, es wunschgemäß verpacken lassen und sind bei der Geschenkübergabe peinlich berührt, weil das Preisschild noch anhängig ist. Wem haben Sie diese peinliche Situation „aller Wahrscheinlichkeit nach" zu verdanken? Begründen Sie kurz Ihre „risikobehaftete Schuldzuweisung".
e. Wie groß sind die Chancen, dass Sie diese peinliche Situation einer Schusseligkeit von Lydia zu verdanken haben?
f. Bestimmen Sie die Wahrscheinlichkeit dafür, dass ein preisschildbehaftetes Geschenk entweder von Lydia oder von Elisabeth verpackt wurde. Begründen Sie kurz Ihren Lösungsansatz.

Problemstellung 5-11*

Betrachtet wird das folgende fiktive Szenario: Man schreibt das Jahr 2030. In der Bevölkerung Deutschlands sind die sogenannten Babyboomer in das Rentenalter aufgerückt und zur Inkarnation des abgeschmackt wirkenden und doch so zutreffenden Begriffes von der „zu stemmenden Alterslast" geworden. Am 3. Oktober 2030, dem Tag der deutschen Einheit, finden Wahlen zum Deutschen Bundestag statt. 42 % der Wahlberechtigten sind Senioren. Acht von zehn Senioren nehmen ihr Wahlrecht war. Im Gegensatz dazu nehmen von den restlichen Wahlberechtigen nur zur Hälfte ihr Wahlrecht wahr.

a. Wie groß wäre demnach die Gesamtwahlbeteiligung? Benennen Sie die applizierte Berechnungsvorschrift und geben Sie diese explizit an.
b. In der deutschen Gesellschaft geht ein Gespenst um: Es ist das Gespenst der Gerontokratie, das eine egozentrische Allmacht der Senioren über die Gesellschaft symbolisiert. Wie groß wäre demnach das sogenannte gerontokratische Wählerpotenzial, wenn man davon ausgeht, dass – von wenigen Ausnahmen einmal abgesehen – alle Senioren, die ihr Wahlrecht wahrnehmen, der omnipräsent gewordenen gerontokratischen Partei ihre Stimme geben? Benennen Sie die applizierte Berechnungsvorschrift und geben Sie diese explizit an.

Problemstellung 5-12*

Eine umtriebige Studentin der Betriebswirtschaftslehre vertreibt im Rahmen ihrer Nebenjobtätigkeit Produkte eines amerikanischen Kosmetikunternehmens. In der letzten Vertriebsbesprechung berichtete sie, dass sie im vergangenen Monat insgesamt zwölf voneinander unabhängige Verkaufsberatungen durchgeführt hat und dass sich die Chance, eine Verkaufsberatung erfolgreich abzuschließen, unverändert auf eins zu drei belief.

a. Benennen und charakterisieren Sie den zugrunde liegenden Zufallsprozess und das theoretische Verteilungsmodell, mit dessen Hilfe der in Rede stehende Zufallsprozess beschrieben werden kann.
b. Bestimmen Sie unter der Angabe der jeweils applizierten SPSS Funktion die Wahrscheinlichkeit dafür, dass ceteris paribus die Studentin im kommenden Monat bei zwölf voneinander unabhängigen Verkaufsberatungen i) viermal erfolgreich ist, ii) höchstens viermal erfolgreich ist, iii) mindestens viermal erfolgreich ist, vi) mindestens einmal, aber höchstens viermal erfolgreich ist.
c. Sie werden aufgefordert, die Wahrscheinlichkeitsverteilung des applizierten theoretischen Verteilungsmodells grafisch darzustellen. Welche Form der grafischen Darstellung verwenden Sie? Warum?

Problemstellung 5-13

Studienfreunde von Ihnen sind jung vermählt. Sie träumen beide davon, einmal gemeinsam vier Kinder zu haben. Dies ist für Sie (als Freund und zugleich Trauzeuge) ein Anlass, insgesamt neun Szenarien einer Familienplanung näher zu betrachten. Der Einfachheit halber gehen Sie bei Ihren Familienplanungsszenarien von den folgenden Prämissen aus: Erstens soll der Kinderwunsch Ihrer Studienfreunde durch vier chronologisch und voneinander unabhängig ablaufende Einfachgeburten erfüllt werden und zweitens sollen die Chancen, dass im Zuge einer Einfachgeburt ein Junge das „Licht der Welt erblickt", unverändert bei 105 zu 100 stehen.

a. Es bezeichne X die Anzahl der Jungen in einer Familie mit vier Kindern. Erläutern Sie am konkreten Sachverhalt den Begriff „Zufallsgröße". Charakterisieren Sie die Zufallsgröße und geben Sie ihren Wertebereich an.
b. Benennen und charakterisieren Sie den zugrunde liegenden Zufallsprozess und das theoretische Verteilungsmodell, mit dessen Hilfe der in Rede stehende Zufallsprozess beschrieben werden kann.
c. Bestimmen Sie unter der expliziten Angabe der jeweiligen SPSS Funktion die Wahrscheinlichkeit dafür, dass ceteris paribus in der Wunschfamilie i) ein Junge vorkommt, ii) höchstens ein Junge vorkommt, iii) weniger als ein Junge vorkommt, iv) mehr als ein Junge vorkommt, v) mindestens ein Junge vorkommt, vi) mehr als ein Junge, aber höchstens drei Jungen vorkommen, vii) mindestens ein Junge, aber höchstens drei Jungen vorkommen, viii) mehr als ein Junge, aber weniger als drei Jungen vorkommen und ix) wenigstens ein Junge, aber weniger als drei Jungen vorkommen.

d. Mit wie vielen Jungen kann ceteris paribus die Wunschfamilie Ihrer Studienfreunde erwartungsgemäß rechnen? Wie wird diese Maßzahl bezeichnet?
e. Einmal unterstellt, dass sich Ihre Studienfreunde sehnlichst einen Jungen als „Stammhalter“ wünschen. Wie viele Kinder müssten sie ihr Eigen nennen, wenn ceteris paribus die Wahrscheinlichkeit dafür, dass mindestens ein Junge als Stammhalter geboren wird, mindestens 0,99 betragen soll?

Problemstellung 5-14*
Um ihre Verärgerung über die Flut von Spam-E-Mails statistisch belegen zu können, erfasste im Sommersemester 2011 die Studentin L. täglich sowohl die Anzahl der unter ihrer E-Mail-Adresse eingegangenen E-Mails als auch die Anzahl der als „Spam“ identifizierten E-Mails. Im Zuge der Auswertung der statistisch erhobenen Daten stellte sie zu ihrer Überraschung fest, dass sich an jedem Wochentag die Chancen, dass eine eingehende E-Mail als eine Spam-E-Mail identifiziert wird, nahezu unverändert auf sieben zu drei belaufen.

a. Wie groß ist unter den gegebenen Bedingungen die Wahrscheinlichkeit dafür, dass eine eingehende E-Mail als eine Spam-E-Mail identifiziert wird?
b. Gehen Sie für die weiteren Betrachtungen von den folgenden Prämissen aus: Am heutigen Tag gehen unter der E-Mail-Adresse der Studentin L. zufällig und unabhängig voneinander insgesamt elf E-Mails ein. Die Wahrscheinlichkeit dafür, dass eine eingehende E-Mail als Spam identifiziert wird, ist unveränderlich und identisch mit der unter a. berechneten Wahrscheinlichkeit. Von Interesse ist die Anzahl S identifizierter Spam-E-Mails. i) Charakterisieren Sie den zugrunde liegenden Zufallsprozess. ii) Benennen und spezifizieren Sie das theoretische Verteilungsmodell, mit dessen Hilfe der Zufallsprozess beschrieben werden kann. iii) Charakterisieren Sie die Zufallsgröße S.
c. Berechnen Sie unter Verwendung des vollständig spezifizierten Verteilungsmodells aus der Problemstellung b. und unter der expliziten Angabe der von Ihnen benutzten SPSS Funktion die auf drei Dezimalstellen gerundete Wahrscheinlichkeit dafür, dass ceteris paribus von den E-Mails, die am heutigen Tag eingehen, i) sieben, ii) höchstens sieben, iii) mindestens sieben, iv) mehr als fünf, aber höchstens neun E-Mails als Spam identifiziert werden.
d. Bestimmen und interpretieren Sie den Erwartungswert der Zufallsgröße S.

Problemstellung 5-15*
Im Jahr 2007 ergab eine umfangreiche statistische Untersuchung auf den Berliner Flughäfen, dass die Anzahl A der von einem Fluggast eines Inlandsfluges als Reisegepäck aufgegebenen Gepäckstücke hinreichend genau durch das theoretische Modell einer Poisson-Verteilung mit dem Parameter $\lambda = 1$ beschrieben werden kann.

a. Charakterisieren Sie das theoretische Verteilungsmodell.
b. Interpretieren Sie den Verteilungsparameter.

c. Welche ist die wahrscheinlichste Anzahl von Gepäckstücken, die von einem Inlandsfluggast als Reisegepäck aufgegeben werden?
d. Geben Sie die Wahrscheinlichkeit dafür an, dass ein Inlandsfluggast i) höchstens und ii) mindestens ein Gepäckstück als Reisegepäck aufgibt.
e. Im Verlaufe eines Tages passierten insgesamt 1582 Inlandsfluggäste den Abfertigungsschalter. Wie viele dieser Fluggäste hätten ceteris paribus mindestens ein Gepäckstück als Reisegepäck aufgegeben?

Problemstellung 5-16*
Im vergangenen Geschäftsjahr erhielt eine Berliner Autovermietung alle vierzehn Tage im Durchschnitt sieben Bußgeldbescheide wegen falschen Parkens. Es wird unterstellt, dass die Parkvergehen voneinander unabhängig sind.

a. Bestimmen Sie unter Benennung des Verteilungsmodells und unter Angabe der benutzten SPSS Funktion die Wahrscheinlichkeit dafür, dass unter sonst gleichen Bedingungen an einem beliebigen Tag i) kein, ii) mindestens ein, iii) mehr als ein Bußgeldbescheid bei der Autovermietung eintrifft.
b. Wie groß ist die Wahrscheinlichkeit dafür, dass bereits im Verlaufe des darauffolgenden Tages erneut ein Bußgeldbescheid eintrifft? Benennen Sie das applizierte Verteilungsmodell und geben Sie die benutzte SPSS Funktion explizit an.
c. Bestimmen Sie im Hinblick auf die Problemstellungen a. und b. jeweils den zugehörigen Erwartungswert und interpretieren Sie jeweils den Wert sachlogisch.

Problemstellung 5-17*
Verwenden Sie zur Lösung der folgenden Problemstellungen die SPSS Datendatei **FB7.sav** aus dem lehrbuchbezogenen Downloadbereich. Die Datendatei basiert auf semesterbezogenen Studierendenbefragungen, die am Fachbereich Wirtschafts- und Rechtswissenschaften der HTW Berlin auf der Grundlage eines standardisierten Fragebogens durchgeführt wurden. Für die weiteren Betrachtungen sind die Studierenden von Interesse, die im Sommersemester 2008 befragt wurden.

a. Wie viele der interessierenden Studierenden wurden befragt? Geben Sie die Auswahlbedingung in der verbindlichen SPSS Syntax an.
b. Charakterisieren Sie die Variable F11 und geben Sie ihre Zustandsmenge an.
c. Wie viel Prozent der befragten Studierenden, die eine „gültige" Antwort gaben, hatten i) keine Prüfungswiederholung, ii) höchstens eine Prüfungswiederholung und iii) mindestens eine Prüfungswiederholung zu „stemmen"?
d. Fassen Sie für die weiteren Betrachtungen die Anzahl W der Prüfungswiederholungen als eine poissonverteilte Zufallsgröße auf. Charakterisieren Sie kurz das zugrunde liegende theoretische Verteilungsmodell.

e. Schätzen Sie aus den verfügbaren Daten (auf zwei Dezimalstellen gerundet) den Verteilungsparameter des zugrunde liegenden Verteilungsmodells. Interpretieren Sie den Verteilungsparameter sachlogisch.
f. Berechnen Sie unter Beachtung der gemäß Problemstellung d. getroffenen Annahme und unter Verwendung Ihrer Analyseergebnisse aus der Problemstellung e. sowie unter der expliziten Angabe der jeweils benutzten SPSS Funktion die Wahrscheinlichkeit dafür, dass eine zufällig ausgewählte studierende Person i) keine Prüfungswiederholung, ii) höchstens eine Prüfungswiederholung und iii) mindestens eine Prüfungswiederholung zu „stemmen" hatte.
g. Zu welcher Aussage gelangen Sie aus dem Vergleich der Ergebnisse aus den Problemstellungen c. und f.?

Problemstellung 5-18*
Eine statistische Analyse aus dem Jahr 2011 ergab, dass der Mietpreis M (Angaben in €/m²) von Berliner Zwei-Zimmer-Mietwohnungen in gehobener Wohnlage als eine normalverteilte Zufallsgröße aufgefasst werden kann, die wie folgt spezifiziert ist: $M \sim N(6{,}25\ €/m^2;\ 1{,}15\ €/m^2)$.

a. Charakterisieren Sie die Zufallsgröße und interpretieren Sie die „vollständig spezifizierten" Verteilungsparameter statistisch und sachlogisch.
b. Nennen Sie drei charakteristische Eigenschaften des unterstellten theoretischen Verteilungsmodells.
c. Komplettieren Sie die folgende Tabelle, indem Sie das Marktsegment „Berliner Zwei-Zimmer-Mietwohnungen in gehobener Wohnlage" gemäß der praktizierten Klassifikation und unter Verwendung der vollständig spezifizierten Verteilung der Zufallsgröße strukturieren. Geben Sie jeweils explizit die applizierte SPSS Funktion an.

Mietpreissegment	Mietpreisklasse	Anteil (in %)
unteres	$M < 4{,}50\ €/m^2$	
mittleres	$4{,}50\ €/m^2 \leq M < 6\ €/m^2$	
gehobenes		
oberes	$M \geq 7{,}50\ €/m^2$	
insgesamt		

d. Erläutern Sie anhand des gehobenen Mietpreissegments die folgenden Begriffe: untere und obere Klassengrenze, Klassenbreite, Klassenhäufigkeit.
e. Sie werden aufgefordert, die unter c) praktizierte Marktsegmentierung mittels einer geeigneten Grafik darzustellen. Welche grafische Darstellung ist dafür geeignet? Begründen Sie kurz Ihre Applikation.
f. Welcher Mietpreis wird ceteris paribus im Mietwohnungsmarkt von 90 % der Mietwohnungen nicht überschritten? Wie wird in der Statistik dieser Wert bezeichnet? Geben Sie explizit die von Ihnen benutzte SPSS Funktion an.

Problemstellung 5-19*

Ein theoretisches Modell, das im technischen Wertpapier-Management angewandt wird, basiert auf der statistisch geprüften Annahme, dass die börsentäglichen Renditen einer Aktie als Realisationen einer normalverteilten Zufallsgröße aufgefasst werden können. Verwenden Sie zur Lösung der folgenden Problemstellungen die SPSS Datendatei **DA7.sav** aus dem lehrbuchbezogenen Downloadbereich. Die Datei beinhaltet die börsentäglichen Renditen (Angaben in Prozent) der Daimler-Aktie für das Wirtschaftsjahr 2014.

a. Benennen und charakterisieren Sie das unterstellte Verteilungsmodell.
b. Spezifizieren Sie für die Daimler-Aktie das unterstellte Verteilungsmodell durch die zugehörigen Parameterwerte. Benennen, bestimmen und interpretieren Sie die Parameterwerte aus den verfügbaren Daten. Runden Sie die berechneten Parameterwerte auf zwei Dezimalstellen.
c. Bestimmen Sie unter Verwendung des vollständig spezifizierten Verteilungsmodells aus der Problemstellung b. die Wahrscheinlichkeit dafür, dass ceteris paribus die Rendite der Daimler-Aktie an einem beliebigen Börsentag mindestens 2 % beträgt. Geben Sie die benutzte Berechnungsvorschrift in der verbindlichen SPSS Syntax an.
d. Bestimmen Sie unter Verwendung des vollständig spezifizierten Verteilungsmodells aus der Problemstellung b. die Rendite der Daimler-Aktie, die ceteris paribus an einem beliebigen Börsentag mit einer Wahrscheinlichkeit von 0,95 höchstens zu erwarten ist. Geben Sie die benutzte Berechnungsvorschrift in der verbindlichen SPSS Syntax an.

Problemstellung 5-20*

Die Studentin der Betriebswirtschaftslehre Annika G. betreibt gemeinsam mit ihrer Familie im Bundesland Brandenburg einen Öko-Bauernhof, der auf die Produktion von Hühnereiern spezialisiert ist. Inspiriert durch die Lehrveranstaltungen im Fach Statistik erfasst und analysiert sie das Gewicht G (Angaben in Gramm) von 1000 Hühnereiern. Die statistische Analyse der empirisch erfassten Hühnereiergewichte bestätigte die Annahme, dass das Gewicht G eines Hühnereies als eine normalverteilte Zufallsgröße aufgefasst werden darf, wobei im Durchschnitt ein Hühnerei 63 Gramm schwer ist und die einzelnen Hühnereiergewichte im Durchschnitt um 5 Gramm um das Durchschnittsgewicht von 63 Gramm streuen.

a. Charakterisieren Sie die Zufallsgröße und das ihr zugrunde liegende theoretische Verteilungsmodell.
b. Wie ist im konkreten Fall das theoretische Verteilungsmodell der Hühnereiergewichte hinsichtlich seiner Parameter spezifiziert?
c. Bestimmen und interpretieren Sie das Gewichtsquantil der Ordnung 0,33.
d. Welchen Erlös würde die Öko-Bäuerin Annika G. auf einem Berliner Wochenmarkt erwartungsgemäß erzielen, wenn sie ceteris paribus alle diese 1000 Hühnereier verkaufen und ein Hühnerei der Gewichtskategorie
   S: $G < 55$ g für 0,15 €,
   M: $55 \text{ g} \leq G < 65$ g für 0,20 €,
   L: $65 \text{ g} \leq G < 75$ g für 0,25 € und

XL: $G \geq 75$ g für 0,30 €
anbietet?

e. Erläutern Sie kurz die Kernaussage des zentralen Grenzwertsatzes. Welchem theoretischen Verteilungsmodell wird durch diesen Grenzwertsatz eine „fundamentale Rolle" eingeräumt?

Problemstellung 5-21*
Die statistische Analyse der jahresdurchschnittlichen Fahrleistung X einer großen Anzahl von PKW der Marke „Mercedes A-Klasse", die im Wirtschaftsjahr 2008 im Autodienst der Berliner Mercedes-Benz-Niederlassung zur Inspektion abgegeben wurden, lieferte das folgende Ergebnis: $X \sim N(14350 \text{ km}, 4650 \text{ km})$.

a. Fassen Sie die jahresdurchschnittliche Fahrleistung X als eine Zufallsgröße auf. Charakterisieren Sie die Zufallsgröße und das ihr zugrunde liegende theoretische Verteilungsmodell.
b. Benennen und interpretieren Sie die Verteilungsparameter.
c. Von Interesse ist das Ereignis $A := \{[a, b]\}$, das darin besteht, dass die jahresdurchschnittliche Fahrleistung X eines zufällig ausgewählten PKW der Marke „Mercedes A-Klasse" im geschlossenen Fahrleistungsintervall [a, b] liegt. Geben Sie jeweils das Fahrleistungsintervall an, welches den sogenannten i) Ein-Sigma-Bereich, ii) Zwei-Sigma-Bereich, iii) Drei-Sigma-Bereich beschreibt.
d. Geben Sie unter der expliziten Angabe der benutzten SPSS Funktion die Wahrscheinlichkeit dafür an, dass ceteris paribus die jahresdurchschnittliche Fahrleistung X eines zufällig ausgewählten PKW der Marke „Mercedes A-Klasse" im i) Ein-Sigma-Bereich, ii) Zwei-Sigma-Bereich, iii) Drei-Sigma-Bereich liegt.
e. Bestimmen und interpretieren Sie ceteris paribus für die jahresdurchschnittliche Fahrleistung X von PKW der Marke „Mercedes A-Klasse" i) das untere Fahrleistungsquartil und ii) das obere Fahrleistungsquartil. Geben Sie jeweils die benutzte SPSS Funktion in der verbindlichen SPSS Syntax explizit an.

Problemstellung 5-22*
Verwenden Sie zur Lösung der Problemstellungen die SPSS Datendatei **GO7.sav** aus dem lehrbuchbezogenen Downloadbereich. Die Datei beinhaltet Daten von zufällig ausgewählten Personenkraftwagen der Marke Opel, die im Jahr 2011 auf dem Berliner Gebrauchtwagenmarkt zum Verkauf angeboten wurden. Für die weiteren Betrachtungen sind lediglich PKW vom Typ „Vectra" von Interesse.

a. Wie viele der interessierenden Gebrauchtwagen wurden zufällig ausgewählt? Geben Sie die Auswahlbedingung in der verbindlichen SPSS Syntax an.
b. Fügen Sie in die Arbeitsdatei eine Variable mit dem Namen „Jahr" ein, welche die jahresdurchschnittliche Fahrleistung (Angaben in Kilometern) zum Inhalt hat. Geben Sie die angewandte Berechnungsvorschrift in der verbindlichen SPSS Syntax explizit an.

c. Welche jahresdurchschnittliche Fahrleistung besitzt der Gebrauchtwagen mit der Nummer 10465?
d. Ein Modell, das in der Versicherungswirtschaft für Basiskalkulationen von PKW-Versicherungen angewandt wird, beruht auf einer disjunkten und äquifrequenten Vierteilung von vergleichbaren PKW bezüglich ihrer jahresdurchschnittlichen Fahrleistung. Benennen und berechnen Sie die erforderlichen und auf ganze Zahlen gerundeten Parameterwerte, die eine solche Vierteilung ermöglichen.
e. Ein Modell, das in der Versicherungswirtschaft für Beitragskalkulationen von PKW-Versicherungen angewandt wird, basiert auf der statistisch geprüften Prämisse, dass die jahresdurchschnittliche Fahrleistung von PKW eine normalverteilte Zufallsgröße ist. Spezifizieren Sie das Normalverteilungsmodell durch die zugehörigen Parameterwerte. Benennen und bestimmen Sie die Parameterwerte aus den verfügbaren Daten. Runden Sie die berechneten Parameterwerte auf ganze Zahlen.
f. Bestimmen Sie unter Verwendung des vollständig spezifizierten Normalverteilungsmodells aus der Problemstellung c. den prozentualen Anteil der interessierenden PKW, die eine jahresdurchschnittliche Fahrleistung von mindestens 15000 km, aber von höchstens 20000 km besitzen. Geben Sie die benutzte Berechnungsvorschrift in der verbindlichen SPSS Syntax explizit an.
g. Bestimmen Sie unter Verwendung des vollständig spezifizierten Normalverteilungsmodells aus der Problemstellung e. den jahresdurchschnittlichen Fahrleistungswert, den das fahrleistungsschwächste Fünftel der interessierenden PKW höchstens besitzt. Geben Sie die benutzte Berechnungsvorschrift in der verbindlichen SPSS Syntax explizit an. Wie wird in der statistischen Methodenlehre dieser Wert bezeichnet?

Problemstellung 5-23*

Die statistische Analyse der Verweildauer (Angaben in Stunden) von zufällig ausgewählten Besuchern der Berliner Ausstellung „Die schönsten Franzosen kommen aus New York – Französische Meisterwerke des 19. Jahrhunderts“ aus dem Jahr 2005 ergab, dass die Verweildauer eines Besuchers in der Ausstellung als eine exponentialverteilte Zufallsgröße mit dem Parameter $\lambda = 0{,}45$ (h^{-1}) aufgefasst werden kann.

a. Charakterisieren Sie die Zufallsgröße.
b. Bestimmen und interpretieren Sie den Erwartungswert der Zufallsgröße „Verweildauer eines Ausstellungsbesuchers“.
c. Berechnen Sie die Wahrscheinlichkeit dafür, dass ceteris paribus ein zufällig ausgewählter Ausstellungsbesucher i) höchstens zwei Stunden, ii) mindestens zwei Stunden in der Ausstellung verweilt? Geben Sie jeweils die von Ihnen applizierte Berechnungsvorschrift in der verbindlichen SPSS Syntax explizit an.
d. Welche Verweildauer wird ceteris paribus von einem Ausstellungsbesucher mit einer Wahrscheinlichkeit von 0,95 nicht überschritten? Wie wird dieser Wert in der Statistik bezeichnet? Geben Sie die von Ihnen benutzte SPSS Funktion in der verbindlichen Syntax explizit an.

Problemstellung 5-24*

Die beiden nachfolgenden Grafiken beziehen sich auf das Fach Statistik in den wirtschaftswissenschaftlichen Bachelor-Studiengängen der HTW Berlin im vergangenen Semester.

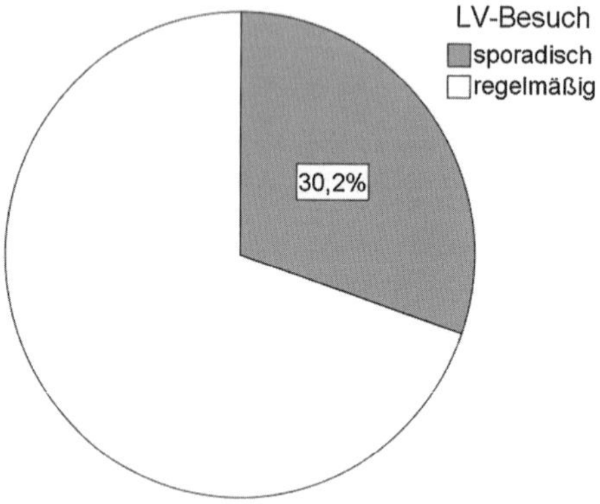

Grafik 1 Lehrveranstaltungsbesuch

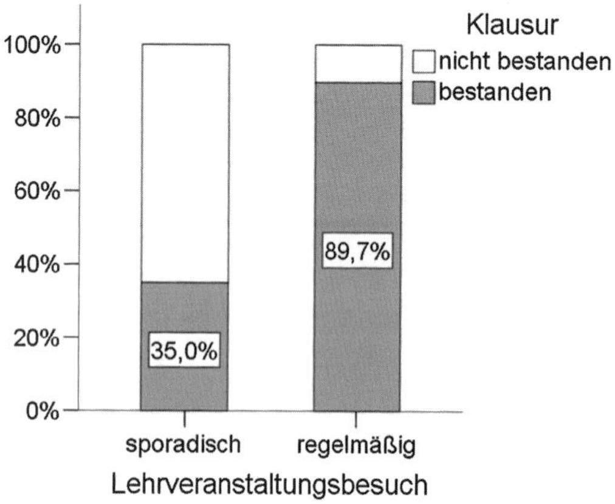

Grafik 2 LV-bedingtes Bestehen der Klausur

Von Interesse sind die folgenden Ereignisse: Ein zufällig ausgewählter Klausurteilnehmer i) besuchte die Lehrveranstaltungen sporadisch (Ereignis S) bzw. regelmäßig (Ereignis R) und ii) hat die Semesterabschlussklausur nicht bestanden (Ereignis N).

a. Beschreiben Sie das Ereignis $(S \cap N)$ verbal.
b. Bestimmen Sie gemäß dem schwachen Gesetz großer Zahlen aus den verfügbaren Informationen die folgenden Ereigniswahrscheinlichkeiten: P(S), P(R), P(N | S), P(N | R). Worin besteht die Kernaussage des schwachen Gesetzes großer Zahlen?
c. Berechnen Sie unter Verwendung der Ergebnisse aus der Problemstellung b. die Wahrscheinlichkeit für das Eintreten des Ereignisses N. Benennen Sie die angewandte Rechenregel. Auf welchen elementaren Rechenregeln der Wahrscheinlichkeitsrechnung basiert die angewandte Rechenregel?
d. Wie viele Klausurteilnehmer haben die Klausur nicht bestanden, wenn insgesamt 265 Studierende an der Klausur teilgenommen haben?
e. Aus der Menge der Klausurteilnehmer, welche die Klausur nicht bestanden haben, wird ein Klausurteilnehmer zufällig ausgewählt. Von Interesse ist, ob dieser Klausurteilnehmer im vergangenen Semester die Lehrveranstaltungen zur Statistik sporadisch oder regelmäßig besuchte. Welches der beiden interessierenden zufälligen Ereignisse ist am wahrscheinlichsten? Begründen Sie kurz Ihre Entscheidung und benennen Sie die angewandte Rechenregel.
f. Erläutern Sie anhand des betrachteten Sachverhalts kurz die folgenden Begriffe: i) a-priori-Wahrscheinlichkeit, ii) a-posteriori-Wahrscheinlichkeit, iii) Maximum-Likelihood-Prinzip.

Problemstellung 5-25*

Der vom Fach Statistik begeisterte Student Paul betreibt gemeinsam mit seiner Familie in der Uckermark (Bundesland Brandenburg) eine Straußenfarm. In den Sommermonaten bietet das Familienunternehmen allwöchentlich auf dem Markt ein begehrtes Produkt feil: Straußeneier. Zur preisbezogenen Klassifikation der Straußeneier hat Paul für ein großes Los das Gewicht eines jeden Straußeneies (Angaben in Gramm) erfasst und analysiert. Die statistische Analyse ergab, dass das Gewicht eines Straußeneies als eine Realisation einer normalverteilten Zufallsgröße aufgefasst werden kann und der sogenannte Ein-Sigma-Bereich der Zufallsgröße durch das geschlossene Intervall von [1400, 1600] gegeben ist.

a. Benennen und charakterisieren Sie das theoretische Verteilungsmodell der Straußeneiergewichte.
b. Wie ist das Modell hinsichtlich seiner Parameter spezifiziert? Benennen, bestimmen und interpretieren Sie die Verteilungsparameter.
c. Welchen Erlös würde das Familienunternehmen auf einem Wochenmarkt erwartungsgemäß erzielen, wenn Sie von den folgenden Prämissen ausgehen: i) Es werden 100 Straußeneier verkauft. ii) Während ein Straußenei, dass hinsichtlich seines Gewichtes unterhalb bzw. oberhalb des sogenannten Ein-Sigma-Bereiches liegt, für 20 € bzw. 30 € veräußert wird, beläuft sich der Preis eines Straußeneies im sogenannten Ein-Sigma-Gewichtsbereich auf 25 €.

Problemstellung 5-26

Zeigen Sie die Richtigkeit der folgenden Aussagen: Kann das Gewicht G von Hühnereiern durch das Modell einer Normalverteilung beschrieben werden, wobei im konkreten Fall $\mu = 63$ g und $\sigma = 5$ g gelten soll, dann ist die Wahrscheinlichkeit dafür, dass ein zufällig ausgewähltes Hühnerei dem Gewichtsintervall

a. $[\mu - k \cdot \sigma, \mu + k \cdot \sigma]$ zugeordnet wird,
   0,683 für k = 1,
   0,955 für k = 2,
   0,997 für k = 3
b. $[\mu - z \cdot \sigma, \mu + z \cdot \sigma]$ zugeordnet wird,
   0,90 für z = 1,65,
   0,95 für z = 1,96,
   0,99 für z = 2,58
c. Unter welcher Bezeichnung firmieren in der statistischen Methodenlehre die unter a. indizierten Aussagen?
d. Erläutern Sie am konkreten Sachverhalt kurz die folgenden Begriffe: i) Dichtefunktion, ii) Verteilungsfunktion, iii) Modellspezifikation.

Problemstellung 5-27*

Die beiden Grafiken beziehen sich auf die Menge erwerbsfähiger Personen ohne Bildungsabschluss in Deutschland im Wirtschaftsjahr 2012.

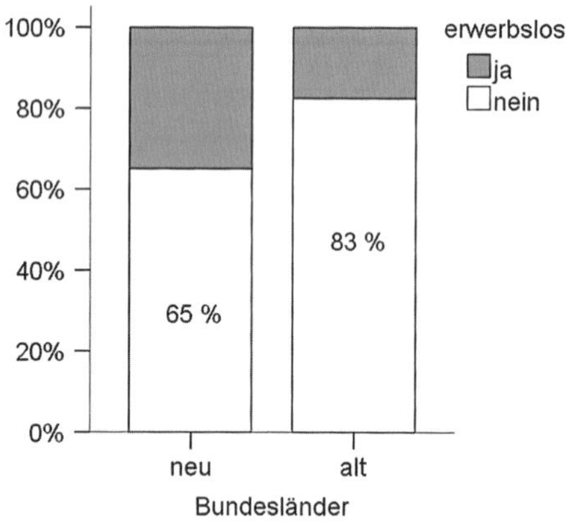

Grafik 1: Bundesländerspezifische Erwerbslosigkeit

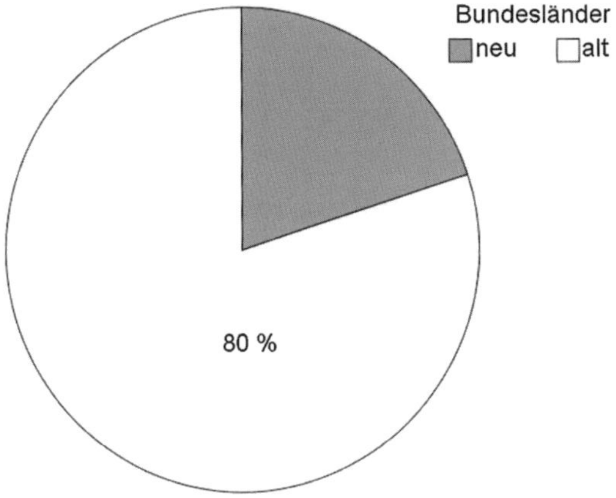

Grafik 2: Bundesländerstruktur

Von Interesse sind die folgenden Ereignisse: Eine zufällig ausgewählte erwerbsfähige Person ohne Bildungsabschluss ist i) aus den neuen Bundesländern (Ereignis N), ii) aus den alten Bundesländern (Ereignis A), iii) erwerbslos (Ereignis E).

a. Bestimmen Sie gemäß dem schwachen Gesetz großer Zahlen aus den verfügbaren Informationen die folgenden Ereigniswahrscheinlichkeiten: P(A), P(N), P(E | A) und P(E | N).
b. Worin besteht die Kernaussage des schwachen Gesetzes großer Zahlen?
c. Wie stehen die Chancen, dass eine zufällig ausgewählte erwerbsfähige Person ohne Bildungsabschluss den alten Bundesländern zugeordnet werden muss?
d. Berechnen Sie unter Verwendung der verfügbaren Informationen die Wahrscheinlichkeit für das zufällige Ereignis E. Welche Rechenregel verwenden Sie zur Lösung dieser Problemstellung? Interpretieren Sie die berechnete Kennzahl im volkswirtschaftlichen Sinne.
e. In einem Seminar zur Volkswirtschaftslehre werden Sie aufgefordert, anhand der verfügbaren Informationen eine Aussage über die prozentuale Verteilungsstruktur der erwerbslosen Personen ohne Bildungsabschluss im Hinblick auf die alten und neuen Bundesländer zu treffen. Zu welchem Ergebnis gelangen Sie? Welche Rechenregel legen Sie Ihren Berechnungen zugrunde?

Problemstellung 5-28*

Verwenden Sie zur Lösung der Problemstellungen die SPSS Datendatei **SC7.sav** aus dem lehrbuchbezogenen Downloadbereich. Die Datei beinhaltet Daten von zufällig ausgewählten Personenkraftwagen der Marke Seat Cordoba mit einem Benzinmotor, die im Jahr

2014 auf dem Berliner Gebrauchtwagenmarkt zum Verkauf angeboten wurden. Für die weiteren Betrachtungen sind lediglich die erfassten Gebrauchtwagen mit einem Hubraum von 1600 cm^3 von Interesse.

a. Wie viele der interessierenden Gebrauchtwagen wurden erfasst? Geben Sie die angewandte SPSS Auswahlbedingung in der verbindlichen SPSS Syntax an.
b. Beitragskalkulationen von PKW-Versicherungen basieren auf der Kennzahl der jahresdurchschnittlichen Fahrleistung (Angaben in Kilometern). Fügen Sie in die Arbeitsdatei eine Variable D ein, welche für die interessierenden Gebrauchtwagen diese versicherungstechnische Kennzahl zum Inhalt hat. Geben Sie die SPSS Berechnungsvorschrift explizit an.
c. Bestimmen und interpretieren Sie für die interessierenden Gebrauchtwagen das (auf einen ganzzahligen Wert gerundete) untere Quartil der jahresdurchschnittlichen Fahrleistung.
d. Fassen Sie die unter b. berechnete Variable D als eine normalverteilte Zufallsgröße auf. Wie ist das Normalverteilungsmodell hinsichtlich seiner Parameter spezifiziert? Benennen Sie die Parameter und geben Sie die Parameterwerte ganzzahlig gerundet mit der zugehörigen Maßeinheit an.
e. Nennen Sie drei typische Eigenschaften des Modells einer Normalverteilung.
f. In der Versicherungswirtschaft ist man an bestimmten Klassifikationen von Personenkraftwagen (PKW) hinsichtlich der jahresdurchschnittlichen Fahrleistung interessiert.

jahresdurchschnittliche Fahrleistung	Anteil (in %)	SPSS Berechnungsvorschrift
höchstens km	90	
mindestens 15000 km		

Komplettieren Sie unter Berücksichtigung der Prämissen und der Ergebnisse aus der Problemstellung e. für das Marktsegment von Gebrauchtwagen des Typs Seat Cordoba die obige Tabelle.

Problemstellung 5-29*

Gemäß einer aktuellen Statistik über Ordnungswidrigkeiten im Straßenverkehr bestehen die Chancen, dass ein Autofahrer ordnungswidrig „am Steuer" ein Mobiltelefon benutzt, elf zu neunundneunzig.

a. Wie groß ist unter den gegebenen Bedingungen die Wahrscheinlichkeit dafür, dass ein zufällig ausgewählter Autofahrer ordnungswidrig handelt?
b. Gehen Sie für die weiteren Betrachtungen von den folgenden Prämissen aus: i) Im Rahmen einer Verkehrskontrolle werden zufällig und unabhängig voneinander dreißig Autofahrer ausgewählt. ii) Die Wahrscheinlichkeit dafür, dass ein Autofahrer „am Steuer" ein Mobiltelefon benutzt, ist unveränderlich und gleich der unter a. berechneten Wahrscheinlichkeit. iii) Von Interesse ist die Anzahl A der Autofahrer, die im Rah-

men der Verkehrskontrolle ordnungswidrig „am Steuer" ein Mobiltelefon benutzen. Benennen Sie sowohl den Zufallsprozess als auch das theoretische Verteilungsmodell, mit dessen Hilfe der Zufallsprozess beschrieben werden kann. Charakterisieren Sie die Zufallsgröße A und geben Sie ihre möglichen Realisationen sowie ihr vollständig spezifiziertes Verteilungsmodell an.

c. Berechnen Sie unter Verwendung des vollständig spezifizierten Verteilungsmodells aus der Problemstellung b. und unter der expliziten Angabe der von Ihnen benutzten SPSS Funktion die auf drei Dezimalstellen gerundete Wahrscheinlichkeit dafür, dass unter sonst gleichen Bedingungen im Rahmen einer Verkehrskontrolle i) genau drei Autofahrer, ii) höchstens drei Autofahrer und iii) mindestens drei Autofahrer ordnungswidrig handeln.
d. Bestimmen und interpretieren Sie den Erwartungswert der Zufallsgröße A.
e. Ein Autofahrer, der ordnungswidrig „am Steuer" ein Mobiltelefon benutzt und dabei von der Polizei „erwischt" wird, muss ein Bußgeld in Höhe von 60 € zahlen. Mit welchen Bußgeldeinnahmen könnte die Polizei allein im Rahmen dieser Verkehrskontrolle erwartungsgemäß rechnen?

Problemstellung 5-30*

Verwenden Sie zur Lösung der folgenden Problemstellungen die SPSS Datendatei **MW7.sav** aus dem lehrbuchbezogenen Downloadbereich. Die Datei beinhaltet Daten von Mietwohnungen, die im Jahr 2016 auf dem Berliner Wohnungsmarkt angeboten wurden. Von Interesse sind die Mietwohnungen in guter Wohnlage im Stadtteil Zehlendorf mit einer Wohnfläche von mindestens 100 m^2.

a. Wie viele der interessierenden Mietwohnungen wurden erfasst? Geben Sie die angewandte SPSS Auswahlbedingung explizit an.
b. Die Berliner Mietspiegeltabelle basiert auf der Kennzahl des sogenannten Quadratmeterpreises (Angaben in € monatliche Kaltmiete je m^2 Wohnfläche). Fügen Sie in Arbeitsdatei eine Variable ein, welche für die interessierenden Mietwohnungen diese Kennzahl zum Inhalt hat. Geben Sie die Berechnungsvorschrift in der verbindlichen SPSS Syntax explizit an.
c. Fassen Sie die unter b. berechnete Kennzahl als eine normalverteilte Zufallsgröße auf. Wie ist das Normalverteilungsmodell hinsichtlich seiner Parameter spezifiziert? Benennen Sie die Parameter, geben Sie die Parameterwerte „auf Euro und Cent gerundet" an und interpretieren Sie die Parameterwerte. Nennen Sie drei typische Eigenschaften des Modells einer Normalverteilung.
d. In der Immobilienwirtschaft ist man an bestimmten Klassifikationen von Mietwohnungen hinsichtlich des Quadratmeterpreises interessiert.

Quadratmeterpreis	Anteil (in %)	SPSS Berechnungsvorschrift
mindestens 10 €/m^2		
höchstens €/m^2	90	

Komplettieren Sie unter Berücksichtigung der Prämissen und der Ergebnisse aus der Problemstellung c. für das interessierende Mietwohnungsmarktsegment die obige Tabelle.

Problemstellung 5-31*
Gemäß einer aktuellen Statistik der Kfz-Zulassungsstelle Bernau, Landkreis Barnim, bestehen die Chancen, dass im Zuge eines Zulassungsvorgangs ein Kfz-Wunschkennzeichen angefordert wird, elf zu vierundvierzig.

a. Wie groß ist unter den gegebenen Bedingungen die Wahrscheinlichkeit dafür, dass bei einem zufällig ausgewählten Zulassungsvorgang ein Wunschkennzeichen angefordert wird?
b. Gehen Sie für die weiteren Betrachtungen von den folgenden Prämissen aus: i) Am heutigen Tag werden unabhängig voneinander fünfzig Zulassungsvorgänge bearbeitet. ii) Die Wahrscheinlichkeit dafür, dass ein Wunschkennzeichen angefordert wird, ist unveränderlich und gleich der gemäß a. berechneten Wahrscheinlichkeit. iii) Von Interesse ist die zufallsbedingte Anzahl X der Zulassungsvorgänge mit Wunschkennzeichen. Benennen Sie sowohl den Zufallsprozess als auch das theoretische Verteilungsmodell, mit dessen Hilfe der Zufallsprozess beschrieben werden kann. Charakterisieren Sie zudem die Zufallsgröße X und geben Sie ihre möglichen Realisationen sowie ihr vollständig spezifiziertes Verteilungsmodell an.
c. Berechnen Sie unter Verwendung des vollständig spezifizierten Verteilungsmodells aus der Problemstellung b. und unter der expliziten Angabe der von Ihnen benutzten SPSS Funktion die auf drei Dezimalstellen gerundete Wahrscheinlichkeit dafür, dass unter sonst gleichen Bedingungen am heutigen Tag i) genau zehn, ii) mindestens zehn, iii) höchstens zehn Kfz-Wunschkennzeichen angefordert werden.
d. Bestimmen und interpretieren Sie den Erwartungswert der Zufallsgröße X.
e. Für die Bearbeitung eines Zulassungsvorgangs mit Wunschkennzeichen wird ein Kostenaufschlag von 10 € berechnet. Mit welchen zusätzlichen Einnahmen kann unter sonst gleichen Bedingungen die Zulassungsstelle am heutigen Tag erwartungsgemäß rechnen?

Problemstellung 5-32
Im technischen Wertpapiermanagement geht man von der Prämisse aus, dass die börsentäglichen Renditen eines Wertpapiers in Gestalt der prozentualen stetigen Wachstumsrate des Wertpapiers als Realisationen einer stetigen und normalverteilten Zufallsgröße aufgefasst werden können.

a. Erläutern Sie kurz die folgenden Begriffe: i) stetige Zufallsgröße, ii) Modell einer Normalverteilung, iii) unvollständig spezifiziertes Normalverteilungsmodell, iv) vollständig spezifiziertes Normalverteilungsmodell.
b. Gehen Sie für die weiteren Betrachtungen von den folgenden Prämissen aus: Die statistische Analyse der börsentäglichen Renditen (Angaben in Prozent) einer an der

Frankfurter Börse gelisteten Aktie ergab für das vergangene Wirtschaftsjahr das folgende Bild: Die börsentäglichen Renditen der Aktie genügen dem Modell einer Normalverteilung. Während sich die börsentägliche Rendite durchschnittlich auf einen Wert von null beläuft, streuen die börsentäglichen Renditen im Durchschnitt um zwei Einheiten um ihren Durchschnittswert. Wie ist das Normalverteilungsmodell hinsichtlich seiner Parameter spezifiziert? Unter welcher Bezeichnung firmieren in der statistischen Methodenlehre die Parameter?

c. Bestimmen Sie unter Verwendung des vollständig spezifizierten Verteilungsmodells aus der Problemstellung b. und unter der expliziten Angabe der benutzten SPSS Berechnungsvorschrift i) auf drei Dezimalstellen genau die Wahrscheinlichkeit dafür, dass sich unter sonst gleichen Bedingungen am Ende eines Börsentages die Rendite der Aktie auf einen Wert zwischen minus eins und plus eins beläuft, ii) den Wert der börsentäglichen Rendite der Aktie, der unter sonst gleichen Bedingungen am Ende eines Börsentages mit einer Wahrscheinlichkeit von 0,99 bestenfalls zu erwarten ist.

Problemstellung 5-33*

Verwenden Sie zur Lösung der nachfolgenden Problemstellungen die SPSS Datendatei **LG7.sav** aus dem lehrbuchbezogenen Downloadbereich. Die Datei beinhaltet Daten von lebendgeborenen Kindern, die im Jahr 2015 in einem Berliner Geburtshaus „das Licht der Welt erblickten". Für die weiteren Betrachtungen sind die lebendgeborenen Mädchen von Interesse. Gehen Sie von der Prämisse aus, dass das Körpergewicht eines lebendgeborenen Mädchens als eine Realisation einer normalverteilten Zufallsgröße aufgefasst werden kann.

a. Wie viele lebendgeborene Mädchen wurden erfasst? Geben Sie die angewandte Auswahlbedingung in der verbindlichen SPSS Syntax an.
b. Charakterisieren Sie die Zufallsgröße und erläutern Sie kurz den Begriff „Realisation einer Zufallsgröße".
c. Wie ist das Normalverteilungsmodell hinsichtlich seiner Parameter spezifiziert? Benennen Sie die Parameter und geben Sie die ganzzahlig gerundeten Werte mit Maßeinheit an.
d. Bestimmen Sie unter Verwendung des vollständig spezifizierten Verteilungsmodells und unter Angabe der benutzten SPSS Berechnungsvorschrift i) das ganzzahlig gerundete Körpergewicht eines lebendgeborenen Mädchens, das mit einer Wahrscheinlichkeit von 0,95 höchstens zu erwarten ist, ii) die auf zwei Dezimalstellen gerundete Wahrscheinlichkeit dafür, dass ein lebendgeborenes Mädchen ein Körpergewicht von mindestens 3000 g besitzt.
e. Gemäß aktueller Geburtenstatistiken belaufen sich die Chancen für eine Entbindung per Kaiserschnitt bei einer Geburt auf drei zu neun. Gehen Sie von der Prämisse aus, dass in diesem Monat in einem Berliner Geburtshaus vierzig voneinander unabhängige Geburten stattfinden. Fassen Sie die Geburten als einen Bernoulli-Prozess auf, bei dem das zufällige Ereignis „Entbindung per Kaiserschnitt" mit einer unveränderlichen Wahrscheinlichkeit p eintritt. i) Wie groß ist die Wahrscheinlichkeit p dafür, dass eine

Geburt eine Entbindung per Kaiserschnitt ist? ii) Benennen und spezifizieren Sie vollständig das theoretische Verteilungsmodell, mit dessen Hilfe der betrachtete Bernoulli-Prozess beschrieben werden kann.

f. Berechnen Sie unter Verwendung des vollständig spezifizierten Verteilungsmodells aus der Problemstellung e. und unter der expliziten Angabe der von Ihnen benutzten SPSS Funktion die auf drei Dezimalstellen gerundete Wahrscheinlichkeit dafür, dass unter sonst gleichen Bedingungen das zufällige Ereignis „Entbindung per Kaiserschnitt" i) genau zwölfmal, ii) mindestens zwölfmal, iii) höchstens zwölfmal eintritt.

g. Verwenden Sie den Anteil der lebendgeborenen Mädchen als einen Schätzwert für die Wahrscheinlichkeit einer Mädchengeburt. Wie groß wären demnach die Chancen für eine Mädchengeburt?

Problemstellung 5-34

Verwenden Sie zur Lösung der nachfolgenden Frage- und Problemstellungen die beigefügte Grafik, die auf einem Computerprogramm basiert, das vom Autor des Lehrbuches zur Veranschaulichung von Zufallsprozessen und ihrer Nachbildung in mathematischen Modellen erstellt wurde.

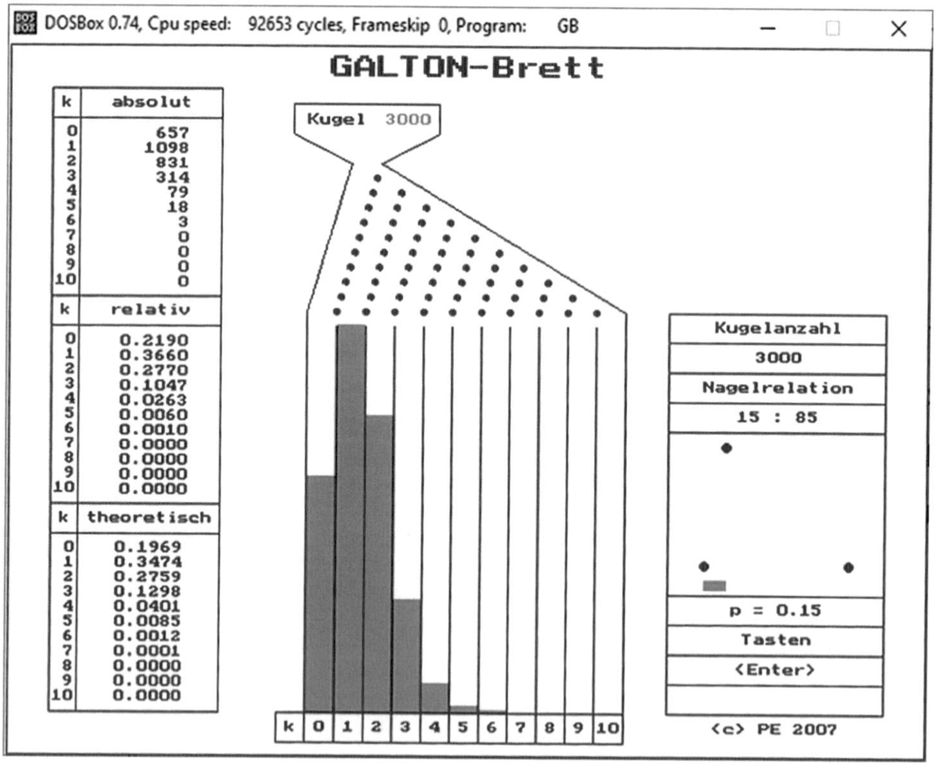

Galton-Brett zur Veranschaulichung einer Binomialverteilung

a. Charakterisieren Sie das mit Hilfe eines sogenannten Galton-Brettes praktizierte und in der Grafik plakatierte Zufallsexperiment.
b. Wie viele wohl voneinander zu unterscheidende Ergebnisse sind im plakatierten Zufallsexperiment theoretisch möglich? Wodurch wird diese Ergebnismenge in der Grafik bildhaft dargestellt?
c. Sie protokollieren einen Kugeldurchlauf „im Zeitlupentempo" mit Hilfe einer 0-1-Folge, wobei die Zahl 0 bzw. 1 das Fallen einer Kugel in einer Nagelreihe nach links bzw. rechts unten kennzeichnet. Interpretieren Sie unter diesem Blickwinkel den modalen absoluten Beobachtungsbefund sowohl aus statistisch-methodischer als auch aus experimenteller und grafischer Sicht.
d. In welchem sachlogischen Zusammenhang stehen die beiden indizierten Kennzahlen „Nagelrelation" und „p"? Begründen Sie Ihre Aussagen kurz und prägnant numerisch bzw. arithmetisch.
e. In der statistischen Methodenlehre kennzeichnet man einen Kugeldurchlauf über die Nagelreihen eines Galton-Brettes als einen stochastischen Prozess. Unter welcher namentlichen Kennung firmiert in der Stochastik ein solcher Prozess?
f. Im Kontext des unter e. benannten stochastischen Prozesses definieren Sie eine Zufallsgröße X, deren Realisationen im Zuge eines Kugeldurchlaufs bildhaft mit dem Fallen einer Kugel in das Fach der Ordnung k assoziiert werden können. Charakterisieren Sie die Zufallsgröße. Welchem theoretischen Verteilungsmodell genügt die Zufallsgröße? Geben Sie das vollständig spezifizierte theoretische Verteilungsmodell der Zufallsgröße an.
g. Erstellen Sie eine SPSS Arbeitsdatei, in der Sie für alle möglichen Realisationen der Zufallsgröße X die zugehörige Ereigniswahrscheinlichkeit berechnen. Geben Sie die benutzte Berechnungsvorschrift in der SPSS Syntax explizit an. Mit welchen in der Grafik indizierten Analysebefunden stimmen die berechneten Ereigniswahrscheinlichkeiten überein?
h. Zu welcher Aussage gelangen Sie allein aus einer vergleichenden Betrachtung der in den Rubriken „relativ" und „theoretisch" vermerkten numerischen Informationen? Sind diese Informationen zur Veranschaulichung des schwachen Gesetzes großer Zahlen geeignet? Begründen Sie kurz Ihre Aussage.
i. Bestimmen und interpretieren Sie analog zur Problemstellung f. den Erwartungswert und die Varianz der Zufallsgröße X. Zu welcher Aussage gelangen Sie aus einer vergleichenden Betrachtung der beiden Parameter?
j. Ergänzen Sie in Erweiterung der Problemstellung g. die SPSS Arbeitsdatei durch die Wahrscheinlichkeiten, die für alle möglichen Realisationen der Ordnung k auf dem theoretischen Verteilungsmodell einer Poisson-Verteilung basieren. Verwenden Sie für den Verteilungsparameter den berechneten Erwartungswert aus der Problemstellung i. und geben Sie die benutzte Berechnungsvorschrift für die Ereigniswahrscheinlichkeiten in der SPSS Syntax explizit an. Charakterisieren Sie das in Rede stehende Verteilungsmodell.

k. Zu welcher Aussage gelangen Sie allein aus einer vergleichenden Betrachtung der berechneten Ereigniswahrscheinlichkeiten der beiden in Rede stehenden Verteilungsmodelle?

5.2 Lösungen

Lösung 5-1

a. Zufallsexperiment: zweimaliges Werfen einer 1-Euro-Münze
b. Ergebnismenge: $\Omega = \{(Z, Z), (Z, W), (W, Z), (W, W)\}$, Anzahl: $n(\Omega) = 4$ Zahl-Wappen-Paare, wobei die Ergebnisse (Z, W) und (W, Z) aufgrund der Zahl-Wappen-Anordnung wohl voneinander zu unterscheiden sind, kombinatorische Sicht: Ergebnismenge als eine Variation von zwei Elementen zur zweiten Klasse mit Wiederholung, so dass $2^2 = 4$ gilt
c. Ergebnis: z. B. ein Zahl-Wappen-Paar (Z, W), Ereignis: eine interessierende Teilmenge der Ergebnismenge, z. B. $\{(Z, W), (W, Z)\}$, Elementarereignis: eine einelementige Teilmenge der Ergebnismenge, z. B. $\{(Z, W)\}$
d. $A = \{(W, W)\}$, $n(A) = 1$ günstiges Ergebnis
   $B = \{(Z, W), (W, Z)\}$, $n(B) = 2$ günstige Ergebnisse
   $C = \{(Z, Z)\}$, $n(C) = 1$ günstiges Ergebnis
   $D = \{(Z, W), (W, Z), (W, W)\}$, $n(D) = 3$ günstige Ergebnisse
   $E = \{(Z, Z), (Z, W), (W, Z)\}$, $n(E) = 3$ günstige Ergebnisse
e. wegen Gleichmöglichkeit klassische Wahrscheinlichkeit: $P(A) = 1/4 = 0{,}25$, $P(B) = 1/2 = 0{,}5$, $P(C) = 1/4 = 0{,}25$, $P(D) = P(E) = 3/4 = 0{,}75$
f. i) disjunkt: A und B, A und C, A und E, da sie hinsichtlich der Zahl-Wappen-Paare „elementefremd“ sind, ii) gleichwahrscheinlich: A und C

Lösung 5-2

a. Ereignisse: i) Person ist männlich und wohnt in Berlin, ii) Person ist männlich, wohnt in Berlin und ist Bafög-Empfänger, iii) Person ist weiblich, iv) Person ist männlich und wohnt nicht in Berlin, v) die Person ist eine Bafög- Empfängerin, vi) die Person ist männlich, jedoch kein Bafög-Empfänger, vii) die Person wohnt nicht in Berlin, viii) unmögliches Ereignis, da die Person (wohl aus biologischer, nicht aber aus juristischer Sicht) nicht zugleich männlichen und weiblichen Geschlechts sein kann, ix) sicheres Ereignis, da die Person entweder in Berlin oder außerhalb von Berlin wohnt
b. Bedingungen: i) wenn alle männlichen Vorlesungsteilnehmer in Berlin wohnen und Bafög-Empfänger sind, ii) wenn alle weiblichen Hörer in Berlin wohnen und alle männlichen Hörer nicht in Berlin wohnen

Lösung 5-3

a. *Venn*-Diagramm
b. Ereignisse: i) W^c bezeichnet z. B. das zum Ereignis W gehörende Komplementärereignis, $n(W^c) = 66 - (18 + 12) = 36$ Teilnehmer, die keine Kurswiederholer sind, ii) $66 - (8 + 18 + 12) = 28$ Teilnehmer, die weder einem Nebenjob nachgehen noch Kurswiederholer sind, iii) $66 - (8 + 18 + 12) = 28$ Teilnehmer, die sowohl keinem Nebenjob nachgehen als auch keine Kurswiederholer sind, iv) $66 - 18 = 48$ Teilnehmer, die nicht zugleich einem Nebenjob nachgehen und Kurswiederholer sind, v) $66 - (8 + 18) + 66 - (18 + 12) - 28 = 48$ Teilnehmer, die entweder keinem Nebenjob nachgehen oder keine Kurswiederholer sind oder beides nicht sind
c. Ereigniswahrscheinlichkeiten: i) $P(N) = (8 + 18)/66 \cong 0{,}3939$, ii) $P(W) = (18 + 12)/66 \cong 0{,}4545$, iii) $P(N \cap W) = 18/66 \cong 0{,}2727$, iv) $P(N \mid W) = 18/(18 + 12) = 0{,}60$, v) $P(W \mid N) = 18/(8 + 18) \cong 0{,}6923$
d. ja, die beiden sogenannten *De Morgan*'schen Formeln gelten
e. i) nein, da sie wegen $N \cap W \neq \emptyset$ keine elementefremden Mengen sind, ii) nein, da z. B. $P(N) \neq P(N \mid W)$ gilt

Lösung 5-4

a. einmaliges Werfen von zwei idealen und sechsseitigen Spielwürfeln unterschiedlicher Farbe mittels eines Würfelbechers
b. Ergebnismenge $\Omega = \{(1, 1), (1, 2), (1, 3), \ldots, (6, 6)\}$ als Potenzmenge von 36 gleichmöglichen Augenzahlpaaren
c. Ergebnis: z. B. das Augenzahlpaar $\omega = (6, 6)$ als Pasch, Ereignis: z. B. Augenzahlpaarmenge $\{(1, 1), (2, 2), \ldots, (6, 6)\}$ der sechs Augenzahlpasche, Elementarereignis: Menge, die nur ein Augenzahlpaar beinhaltet, z. B. Sechser-Pasch-Ereignis $A = \{(6, 6)\}$
d. Ereignisse als Ergebnisteilmengen:
   $A = \{(1, 1), (1, 2), (2, 1)\}$, $n(A) = 3$ Ergebnisse bzw. Augenzahlpaare
   $B = \{(1, 1), (1, 2), (1, 3), (2, 2), (2, 1), (3, 1)\}$, $n(B) = 6$ Augenzahlpaare
   $C = \{(1, 3), (2, 2), (3, 1), \ldots, (6, 6)\}$, $n(C) = 33$ Augenzahlpaare
e. disjunkte Ereignisse: A und C, da ihre Schnittmenge $(A \cap C) = \emptyset$ eine leere Menge ist
f. i) Vereinigungsmenge $(A \cup C) = \Omega$ als sicheres Ereignis, die bzw. das alle 36 Augenzahlpaare beinhaltet, ii) Schnittmenge $(B \cap C) = \{(1, 3), (2, 2), (3, 1)\}$ als Menge aller Augenzahlpaare, deren Augenzahlsumme gleich vier ist, iii) Komplementärereignis $A^c = \Omega \setminus A$ beinhaltet alle Augenzahlpaare, die zur Ergebnismenge Ω, aber nicht zur Ergebnismenge A gehören bzw. alle Augenzahlpaare, deren Augenzahlsumme mindestens vier
g. $P(A) = 3/36$, $P(B) = 6/36$, $P(C) = 33/36$, wegen Gleichmöglichkeit klassischer Wahrscheinlichkeitsbegriff

h. i) gültig, Chance als Verhältnis aus der Ereigniswahrscheinlichkeit P(A) und ihrer Komplementärwahrscheinlichkeit $P(A^c)$, wobei im konkreten Fall wegen P(A)/(1 – P(A)) = (3/36) : (33/36) = 3 : 33 bzw. „1 zu 11" gilt,
ii) gültig, da P(A) = 1/(1 + 11) = 1/12 = 0,0833 gilt

Darstellung der Ergebnismenge

Lösung 5-5*

a. relative Häufigkeit als Schätzwert für eine Wahrscheinlichkeit, theoretischer Hintergrund: schwaches Gesetz großer Zahlen
b. Wahrscheinlichkeiten: i) P(T) = 370/683 ≅ 0,5417, ii) P(G) = 0,52,
iii) P(G ∩ T) = 242/683 ≅ 0,3543, iv) P(G | T) = 242/370 ≅ 0,6541,
v) P(T | G) = 242/(683 × 0,52) ≅ 0,6814
c. i) Kolmogorovsches Additionsaxiom, nicht anwendbar, ii) allgemeine Additionsregel, gültig, iii) Multiplikationsregel für zwei stochastisch unabhängige Ereignisse, nicht anwendbar, iv) allgemeine Multiplikationsregel, gültig

Lösung 5-6

a. P(A) = 0,6, P(B) = 0,6, P(A ∪ B) = 0,9, P(A ∩ B) = 0,3
b. i) die Additionsregel für zwei disjunkte Ereignisse ist nicht anwendbar, da die Ereignisse A und B nicht disjunkt sind, ii) die Multiplikationsregel für zwei unabhängige Ereignisse ist nicht anwendbar, da die Ereignisse A und B nicht stochastisch voneinander unabhängig sind

Lösung 5-7

a. Ergebnismenge Ω beinhaltet n(Ω) = 3 × 3 × 3 = 27 Teilwürfel, Zufallsexperiment: aus den 27 Teilwürfeln wird ein Würfel zufällig ausgewählt
b. Würfelanzahlen: n(K) = 2, n(E) = 9, n(Z) = 12, n(D) = 4, n(V) = 0

c. klassische Wahrscheinlichkeit als Quotient aus der Anzahl der für das interessierende Ereignis günstigen Ergebnisse und der endlichen Anzahl gleichmöglicher Ergebnisse: $P(K) = 2/27$, $P(E) = 9/27 = 1/3$, $P(Z) = 12/27$, $P(D) = 4/27$, $P(V) = 0/27 = 0$
d. ist ein unmögliches Ereignis, es gilt $P(V) = 0$

Lösung 5-8*

a. $P(A) = 0{,}45$, $P(B) = 0{,}32$, $P(C) = 1 - 0{,}45 - 0{,}32 = 0{,}23$, $P(D \mid A) = 0{,}358$, $P(D \mid B) = 0{,}171$, $P(D \mid C) = 0{,}097$
b. relative Häufigkeiten können als Schätzwerte für Wahrscheinlichkeiten bzw. als „Wahrscheinlichkeiten in Konvergenz" aufgefasst werden
c. Formel der totalen Wahrscheinlichkeit:
$P(D) = 0{,}358 \times 0{,}45 + 0{,}171 \times 0{,}32 + 0{,}097 \times 0{,}23 \cong 0{,}238$
d. Formel von *Bayes*, wegen
$P(A \mid D) = 0{,}358 \times 0{,}450/0{,}238 \cong 0{,}677$,
$P(B \mid D) = 0{,}171 \times 0{,}32/0{,}238 \cong 0{,}230$ und
$P(C \mid D) = 0{,}097 \times 0{,}23/0{,}238 \cong 0{,}094$
ist das Ereignis A „Volks- bzw. Hauptschulabschluss" am wahrscheinlichsten
e. allgemeine Multiplikationsregel für zwei zufällige Ereignisse:
$P(D \cap C) = P(D \mid C) \times P(C) = 0{,}097 \times 0{,}23 \cong 0{,}022$

Lösung 5-9*

a. Das Struktogramm gibt Auskunft über drei motivationsbedingte prozentuale relative Häufigkeitsverteilungen von Gehaltsgruppen. Das Kreisdiagramm gibt Auskunft über die prozentuale relative Häufigkeitsverteilung der Motivation von Arbeitnehmern.
b. Arbeitnehmer, die sowohl zur oberen Gehaltsgruppe als auch zur Gruppe der hoch Motivierten gehören
c. $P(G) = 0{,}25$, $P(M) = 0{,}52$, $P(H) = 0{,}23$, $P(O \mid G) = 0{,}18$, $P(O \mid M) = 0{,}27$, $P(O \mid H) = 0{,}62$, Kernaussage des schwachen Gesetzes großer Zahlen: für eine große Anzahl von Beobachtungen kann eine relative Häufigkeit als ein Schätzwert für eine Wahrscheinlichkeit benutzt werden bzw. eine relative Häufigkeit als eine Wahrscheinlichkeit „in Konvergenz" gedeutet werden
d. $P(O) = 0{,}18 \times 0{,}25 + 0{,}27 \times 0{,}52 + 0{,}62 \times 0{,}23 \cong 0{,}328$ als totale Wahrscheinlichkeit dafür, dass ein Arbeitnehmer zur oberen Gehaltsgruppe gehört
e. Formel von *Bayes*, bedingte a-posteriori-Wahrscheinlichkeiten:
$P(G \mid O) = 0{,}18 \times 0{,}25/0{,}328 \cong 0{,}137$,
$P(M \mid O) = 0{,}27 \times 0{,}52/0{,}328 \cong 0{,}428$,
$P(H \mid O) = 0{,}62 \times 0{,}23/0{,}328 \cong 0{,}435$
f. $0{,}137 + 0{,}428 + 0{,}435 = 1$ als Wahrscheinlichkeit eines sicheren Ereignisses, *Kolmogorov*sches Additionsaxiom, da es sich um drei paarweise disjunkte zufällige Ereignisse handelt

Lösung 5-10*

a. wenn man gemäß dem schwachen Gesetz großer Zahlen von einer großen Menge von verpackten Geschenken ausgeht
b. Ereignis L: Lydia verpackt das Geschenk, Ereignis E: Elisabeth verpackt das Geschenk, Ereignis G: Geschenk ist mit Preisschild versehen, bekannte Ereigniswahrscheinlichkeiten: $P(L) = 0{,}6$, $P(E) = 1 - 0{,}6 = 0{,}4$, $P(G \mid E) = 0{,}03$, $P(G \mid L) = 0{,}06$, wobei die beiden bedingten Wahrscheinlichkeiten als personenbezogene Fehlerquoten gedeutet werden können
c. totale Wahrscheinlichkeit: $P(G) = 0{,}03 \times 0{,}4 + 0{,}06 \times 0{,}6 = 0{,}048$
d. a-posteriori-Wahrscheinlichkeiten, Basis: Formel von *Bayes,*
   $P(L \mid G) = 0{,}06 \times 0{,}6/0{,}048 = 0{,}75$ und $P(E \mid G) = 0{,}03 \times 0{,}4/0{,}048 = 0{,}25$
   sehr wahrscheinlich hat man die peinliche Situation Lydia zu verdanken
e. die Chancen belaufen sich wegen $0{,}75/(1 - 0{,}75)$ letztlich auf „drei zu eins“
f. Additionsaxiom $P(L \mid G) + P(E \mid G) = 1$, demnach ist es sicher, dass ein preisschildbehaftetes Geschenk entweder von Lydia oder von Elisabeth verpackt worden sein muss

Lösung 5-11*

a. Gesamtwahlbeteiligung mittels Formel der totalen Wahrscheinlichkeit:
   $(0{,}42 \times 0{,}8 + (1 - 0{,}42) \times 0{,}5) \times 100\,\% \cong 62{,}6\,\%$
b. gerontokratisches Wählerpotenzial mittels Formel von *Bayes*:
   $((0{,}8 \times 0{,}42)/0{,}626) \times 100\,\% \cong 53{,}7\,\%$

Lösung 5-12*

a. *Bernoulli*-Prozess: $n = 12$ unabhängige Beratungen bei konstanter Erfolgswahrscheinlichkeit von $p = 1/(1 + 3) = 0{,}25$, diskrete Zufallsgröße A beschreibt die Anzahl erfolgreicher Verkaufsberatungen bei 12 unabhängigen Beratungen und konstanter Erfolgswahrscheinlichkeit von 0,25 für jede Beratung
b. Modell einer Binomialverteilung mit den Parametern $n = 12$ und $p = 0{,}25$, Ereigniswahrscheinlichkeiten: i) p1 = PDF.BINOM(4,12,0.25) ≅ 0,1936,
   ii) p2 = CDF.BINOM (4,12,0.25) ≅ 0,8424,
   iii) p3 = 1 − CDF.BINOM(4,12,0.25) + PDF.BINOM(4,12,0.25) ≅ 0,3512,
   iv) p4 = CDF.BINOM(4,12,0.25) − CDF.BINOM(1,12,0.25) + PDF.BINOM (1,12,0.25) ≅ 0,8107
c. Stabdiagramm, da diskrete Wahrscheinlichkeitsverteilung

Lösung 5-13

a. Zufallsgröße als ein theoretisches Konstrukt zur zahlenmäßigen Beschreibung zufälligen Geschehens, diskrete Zufallsgröße X zählt die Jungen in einer Familie mit vier Kindern, Wertebereich: 0, 1, 2, 3, 4
b. *Bernoulli*-Prozess: $n = 4$ unabhängige Einfachgeburten, konstante Erfolgswahrscheinlichkeit von $p = 105/(105 + 100) \cong 0{,}512$ für eine Knabengeburt

c. Binomialverteilung mit den Parametern n = 4 und p = 0,512
d. Ereigniswahrscheinlichkeiten: i) P(X = 1): p1 = PDF.BINOM(1,4,0.512) ≅ 0,238,
ii) P(X ≤ 1): p2 = CDF.BINOM(1,4,0.512) ≅ 0,295,
iii) P(X < 1): p3 = CDF.BINOM(1,4,0.512) – PDF.BINOM(1,4,0.512) = PDF.BINOM(0,4,0.512) ≅ 0,057,
iv) P(X > 1): p4 = 1 – CDF.BINOM(1,4,0.512) ≅ 0,705,
v) P(X ≥ 1): p5 = 1 – CDF.BINOM(1,4,0.512) + PDF.BINOM (1,4,0.512) = 1 – CDF.BINOM(0,4,0.512) ≅ 0,943,
vi) P(1 < X ≤ 3): p6 = CDF.BINOM(3,4,0.512) – CDF.BINOM(1,4,0.512) ≅ 0,637,
vii) P(1 ≤ X ≤ 3): p7 = CDF.BINOM (3,4,0.512) – CDF.BINOM(1,4,0.512) + PDF.BINOM(1,4,0.512) ≅ 0,875,
viii) P(1 < X < 3): p8 = CDF.BINOM (3,4,0.512) – CDF.BINOM(1,4,0.512) – PDF.BINOM(3,4,0.512) = PDF.BI NOM(2,4,0.512) ≅ 0,375,
ix) P(1 ≤ X < 3): p9 = CDF.BINOM(3,4,0.512) – CDF.BINOM(1,4,0.512) – PDF.BINOM (3,4,0.512) + PDF.BINOM (1,4,0.512) ≅ 0,613
e. wegen E(X) = 4 × 0,512 ≅ 2,048 erwartungsgemäß zwei Jungen
f. wegen p = 1 – PDF.BINOM(0,7,0.512) ≅ 0,993 > 0,99 mindestens sieben Kinder

Lösung 5-14*

a. Wahrscheinlichkeit: p = 7/(7 + 3) = 0,7
b. i) *Bernoulli*-Prozess mit n = 11 unabhängigen zufälligen Versuchen und konstanter Spam-Wahrscheinlichkeit von p = 0,7; ii) Modell einer Binomialverteilung mit den Parametern n = 11 und p = 0,7; iii) diskrete Zufallsgröße zählt die Spam-E-Mails bei elf eingehenden E-Mails, Wertebereich der Zufallsgröße: n + 1 = 12 ganzzahlige Realisationen
c. i) p1 = PDF.BINOM(7,11,0.7) ≅ 0,220, ii) p2 = CDF.BINOM(7,11,0.7) ≅ 0,430,
iii) p3 = 1 – CDF.BINOM(7,11,0.7) + PDF.BINOM(7,11,0.7) ≅ 0,790,
iv) p4 = CDF.BINOM (9,11,0.7) – CDF.BINOM(5,11,0.7) ≅ 0,809
d. Erwartungswert: 11 × 0,7 = 7,7 Spam-E-Mails

Lösung 5-15*

a. diskrete Wahrscheinlichkeitsverteilung für „seltene Ereignisse“
b. im Durchschnitt hat ein Inlandsfluggast ein Gepäckstück aufgegeben
c. wegen der jeweils größten Einzelwahrscheinlichkeiten
P(A = 0) via p0 = PDF.POISSON(0,1) ≅ 0,368 und P(A = 1) via p1 = PDF.POISSON(1,1) ≅ 0,368 sind die wahrscheinlichsten Anzahlen A „kein oder ein Gepäckstück“
d. i) P(A ≤ 1) via p1 = CDF.POISSON(1,1) ≅ 0,736, ii) P(A ≥ 1) via
p2 = 1 – CDF.POISSON(1,1) + PDF.POISSON(1,1) = 1 – PDF. POISSON (0,1) ≅ 0,632
e. 1582 × P(A ≥ 1) = 1582 × 0,632 ≈ 1000 Inlandsfluggäste

Lösung 5-16*

a. diskrete Zufallsgröße X: Anzahl der Bußgeldbescheide pro Tag genügt einer *Poisson*-Verteilung mit dem Parameter $\lambda = 7/14 = 0{,}5$ Bußgeldbescheide pro Tag, Ereigniswahrscheinlichkeiten:
   i) P(X = 0) = PDF.POISSON(0, 0.5) ≅ 0,6065
   ii) P(X ≥ 1) = 1 − PDF.POISSON(0, 0.5) ≅ 0,3935
   iii) P(X > 1) = 1 − P(X ≤ 1) = 1 − (P(X = 0) + P(X = 1)) = 1 − PDF.POISSON(0, 0.5) − PDF.POISSON(1, 0.5) = 1 − 0,6065 − 0,3033 ≅ 0,0902
b. stetige Zufallsgröße Y: Dauer bis zum erneuten Eintreffen eines Bußgeldbescheides genügt einer Exponentialverteilung mit dem Parameter $\lambda = 0{,}5$ Bußgeldbescheide pro Tag, Ereigniswahrscheinlichkeit: P(Y ≤ 1) = CDF.EXP(1,0.5) ≈ 0,3935
c. Verteilungsmodell und Zufallsgrößen siehe a) und b), Erwartungswerte: E(X) = 0,5, d. h. im Mittel ist alle zwei Tage ein Bußgeldbescheid zu erwarten, E(Y) = 1/0,5 = 2, d. h. im Mittel vergehen zwei Tage bis zum Eintreffen eines weiteren Bußgeldbescheides

Lösung 5-17*

a. 131 Studierende, Filter: Semester = 1
b. numerische und diskrete metrische Variable, Zustandsmenge: {0, 1, 2, 3, 4} bzw. Menge der natürlichen Zahlen inklusive der Zahl Null
c. i) 51,9 %, ii) 87,8 %, iii) 100 % − 51,9 % = 48,1 %
d. *Poisson*-Verteilung als eine diskrete Wahrscheinlichkeitsverteilung, die auch als „Verteilung seltener Ereignisse“ gekennzeichnet wird; das Verteilungsmodell besitzt nur einen Verteilungsparameter, der mit dem Erwartungswert E(W) und der Varianz V(W) der Zufallsgröße W identisch ist
e. im Durchschnitt hatte ein Student 0,64 Prüfungswiederholungen zu stemmen
f. i) p1 = PDF.POISSON(0,0.64) ≅ 0,527, ii) p2 = CDF.POISSON(1,0.64) ≅ 0,865, iii) p3 = 1 − CDF.POISSON(1,0.64) + PDF.POISSON(1,0.64) = 1 − PDF.POISSON(0,0.64) ≅ 0,473
g. die empirisch beobachteten relativen Häufigkeiten liegen in ihren Werten recht nahe an den berechneten Ereigniswahrscheinlichkeiten

Lösung 5-18*

a. stetige und normalverteilte Zufallsgröße, für die $M \sim N(6{,}25\ €/m^2, 1{,}15\ €/m^2)$ gilt, der durchschnittliche bzw. marktübliche Mietpreis beläuft sich im Marktsegment von 2-Zimmer-Mietwohnungen in gehobener Wohnlage auf 6,25 € je Quadratmeter Wohnfläche, im Durchschnitt streuen die einzelnen Mietpreise um $1{,}15\ €/m^2$ um den durchschnittlichen Mietpreis von $6{,}25\ €/m^2$
b. z. B. stetige Wahrscheinlichkeitsverteilung, glockenförmige Dichtefunktion, s-förmige Verteilungsfunktion, zwei Parameter
c. komplettierte Tabelle:

Mietpreissegment	Mietpreisklasse	Anteil (in %)
unteres	M < 4,50 €/m²	6,4
mittleres	4,50 €/m² ≤ M < 6 €/m²	35,0
gehobenes	6 €/m² ≤ M < 7,50 €/m²	44,8
oberes	M ≥ 7,50 €/m²	13,8
insgesamt		100,0

applizierte SPSS Funktionen:
pu = CDF.NORMAL(4.5,6.25,1.15) ≅ 0,064
pm = CDF.NORMAL(6,6.25,1.15) – CDF.NORMAL(4.5,6.25,1.15) ≅ 0,350
pg = CDF.NORMAL(7.5, 6.25,1.15) – CDF.NORMAL(6, 6.25,1.15) ≅ 0,448
po = 1 – CDF.NORMAL (7.5,6.25,1.15) ≅ 0,138

d. untere Klassengrenze: 6 €/m², obere Klassengrenze: 7,5 €/m², Klassenbreite: 7,5 €/m² – 6 €/m² = 1,5 €/m², relative bzw. prozentuale Klassenhäufigkeit: 0,448 bzw. 44,8 %
e. z. B. ein Kreissegmentdiagramm, da die vollständige Verteilungsstruktur des Marktsegmentes gegeben ist bzw. bildhaft beschrieben wird
f. 0,9-Mietpreisquantil: q = IDF.NORMAL(0.9,6.25,1.15) ≅ 7,72 €/m²

Lösung 5-19*

a. Modell einer Normalverteilung, Charakteristika: stetiges Wahrscheinlichkeitsmodell, glockenförmige Dichtefunktion, s-förmige Verteilungsfunktion, zwei Parameter
b. arithmetisches Mittel als Mittelwertparameter: 0,05 %, d. h. im Wirtschaftsjahr 2014 lag das durchschnittliche Niveau der börsentäglichen Renditen der Daimler-Aktie bei 0,05 %, Standardabweichung als Streuungsparameter: 1,45 %, d. h. im Durchschnitt streuten im Wirtschaftsjahr 2014 die börsentäglichen Renditen der Daimler-Aktie um 1,45 % um die durchschnittliche Rendite von 0,05 %, Modellspezifikation: R ~ N(0.05 %, 1.45 %), wobei R die stetige Zufallsgröße „börsentägliche Rendite der Daimler-Aktie" bezeichnet
c. Ereigniswahrscheinlichkeit: p = 1 – CDF.NORMAL(2,0.05,1.45) ≅ 0,089
d. 0,95-Quantil: q = IDF.NORMAL(0.95,0.05,1.45) ≅ 2,44 %

Lösung 5-20*

a. Hühnereiergewicht G als stetige und normalverteilte Zufallsgröße, Normalverteilung als stetige Wahrscheinlichkeitsverteilung, die durch zwei Verteilungsparameter, eine glockenförmige Dichtefunktion sowie eine monoton wachsende und s-förmige Verteilungsfunktion gekennzeichnet ist
b. Modellspezifikation: G ~ N(63 g, 5 g)
c. Gewichtsquantil $q := G_p$ der Ordnung p = 0,33 mit q = IDF.NORMAL(0.33, 63,5) ≅ 60,8 g, d. h. das Gewicht eines Eies aus dem „leichtgewichtigen Drittel" der Hühnereier beläuft sich auf höchstens 60,8 g

d. Kategorie S: P(G < 55 g) via ps = CDF.NORMAL(55,63,5) ≅ 0,0548, demnach würden 0,0548 × 1000 ≈ 55 Eier zur Gewichtskategorie S gehören
Kategorie M: P(55 g ≤ G < 65 g) via
pm = CDF.NORMAL(65,63,5) – CDF. NORMAL (55,63,5) ≅ 0,6006,
es würden 0,6006 × 1000 ≈ 601 Hühnereier zur Gewichtskategorie M gehören
Kategorie L: P(65 g ≤ G < 75 g) via
pl = CDF.NORMAL(75,63,5) – CDF. NORMAL(65,63,5) ≅ 0,3364,
es würden 0,3364 × 1000 ≈ 336 Hühnereier zur Gewichtskategorie L gehören
Kategorie XL: P(G > 75 g) via pxl = 1 – CDF.NORMAL(75,63,5) ≅ 0,0082,
es würden 0,0082 × 1000 ≈ 8 Hühnereier zur Gewichtskategorie XL gehören
Erlöshochrechnung: die Bäuerin hätte ceteris paribus wegen
(0,15 €/Stück) × (55 Stück) + (0,20 €/Stück) × (601 Stück) + (0,25 €/Stück) × (336 Stück) + (0,30 €/Stück) × (8 Stück) = 214,85 € einen Erlös von ca. 215 € aus dem Verkauf der 1000 Hühnereier zu erwarten
e. Normalverteilungsmodell als Grenzverteilung für die Summe von stochastisch unabhängigen und identisch verteilten Zufallsgrößen, der zentrale Grenzwertsatz begründet die „zentrale Bedeutung" des theoretischen Modells einer Normalverteilung

Lösung 5-21*

a. stetige und normalverteilte Zufallsgröße, Normalverteilung: stetige Wahrscheinlichkeitsverteilung, zwei Verteilungsparameter, glockenförmige Dichtefunktion, s-förmige Verteilungsfunktion
b. Mittelwertparameter: im Jahresdurchschnitt wird ein PKW der Marke „Mercedes A-Klasse" 14350 km gefahren, Streuungsparameter in Gestalt der Standardabweichung: im Durchschnitt streuen die einzelnen jahresdurchschnittlichen Fahrleistungswerte um 4650 km um die mittlere durchschnittliche Fahrleistung von 14350 km
c. geschlossene Fahrleistungsintervalle:
i) [9700 km, 19000 km], ii) [5050 km, 23650 km], iii) [400 km, 28300 km]
d. Ereignis- bzw. Intervallwahrscheinlichkeiten:
   i) P(9700 ≤ X ≤ 19000) via
   p = CDF.NORMAL(19000,14350,4650) – CDF. NORMAL(9700,14350,4650) ≅ 0,683
   ii) P(5050 ≤ X ≤ 23650) via
   p = CDF.NORMAL(23650,14350,4650) – CDF. NORMAL(5050,14350,4650) ≅ 0,955
   iii) P(400 ≤ X ≤ 28300) via
   p = CDF.NOR-MAL(28300,14350,4650) – CDF. NORMAL(400,14350,4650) ≅ 0,997
e. unteres Quartil q1 := $X_{0,25}$ und oberes Quartil q2 := $X_{0,75}$: die jahresdurchschnittliche Fahrleistung des fahrleistungsschwächsten bzw. -stärksten Viertels der PKW der Marke „Mercedes A-Klasse" beläuft sich auf
   i) höchstens q1 = IDF.NORMAL(0.25,14350,4650) ≅ 11214 km
   ii) mindestens q2 = IDF.NORMAL(0.75,14350,4650) ≅ 17486 km

Lösung 5-22*

a. 150 Gebrauchtwagen vom Typ Opel Vectra, Filter: Typ = „Vectra"
b. Berechnungsvorschrift: Jahr = Fahr * 1000/(Alter/12)
c. Opel Vectra mit Nr. 10465 besitzt eine jahresdurchschnittliche Fahrleistung von 22000 km
d. drei Fahrleistungsquartile, unteres: 10531 km, mittleres: 13798 km, oberes: 17911 km
e. Mittelwertparameter: 14342 km, Streuungsparameter: 5659 km, Modellspezifikation: Jahr ~ N(14342 km, 5659 km)
f. wegen p = CDF.NORMAL(20000,14342,5659) − CDF.NORMAL (15000, 14342,5659) ≅ 0,295 beläuft sich der prozentuale Anteil auf 29,5 %
g. Fahrleistungsquantil: q = IDF.NORMAL(0.2,14342,5659) ≅ 9579 km

Lösung 5-23*

a. stetige Zufallsgröße D := Verweildauer (in h) eines zufällig ausgewählten Ausstellungsbesuchers genügt dem Modell einer Exponentialverteilung mit dem Parameter 0,45 h^{-1}
b. wegen E(D) = 1/0,45 = 2,22 beläuft sich die Verweildauer eines Ausstellungsbesuchers im Mittel auf 2,22 h bzw. auf 2 Stunden und 0,22 × 60 ≅ 13 Minuten
c. i) P(D ≤ 2) = CDF.EXP(2,0.45) ≅ 0,5934,
   ii) P(D ≥ 2) = 1 − CDF.EXP(2,0.45) ≅ 0,4066
d. 0,95-Quantil der Verweildauer: q = IDF.EXP(0.95,0.45) ≅ 6,66 h bzw. 6 Stunden und 0,66 × 60 ≅ 40 Minuten

Lösung 5-24*

a. Ein Klausurteilnehmer besuchte die Statistik-Lehrveranstaltungen sporadisch und hat die Klausur nicht bestanden.
b. P(S) = 0,302, P(R) = 1 − 0,302 = 0,698, P(N | S) = 1 − 0,35 = 0,65, P(N | R) = 1 − 0,897 = 0,103, für eine große Anzahl von Beobachtungen kann eine relative Häufigkeit als ein Schätzwert für eine Wahrscheinlichkeit benutzt bzw. als eine „Wahrscheinlichkeit in Konvergenz" gedeutet werden
c. Formel der totalen Wahrscheinlichkeit:
   P(N) = 0,302 × 0,65 + 0,698 × 0,103 ≅ 0,268
d. 0,268 × 265 ≅ 71 Durchfaller
e. Formel von *Bayes*: wegen P(S | N) = 0,302 × 0,65/0,268 ≅ 0,732 und P(R | N) = 0,698 × 0,103/0,268 ≅ 0,268 ist es das Ereignis „sporadischer Lehrveranstaltungsbesuch"
f. a-priori als die „im Vorhinein" bekannten relativen Häufigkeiten bzw. Wahrscheinlichkeiten;
   a-posteriori als die „im Nachhinein" mittels der Formel von *Bayes* berechneten Wahrscheinlichkeiten; Maximum-Likelihood-Prinzip: man entscheidet sich (analog zur Problemstellung e.) für das Ereignis mit der höchsten Wahrscheinlichkeit

Lösung 5-25*

a. Normalverteilung, glockenförmige Dichte- und s-förmige Verteilungsfunktion, zwei Parameter: arithmetisches Mittel und Standardabweichung etc.

b. stetige Zufallsgröße X: Gewicht eines Straußeneies (in g),
Erwartungswert: $\mu = E(X) = (1600\ g + 1400\ g)/2 = 1500\ g$, d. h. im Durchschnitt wiegt ein Straußenei 1500 g,
Standardabweichung: $\sigma = (1600\ g - 1400\ g)/2 = 100\ g$, d. h. im Mittel weichen die Gewichte vom Durchschnittsgewicht um 100 g nach oben und nach unten ab,
Modellspezifikation: $X \sim N(1500\ g, 100\ g)$

c. unterhalb: $P(X < 1400\ g)$ via p = CDF.NORMAL(1400,1500,100) ≅ 0,1587,
erwartete Anzahl von Straußeneiern: 0,1587 × 100 = 15,87 ≅ 16 Stück,
erwarteter Erlös: (20 € je Stück) × (16 Stück) = 320 €
innerhalb: $P(1400\ g \leq X \leq 1600\ g)$ via
p = CDF.NORMAL(1600,1500,100) − CDF. NORMAL(1400,1500,100) ≅ 0,6827,
erwartete Anzahl: 0,6827 × 100 = 68,27 ≅ 68 Stück,
erwarteter Erlös: (25 € je Stück) × (68 Stück) = 1700 €
oberhalb: $P(X > 1600\ g)$ via p = 1 − CDF.NORMAL(1600,1500,100) ≅ 0,1587,
erwartete Anzahl und erwarteter Erlös: 16 Stück und (30 € je Stück) × (16 Stück) = 480 €,
erwarteter Gesamterlös: 320 € + 1700 € + 480 € = 2500 €, wegen der Symmetrie der Gewichte und Preise kann der erwartete Gesamterlös einfach wie folgt berechnet werden:
(25 € je Stück) × (100 Stück) = 2500 €

Lösung 5-26

a. für die jeweiligen ganzzahligen k erhält man die folgenden zentralen Schwankungsintervalle mit den zugehörigen Wahrscheinlichkeiten: für …
   $k = 1$ gilt $P(58\ g \leq G \leq 68\ g)$ und
   p = CDF.NORMAL(68,63,5) − CDF.NORMAL(58,63,5) ≈ 0,683
   $k = 2$ gilt $P(53\ g \leq G \leq 73\ g)$ und
   p = CDF.NORMAL(73,63,5) − CDF.NOMAL(53,63,5) ≈ 0,955
   für $k = 3$ gilt $P(48\ g \leq G \leq 78\ g)$ und
   p = CDF.NORMAL(78,63,5) − CDF.NORMAL(48,63,5) ≈ 0,997

b. für die jeweiligen reellwertigen z erhält man die folgenden zentralen Schwankungsintervalle mit den zugehörigen Wahrscheinlichkeiten: für …
   $z = 1{,}65$ gilt $P(54{,}75\ g \leq G \leq 71{,}25\ g)$ und
   p = CDF.NORMAL(71.25,63,5) − CDF.NORMAL (54.75,63,5) ≈ 0,90
   $z = 1{,}96$ gilt $P(53{,}2\ g \leq G \leq 72{,}8\ g)$ und
   p = CDF.NOR-MAL(72.8,63,5) − CDF.NORMAL(53.2,63,5) ≈ 0,95
   $z = 2{,}58$ gilt $P(50{,}1\ g \leq G \leq 75{,}9\ g)$ und
   p = CDF.NORMAL(75.9,63,5) − CDF.NORMAL(50.1,63,5) ≈ 0,99

c. die Aussagen werden als Drei-Sigma-Regel bezeichnet
d. i) Fläche unterhalb der Glockenfunktion ist eins, ii) s-förmige Funktion, die nur Werte zwischen null und eins annimmt, iii) $G \sim N(\mu, \sigma)$ als eine unvollständig und $G \sim N(63\ g, 5\ g)$ als eine vollständig spezifizierte Normalverteilung

Lösung 5-27*
a. P(A) = 0,8 und P(N) = 1 – 0,8 = 0,2
P(E | A) = 1 – 0,83 = 0,17 und P(E | N) = 1 – 0,65 = 0,35
b. Deutung einer relativen Häufigkeit als eine Wahrscheinlichkeit in Konvergenz
c. wegen 0,8/(1 – 0,8) = 4/1 stehen die Chancen „vier zu eins"
d. Formel der totalen Wahrscheinlichkeit: P(E) = 0,35 × 0,2 + 0,17 × 0,8 = 0,206, im Wirtschaftsjahr 2012 waren in Deutschland 20,6 % aller erwerbsfähigen Personen ohne Bildungsabschluss erwerbs- bzw. arbeitslos
e. *Bayes*sche Formel: P(A | E) = 0,17 × 0,8/0,206 ≅ 0,66 und
P(N | E) = 0,35 × 0,2/0,206 ≅ 0,34 = 1 – 0,66
prozentuale Verteilungsstruktur der erwerbslosen Personen ohne Bildungsabschluss: 66 % alte Bundesländer, 34 % neue Bundesländer

Lösung 5-28*
a. Anzahl: 100 Gebrauchtwagen, Filter: H = 16, da 16 (100 cm^3) = 1600 cm^3
b. Berechnungsvorschrift: D = F * 1000/(A/12)
c. Das fahrleistungsschwache Viertel der erfassten Seat Cordoba wurde im Jahresdurchschnitt höchstens 9840 km gefahren.
d. Erwartungswert als Mittelwertparameter: 11890 km im Jahresdurchschnitt, Standardabweichung als Streuungsparameter: 3045 km im Jahresdurchschnitt
e. z. B. glockenförmige Dichtefunktion, Fläche unterhalb der Dichtefunktion ist dem Wert nach eins, s-förmige Verteilungsfunktion, zwei Parameter
f. komplettierte Tabelle:

Fahrleistung (km)	%	SPSS Berechnungsvorschrift
mindestens 15000	15,4	p = 100*(1-CDF. NORMAL(15000,11890,3045))
höchstens 15792	90	q = IDF. NORMAL(90/100,11890,3045)

Lösung 5-29*
a. Wahrscheinlichkeit: p = 11/(11 + 99) = 0,1
b. Bernoulli-Prozess, Modell einer Binomialverteilung, diskrete Zufallsgröße A zählt die ordnungswidrig handelnden Autofahrer, 30 + 1 = 31 mögliche diskrete Realisationen k = 0, 1, …, 30, Zufallsgröße A ist Bi(30, 0.1)-verteilt

c. i) p1 = PDF.BINOM(3,30,0.1) ≅ 0,236,
   ii) p2 = CDF.BINOM(3,30,0.1) ≅ 0,647,
   iii) p3 = 1 – CDF.BINOM(2,30,0.1) ≅ 0,589 bzw.
   p3 = 1 – CDF.BINOM (3,30,0.1) + PDF.BINOM(3,30,0.1) ≅ 0,589
d. erwartungsgemäß und im Durchschnitt ist mit 30 × 0,1 = 3 ordnungswidrig handelnden Verkehrsteilnehmer zu rechnen
e. mit 3 Verkehrsteilnehmern × 60 € je Verkehrsteilnehmer = 180 €

Lösung 5-30*

a. 147 Mietwohnungen, Filter: Lage = 3 & Stadtteil = „Zeh" & Fläche >= 100 oder Lage = 3 & Ortskode = 23 & Fläche >= 100
b. z. B. Preis = Miete/Fläche
c. Spezifikation: arithmetisches Mittel von 10,43 €/m² als Mittelwertparameter, Standardabweichung von 0,94 €/m² als Streuungsparameter, Interpretation: Der durchschnittliche Quadratmeterpreis der betrachteten Mietwohnungen beläuft sich auf 10,43 € je m² Wohnfläche, wobei die Quadratmeterpreise im Durchschnitt um 0,94 €/m² um den durchschnittlichen Mietpreis von 10,43 €/m² streuen. Eigenschaften: z. B. glockenförmige Dichtefunktion, s-förmige Verteilungsfunktion, zwei Parameter
d. komplettierte Tabelle:

Quadratmeterpreis	%	SPSS Berechnungsvorschrift
mindestens 10 €/m²	67,6	p = 100 * (1 – CDF.NORMAL(10,10.43,0.94))
höchstens 11,63 €/m²	90	q = IDF.NORMAL(0.9,10.43,0.94)

Lösung 5-31*

a. p = 11/(11 + 44) = 0,2
b. Bernoulli-Prozess, Modell einer Binomialverteilung, diskrete Zufallsgröße X zählt die Zulassungsvorgänge mit Wunschkennzeichen, 50 + 1 = 51 mögliche diskrete Realisationen k = 0, 1, …, 50, Zufallsgröße X ist Bi(50, 0.2)-verteilt
c. i) p1 = PDF.BINOM(10,50,0.2) ≅ 0,140,
   ii) p2 = 1 – CDF.BINOM(10,50,0.2) + PDF.BINOM(10,50,0.2) ≅ 0,556 bzw.
   p3 = 1 – CDF.BINOM(9,50,0.2) ≅ 0,556,
   iii) p3 = CDF.BINOM(10,50,0.2) ≅ 0,584
d. erwartungsgemäß und im Durchschnitt ist mit 50 × 0,2 = 10 Zulassungsvorgängen mit Wunschkennzeichen zu rechnen
e. erwartungsgemäß mit 10 Kennzeichen × 10 € je Kennzeichen = 100 €

Lösung 5-32

a. i) theoretisches Konstrukt zur Beschreibung zufälligen Geschehens mit Hilfe reeller Zahlen, ii) stetiges und glockenförmiges Verteilungsmodell, iii) unvollständig: Parameter unbekannt; vollständig: Parameter bekannt

b. Parameter: arithmetisches Mittel: 0 %, Standardabweichung: 2 %, vollständige Spezifikation: R(endite) ~ N(0 %; 2 %)

c. i) p = CDF.NORMAL(1,0,2) – CDF.NORMAL(-1,0,2) ≅ 0,383
ii) q = IDF.NORMAL(0.99,0,2) ≅ 4,65 %

Lösung 5-33*

a. 202 Mädchen

b. Körpergewicht als eine stetige und normalverteilte Zufallsgröße, ein erfasster und metrisch skalierter Körpergewichtswert wird im stochastischen Sinne als eine Realisation der Zufallsgröße „Körpergewicht" interpretiert

c. Modellspezifikation: Erwartungswert als Mittelwertparameter: 3465 g, Standardabweichung als Streuungsparameter: 378 g

d. i) z. B. q = IDF.NORMAL(0.95,3465,378) ≅ 4087 g, ii) z. B. p = 1 – CDF.NORMAL(3000,3465,378) ≅ 0,89

e. i) p = 3/(3 + 9) = 0,25, ii) Modell einer Binomialverteilung mit n = 40 voneinander unabhängigen Geburten und einer konstanten Erfolgswahrscheinlichkeit von p = 0,25

f. i) p1 = PDF.BINOM(12,40,0.25) ≅ 0,106, ii) p2 = 1 – CDF.BINOM(12,40,0.25) + PDF.BINOM(12,40,0.25) = 1 – CDF.BINOM(11,40,0.25) ≅ 0,285, iii) p3 = CDF.BINOM(12,40,0.25) ≅ 0,821

g. wegen 0,483/(1 – 0,483) ≈ 0,48/0,52 belaufen sich die Chancen für eine Mädchengeburt auf „48 zu 52" bzw. auf „12 zu 13"

Lösung 5-34

a. Zufallsexperiment: über ein vom englischen Mathematiker Sir Francis *Galton* konstruiertes und nach ihm benanntes Brett, auf welchem zehn dreieckig angeordnete Nagelreihen eingeschlagen wurden, laufen „in einer Schieflage" zufällig und unabhängig voneinander 3000 Kugeln

b. bei n = 10 Nagelreihen, sind theoretisch n + 1 = 11 wohl voneinander zu unterscheidende Ergebnisse möglich, die „am Boden des Galton-Brettes" durch die 11 Fächer der Ordnung k = 0, 1, 2, …, 10 bildhaft dargestellt werden

c. von den 3000 Kugeln, die über das Galton-Brett „in Schieflage kullerten", sind zufällig und unabhängig voneinander 1098 Kugeln in das Fach der Ordnung k = 1 gefallen; demnach sind 1098 Kugeln bei ihrem Durchlauf über zehn Nagelreihen letztlich nur einmal nach links und neunmal nach rechts unten gefallen, eine verbale Aussage, die auf der Basis eines „Frontalblickes" auf das Galton-Brett gleichbedeutend ist mit der Aussage, dass die 1098 Kugeln letztlich nur einmal nach rechts und neunmal nach links unten gefallen sind; ein „Zeitlupenprotokoll eines Kugeldurchlaufs" bestünde aus einer 0-1-Folge mit jeweils nur einer Null und neun Einsen

d. aus der Nagelrelation „15 : 85", die auch als eine Chance dafür gedeutet werden kann, dass eine Kugel beim Auftreffen auf einen Nagel nach links (bzw. im Frontalblick nach rechts) unten fällt, kann die Wahrscheinlichkeit p = 15/(15 + 85) = 0,15 bestimmt werden, dass eine Kugel beim Auftreffen auf einen Nagel nach links (bzw. im Frontalblick nach rechts) unten fällt, analog kann aus der Wahrscheinlichkeit p = 0,15 wegen p/(1 − p) = 0,15/0,85 eine Nagelrelation bzw. Chance von „15 : 85" bestimmt werden
e. Bernoulli-Prozess
f. X ist eine diskrete Zufallsgröße, deren Träger bei n = 10 Nagelreihen durch die n + 1 = 11 möglichen Realisationen der Ordnung k = 0, 1, …, 10 in Gestalt der Fächer definiert ist, die diskrete Zufallsgröße X genügt dem theoretischen Modell einer Binomialverteilung, vollständige Modellspezifikation: n = 10, p = 0.15 bzw. X ~ Bi(10, 0.15)
g. Berechnungsvorschrift: Binomial = PDF.BINOM(k,10,0.15), die berechneten Wahrscheinlichkeiten stimmen mit den Informationen in der Rubrik „theoretisch" überein

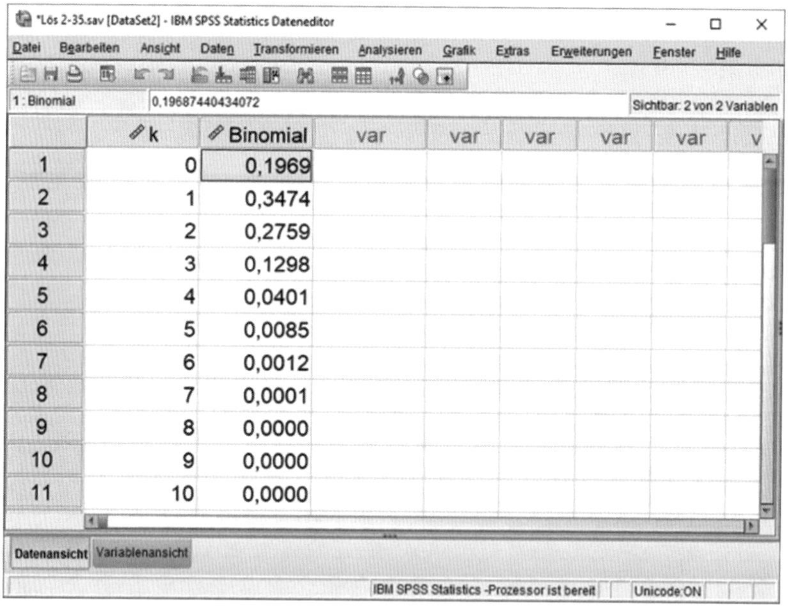

	k	Binomial	var	var	var	var	var
1	0	0,1969					
2	1	0,3474					
3	2	0,2759					
4	3	0,1298					
5	4	0,0401					
6	5	0,0085					
7	6	0,0012					
8	7	0,0001					
9	8	0,0000					
10	9	0,0000					
11	10	0,0000					

SPSS Arbeitsdatei

h. bei 3000 Kugeldurchläufen weichen die relativen Häufigkeiten nur geringfügig von den theoretischen Wahrscheinlichkeiten ab; ja, das schwache Gesetz großer Zahlen liefert eine Begründung dafür, dass bei vielen voneinander unabhängigen Versuchen (etwa Kugeldurchläufen) relative Häufigkeiten als „Wahrscheinlichkeiten in Konvergenz“ gedeutet werden können
i. Erwartungswert: $E(X) = 10 * 0{,}15 = 1{,}5$, Varianz: $V(X) = 10 * 0{,}15 * (1 - 0{,}15) = 1{,}275$, die beiden Parameter weichen hinsichtlich ihrer Werte nur geringfügig voneinander ab, dies ist ein Indiz dafür, das Modell einer Poisson-Verteilung als eine Approximation für eine (vor allem für große n und kleine p aufwändiger zu berechnende) Binomialverteilung zu verwenden
j. Berechnungsvorschrift: Poisson = PDF.POISSON(k,1.5), das Modell einer Poisson-Verteilung ist eine diskrete Wahrscheinlichkeitsverteilung, die auch als „Verteilung seltener Ereignisse“ gekennzeichnet und als Grenzverteilung für das Modell einer Binomialverteilung verwendet wird

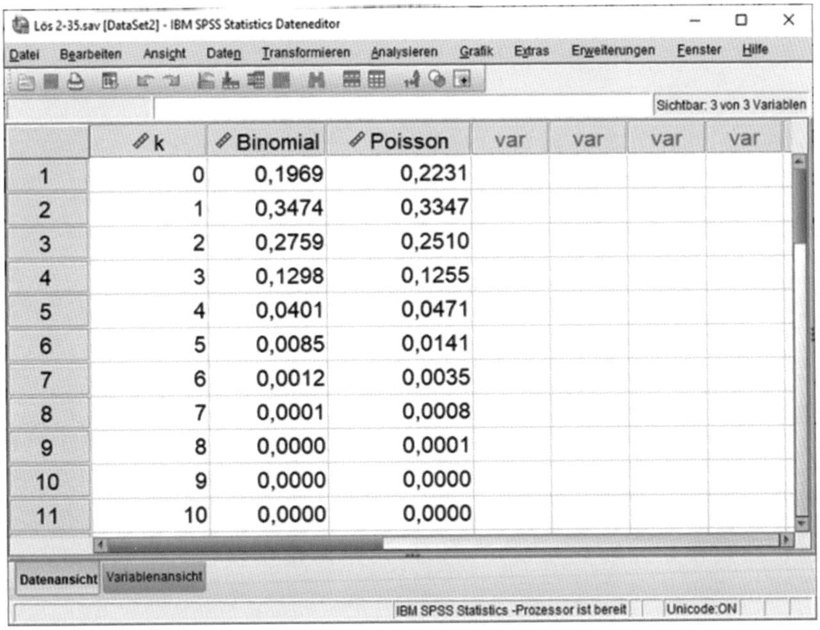

	k	Binomial	Poisson	var	var	var	var
1	0	0,1969	0,2231				
2	1	0,3474	0,3347				
3	2	0,2759	0,2510				
4	3	0,1298	0,1255				
5	4	0,0401	0,0471				
6	5	0,0085	0,0141				
7	6	0,0012	0,0035				
8	7	0,0001	0,0008				
9	8	0,0000	0,0001				
10	9	0,0000	0,0000				
11	10	0,0000	0,0000				

Erweiterte SPSS Arbeitsdatei

k. die Poisson-Wahrscheinlichkeiten weichen nur geringfügig von den Binomial-Wahrscheinlichkeiten ab und bestätigen auf empirischem Wege die Deutung und Verwendung einer Poisson-Verteilung als eine Grenzverteilung für eine Binomialverteilung mit großem n- und kleinem p-Wert

Literatur

Eckstein PP (2014) Repetitorium Statistik – Deskriptive Statistik, Stochastik, Induktive Statistik, 8. Aufl. Springer Gabler, Wiesbaden

Eckstein PP (2019) Statistik für Wirtschaftswissenschaftler – Eine realdatenbasierte Einführung mit SPSS, 6. Aufl. Springer Gabler, Wiesbaden

Statistische Induktion 6

6.1 Problemstellungen

Problemstellung 6-1
Verwenden Sie zur Lösung der folgenden Problemstellungen die SPSS Datendatei **HE7.sav** aus dem lehrbuchbezogenen Downloadbereich. Die Datei beinhaltet Daten von Eiern, die von Hühnern der Rasse Loheimer Braun gelegt wurden. Fassen Sie die zugrunde liegende Menge von Merkmalsträgern als eine statistische Grundgesamtheit auf.

a. Benennen Sie konkret den Merkmalsträger und charakterisieren Sie die statistische Grundgesamtheit.
b. Benennen Sie die Erhebungsmerkmale und geben Sie die Zustandsmenge sowie die Skalierung des jeweiligen Erhebungsmerkmals an.
c. Bestimmen und interpretieren Sie für jedes Erhebungsmerkmal in der statistischen Grundgesamtheit das arithmetische Mittel und die Standardabweichung.
d. Sie wählen aus der statistischen Grundgesamtheit einen Merkmalsträger zufällig aus und beschreiben ein interessierendes Erhebungsmerkmal im Zuge eines Messvorgangs mit Hilfe einer positiven reellen Zahl. Wie wird in der statistischen Methodenlehre diese Abbildung bezeichnet?
e. Wählen Sie aus der statistischen Grundgesamtheit zufällig ein Dutzend Hühnereier aus. Wie wird in der Statistik diese Auswahl von i) Merkmalsträgern und von ii) Merkmalswerten bezeichnet?
f. Bestimmen und interpretieren Sie für jedes Erhebungsmerkmal den Stichprobenmittelwert und die Stichprobenstandardabweichung für die von Ihnen gezogene Zufallsstichprobe.

P. P. Eckstein, *Datenanalyse mit SPSS*,
https://doi.org/10.1007/978-3-658-31837-6_6

g. Konstruieren Sie für jedes Erhebungsmerkmal jeweils auf einem Konfidenzniveau von 0,90 und von 0,99 aus der von Ihnen gezogenen Zufallsstichprobe ein realisiertes Schätzintervall für den „wahren Durchschnittswert" in der Grundgesamtheit. Zu welcher Aussage gelangen Sie aus dem Vergleich der merkmalsspezifischen realisierten Schätzintervalle?

Problemstellung 6-2

Verwenden Sie zur Beantwortung der nachfolgenden Fragestellungen die SPSS Datendatei **AZ7.sav** aus dem lehrbuchbezogenen Downloadbereich. Die Datei beinhaltet die Ergebnisse des Werfens eines gewöhnlichen Spielwürfels.

a. Charakterisieren Sie die Zufallsgröße A: Augenzahl beim einmaligen Werfen eines gewöhnlichen Spielwürfels
b. Welchem Verteilungsmodell genügt die Zufallsgröße A, wenn Sie davon ausgehen, dass ein fairer bzw. idealer Spielwürfel verwendet wurde?
c. Fassen Sie die in der SPSS Datendatei gespeicherten Ergebnisse als eine realisierte Zufallsstichprobe auf. Wie groß ist der Umfang der Zufallsstichprobe? Erläutern Sie am konkreten Sachverhalt kurz die Begriffe i) Stichprobenvariable, ii) Realisation einer Stichprobenvariablen und iii) Zufallsstichprobe.
d. Überprüfen Sie mit Hilfe des Chi-Quadrat-Anpassungstests auf einem Signifikanzniveau von 0,025 die folgende Behauptung: Der benutzte Spielwürfel ist ideal. Interpretieren Sie Ihr Ergebnis sowohl aus statistisch-methodischer als auch aus sachlogischer Sicht.

Problemstellung 6-3*

Verwenden Sie zur Lösung der folgenden Problemstellungen die SPSS Datendatei **VS7.sav** aus dem lehrbuchbezogenen Downloadbereich. Die Datei beinhaltet Daten von zufällig ausgewählten volljährigen Personen, die im Jahr 2007 im Rahmen der nationalen Verzehrstudie II deutschlandweit befragt wurden. Für die weiteren Betrachtungen sind lediglich Personen mit einem Realschulabschluss von Interesse.

a. Wie viele der interessierenden Personen wurden zufällig ausgewählt und befragt? Geben Sie die geschlechtsspezifische Häufigkeitsverteilung an.
b. Fügen Sie in die Datei eine Variable ein, die für die interessierenden Personen den Körper-Masse-Index zum Inhalt hat. Geben Sie die Berechnungsvorschrift in der SPSS Syntax explizit an.

► **Hinweis**: Der Körper-Masse-Index (Angaben in kg/m^2) ist definiert als Quotient aus dem Körpergewicht (in kg) und dem Quadrat der Körpergröße (in m).

c. Prüfen Sie auf einem Signifikanzniveau von 0,02 mit Hilfe des Kolmogorov-Smirnov-Anpassungstests auf eine unvollständig spezifizierte Normalverteilung die folgende

Hypothese: In der statistischen Grundgesamtheit aller weiblichen Personen mit einem Realschulabschluss ist der Körper-Masse-Index eine normalverteilte Zufallsgröße.

d. Gehen Sie für die weiteren Betrachtungen davon aus, dass der Körper-Masse-Index einer männlichen Person mit einem Realschulabschluss eine normalverteilte Zufallsgröße ist. Schätzen Sie die Verteilungsparameter aus den erhobenen Daten und geben Sie die Werte auf zwei Dezimalstellen gerundet an.
e. Bestimmen Sie unter Verwendung der Ergebnisse aus der Problemstellung d. und unter der expliziten Angabe der von Ihnen angewandten SPSS Funktion die auf vier Dezimalstellen gerundete Wahrscheinlichkeit dafür, dass eine zufällig ausgewählte männliche Person mit einem Realschulabschluss einen Körper-Masse-Index von mindestens 20 kg/m^2, aber weniger als 25 kg/m^2 besitzt und aus physiologischer Sicht als normalgewichtig eingestuft wird.
f. Berücksichtigen Sie die Prämissen aus der Problemstellung d. und bestimmen Sie unter der expliziten Angabe der von Ihnen benutzten SPSS Funktion den Körper-Masse-Index, der von drei Viertel der interessierenden Personen nicht überschritten wird. Wie wird dieser Wert in der statistischen Methodenlehre bezeichnet?

Problemstellung 6-4*

Verwenden Sie zur Lösung der folgenden Problemstellungen die SPSS Datendatei **MW7.sav** aus dem lehrbuchbezogenen Downloadbereich. Die Datei beinhaltet Daten von zufällig ausgewählten Mietwohnungen, die im Jahr 2016 auf dem Berliner Mietwohnungsmarkt angeboten wurden. Von Interesse sind alle für den Berliner Stadtteil Wilmersdorf erhobenen Vier-Zimmer-Mietwohnungen.

a. Wie viele Wilmersdorfer Vier-Zimmer-Wohnungen wurden statistisch erhoben? Geben Sie explizit die von Ihnen benutzte SPSS Auswahlbedingung an.
b. Die statistisch erhobenen Wilmersdorfer Vier-Zimmer-Mietwohnungen sind das Ergebnis einer systematischen Zufallsauswahl. Erläutern Sie am konkreten Sachverhalt kurz das Prinzip einer systematischen Zufallsauswahl.
c. Kann der Mietpreis (Angaben in € monatliche Kaltmiete je m^2 Wohnfläche) einer zufällig ausgewählten Wilmersdorfer Vier-Zimmer-Mietwohnung als eine Realisation einer normalverteilten Zufallsgröße aufgefasst werden? Überprüfen Sie diesen Sachverhalt auf einem Signifikanzniveau von 0,05 mit Hilfe eines geeigneten und konkret zu benennenden Verfahrens. Gehen Sie davon aus, dass Sie keine Kenntnisse über die Verteilungsparameter besitzen.
d. Fassen Sie die Mietpreise von Wilmersdorfer Vier-Zimmer-Mietwohnungen als Realisationen einer normalverteilten Zufallsgröße auf. Schätzen Sie die Verteilungsparameter aus der Zufallsstichprobe, benennen Sie die Verteilungsparameter und geben Sie jeweils ihren Wert auf zwei Dezimalstellen gerundet mit Maßeinheit an. Formulieren Sie anhand der verfügbaren Informationen eine vollständig spezifizierte Verteilungshypothese.

e. Berechnen Sie unter Verwendung der Ergebnisse aus der Problemstellung d. und unter der expliziten Angabe der benutzten SPSS Funktion die Wahrscheinlichkeit dafür, dass eine zufällig ausgewählte Wilmersdorfer Vier-Zimmer-Mietwohnung einen Mietpreis von mindestens 10 €/m² besitzt.
f. Bestimmen Sie unter Verwendung der Ergebnisse aus der Problemstellung d. und unter der expliziten Angabe der benutzten SPSS Funktion das untere Mietpreisquartil. Interpretieren Sie diesen Wert.

Problemstellung 6-5*

Verwenden Sie die SPSS Datendatei **RT7.sav** aus dem lehrbuchbezogenen Downloadbereich. Die Datei beinhaltet Daten von zufällig ausgewählten Personenkraftwagen der Marke „Renault Twingo", die im zweiten Halbjahr 2007 auf dem Berliner Gebrauchtwagenmarkt angeboten wurden. Fassen Sie die erhobenen Daten als das Ergebnis einer reinen Zufallsauswahl auf.

a. Erläutern Sie am konkreten Sachverhalt kurz die folgenden Begriffe: Merkmalsträger, Grundgesamtheit, Stichrobe, Stichprobenumfang.
b. Erläutern Sie kurz am konkreten Sachverhalt das Prinzip einer reinen Zufallsauswahl.
c. Fügen Sie in die Datei eine Variable ein, die für jeden Merkmalsträger die durchschnittliche Fahrleistung pro Altersjahr (Angaben in km) angibt. Geben Sie explizit die benutzte Berechnungsvorschrift in der SPSS Syntax an.
d. Berechnen und interpretieren Sie für die jahresdurchschnittliche Fahrleistung den Stichprobenmittelwert und die Stichprobenstandardabweichung. Runden Sie die Werte auf ganze Zahlen.
e. Bestimmen und interpretieren Sie auf einem Konfidenzniveau von 0,9 ein realisiertes Konfidenzintervall für die mittlere jahresdurchschnittliche Fahrleistung von PKW der Marke Renault Twingo.
f. Prüfen Sie mit Hilfe eines geeigneten und konkret zu benennenden Verfahrens auf einem Signifikanzniveau von 0,025 die folgende Hypothese: Die jahresdurchschnittliche Fahrleistung eines PKW der Marke Renault Twingo ist eine normalverteilte Zufallsgröße.
g. Gehen Sie davon aus, dass die jahresdurchschnittliche Fahrleistung eine normalverteilte Zufallsgröße ist. Geben Sie unter Verwendung der betreffenden Stichprobenparameter und unter der expliziten Angabe der applizierten SPSS Funktion die Wahrscheinlichkeit dafür an, dass ein zufällig ausgewählter PKW der Marke Renault Twingo im Jahresdurchschnitt mindestens 10000 km gefahren wird. Bestimmen und interpretieren Sie zudem das Fahrleistungsquantil der Ordnung 0,95.

Problemstellung 6-6*

Verwenden Sie zur Lösung der folgenden Problemstellungen die SPSS Datendatei **VS7.sav** aus dem lehrbuchbezogenen Downloadbereich. Die Datei beinhaltet Daten von zufällig ausgewählten volljährigen Personen, die im Jahr 2007 im Rahmen der nationalen Verzehrstudie II deutschlandweit befragt wurden. Von Interesse sind alle erfassten weiblichen Personen im Alter von höchstens 30 Jahren mit einem Hauptschul- oder Realschulabschluss.

a. Berechnen Sie für die interessierenden Personen den Körper-Masse-Index (vgl. Problemstellung 6-3*). Für wie viele der ausgewählten Personen kann ein Indexwert berechnet werden? Geben Sie den benutzten SPSS Filter explizit an.
b. Können die Körper-Masse-Indizes der interessierenden Personen in ihrer schulabschlussbezogenen Gliederung jeweils als Realisationen einer normalverteilten Zufallsgröße aufgefasst werden? Überprüfen Sie diesen Sachverhalt mit Hilfe eines geeigneten und konkret zu benennenden Verfahrens auf einem Signifikanzniveau von 0,05. Gehen Sie davon aus, dass Sie keine Kenntnisse über die Verteilungsparameter besitzen.
c. Können die Körper-Masse-Indizes der interessierenden Personen in ihrer schulabschlussbezogenen Gliederung als varianzhomogen aufgefasst werden? Überprüfen Sie den Sachverhalt mit Hilfe eines geeigneten und konkret zu benennenden Verfahrens auf einem Signifikanzniveau von 0,05.
d. Können die Körper-Masse-Indizes der interessierenden Personen in ihrer schulabschlussbezogenen Gliederung als mittelwerthomogen aufgefasst werden? Überprüfen Sie den Sachverhalt mit Hilfe eines geeigneten und konkret zu benennenden Verfahrens auf einem Signifikanzniveau von 0,05.
e. Konstruieren Sie auf einem Konfidenzniveau von 0,975 ein Konfidenzintervall über den wahren, jedoch unbekannten durchschnittlichen Körper-Masse-Index in der statistischen Grundgesamtheit aller weiblichen Personen im Alter von höchstens 30 Jahren mit einem Realschulabschluss.

Problemstellung 6-7*
Verwenden Sie zur Lösung der folgenden Problemstellungen die SPSS Datendatei **GW7.sav** aus dem lehrbuchbezogenen Downloadbereich. Die Datei beinhaltet Daten von zufällig ausgewählten PKW, die im ersten Halbjahr 2010 auf dem Berliner Gebrauchtwagenmarkt zum Verkauf angeboten wurden. Von Interesse sind die erfassten Gebrauchtwagen vom Typ Audi A4 und Ford Escort.

a. Wie viele Gebrauchtwagen des Typs Audi A4 und Ford Escort wurden erfasst? Geben Sie die SPSS Auswahlbedingung explizit an.
b. Fügen Sie unter der expliziten Angabe der benutzten Berechnungsvorschrift in die SPSS Arbeitsdatei eine Variable ein, welche die jahresdurchschnittliche Fahrleistung (Angaben in Kilometer, ganzzahlig gerundet) der interessierenden Gebrauchtwagen beschreibt.
c. Bestimmen und interpretieren Sie für die jahresdurchschnittlichen Fahrleistungen die typenspezifischen Stichprobenmittelwerte.
d. Können die jahresdurchschnittlichen Fahrleistungen der interessierenden Gebrauchtwagen in ihrer typenspezifischen Gliederung jeweils als Realisationen einer normalver-

teilten Zufallsgröße aufgefasst werden? Überprüfen Sie diesen Sachverhalt mit Hilfe eines geeigneten und konkret zu benennenden Verfahrens auf einem Signifikanzniveau von 0,05. Gehen Sie davon aus, dass Sie keine Kenntnisse über die Verteilungsparameter besitzen.

e. Können die jahresdurchschnittlichen Fahrleistungen der interessierenden Gebrauchtwagen in ihrer typenspezifischen Gliederung als Realisationen varianzhomogener und mittelwerthomogener Zufallsgrößen aufgefasst werden? Überprüfen Sie den jeweiligen Sachverhalt mit Hilfe eines geeigneten und konkret zu benennenden Verfahrens auf einem Signifikanzniveau von 0,05.
f. Konstruieren Sie auf einem Konfidenzniveau von 0,95 ein Schätzintervall über das wahre, jedoch unbekannte und ganzzahlig gerundete arithmetische Mittel der jahresdurchschnittlichen Fahrleistungen in der statistischen Grundgesamtheit aller Gebrauchtwagen des Typs Audi A4, die im ersten Halbjahr 2010 auf dem Berliner Gebrauchtwagenmarkt zum Verkauf angeboten wurden. Interpretieren Sie Ihr Ergebnis.

Problemstellung 6-8*

Verwenden Sie zur Lösung der folgenden Problemstellungen die SPSS Datendatei **AM7.sav**, die Sie im lehrbuchbezogenen Downloadbereich finden. Die Datei basiert auf dem vom ADAC herausgegebenen Automarkenindex *Automarxx* für das Jahr 2007. Die interessierenden Erhebungsmerkmale „Markenimage“, „Markeninnovationen“, „Markenqualität“, „Marktposition“, „Kundenbindung“ und „Kundenzufriedenheit“ wurden jeweils auf einer Punkte-Skala mit den Randwerten null für „ungenügend“ und neun für „ausgezeichnet“ gemessen. Von Interesse sind alle erfassten Automarken.

a. Fügen Sie in die Datei eine Variable ein, die für jede Automarke das arithmetische Mittel der in Rede stehenden Erhebungsmerkmale zum Inhalt hat. Geben Sie die Berechnungsvorschrift explizit an.
b. Können die Durchschnittsbewertungen, die gemäß Problemstellung a. berechnet wurden, in ihrer kontinentalen Gliederung jeweils als Realisationen einer normalverteilten Zufallsgröße aufgefasst werden? Überprüfen Sie diesen Sachverhalt mit Hilfe eines geeigneten und konkret zu benennenden Verfahrens auf einem Signifikanzniveau von 0,02. Gehen Sie davon aus, dass Sie keine Kenntnisse über die Verteilungsparameter besitzen.
c. Können die gemäß Problemstellung a. berechneten Durchschnittsbewertungen in ihrer kontinentalen Gliederung als varianz- und als mittelwerthomogen aufgefasst werden? Überprüfen Sie den jeweiligen Sachverhalt mit Hilfe eines geeigneten und konkret zu benennenden Verfahrens auf einem Signifikanzniveau von 0,02. Gehen Sie davon aus, dass die kontinentalspezifischen Durchschnittsbewertungen jeweils Realisationen von normalverteilten Zufallsgrößen sind.
d. Ist es im konkreten Fall sinnvoll, einen Post-Hoc-Test durchzuführen? Begründen Sie kurz Ihre Entscheidung und geben Sie gegebenenfalls unter Beibehaltung der SPSS Standardeinstellungen und unter Benennung des Testverfahrens das Testergebnis an.

Problemstellung 6-9*
Verwenden Sie zur Lösung der folgenden Problemstellungen die SPSS Datendatei **VS7.sav** aus dem lehrbuchbezogenen Downloadbereich. Die Datei beinhaltet Daten von zufällig ausgewählten volljährigen Personen, die 2007 im Rahmen der nationalen Verzehrstudie II deutschlandweit befragt wurden. Für die weiteren Betrachtungen sind alle männlichen Befragten im Alter von höchstens 25 Jahren von Interesse.

a. Wie viele männliche Personen in der interessierenden Altersgruppe wurden befragt? Geben Sie die SPSS Auswahlbedingung explizit an.
b. Können die Körper-Masse-Indizes der interessierenden Personen in ihrer schulabschlussbezogenen Gliederung jeweils als Realisationen einer normalverteilten Zufallsgröße aufgefasst werden? Überprüfen Sie diesen Sachverhalt mit Hilfe eines geeigneten und konkret zu benennenden Verfahrens auf einem Signifikanzniveau von 0,05. Gehen Sie davon aus, dass Sie keine Kenntnisse über die Verteilungsparameter besitzen.
c. Können die Körper-Masse-Indizes der interessierenden Personen in ihrer schulabschlussbezogenen Gliederung sowohl als varianzhomogen als auch als mittelwerthomogen aufgefasst werden? Überprüfen Sie den jeweiligen Sachverhalt mit Hilfe eines geeigneten und konkret zu benennenden Verfahrens auf einem Signifikanzniveau von 0,05.
d. Ist es im konkreten Fall sinnvoll, einen Post-Hoc-Test durchzuführen? Begründen Sie kurz Ihre Entscheidung und geben Sie gegebenenfalls unter Beibehaltung der SPSS Standardeinstellungen und unter Benennung des Testverfahrens das Testergebnis an.

Problemstellung 6-10*
Verwenden Sie zur Lösung der folgenden Problemstellungen die SPSS Datendatei **GW7.sav** aus dem lehrbuchbezogenen Downloadbereich. Die Datei beinhaltet Daten von zufällig ausgewählten PKW, die im ersten Halbjahr 2010 auf dem Berliner Gebrauchtwagenmarkt zum Verkauf angeboten wurden. Für die weiteren Betrachtungen sind alle erfassten Gebrauchtwagentypen von Interesse.

a. Wie viele Gebrauchtwagen wurden insgesamt und in ihrer typenspezifischen Gliederung erfasst?
b. Fügen Sie in die SPSS Arbeitsdatei eine Variable ein, welche die monatsdurchschnittliche Fahrleistung (Angaben in Kilometer(n), ganzzahlig gerundet) der interessierenden Gebrauchtwagen beschreibt. Geben Sie die benutzte SPSS Berechnungsvorschrift an.
c. Können die monatsdurchschnittlichen Fahrleistungen der Gebrauchtwagen in ihrer typenspezifischen Gliederung jeweils als Realisationen einer normalverteilten Zufallsgröße aufgefasst werden? Überprüfen Sie diesen Sachverhalt mit Hilfe eines geeigneten und konkret zu benennenden Verfahrens auf einem Signifikanzniveau von 0,05. Gehen Sie davon aus, dass Sie keine Kenntnisse über die Verteilungsparameter besitzen.
d. Können die monatsdurchschnittlichen Fahrleistungen der Gebrauchtwagen in ihrer typenspezifischen Gliederung als varianzhomogen aufgefasst werden? Überprüfen Sie

den Sachverhalt mit Hilfe eines geeigneten und konkret zu benennenden Verfahrens auf einem Signifikanzniveau von 0,05.

e. Können die monatsdurchschnittlichen Fahrleistungen der Gebrauchtwagen in ihrer typenspezifischen Gliederung als mittelwerthomogen aufgefasst werden? Überprüfen Sie den Sachverhalt mit Hilfe eines geeigneten und konkret zu benennenden Verfahrens auf einem Signifikanzniveau von 0,05.
f. Ist es im konkreten Fall sinnvoll, den gemäß Problemstellung e. applizierten Mittelwerthomogenitätstest noch durch einen geeigneten Post-Hoc-Test zu ergänzen? Begründen Sie kurz Ihre Aussage und geben Sie ein mögliches Ergebnis an.

Problemstellung 6-11*

Verwenden Sie zur Lösung der folgenden Problemstellungen die SPSS Datendatei **EW7.sav** aus dem lehrbuchbezogenen Downloadbereich. Die Datei beinhaltet Daten von zufällig ausgewählten Eigentumswohnungen, die im ersten Quartal 2011 auf dem Berliner Wohnungsmarkt zum Kauf angeboten wurden. Für die weiteren Betrachtungen sind lediglich die erfassten Vier-Raum- und Fünf-Raum-Eigentumswohnungen von Interesse.

a. Wie viele Vier-Raum- und Fünf-Raum-Eigentumswohnungen wurden jeweils zufällig ausgewählt und erfasst? Geben Sie die angewandte SPSS Auswahlbedingung explizit an.
b. Fügen Sie in die Arbeitsdatei eine Variable ein, welche für die interessierenden Eigentumswohnungen den Quadratmeterpreis (Angaben in €/m²) zum Inhalt hat. Geben Sie die Berechnungsvorschrift in der SPSS Syntax explizit an.

▶ **Hinweis**: Gehen Sie für die weiteren Betrachtungen davon aus, dass die Quadratmeterpreise von Eigentumswohnungen mit einer gleichen Wohnraumanzahl jeweils Realisationen einer normalverteilten Zufallsgröße sind.

c. Können auf dem Berliner Eigentumswohnungsmarkt für Vier-Raum- bzw. Fünf-Raum-Wohnungen sowohl die Varianzen als auch die arithmetischen Mittelwerte der Quadratmeterpreise als homogen aufgefasst werden? Überprüfen Sie den jeweiligen Sachverhalt mit Hilfe eines geeigneten und konkret zu benennenden Verfahrens auf einem Signifikanzniveau von 0,05. Interpretieren Sie Ihre Analyseergebnisse.
d. Beschreiben Sie für die zufällig ausgewählten und erfassten Vier-Raum- bzw. Fünf-Raum-Eigentumswohnungen die jeweilige Quadratmeterpreisverteilung mit Hilfe eines Boxplots. Zu welcher Aussage gelangen Sie aus einer vergleichenden Betrachtung der beiden Boxplots?

Problemstellung 6-12*

Verwenden Sie zur Lösung der folgenden Problemstellungen die SPSS Datendatei **RH7.sav** aus dem lehrbuchbezogenen Downloadbereich. Die Daten basieren auf einer Gästebefragung in Romantik-Hotels aus dem Jahr 2010. Für die weiteren Betrachtungen sind lediglich die befragten Hotelgäste in der Altersgruppe „30 Jahre bis unter 40 Jahre“ von Interesse.

a. Wie viele Hotelgäste der interessierenden Altersgruppe wurden zufällig ausgewählt und befragt? Geben Sie die SPSS Auswahlbedingung explizit an.
b. Wie verteilen sich die interessierenden Hotelgäste, die im Hinblick auf das Erhebungsmerkmal „Geschlecht“ eine gültige Antwort gaben, auf die Ausprägungen des Erhebungsmerkmals? Wie viele Hotelgäste gaben keine Antwort bzw. keine gültige Antwort?
c. Die SPSS Variable „Gesamt“ beinhaltet für jeden befragten Hotelgast einen Gesamtzufriedenheitswert, der als ein arithmetisches Mittel aus den erfassten Werten der vierzehn Zufriedenheitskriterien Z1 bis Z14 berechnet wurde, die jeweils auf einer Punkteskala mit den Randwerten null für „unzufrieden“ und fünf für „zufrieden“ gemessen wurden. Können in der Grundgesamtheit der Hotelgäste die Gesamtzufriedenheitswerte in ihrer geschlechtsspezifischen Gliederung als Realisationen von i) normalverteilten, ii) varianzhomogenen und iii) mittelwerthomogenen Zufallsgrößen aufgefasst werden? Überprüfen Sie die drei Sachverhalte jeweils mit Hilfe eines geeigneten und konkret zu benennenden Verfahrens auf einem Signifikanzniveau von 0,05. Gehen Sie davon aus, dass Sie keine Kenntnis über die Kennzahlen in der Grundgesamtheit der Hotelgäste besitzen.

Problemstellung 6-13*

Verwenden Sie zur Lösung der Problemstellungen die SPSS Datendatei **HL7.sav** aus dem lehrbuchbezogenen Downloadbereich. Die Datei beinhaltet Daten, die zur Bewertung des neuen Hochschullogos der HTW Berlin im Sommersemester 2009 im Zuge einer Blitzumfrage stichprobenartig erhoben wurden.

a. Können die abgegebenen Voten in ihrer statusgruppenspezifischen Gliederung jeweils als Realisationen einer normalverteilten Zufallsgröße aufgefasst werden? Überprüfen Sie den jeweiligen Sachverhalt mit Hilfe eines geeigneten Verfahrens auf einem Signifikanzniveau von 0,05. Gehen Sie jeweils davon aus, dass Sie keine Kenntnis über die Verteilungsparameter besitzen.
b. Können die statusgruppenspezifischen Voten jeweils als Realisationen von varianzhomogenen und von mittelwerthomogenen Zufallsgrößen aufgefasst werden? Überprüfen Sie den jeweiligen Sachverhalt mit Hilfe eines geeigneten und konkret zu benennenden Verfahrens auf einem Signifikanzniveau von 0,05.
c. Ist es im konkreten Fall sinnvoll, einen Post-Hoc-Test durchzuführen? Begründen Sie kurz Ihre Aussage und benennen Sie gegebenenfalls ein geeignetes Verfahren sowie das sich daraus ergebende Analyseergebnis.

Problemstellung 6-14*

Verwenden Sie zur Lösung der folgenden Problemstellungen die SPSS Datendatei **EW7.sav** aus dem lehrbuchbezogenen Downloadbereich. Die Datei beinhaltet Daten von zufällig ausgewählten Eigentumswohnungen, die im Jahr 2011 auf dem Berliner Wohnungsmarkt zum Kauf angeboten wurden.

a. Fügen Sie in die Arbeitsdatei eine Variable ein, welche den Quadratmeterpreis (Angaben in €/m^2) für jede erfasste Eigentumswohnung zum Inhalt hat. Geben Sie die Berechnungsvorschrift in der SPSS Syntax explizit an.
b. Können die Quadratmeterpreise der Eigentumswohnungen in ihrer Gliederung nach der Wohnraumanzahl jeweils als Realisationen einer normalverteilten Zufallsgröße aufgefasst werden? Überprüfen Sie den jeweiligen Sachverhalt mit Hilfe eines geeigneten und konkret zu benennenden Verfahrens auf einem Signifikanzniveau von 0,05. Gehen Sie jeweils davon aus, dass Sie keine Kenntnis über die Verteilungsparameter besitzen.
c. Können die Quadratmeterpreise der Eigentumswohnungen in ihrer Gliederung nach der Wohnraumanzahl jeweils als Realisationen von varianzhomogenen und von mittelwerthomogenen Zufallsgrößen aufgefasst werden? Überprüfen Sie den jeweiligen Sachverhalt mit Hilfe eines geeigneten und konkret zu benennenden Verfahrens auf einem Signifikanzniveau von 0,05.
d. Ist es im konkreten Fall sinnvoll, einen Post-Hoc-Test durchzuführen? Begründen Sie kurz Ihre Aussage und benennen Sie gegebenenfalls ein geeignetes Verfahren sowie das sich daraus ergebende Analyseergebnis.

Problemstellung 6-15*

Verwenden Sie zur Lösung der Problemstellungen die SPSS Datendatei **KV7.sav** aus dem lehrbuchbezogenen Downloadbereich. Die Datei basiert auf einer Studie des Kaufverhaltens von Kunden, die im Wirtschaftsjahr 2012 in einem großen und stark frequentierten Berliner Supermarkt bewerkstelligt wurde. Dabei wurde unter anderem an jeder Kasse jeder fünfte Kunde statistisch erfasst.

a. Wie viele Kunden wurden zufällig ausgewählt und erfasst? Benennen und erläutern Sie kurz das praktizierte Auswahlverfahren.
b. Fassen Sie die Kassennummer als eine Zufallsgröße K auf und prüfen Sie auf einem Signifikanzniveau von 0,05 mit Hilfe des Chi-Quadrat-Anpassungstests die Hypothese: Die Zufallsgröße K genügt dem Modell einer Gleichverteilung. Interpretieren Sie Ihr Ergebnis.
c. Prüfen Sie auf einem Signifikanzniveau von 0,05 mit Hilfe des Kolmogorov-Smirnov-Anpassungstests in der Lilliefors-Modifikation die Hypothese: Der kundenbezogene Umsatz ist eine normalverteilte Zufallsgröße. Interpretieren Sie Ihr Ergebnis.

d. Fassen Sie die erfassten kundenbezogenen Umsätze als Realisationen einer normalverteilten Zufallsgröße auf. Wie ist das Normalverteilungsmodell spezifiziert? Benennen Sie die Parameterwerte und geben Sie diese auf Euro und Eurocent gerundet an.
e. Bestimmen Sie unter Verwendung des vollständig spezifizierten Verteilungsmodells aus der Problemstellung d. und unter Angabe der benutzten SPSS Berechnungsvorschrift i) den kundenbezogenen Umsatz, der unter den gegebenen Bedingungen mit einer Wahrscheinlichkeit von 0,9 höchstens zu erwarten ist. ii) die Wahrscheinlichkeit dafür, dass sich unter den gegebenen Bedingungen ein kundenbezogener Umsatz auf mindestens 100 € beläuft.

Problemstellung 6-16*

Verwenden Sie zur Lösung der folgenden Problemstellungen die SPSS Datendatei **KB7.sav** aus dem lehrbuchbezogenen Downloadbereich. Die Datei basiert auf einer Studie des Kaufverhaltens von zufällig ausgewählten Kunden in einem großen und stark frequentierten Berliner Baumarkt. Dabei wurden im 3. Quartal 2013 innerhalb einer Woche unter anderem an jeder Kasse für jeden zehnten Kunden die Kassennummer, der gezahlte Betrag und die Zahlungsart erfasst. Für die weiteren Betrachtungen sind alle erfassten Kunden von Interesse.

a. Erläutern Sie anhand des Erhebungsmerkmals „Zahlungsart" kurz die folgenden Begriffe: i) Zustandsmenge, ii) Kodierung, iii) Skala.
b. Fassen Sie den von einem Kunden gezahlten Betrag in der jeweiligen Zahlungsart als eine Realisation einer normalverteilten Zufallsgröße auf. Können in der statistischen Grundgesamtheit aller Baumarktkunden die gezahlten Beträge in ihrer Gliederung nach der Zahlungsart als Realisationen von i) varianzhomogenen und ii) mittelwerthomogenen Zufallsgrößen aufgefasst werden?
c. Überprüfen Sie die beiden Sachverhalte jeweils mit Hilfe eines geeigneten und konkret zu benennenden Verfahrens auf einem Signifikanzniveau von 0,05. Interpretieren Sie das jeweilige Analyseergebnis.
d. Gehen Sie von der Prämisse aus, dass die Anzahl A der Kunden, die innerhalb einer Stunde an einer Kasse des Baumarktes mit Bargeld zahlen, eine binomialverteilte Zufallsgröße ist, wobei $A \sim Bi(25{,}0.4)$ gilt. i) Interpretieren Sie die Parameter des Verteilungsmodells. ii) Bestimmen Sie die Wahrscheinlichkeit dafür, dass innerhalb einer Stunde mindestens die Hälfte der Kunden mit Bargeld zahlt. Geben Sie die benutzte Berechnungsvorschrift in der verbindlichen SPSS Syntax explizit an.

Problemstellung 6-17*

Verwenden Sie zur Lösung der folgenden Problemstellungen die SPSS Datendatei **MO7.sav** aus dem lehrbuchbezogenen Downloadbereich. Die Datei beinhaltet Daten von zufällig ausgewählten Personenkraftwagen der Marke Opel, die im Jahr 2013 auf dem Berliner Gebrauchtwagenmarkt zum Verkauf angeboten wurden. Für die weiteren Betrachtungen sind lediglich die Gebrauchtwagen vom Typ Vectra von Interesse.

a. Wie viele der interessierenden Gebrauchtwagen wurden jeweils im Hinblick auf ihren Hubraum zufällig ausgewählt und erfasst? Wie kennzeichnet man in der Statistik ein derartiges Stichprobenensemble?
b. In der Versicherungswirtschaft ist die Kennzahl „jahresdurchschnittliche Fahrleistung (Angaben in km)" hinsichtlich der Beitragsbemessung von Bedeutung. Fügen Sie in SPSS Arbeitsdatei eine Variable ein, die für jeden interessierenden Gebrauchtwagen diese Kennzahl zum Inhalt hat. Geben Sie die Berechnungsvorschrift in der verbindlichen SPSS Syntax an.
c. Können in der statistischen Grundgesamtheit der interessierenden Gebrauchtwagen die jahresdurchschnittlichen Fahrleistungswerte in ihrer Gliederung nach dem Hubraum als Realisationen von i) normalverteilten, ii) varianzhomogenen und iii) mittelwerthomogenen Zufallsgrößen aufgefasst werden? Überprüfen Sie die drei Sachverhalte jeweils mit Hilfe eines geeigneten und konkret zu benennenden Verfahrens auf einem Signifikanzniveau von 0,05. Gehen Sie davon aus, dass Sie keine Kenntnis über die jeweiligen Kennzahlen in der Grundgesamtheit besitzen.
d. Ist es im konkreten Fall sinnvoll, einen Post-Hoc-Test durchzuführen? Begründen Sie kurz Ihre Aussage und benennen Sie gegebenenfalls ein geeignetes Verfahren sowie das sich daraus ergebende Analyseergebnis.

Problemstellung 6-18*

Verwenden Sie zur Lösung der folgenden Problemstellungen die SPSS Datendatei **TK7.sav** aus dem lehrbuchbezogenen Downloadbereich. Die Datei basiert auf der Tageskassenabrechnung einer stark frequentierten Tankstelle im Landkreis Barnim, Bundesland Brandenburg. Dabei wurden für zufällig ausgewählte Kunden die Nummer der benutzten Zapfsäule, die Treibstoffart, die gezapfte Treibstoffmenge und der zu zahlende Betrag statistisch erfasst. Für die weiteren Betrachtungen sind lediglich die Kunden von Interesse, die ihr Fahrzeug mit Dieselkraftstoff auftankten.

a. Geben Sie die Zustandsmenge des Erhebungsmerkmals „Treibstoffart" an. Auf welcher Skala sind die Merkmalsausprägungen definiert? Begründen Sie kurz Ihre Antwort.
b. Wie viele der interessierenden Kunden wurden erfasst? Geben Sie die angewandte SPSS Auswahlbedingung explizit an.
c. Welche Zapfsäule wurde von den interessierenden Kunden am wenigsten und wie oft benutzt?
d. Wie groß ist der prozentuale Anteil der interessierenden Kunden, welche die ersten zwei Zapfsäulen benutzten? Wie wird diese Kennzahl in der Statistik bezeichnet?
e. Fassen Sie die Nummer der benutzten Zapfsäule als eine Zufallsgröße N auf. Prüfen Sie auf einem Signifikanzniveau von 0,05 mit Hilfe des Chi-Quadrat-Anpassungstests die Hypothese: Die Zufallsgröße N genügt dem Modell einer Gleichverteilung. i) Interpretieren Sie Ihr Ergebnis sowohl aus statistisch-methodischer als auch aus sachlogischer Sicht. ii) Erläutern Sie am konkreten Sachverhalt kurz die folgenden Begriffe:

Zufallsstichprobe, realisierte Zufallsstichprobe, Signifikanzniveau, p-value-Konzept. iii) Charakterisieren Sie kurz das theoretische Modell einer Chi-Quadrat-Verteilung.

f. Fassen Sie die von einem Kunden gezapfte Treibstoffmenge als eine normalverteilte Zufallsgröße auf. i) Wie ist das Normalverteilungsmodell spezifiziert? Benennen Sie die Parameter und geben Sie die Parameterwerte auf zwei Dezimalstellen gerundet an. ii) Bestimmen Sie unter Verwendung des vollständig spezifizierten Verteilungsmodells und unter Angabe der benutzten SPSS Berechnungsvorschrift einerseits die Wahrscheinlichkeit dafür, dass die von einem zufällig ausgewählten Kunden gezapfte Treibstoffmenge mindestens 20 Liter, höchstens jedoch 40 Liter umfasst und andererseits die Treibstoffmenge, die mit einer Wahrscheinlichkeit von 0,95 von einem zufällig ausgewählten Kunden höchstens gezapft wird.

Problemstellung 6-19*

Verwenden Sie zur Lösung der folgenden Problemstellungen die SPSS Datendatei **ST7.sav** aus dem lehrbuchbezogenen Downloadbereich. Die Datei beinhaltet Daten von zufällig ausgewählten Personenkraftwagen der Marke Smart ForTwo, die im Jahr 2016 auf dem Berliner Gebrauchtwagenmarkt zum Kauf angeboten wurden.

a. In der PKW-Versicherung ist für die Beitragsbemessung die Kennzahl der jahresdurchschnittlichen Fahrleistung (Angaben in Kilometern) bedeutungsvoll. Fügen Sie in die SPSS Arbeitsdatei eine Variable D ein, die diese Kennzahl zum Inhalt hat. Geben Sie die Berechnungsvorschrift in der verbindlichen SPSS Syntax an.
b. Prüfen Sie auf einem Signifikanzniveau von 0,05 mit Hilfe des Kolmogorov-Smirnov-Anpassungstests in der Lilliefors-Modifikation die Hypothese: Die jahresdurchschnittlichen Fahrleistungswerte von PKW Smart ForTwo sind Realisationen einer stetigen und normalverteilten Zufallsgröße. Interpretieren Sie Ihr Ergebnis sowohl statistisch als auch sachlogisch und erläutern Sie zudem kurz die folgenden Begriffe: i) stetige Zufallsgröße, ii) normalverteilte Zufallsgröße, iii) p-value-Konzept, iv) Testergebnis.
c. Fassen Sie die jahresdurchschnittlichen Fahrleistungswerte als Realisationen einer stetigen und normalverteilten Zufallsgröße D auf. Wie ist das Normalverteilungsmodell hinsichtlich seiner Parameter spezifiziert? Benennen Sie die Parameter und geben Sie diese mit ganzzahlig gerundeten Werten an.
d. Bestimmen Sie unter Verwendung des vollständig spezifizierten Verteilungsmodells aus der Problemstellung c. und unter der expliziten Angabe der benutzten SPSS Berechnungsvorschrift i) die Fahrleistung eines Smart ForTwo, die im Jahresdurchschnitt mit einer Wahrscheinlichkeit von 0,90 bestenfalls erreicht wird. ii) die Wahrscheinlichkeit dafür, dass ein Smart ForTwo im Jahresdurchschnitt erstens mindestens 8000 km, zweitens höchstens 7000 km und drittens mindestens 6000 km, aber höchstens 12000 km gefahren wird.

Problemstellung 6-20*

Verwenden Sie zur Lösung der Problemstellungen die SPSS Datendatei **DA7.sav** aus dem lehrbuchbezogenen Downloadbereich. Die Datei beinhaltet für das Wirtschaftsjahr 2014 die börsentäglichen Renditen (Angaben in Prozent) der an der Frankfurter Börse gelisteten Aktie der Daimler AG.

a. Im Wertpapiermanagement geht man von der Prämisse aus, dass die börsentäglichen Renditen eines Wertpapiers als Realisationen einer normalverteilten Zufallsgröße aufgefasst werden können. Erläutern Sie kurz und verbal die folgenden Begriffe: i) Zufallsgröße, ii) Modell einer Normalverteilung.
b. In der explorativen Datenanalyse erweist sich das grafische Analyseinstrument eines sogenannten Q-Q-Diagramms als hilfreich. Zu welcher verteilungsanalytischen Aussage bezüglich der börsentäglichen Renditen der Daimler-Aktie gelangen Sie aus einer alleinigen Betrachtung dieses Diagramms. Begründen Sie kurz Ihren Analysebefund.
c. Prüfen Sie auf der Basis des sogenannten p-value-Konzepts und eines vorab vereinbarten Signifikanzniveaus von 0,05 mit Hilfe des Kolmogorov-Smirnov-Anpassungstests in der Lilliefors-Modifikation die folgende Hypothese: Die börsentäglichen Renditen der Daimler-Aktie sind Realisationen einer normalverteilten Zufallsgröße. Interpretieren Sie Ihr Ergebnis sowohl statistisch als auch sachlogisch und erläutern Sie kurz das Prinzip des p-value-Konzepts.

Problemstellung 6-21*

Verwenden Sie zur Lösung der Problemstellungen die SPSS Datendatei **LG7.sav** aus dem lehrbuchbezogenen Downloadbereich. Die Datei beinhaltet Daten von lebendgeborenen Kindern, die im Jahr 2015 in einem Berliner Geburtshaus „das Licht der Welt erblickten". Fassen Sie die vorliegenden Daten als realisierte Zufallsstichprobenbefunde auf.

a. In der Physiologie verwendet man zur Gewichtigkeitsklassifikation von Lebendgeborenen die Kennzahl des längenbezogenen Geburtsgewichts, das als Quotient aus dem Körpergewicht (Angaben in Gramm) und der Körpergröße (Angaben in Zentimeter(n)) definiert ist. Fügen Sie in die Arbeitsdatei eine Variable LG ein, die diese Kennzahl zum Inhalt hat. Geben Sie die Berechnungsvorschrift in der verbindlichen SPSS Syntax explizit an.
b. Prüfen Sie auf einem Signifikanzniveau von 0,025 mit Hilfe des Kolmogorov-Smirnov-Tests in der Lilliefors-Modifikation die folgende Hypothese: Die LG-Werte sind in ihrer Gliederung nach der Art der Entbindung jeweils Realisationen von normalverteilten Zufallsgrößen. Vermerken und interpretieren Sie jeweils Ihr Ergebnis.
c. Prüfen Sie auf einem Signifikanzniveau von 0,05 mit Hilfe des Levene-Tests die folgende Hypothese: Die LG-Werte sind in ihrer Gliederung nach der Art der Entbindung Realisationen von varianzhomogenen Zufallsgrößen. Vermerken und interpretieren Sie Ihr Ergebnis.

d. Prüfen Sie auf einem Signifikanzniveau von 0,05 mit Hilfe des t-Tests für zwei unabhängige Stichproben die folgende Hypothese: Die LG-Werte sind in ihrer Gliederung nach der Art der Entbindung Realisationen von mittelwerthomogenen Zufallsgrößen. Vermerken und interpretieren Sie Ihr Ergebnis.
e. Konstruieren Sie auf einem Vertrauensniveau von 0,90 ein Schätzintervall für das durchschnittliche längenbezogene Geburtsgewicht von Lebendgeborenen, die per Kaiserschnitt entbunden wurden. Benennen Sie das Schätzintervall und geben Sie die Werte für die Unter- und die Obergrenze auf zwei Dezimalstellen gerundet mit Maßeinheit an.

Problemstellung 6-22*
Verwenden Sie zur Lösung der Problemstellungen die SPSS Datendatei **MW7.sav** aus dem lehrbuchbezogenen Downloadbereich. Die Datei basiert auf zufällig ausgewählten Mietwohnungen, die im Jahr 2016 auf dem Berliner Mietwohnungsmarkt angeboten wurden. Für die weiteren Betrachtungen sind die Mietwohnungen mit der folgenden Identifikation von Interesse: Lagekoordinate auf der Nord-Süd-Achse kleiner als drei, Lagekoordinate auf der West-Ost-Achse größer als sechs, vier Zimmer.

a. Wie viele der interessierenden Mietwohnungen wurden erfasst? Geben Sie die angewandte Auswahlbedingung in der verbindlichen SPSS Syntax an.
b. Wie verteilen sich diese Mietwohnungen auf die zutreffenden Berliner Stadtteile? Wie kennzeichnet man in der Induktiven Statistik dieses Stichprobenensemble?
c. In der Immobilienwirtschaft ist die vergleichende Kennzahl „Mietpreis" von besonderem Interesse. Fügen Sie in die Arbeitsdatei eine Variable ein, die diese Kennzahl zum Inhalt hat und geben Sie die Berechnungsvorschrift in der verbindlichen SPSS Syntax an.
d. Können die Mietpreise der interessierenden Wohnungen in ihrer stadtteilbezogenen Gliederung als Realisationen von i) normalverteilten, ii) varianzhomogenen und iii) mittelwerthomogenen Zufallsgrößen aufgefasst werden? Überprüfen Sie die drei Sachverhalte jeweils mit Hilfe eines geeigneten und konkret zu benennenden Verfahrens auf einem Signifikanzniveau von 0,05. Gehen Sie davon aus, dass Sie keine Kenntnis über die Kennzahlen in der statistischen Grundgesamtheit besitzen.
e. Ist es im konkreten Fall sinnvoll, einen Post-Hoc-Test durchzuführen? Begründen Sie kurz Ihre Aussage und benennen Sie gegebenenfalls ein geeignetes Verfahren sowie das sich daraus ergebende Analyseergebnis.

Problemstellung 6-23*
Verwenden Sie zur Lösung der Problemstellungen die SPSS Datendatei **MW7.sav** aus dem lehrbuchbezogenen Downloadbereich. Die Datei basiert auf zufällig ausgewählten Mietwohnungen, die im Jahr 2016 auf dem Berliner Mietwohnungsmarkt angeboten wurden. Für die weiteren Betrachtungen sind die Mietwohnungen mit den folgenden Identifikationsmerkmalen von Interesse: Lagekoordinate auf der Nord-Süd-Achse größer als sechs, vier Zimmer.

a. Wie viele der interessierenden Mietwohnungen wurden erfasst und in der Arbeitsdatei gespeichert? Geben Sie die applizierte Auswahlbedingung in der verbindlichen SPSS Syntax an.
b. Wie verteilen sich die interessierenden Mietwohnungen auf die zutreffenden Berliner Stadtteile? Wie kennzeichnet man in der Induktiven Statistik dieses Stichprobenensemble?
c. In der Immobilienwirtschaft ist zu Vergleichszwecken der sogenannte Mietpreis (Angaben in € monatliche Kaltmiete je m^2 Wohnfläche) von besonderem Interesse. Fügen Sie in die Arbeitsdatei eine Variable ein, die diese Kennzahl zum Inhalt hat und geben Sie die Berechnungsvorschrift in der verbindlichen SPSS Syntax an.
d. Können die Mietpreise der interessierenden Wohnungen in ihrer stadtteilbezogenen Gliederung als Realisationen von i) normalverteilten, ii) varianzhomogenen und iii) mittelwerthomogenen Zufallsgrößen aufgefasst werden? Überprüfen Sie die drei Sachverhalte jeweils mit Hilfe eines geeigneten und konkret zu benennenden Verfahrens auf einem Signifikanzniveau von 0,05. Gehen Sie davon aus, dass Sie keine Kenntnis über die Kennzahlen in der statistischen Grundgesamtheit besitzen.
e. Ist es im konkreten Fall sinnvoll, einen Post-Hoc-Test durchzuführen? Begründen Sie kurz Ihre Aussage und benennen Sie gegebenenfalls ein geeignetes Verfahren sowie das sich daraus ergebende Analyseergebnis.

Problemstellung 6-24*

Verwenden Sie zur Lösung der folgenden Problemstellungen die SPSS Datendatei **SB7.sav** aus dem lehrbuchbezogenen Downloadbereich. Die Datei basiert auf einer Studierendenbefragung am Fachbereich Wirtschafts- und Rechtswissenschaften der HTW Berlin im Sommersemester 2016. Fassen Sie die verfügbaren Daten als realisierte Zufallsstichprobenbefunde auf.

a. Benennen Sie den Merkmalsträger und geben Sie den Stichprobenumfang an.
b. Von Interesse ist die SPSS Variable *QCL*, die ein Resultat clusteranalytischer Betrachtungen ist und die befragten Studierenden auf der Basis faktoranalytischer Befunde in disjunkte Merkmalsträgergruppen gliedert. i) In wie viele Merkmalsträgergruppen wurden die Befragten gegliedert? ii) Erläutern Sie kurz anhand der praktizierten Gruppierung den Begriff „disjunkte Gruppen“. iii) Wie kennzeichnet man in der Statistik das vorliegende gruppierte Stichprobenensemble?
c. Die SPSS Variable *Mittel* beinhaltet die durchschnittlichen Werte der gemessenen studentischen Aktivitäten. Können die durchschnittlichen studentischen Aktivitätswerte in ihrer Gliederung nach den Merkmalträgergruppen als Realisationen von i) normalverteilten, ii) varianzhomogenen und iii) mittelwerthomogenen Zufallsgrößen aufgefasst werden? Überprüfen Sie die drei Sachverhalte jeweils mit Hilfe eines geeigneten und konkret zu benennenden Verfahrens auf einem Signifikanzniveau von 0,05. Gehen Sie davon aus, dass Sie keine Kenntnis über die wahren Kennzahlen in der statistischen Grundgesamtheit besitzen.

d. Ist es im konkreten Fall sinnvoll, einen Post-Hoc-Test durchzuführen? Begründen Sie kurz Ihre Aussage und benennen Sie gegebenenfalls ein geeignetes Verfahren sowie das sich daraus ergebende Analyseergebnis.

Problemstellung 6-25*

Verwenden Sie zur Lösung der folgenden Problemstellungen die SPSS Datendatei **BS7.sav** aus dem lehrbuchbezogenen Downloadbereich. Die Datei basiert auf einer Befragung von Studierenden in den Bachelor-Studiengängen am Fachbereich Wirtschafts- und Rechtswissenschaften der HTW Berlin im Sommersemester 2018.

a. Wie viele Studierende wurden befragt? Wie wird in der Statistik diese Kennzahl bezeichnet?
b. Von Interesse ist die SPSS Variable *Cluster*, die ein Resultat clusteranalytischer Betrachtungen ist und die befragten Studierenden auf der Basis faktoranalytischer Befunde in disjunkte Merkmalsträgergruppen gliedert. i) In wie viele Merkmalsträgergruppen wurden die Befragten gegliedert? ii) Erläutern Sie kurz anhand der praktizierten Gruppierung den Begriff „disjunkte Gruppen“. iii) Geben Sie die Merkmalsträgerverteilung auf die Gruppen explizit an. Wie kennzeichnet man in der Statistik das vorliegende Gruppenensemble?
c. Fügen Sie in die Arbeitsdatei eine Variable *Durch* ein, welche für jeden Merkmalsträger einen durchschnittlichen Wert für die faktoranalytisch ermittelten latenten Variablenkonstrukte FAC1, FAC2 und FAC3 im sachlogischen Erscheinungsbild gemessener studentischer Aktivitäten beinhaltet. Geben Sie die applizierte Berechnungsvorschrift in der verbindlichen SPSS Syntax an.
d. Fassen Sie die verfügbaren Daten als eine realisierte Zufallsstichprobe auf. Können gemäß Problemstellung c. die durchschnittlichen Werte in ihrer disjunkten Merkmalsträgergliederung als Realisationen von i) normalverteilten, ii) varianzhomogenen und iii) mittelwerthomogenen Zufallsgrößen aufgefasst werden? Überprüfen Sie die drei Sachverhalte jeweils mit Hilfe eines geeigneten und konkret zu benennenden Verfahrens auf einem Signifikanzniveau von 0,015. Gehen Sie davon aus, dass Sie keine Kenntnis über die „wahren“ Kennzahlen in der statistischen Grundgesamtheit besitzen.
e. Ist es im konkreten Fall sinnvoll, einen Post-Hoc-Test durchzuführen? Begründen Sie kurz Ihre Aussage und benennen Sie gegebenenfalls ein geeignetes Verfahren sowie das sich daraus ergebende Analyseergebnis.

6.2 Lösungen

Lösung 6-1

a. Merkmalsträger: Hühnerei, Grundgesamtheit: 785 Hühnereier
b. Gewicht, Breite, Höhe, Zustandsmenge: jeweils Menge der positiven reellen Zahlen, jeweils metrisch

c. im Durchschnitt streuen die 785 Breitenwerte um 1,2 mm um die durchschnittliche Breite von 44,2 mm, analoge Interpretationen für Gewicht (62,8 g, 4,8 g) und die Höhe (57,1 mm, 2,1 mm)
d. stetige Zufallsgröße, Wertebereich: Menge der positiven reellen Zahlen
e. i) Zufallsstichprobe, ii) realisierte Zufallsstichprobe
f. zufallsbedingte Ergebnisse, die für jede gezogene Zufallsstichprobe unterschiedlich ausfallen, analoge Interpretationen wie unter c)
g. realisierte 0,9-Konfidenzintervalle, die für jede Zufallsstichprobe unterschiedlich ausfallen: Breite [44,2 mm, 45,3 mm], Gewicht [63,0 g, 67,4 g], Höhe [57,3 mm, 59,4 mm], realisierte 0,99-Konfidenzintervalle: Breite [43,8 mm, 45,7 mm], Gewicht [61,3 g, 69,1 g], Höhe [56,8 mm, 60,2 mm], Kernaussage: je höher (im konkreten Fall) das Konfidenzniveau ist, umso breiter ist in der Regel das zugehörige und stets zufallsbedingte Schätzintervall in Gestalt eines realisierten Konfidenzintervalls

Lösung 6-2

a. diskrete Zufallsgröße mit sechs möglichen Realisationen
b. Modell einer (diskreten) Gleichverteilung
c. i) Umfang: 66 Augenzahlen von 66 Würfen, ii) die Augenzahl z. B. des 66. Wurfes wird als eine Realisation einer Stichprobenvariablen A_{66} gedeutet, die ihrem Wesen nach eine diskrete Zufallsgröße ist, iii) die Menge aller 66 Stichprobenvariablen A_i ($i = 1, 2, \ldots, 66$) kennzeichnet man als eine Zufallsstichprobe
d. da im Zuge des Vergleichs des empirischen Signifikanzniveaus α^* mit dem vorgegebenen Signifikanzniveau α im konkreten Fall $\alpha^* = 0{,}686 > \alpha = 0{,}025$ gilt, besteht gemäß dem sogenannten p-value-Konzept kein Anlass, die Behauptung, dass es sich um einen fairen Spielwürfel handelt, zu verwerfen

Lösung 6-3*

a. 376 Personen, davon 200 männliche und 176 weibliche Personen
b. z. B. KMI = Gewicht/(Größe/100) ** 2
c. wegen $\alpha = 0{,}02 < \alpha^* \geq 0{,}2$ besteht gemäß dem sogenannten p-value-Konzept kein Anlass, die Normalverteilungshypothese zu verwerfen
d. Mittelwert: 25,62 kg/m², Standardabweichung: 2,70 kg/m²
e. p = CDF.NORMAL(25,25.62,2.70) – CDF.NORMAL(20,25.62,2.70) $\cong$ 0,3905
f. oberes Quartil q := $KMI_{0,75}$ bzw. Körper-Masse-Index-Quantil der Ordnung 0,75: q = IDF.NORMAL(0.75,25.62,2.70) $\cong$ 27,44 kg/m²

Lösung 6-4*

a. 62 Mietwohnungen, Filter: Zimmer = 4 & Stadtteil = „Wil"
b. aus „gut gemischten" Mietwohnungsannoncen wird z. B. jede zehnte Annonce ausgewählt

c. Kolmogorov-Smirnov-Anpassungstest in der Lilliefors-Modifikation auf eine unvollständig spezifizierte Normalverteilung, wegen $\alpha^* \geq 0{,}2 > \alpha = 0{,}05$ kann der Mietpreis als eine normalverteilte Zufallsgröße aufgefasst werden
d. Mittelwert: 9,48 €/m², Standardabweichung: 0,99 €/m², Verteilungshypothese: Mietpreis ist eine N(9.48 €/m², 0.99 €/m²)-verteilte Zufallsgröße
e. p = 1 – CDF.NORMAL(10,9.48,0.99) ≅ 0,3
f. q = IDF.NORMAL(0.25,9.48,0.99) ≅ 8,81 €/m², das mietpreisschwache Viertel der Mietwohnungen besitzt einen Mietpreis von höchstens 8,81 €/m²

Lösung 6-5*

a. Merkmalsträger: PKW Renault Twingo, Grundgesamtheit: alle II/2007 auf dem Berliner Gebrauchtwagenmarkt angebotenen PKW Renault Twingo, Stichprobe: eine Menge zufällig ausgewählter PKW Renault Twingo, Stichprobenumfang: 70 PKW Renault Twingo
b. theoretisch hat jeder PKW eine gleiche Chance, ausgewählt zu werden
c. z. B. Durch = Fahr * 1000/(Alter/12)
d. im Jahresdurchschnitt wurde ein Renault Twingo 8409 km gefahren, im Mittel streuen die jahresdurchschnittlichen Fahrleistungen der 70 Renault Twingo um 1857 km um den Durchschnittswert von 8409 km
e. es ist recht sicher, dass die „wahre, jedoch unbekannte" mittlere jahresdurchschnittliche Fahrleistung in der statistischen Grundgesamtheit aller PKW der Marke Renault Twingo zwischen 8039 km und 8779 km liegt
f. Verfahren: z. B. Kolmogorov-Smirnov-Anpassungstest auf eine unvollständig spezifizierte Normalverteilung, wegen $\alpha = 0{,}025 < \alpha^* \geq 0{,}2$ besteht kein Anlass, die Normalverteilungshypothese zu verwerfen
g. Wahrscheinlichkeit: p = 1 – CDF.NORMAL(10000,8409,1857) ≅ 0,1958,
0,95-Fahrleistungsquantil: mit einer Wahrscheinlichkeit von 0,95 wird ceteris paribus ein zufällig ausgewählter PKW Renault Twingo im Jahresdurchschnitt höchstens
q = IDF.NORMAL(0.95,8409,1857) ≅ 11463 km gefahren

Lösung 6-6*

a. für 79 Personen, Filter: z. B. Geschlecht = 1 & Abschluss <= 2 & Alter <= 30
b. z. B. Kolmogorov-Smirnov-Test in der Lilliefors-Modifikation auf eine unvollständig spezifizierte Normalverteilung: wegen $\alpha^* = 0{,}156 > \alpha = 0{,}05$ bzw. $\alpha^* \geq 0{,}2 > \alpha = 0{,}05$ kann jeweils für Personen mit einem Hauptschul- bzw. Realschulabschluss der Körper-Masse-Index als eine normalverteilte Zufallsgröße aufgefasst werden
c. ja, wegen $\alpha^* = 0{,}155 > \alpha = 0{,}05$ gibt es beim Varianzhomogenitätstest nach Levene keinen Anlass, die Varianzhomogenitätshypothese zu verwerfen
d. ja, wegen $\alpha^* = 0{,}374 > \alpha = 0{,}05$ gibt es beim doppelten t-Test keinen Anlass, die Mittelwerthomogenitätshypothese zu verwerfen
e. realisiertes 0,975-Konfidenzintervall: [24,93 kg/m², 27,02 kg/m²]

Lösung 6-7*

a. 191 Gebrauchtwagen, Filter: z. B. Typ = 2 | Typ = 5
b. z. B. Mittel = RND(1000 * Fahr/(Alter/12))
c. im Jahresdurchschnitt wurden die 95 Audi A4 16162 km und die 96 Ford Escort 12238 km gefahren
d. Kolmogorov-Smirnov-Anpassungstest in der Lilliefors-Modifikation auf eine unvollständig spezifizierte Normalverteilung: gemäß dem p-value-Konzept besteht wegen $\alpha^* = 0{,}098 > \alpha = 0{,}05$ bzw. $\alpha^* \geq 0{,}2 > \alpha = 0{,}05$ jeweils kein Anlass, die typenspezifischen und unvollständig spezifizierten Verteilungshypothesen zu verwerfen
e. Varianzhomogenitätstest nach Levene: wegen $\alpha = 0{,}05 < \alpha^* = 0{,}396$ können in den typenspezifischen Grundgesamtheiten von Gebrauchtwagen die jahresdurchschnittlichen Fahrleistungswerte als varianzhomogen angesehen werden,
   doppelter t-Test als Mittelwerthomogenitätstest bei varianzhomogenen Grundgesamtheiten: wegen $\alpha = 0{,}05 > \alpha^* = 0{,}000$ müssen in den beiden typenspezifischen Grundgesamtheiten von Gebrauchtwagen die jahresdurchschnittlichen Fahrleistungswerte als mittelwertinhomogen angesehen werden
f. realisiertes 0,95-Konfidenzintervall: [15399 km, 16926 km], demnach ist es recht wahrscheinlich, dass für Gebrauchtwagen des Typs Audi A4 das wahre, jedoch unbekannte arithmetische Mittel der jahresdurchschnittlichen Fahrleistungen zwischen 15399 km und 16926 km liegt

Lösung 6-8*

a. z. B. Mittel = MEAN(B,I,N,P,Q,Z) bzw. Mittel = (B + I + N + P + Q + Z)/6
b. Kolmogorov-Smirnov-Anpassungstest in der Lilliefors-Modifikation auf eine unvollständig spezifizierte Normalverteilung: da für alle drei Kontinente das empirische Signifikanzniveau (Amerika 0,2, Asien 0,192, Europa 0,104) größer ist als das vorgegebene Signifikanzniveau, besteht kein Anlass, daran zu zweifeln, dass die kontinentalspezifischen Durchschnittsbewertungen jeweils Realisationen einer normalverteilten Zufallsgröße sind
c. Varianzhomogenitätstest nach *Levene*: wegen $\alpha^* = 0{,}261 > \alpha = 0{,}02$ können die kontinentalspezifischen Durchschnittsbewertungen als varianzhomogen angesehen werden, einfaktorielle ANOVA: wegen $\alpha^* = 0{,}010 < \alpha = 0{,}02$ sind die kontinentalspezifischen Durchschnittsbewertungen mittelwertinhomogen
d. ja, da die Mittelwerthomogenitätshypothese verworfen wurde, wegen Varianzhomogenität kann zum Beispiel der Scheffé-Test angewandt werden; Ergebnis: es gibt zwei mittelwerthomogene Untergruppen: Amerika versus „Rest der Welt“

Lösung 6-9*

a. 57 Personen, Filter: Alter <= 25 & Sex = 0
b. Kolmogorov-Smirnov-Anpassungstest auf eine unvollständig spezifizierte Normalverteilung, da jeweils $\alpha^* \geq 0{,}2 > \alpha = 0{,}05$ gilt, besteht kein Anlass daran zu zweifeln, dass

die Körper-Masse-Indizes der Personen in ihrer schulabschlussbezogenen Gliederung jeweils normalverteilt sind

c. Varianzhomogenitätstest nach Levene: wegen $\alpha^* = 0{,}009 < \alpha = 0{,}05$ müssen die Varianzen der Körper-Masse-Indizes in den schulabschlussbezogenen Personengruppen als inhomogen angesehen werden,

   z. B. Welch-Test als Mittelwerthomogenitätstest bei varianzinhomogenen Gruppen: wegen $\alpha^* = 0{,}000 < \alpha = 0{,}05$ müssen die Körper-Masse-Indizes in den schulabschlussbezogenen Personengruppen als mittelwertinhomogen angesehen werden

d. ja, wegen varianz- und mittelwertinhomogener Gruppen kann z. B. der Games-Howell-Test angewandt werden, Testergebnis: zwei mittelwerthomogene Untergruppen (Hauptschule versus Realschule und Hochschulreife)

Lösung 6-10*

a. 863 Gebrauchtwagen, davon 96 Honda, 95 Audi A4, 97 Audi A6, 94 BMW, 96 Ford Escort, 98 Ford Fiesta, 99 Mazda, 92 VW Passat und 96 Opel Vectra
b. z. B. Monat = RND(1000 * Fahr/Alter)
c. Kolmogorov-Smirnov-Anpassungstest auf ein unvollständig spezifizierte Normalverteilung in der Lilliefors-Modifikation: da für alle 9 Typen $\alpha = 0{,}05 < \alpha^*$ gilt, besteht gemäß dem p-value-Konzept jeweils kein Anlass, die unvollständig spezifizierte Normalverteilungshypothese zu verwerfen
d. Varianzhomogenitätstest nach Levene: wegen $\alpha = 0{,}05 > \alpha^* = 0{,}000$ müssen in den typenspezifischen Grundgesamtheiten der PKW die monatsdurchschnittlichen Fahrleistungen als varianzinhomogen angesehen werden
e. bei Varianzinhomogenität z. B. Welch-Test: wegen $\alpha = 0{,}05 > \alpha^* = 0{,}000$ müssen in den typenspezifischen Grundgesamtheiten der PKW die monatsdurchschnittlichen Fahrleistungen als mittelwertinhomogen angesehen werden
f. ja, wegen varianz- und mittelwertinhomogener Gruppen kann z. B. der Games-Howell-Test angewandt werden, Testergebnis: z. B. bilden auf einem Signifikanzniveau von 0,05 die Gebrauchtwagen Audi A4 gemeinsam mit den VW Passat und Opel Vectra eine mittelwerthomogene Untergruppe

Lösung 6-11*

a. insgesamt 122 Eigentumswohnungen, davon 75 Wohnungen mit vier und 47 Wohnungen mit fünf Räumen, Filter z. B.: Räume = 4 | Räume = 5
b. z. B. Preis = Wert * 1000/Fläche
c. Varianzhomogenitätstest nach *Levene*: wegen $\alpha = 0{,}05 > \alpha^* = 0{,}000$ müssen die Quadratmeterpreise von Vier- bzw. von Fünf-Raum-Wohnungen als varianzinhomogen aufgefasst werden, wegen Varianzinhomogenität kann z. B. der Welch-Test als Mittelwerthomogenitätstest appliziert werden: wegen $\alpha = 0{,}05 > \alpha^* = 0{,}000$ müssen auf dem Berliner Eigentumswohnungsmarkt die Quadratmeterpreise von Vier- bzw. von Fünf-Raum-Wohnungen zudem auch noch als mittelwertinhomogen aufgefasst werden

d. zwei symmetrische, jedoch in ihrem Niveau und ihrer Ausdehnung unterschiedliche Boxplots als ein Indiz dafür, dass die jeweiligen Quadratmeterpreise normalverteilt, varianz- und mittelwertinhomogen sind

Lösung 6-12*

a. 113 Hotelgäste, SPSS Filter: Alter >= 30 & Alter < 40
b. geschlechtsspezifische Häufigkeitsverteilung: 53 männliche und 53 weibliche Hotelgäste gaben eine gültige Antwort, 3 Hotelgäste gaben keine Antwort bzw. keine gültige Antwort
c. i) Kolmogorov-Smirnov-Anpassungstest (in der Lilliefors-Modifikation) auf eine unvollständig spezifizierte Normalverteilung: da für beide geschlechtsspezifischen Hotelgästegruppen $\alpha^* \geq 0{,}2 > \alpha = 0{,}05$ gilt, können die geschlechtsspezifischen Gesamtzufriedenheitswerte als Realisationen von normalverteilten Zufallsgrößen aufgefasst werden,
   ii) Varianzhomogenitätstest nach *Levene*: wegen $\alpha^* = 0{,}549 > \alpha = 0{,}05$ können die geschlechtsspezifischen Gesamtzufriedenheitswerte als Realisationen von varianzhomogenen Zufallsgrößen aufgefasst werden,
   iii) doppelter t-Test: wegen $\alpha^* = 0{,}919 > \alpha = 0{,}05$ können die geschlechtsspezifischen Gesamtzufriedenheitswerte als Realisationen von mittelwerthomogenen Zufallsgrößen aufgefasst werden

Lösung 6-13*

a. Kolmogorov-Smirnov-Anpassungstest (in der Lilliefors-Modifikation) auf eine unvollständig spezifizierte Normalverteilung: da jeweils für alle fünf Statusgruppen $\alpha^* > \alpha = 0{,}05$ gilt, werden die statusgruppenspezifischen Voten jeweils als Realisationen einer normalverteilten Zufallsgröße aufgefasst
b. Varianzhomogenitätstest nach *Levene*: wegen $\alpha^* = 0{,}840 > \alpha = 0{,}05$ können die statusgruppenspezifischen Voten als Realisationen von varianzhomogenen Zufallsgrößen aufgefasst werden,
   einfaktorielle ANOVA als multipler Mittelwerthomogenitätstest für disjunkte und varianzhomogene Gruppen: wegen $\alpha^* = 0{,}000 < \alpha = 0{,}05$ können die statusgruppenspezifischen Voten nicht als Realisationen von mittelwerthomogenen Zufallsgrößen aufgefasst werden
c. ja, da die Mittelwerthomogenitätshypothese verworfen werden musste, wegen varianzhomogener statusgruppenspezifischer Voten kann z. B. der Post-Hoc-Test nach Scheffé appliziert werden: auf einem Signifikanzniveau von 0,10 identifiziert man zwei mittelwerthomogene Untergruppen: Studenten und Alumni einerseits und Professoren, Dozenten und Mitarbeiter andererseits

Lösung 6-14*

a. z. B. Preis = Wert * 1000/Fläche

b. Kolmogorov-Smirnov-Anpassungstest (in der Lilliefors-Modifikation) auf eine unvollständig spezifizierte Normalverteilung: da jeweils $\alpha^* \geq 0{,}2 > \alpha = 0{,}05$ gilt, können die Quadratmeterpreise der Eigentumswohnungen in ihrer Gliederung nach der Wohnraumanzahl jeweils als Realisationen einer normalverteilten Zufallsgröße aufgefasst werden
c. Varianzhomogenitätstest nach *Levene*: wegen $\alpha^* = 0{,}000 < \alpha = 0{,}05$ können die Quadratmeterpreise der Eigentumswohnungen in ihrer Gliederung nach der Wohnraumanzahl nicht als Realisationen von varianzhomogenen Zufallsgrößen aufgefasst werden,
 wegen Varianzinhomogenität kann die Mittelwerthomogenitätshypothese z. B. mittels des Welch-Tests überprüft werden: wegen $\alpha^* = 0{,}000 < \alpha = 0{,}05$ können die Quadratmeterpreise der Eigentumswohnungen in ihrer Gliederung nach der Wohnraumanzahl nicht als Realisationen von mittelwerthomogenen Zufallsgrößen aufgefasst werden
d. ja, da z. B. mittels des Welch-Tests die Mittelwerthomogenitätshypothese verworfen werden musste; wegen varianzinhomogener Gruppen kann z. B. der Post-Hoc-Test nach Games-Howell appliziert werden: auf einem Signifikanzniveau von 0,05 identifiziert man drei mittelwerthomogene Untergruppen von Eigentumswohnungen

Lösung 6-15*

a. 450 Kunden, systematische Zufallsauswahl: aus einer gut gemischten Kundenmenge wird jeder fünfte Kunde ausgewählt
b. wegen $\alpha^* = 0{,}013 < \alpha = 0{,}05$ muss die Ausgangshypothese verworfen werden, die Zufallsgröße K genügt nicht einem Gleichverteilungsmodell, d. h. die Kunden verteilen sich nicht gleichmäßig auf die zehn Kassen
c. wegen $\alpha^* \geq 0{,}2 > \alpha = 0{,}05$ besteht kein Anlass, die Ausgangshypothese zu verwerfen, der kundenbezogene Umsatz kann als eine normalverteilte Zufallsgröße aufgefasst werden
d. Spezifikation: K ~ N(75,76 €; 25,22 €),
 arithmetisches Mittel als Mittelwertparameter: 75,76 €,
 Standardabweichung als Streuungsparameter: 25,22 €;
 Umsatz von höchstens q = IDF.NORMAL(0.9,75.76,25.22) ≅ 108,08 €;
 Wahrscheinlichkeit: p = 1 – CDF.NORMAL(100,75.76,25.22) ≅ 0,168

Lösung 6-16*

a. i) Menge {1 = mit Bargeld, 2 = mit ec-Karte} der betrachteten Zahlungsarten,
 ii) Abbildung der Zahlungsarten auf die Menge der natürlichen Zahlen,
 iii) relationstreue Abbildung der Zahlungsarten; nominal: mit den Codierungen wird nur eine Gleich- oder Verschiedenartigkeit der Zahlung erfasst
b. i) Varianzhomogenitätstest nach Levene: wegen $\alpha^* = 0{,}00 < \alpha = 0{,}05$ können in der Grundgesamtheit aller Baumarktkunden die gezahlten Beträge in ihrer Gliederung nach der Zahlungsart nicht als Realisationen von varianzhomogenen Zufallsgrößen aufgefasst werden
 ii) wegen Varianzinhomogenität ist zum Beispiel der Welch-Test als Mittelwerthomogenitätstest zu applizieren: wegen $\alpha^* = 0{,}000 < \alpha = 0{,}05$ können in der Grundge-

samtheit aller Baumarktkunden die gezahlten Beträge in ihrer Gliederung nach der Zahlungsart nicht als Realisationen von mittelwerthomogenen Zufallsgrößen aufgefasst werden

c. i) 25 Kunden, die in einer Stunde voneinander unabhängig an der Kasse mit Bargeld zahlen; konstante Erfolgswahrscheinlichkeit von 0,4, dass ein Kunde mit Bargeld zahlt,
ii) p = 1 – CDF.BINOM(13,25,0.4) + PDF.BINOM (13,25,0.4) =
1 – CDF.BINOM(12,25,0.4) $\cong$ 0,154

Lösung 6-17*

a. insgesamt 250 Opel Vectra, Gliederung in 16, 18 und 20 (100 cm³): 89, 94 und 67 Opel Vectra, unbalancierte realisierte Zufallsstichproben
b. z. B. D = Fahr * 1000/(Alter/12)
c. i) Kolmogorov-Smirnov-Anpassungstest auf eine unvollständig spezifizierte Normalverteilung (in der Lilliefors-Modifikation): da für alle drei Hubraumklassen $\alpha^* \geq 0{,}2 > \alpha = 0{,}05$ gilt, kann die jahresdurchschnittliche Fahrleistung in ihrer hubraumbezogenen Gliederung jeweils als eine normalverteilte Zufallsgröße aufgefasst werden;
ii) Varianzhomogenitätstest nach Levene: wegen $\alpha^* \cong 0{,}797 > \alpha = 0{,}05$ können die jahresdurchschnittlichen Fahrleistungen in ihrer hubraumbezogenen Gliederung als Realisationen von varianzhomogenen Zufallsgrößen aufgefasst werden;
iii) wegen Varianzhomogenität fungiert die einfaktorielle ANOVA als Mittelwerthomogenitätstest: wegen $\alpha^* \cong 0{,}974 > \alpha = 0{,}05$ können die jahresdurchschnittlichen Fahrleistungen in ihrer hubraumbezogenen Gliederung als Realisationen von mittelwerthomogenen Zufallsgrößen aufgefasst werden
d. nein, da die Mittelwerthomogenitätshypothese nicht verworfen wurde

Lösung 6-18*

a. Zustandsmenge: {1 = Benzin, 2 = Diesel}, nominale Skala, da die Codes nur eine Gleich- oder Verschiedenartigkeit der Treibstoffe kennzeichnen
b. Filter: Art = 2, Anzahl: 136 Kunden
c. Zapfsäule 1: 4-mal
d. 16,9 % als kumulierte prozentuale relative Häufigkeit
e. i) wegen $\alpha = 0{,}05 > \alpha^* = 0{,}001$ wird die Gleichverteilungshypothese verworfen; die Kunden benutzen die acht Zapfsäulen nicht gleichhäufig,
ii) Zufallsstichprobe: 136 zufällig ausgewählte Kunden, realisierte Zufallsstichprobe: 136 statistisch erfasste Zapfsäulennummern, Signifikanzniveau: Irrtumswahrscheinlichkeit bzw. Wahrscheinlichkeit, die Ausgangshypothese zu verwerfen, obgleich sie richtig ist; p-value-Konzept: Vergleich eines vorgegebenen Signifikanzniveaus α mit einem empirischen Signifikanzniveau α^*, wobei die Ausgangshypothese verworfen wird, wenn das empirische Signifikanzniveau kleiner ist als das vorgegebene Signifikanzniveau;
iii) Chi-Quadrat-Verteilung: stetige, nur für positive reelle Zahlen definierte Wahrscheinlichkeitsverteilung, Anzahl der Freiheitsgrade als Verteilungsparameter etc.

f. i) Mittelwert: 30,97 Liter (l), Standardabweichung: 5,79 l,
ii) stetige Zufallsgröße X: getankte Treibstoffmenge, Modellspezifikation: X ~ N(30,97 l, 5,79 l),
iii) p = CDF.NORMAL(40,30.97,5.79) – CDF.NORMAL (20, 30.97,5.79) ≅ 0,91,
iv) q = IDF.NORMAL(0.95,30.97,5.79) ≅ 40,49 l

Lösung 6-19*

a. D = F * 1000/A
b. i) stetige Zufallsgröße: theoretisches Konstrukt zur Beschreibung zufälligen Geschehens mittels reeller Zahlen,
ii) normalverteilte Zufallsgröße als theoretisches Konstrukt zur zahlenmäßigen Beschreibung zufälligen Geschehens, das durch eine stetige Wahrscheinlichkeitsverteilung in Gestalt einer glockenförmigen Dichtefunktion und/oder s-förmigen Verteilungsfunktion beschrieben werden kann,
iii) p-value-Konzept: Vergleich eines vorgegebenen Signifikanzniveaus α mit einem empirischen Signifikanzniveaus α^*,
iv) Testergebnis: wegen $\alpha = 0{,}05 < \alpha^* \geq 0{,}2$ besteht kein Anlass, die Ausgangshypothese zu verwerfen, die jahresdurchschnittlichen Fahrleistungswerte können als Realisationen einer normalverteilten Zufallsgröße aufgefasst werden
c. Erwartungswert als Mittelwertparameter: 8797 km, Standardabweichung als Streuungsparameter: 1980 km, Modellspezifikation: D ~ N(8797 km, 1980 km)
d. i) q = IDF.NORMAL(0.9,8797,1980) ≅ 11334 km,
ii) erstens: p1 = 1 – CDF. NORMAL(8000,8797,1980) ≅ 0,656,
zweitens: p2 = CDF.NORMAL(7000, 8797,1980) ≅ 0,182,
drittens: p3 = CDF.NORMAL(12000,8797,1980) – CDF. NORMAL (6000,8797,1980) ≅ 0,868

Lösung 6-20*

a. i) Zufallsgröße: theoretisches Konstrukt zur zahlenmäßigen Beschreibung zufälligen Geschehens; ii) Normalverteilungsmodell: stetige Wahrscheinlichkeitsverteilung in Gestalt einer glockenförmigen Dichte- und s-förmigen Verteilungsfunktion, zwei Parameter etc.
b. da sich im sogenannten Q-Q-Diagramm die „Kette" der Normalverteilungs- und der empirisch beobachteten Quantile der börsentäglichen Renditen an der sogenannten Normalverteilungsgeraden entlangschlängelt, deutet man in einem explorativen Sinne die börsentäglichen Renditen der Daimler-Aktie im Beobachtungszeitraum als Realisationen einer normalverteilten Zufallsgröße
c. p-value-Konzept: Vergleich eines vorgegebenen Signifikanzniveaus α mit einem aus einer realisierten Zufallsstichprobe berechneten empirischen Signifikanzniveaus α^*, Testergebnis: wegen $\alpha = 0{,}05 < \alpha^* \geq 0{,}2$ besteht kein Anlass, die Ausgangshypothese zu verwerfen,

Interpretation: die börsentäglichen Renditen der Daimler-Aktie können als Realisationen einer normalverteilten Zufallsgröße aufgefasst werden

Lösung 6-21*

a. LG = Gew/(Gro/10)
b. da für beide Gruppen $\alpha^* > \alpha = 0{,}025$ gilt, wird die jeweilige Normalverteilungshypothese beibehalten, d. h. die LG-Werte können in ihrer Gliederung nach der Entbindungsart jeweils Realisationen von normalverteilten Zufallsgrößen aufgefasst werden
c. wegen $\alpha^* = 0{,}281 > \alpha = 0{,}05$ wird Varianzhomogenitätshypothese beibehalten, d. h. die LG-Werte können in ihrer Gliederung nach der Entbindungsart als Realisationen von varianzhomogenen Zufallsgrößen aufgefasst werden
d. wegen $\alpha^* = 0{,}742 > \alpha = 0{,}05$ wird Mittelwerthomogenitätshypothese beibehalten, d. h. die LG-Werte können in ihrer Gliederung nach der Entbindungsart als Realisationen von mittelwerthomogenen Zufallsgrößen aufgefasst werden
e. realisiertes 0,9-Konfidenzintervall für das arithmetische Mittel, Untergrenze: 67,7 g/cm, Obergrenze: 69,3 g/cm

Lösung 6-22*

a. 83 Mietwohnungen, Filter: NordSüd < 3 & WestOst > 6 & Zimmer = 4
b. Mietwohnungsverteilung, Basis: absolute Häufigkeit: Köpenick: 25, Neukölln: 22, Tempelhof: 24, Treptow: 12, Stichprobenensemble: unbalanciert
c. z. B. Preis = Miete/Fläche
d. alle Testentscheidungen basieren auf dem sogenannten p-value-Konzept
   i) Kolmogorov-Smirnov-Test in der Lilliefors-Modifikation auf eine unvollständig spezifizierte Normalverteilung: wegen $\alpha = 0{,}05 < \alpha^* \geq 0{,}2$ können für die vier Stadtteile die Mietpreise von 4-Zimmer-Mietwohnungen als Realisationen von normalverteilten Zufallsgrößen aufgefasst werden,
   ii) Levene-Test auf Varianzhomogenität: wegen $\alpha = 0{,}05 < \alpha^* \cong 0{,}805$ können für die vier Stadtteile die Mietpreise von 4-Zimmer-Mietwohnungen als Realisationen von varianzhomogenen Zufallsgrößen aufgefasst werden,
   iii) einfaktorielle ANOVA für varianzhomogene Gruppen: wegen $\alpha = 0{,}05 > \alpha^* \cong 0{,}003$ können für die vier Stadtteile die Mietpreise von 4-Zimmer-Mietwohnungen nicht als Realisationen von mittelwerthomogenen Zufallsgrößen aufgefasst werden
e. ja, da die multiple Mittelhomogenitätshypothese verworfen wurde, z. B. Scheffé-Test als post-hoc-Test bei Varianzgleichheit: auf einem Signifikanzniveau von $\alpha = 0{,}05$ sind zwei mittelwerthomogene Untergruppen hinsichtlich der Mietpreise zu identifizieren, wobei sich im konkreten Fall die Stadtteile Neukölln und Tempelhof hinsichtlich der durchschnittlichen Mietpreise wesentlich voneinander unterscheiden

Lösung 6-23*

a. 207 Vier-Zimmer-Mietwohnungen, Filter: NordSüd > 6 & Zimmer = 4

b. Mietwohnungsverteilung, Basis: absolute Häufigkeit: Pankow: 72, Reinickendorf: 78, Weißensee: 57, Stichprobenensemble: unbalanciert
c. z. B. Preis = Miete/Fläche
d. i) Kolmogorov-Smirnov-Test in der Lilliefors-Modifikation auf eine unvollständig spezifizierte Normalverteilung: wegen $\alpha = 0{,}05 < \alpha^* \geq 0{,}2$ können für die drei Berliner Stadtteile die Mietpreise von 4-Zimmer-Wohnungen als Realisationen von normalverteilten Zufallsgrößen aufgefasst werden,
ii) Levene-Test auf Varianzhomogenität: wegen $\alpha = 0{,}05 > \alpha^* \cong 0{,}004$ können für die drei Berliner Stadtteile die Mietpreise von 4-Zimmer-Wohnungen nicht als Realisationen von varianzhomogenen Zufallsgrößen aufgefasst werden,
iii) einfaktorielle ANOVA für varianzinhomogene Gruppen, Basis: Welch-Test: wegen $\alpha = 0{,}05 > \alpha^* \cong 0{,}000$ können für die drei Berliner Stadtteile die Mietpreise von 4-Zimmer-Wohnungen nicht als Realisationen von mittelwerthomogenen Zufallsgrößen aufgefasst werden
e. ja, da die multiple Mittelhomogenitätshypothese verworfen wurde, z. B. Games-Howell-Test als post-hoc-Test bei Varianzungleichheit: auf einem Signifikanzniveau von $\alpha = 0{,}05$ sind zwei mittelwerthomogene Untergruppen hinsichtlich der Mietpreise zu identifizieren, wobei sich im konkreten Fall die Stadtteile Reinickendorf und Weißensee hinsichtlich der durchschnittlichen Mietpreise für 4-Zimmer-Mietwohnungen wesentlich voneinander unterscheiden

Lösung 6-24*

a. Merkmalsträger: befragte(r) Studierende(r), Stichprobenumfang: 189 befragte Studierende
b. i) in 5 Merkmalsträgergruppen, ii) elementefremde bzw. merkmalsträgerfremde und sich gegenseitig ausschließende Gruppen, iii) unbalancierte Gruppen bzw. Stichproben
c. Verfahren: i) Kolmogorov-Smirnov-Anpassungstest auf eine unvollständig spezifizierte Normalverteilung, ii) Varianzhomogenitätstest nach Levene, iii) einfaktorielle Varianzanalyse als multipler Mittelwerttest, Ergebnis und Interpretation: i) da das empirische Signifikanzniveau jeweils größer als 0,05 ist, können die Befunde in den fünf Gruppen jeweils als Realisationen einer normalverteilten Zufallsgröße aufgefasst werden, ii) da das empirische Signifikanzniveau kleiner als 0,05 ist, können die Varianzen in den fünf Gruppen nicht als homogen aufgefasst werden, iii) wegen Varianzinhomogenität ist zum Beispiel der Welch-Test als Mittelwerthomogenitätstest geeignet, da das empirische Signifikanzniveau kleiner als 0,05 ist, können die Mittelwerte in den fünf Gruppen nicht als homogen aufgefasst werden
d. ja, da Mittelwerthomogenitätshypothese verworfen wurde, ein geeigneter Post-Hoc-Test ist zum Beispiel der Games-Howell-Test, während z. B. die Gruppen 1 und 5 als homogen zu kennzeichnen sind, unterschiedet sich die Gruppe 4 von allen restlichen Gruppen

Lösung 6-25*

a. Umfang der statistischen Gesamtheit: 219 Studierende

b. i) in 4 Merkmalsträgergruppen, ii) elementefremde bzw. merkmalsträgerfremde und sich gegenseitig ausschließende Gruppen, iii) Häufigkeitsverteilung indiziert unbalancierte bzw. unterschiedlich große Gruppen

Cluster	Anzahl Studierende
1	18
2	51
3	77
4	73
insgesamt	219

c. Durch = Mean(FAC1, FAC2, FAC3)

d. Verfahren: i) Kolmogorov-Smirnov-Anpassungstest auf eine unvollständig spezifizierte Normalverteilung, ii) Varianzhomogenitätstest nach Levene, iii) einfaktorielle Varianzanalyse als multipler Mittelwerttest, Ergebnis und Interpretation: i) da das empirische Signifikanzniveau jeweils größer als 0,015 ist, können die Befunde in den vier Gruppen jeweils als Realisationen einer normalverteilten Zufallsgröße aufgefasst werden, ii) da das empirische Signifikanzniveau von 0,006 kleiner als 0,015 ist, können die vier durchschnittlichen Gruppenwerte nicht als Realisationen von varianzhomogenen Zufallsgrößen aufgefasst werden, iii) wegen Varianzinhomogenität ist der Welch-Test als Mittelwerthomogenitätstest geeignet, da das empirische Signifikanzniveau kleiner als 0,015 ist, können die vier durchschnittlichen Gruppenwerte nicht als Realisationen von mittelwerthomogenen Zufallsgrößen aufgefasst werden

e. ja, da Mittelwerthomogenitätshypothese verworfen wurde, ein geeigneter Post-Hoc-Test ist zum Beispiel der Games-Howell-Test, auf einem Signifikanzniveau von 0,05 identifiziert man drei homogene Untergruppen: 1) Cluster 1, 2) Cluster 2 und 3) Cluster 3 und 4

Literatur

Eckstein PP (2014) Repetitorium Statistik – Deskriptive Statistik, Stochastik, Induktive Statistik, 8. Aufl. Springer Gabler, Wiesbaden

Eckstein PP (2016) Angewandte Statistik mit SPSS- Praktische Einführung für Wirtschaftswissenschaftler, 8. Aufl. Springer Gabler, Wiesbaden

Eckstein PP (2019) Statistik für Wirtschaftswissenschaftler – Eine realdatenbasierte Einführung mit SPSS, 6. Aufl. Springer Gabler, Wiesbaden

Zusammenhangsanalyse 7

7.1 Problemstellungen

Problemstellung 7-1
Die beiden Grafiken beruhen auf einer Studierendenbefragung, die im Sommersemester 1996 an Berliner Hochschulen durchgeführt wurde.

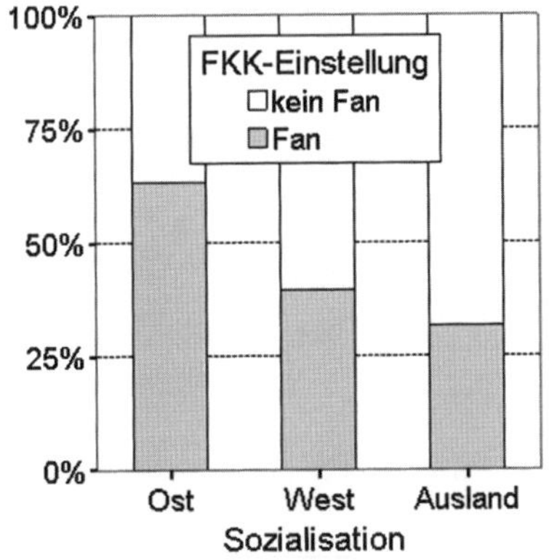

Ergebnisse der Studierendenbefragung – Darstellung 1

P. P. Eckstein, *Datenanalyse mit SPSS*,
https://doi.org/10.1007/978-3-658-31837-6_7

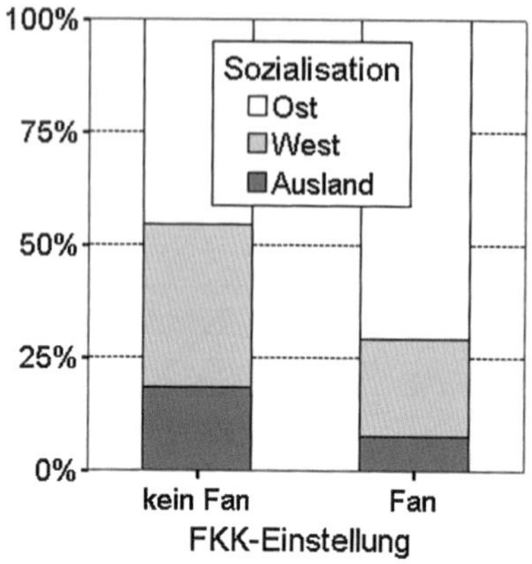

Ergebnisse der Studierendenbefragung – Darstellung 2

a. Benennen Sie den Merkmalsträger und charakterisieren Sie die Erhebungsmerkmale, die der statistischen Analyse zugrunde liegen, indem Sie jeweils die Zustandsmenge und die Skalierung angeben.
b. Wie werden in der statistischen Methodenlehre die Grafiken bezeichnet?
c. Welche Form der statistischen Datenanalyse liegt diesen Grafiken zugrunde?
d. Zu welcher analytischen Aussage gelangen Sie allein aus einer vergleichenden Betrachtung der jeweiligen Grafik? Begründen Sie kurz Ihre Aussagen.

Problemstellung 7-2*

Verwenden Sie zur Lösung der Problemstellungen die SPSS Datendatei **SB7.sav** aus dem lehrbuchbezogenen Downloadbereich. Die Datei basiert auf einer Studierendenbefragung, die mittels einer systematischen Zufallsauswahl im Sommersemester 1996 an Berliner Hochschulen durchgeführt wurde.

a. Wie viele Studierende wurden zufällig ausgewählt und befragt? Wie wird diese Information in der Induktiven Statistik bezeichnet?
b. Skizzieren Sie das Grundprinzip der praktizierten Zufallsauswahl.
c. Charakterisieren Sie die Erhebungsmerkmale „Einstellung zur Frei-Körper-Kultur" und „Religionszugehörigkeit", indem Sie jeweils die Zustandsmenge und die Skalierung angeben.
d. Erstellen Sie für die in Rede stehenden Erhebungsmerkmale eine Kontingenztabelle. Welchen Typs ist die Kontingenztabelle? Warum?
e. Wie viele Konditionalverteilungen können Sie insgesamt aus der Kontingenztabelle ableiten?
f. Zu welcher Aussage gelangen Sie aus einer vergleichenden Betrachtung der durch das Erhebungsmerkmal „Religionszugehörigkeit" bedingten Verteilungen des Erhebungsmerkmals „Einstellung zur Frei-Körper-Kultur"?

g. Messen Sie mit Hilfe einer geeigneten und konkret zu benennenden Maßzahl die Stärke der statistischen Kontingenz zwischen den beiden interessierenden Erhebungsmerkmalen.
h. Prüfen Sie auf einem Signifikanzniveau von 0,025 mit Hilfe eines geeigneten und konkret zu benennenden Verfahrens die folgende Hypothese: In der Grundgesamtheit von Studierenden an Berliner Hochschulen sind die Einstellung zur Frei-Körper-Kultur und die Religionszugehörigkeit zwei voneinander unabhängige Merkmale.

Problemstellung 7-3*

Verwenden Sie zur Lösung der folgenden Problemstellungen die SPSS Datendatei **GW7.sav** aus dem aus dem lehrbuchbezogenen Downloadbereich. Die Datei beinhaltet Daten von zufällig ausgewählten PKW, die im ersten Halbjahr 2010 auf dem Berliner Gebrauchtwagenmarkt zum Verkauf angeboten wurden. Von Interesse sind die erfassten Gebrauchtwagen vom Typ Honda Accord.

a. Benennen Sie den Merkmalsträger und die Erhebungsmerkmale. Wie sind die Erhebungsmerkmale skaliert?
b. Wie viele interessierende Merkmalsträger wurden zufällig ausgewählt? Wie wird diese Menge zufällig ausgewählter Merkmalsträger bezeichnet?
c. Fügen Sie in die Arbeitsdatei eine Variable ein, welche die monatsdurchschnittliche Fahrleistung (Angaben in km) der erfassten Honda Accord beschreibt. Geben Sie die Berechnungsvorschrift in der SPSS Syntax an.
d. Analysieren Sie mit Hilfe einer geeigneten und konkret zu benennenden Maßzahl den statistischen Zusammenhang zwischen i) Alter und Fahrleistung, ii) Alter und Zeitwert, iii) Alter und monatsdurchschnittlicher Fahrleistung. Interpretieren Sie das jeweilige Ergebnis statistisch und sachlogisch.
e. Prüfen Sie jeweils auf einem Signifikanzniveau von 0,05 mit Hilfe eines geeigneten und konkret zu benennenden Verfahrens die folgende Hypothese: In der statistischen Grundgesamtheit aller im ersten Halbjahr 2010 auf dem Berliner Gebrauchtwagenmarkt angebotenen PKW des Typs Honda Accord sind i) das Alter und die Fahrleistung und ii) das Alter und die monatsdurchschnittliche Fahrleistung zwei voneinander unabhängige Merkmale. Interpretieren Sie das jeweilige Ergebnis statistisch und sachlogisch.
f. Messen und interpretieren Sie mit Hilfe des partiellen Maßkorrelationskoeffizienten die Stärke und die Richtung des statistischen Zusammenhangs zwischen dem Alter und der monatsdurchschnittlichen Fahrleistung. Verwenden Sie das Merkmal „bisherige Fahrleistung“ als sogenannte Kontrollvariable.

Problemstellung 7-4*

Die beiden folgenden Grafiken beruhen auf statistisch erhobenen Daten von 70 PKW der Marke „Renault Twingo“, die im zweiten Quartal 2007 auf dem Berliner Gebrauchtwagenmarkt zum Verkauf angeboten wurden.

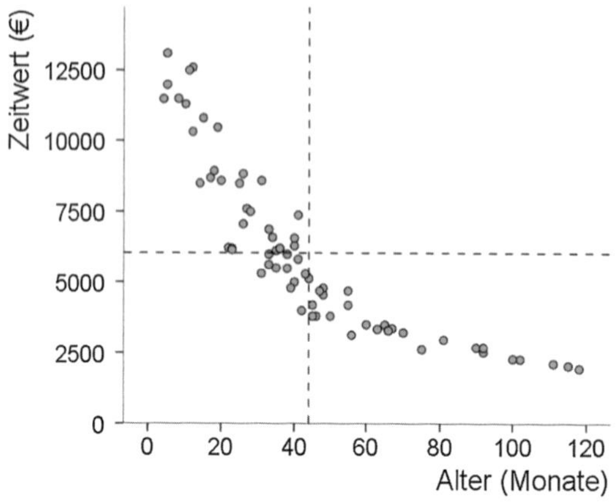

Datenerhebung Gebrauchtwagen – Streudiagramm 1

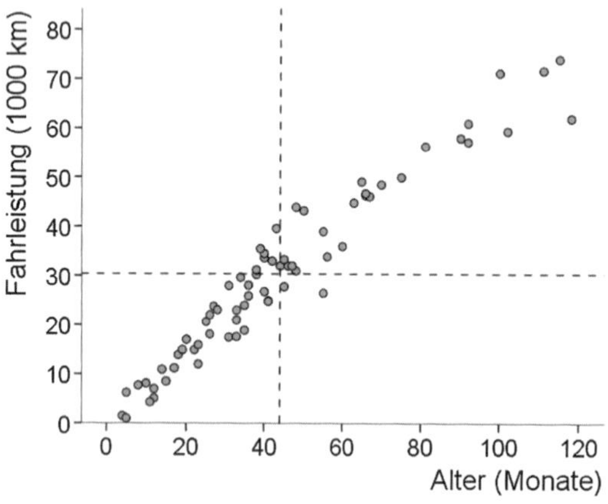

Datenerhebung Gebrauchtwagen – Streudiagramm 2

a. Benennen Sie den Merkmalsträger und charakterisieren Sie die statistische Gesamtheit.
b. Benennen Sie die interessierenden statistischen Erhebungsmerkmale.
c. Auf welcher Skala sind die Ausprägungen der Erhebungsmerkmale definiert. Geben Sie für jedes Erhebungsmerkmal die zugehörige Zustandsmenge an.
d. Wie werden in der Statistik die beigefügten Grafiken bezeichnet?

e. Worin besteht die Kernaussage der jeweiligen Grafik? Erläutern Sie kurz den jeweiligen grafischen Analysebefund.
f. Die parallel zur Ordinate bzw. Abszisse verlaufenden gestrichelten Linien markieren jeweils das durchschnittliche Niveau der erfassten Merkmalswerte. Geben Sie die Werte näherungsweise an und interpretieren Sie diese sachlogisch. Erläutern Sie anhand der jeweiligen Grafik zudem die Grundidee einer statistischen Maßkorrelationsanalyse.
g. Die beigefügte Abbildung beinhaltet einen Auszug aus dem zugehörigen SPSS Ergebnisprotokoll, wobei die Variablen *Fahr* bzw. *Wert* die Fahrleistung bzw. den Zeitwert kennzeichnen. Benennen und interpretieren Sie die jeweiligen Maßzahlen sowohl aus statistischer und als auch aus sachlogischer Sicht.

Korrelationsmatrix

	Alter	Fahr	Wert
Alter	1	,966	-,861
Fahr	,966	1	-,883
Wert	-,861	-,883	1

SPSS Ergebnisprotokoll

h. In welchem logischen Zusammenhang stehen die statistischen Analysebefunde aus der vorhergehenden Problemstellung g. mit den beiden eingangs beigefügten grafischen Darstellungen?

Problemstellung 7-5*

Verwenden Sie zur Lösung der folgenden Problemstellungen die SPSS Datendatei **PS7.sav** aus dem lehrbuchbezogenen Downloadbereich. Die Datei basiert auf den bundesländerspezifischen Ergebnissen der Pisa-Studie aus dem Jahr 2009. Von Interesse sind die drei Kompetenzfaktoren „Fremdsprache", „Muttersprache" und „Naturwissenschaften", die im Zuge einer Faktorenanalyse aus zehn empirisch erhobenen und auf einer metrischen Skala gemessenen Schülerkompetenzen extrahiert wurden. Die zehn Schülerkompetenzen wurden in der SPSS Variablen „Indikator" in Gestalt eines arithmetischen Mittels zu einer bundeslandbezogenen Kennzahl aggregiert.

a. Bestimmen Sie für die drei Kompetenzfaktoren jeweils das arithmetische Mittel und die Standardabweichung. Zu welcher analytischen Aussage gelangen Sie allein aus einer Betrachtung der Mittelwerttabelle?
b. Geben Sie die Kompetenzfaktorwerte für das Bundesland Sachsen an und interpretieren Sie den jeweiligen Wert sachlogisch.

c. Erstellen Sie für die drei Kompetenzfaktoren eine Korrelationsmatrix. Charakterisieren Sie die Korrelationsmatrix. Zu welcher analytischen Aussage gelangen Sie allein aus der Betrachtung der Korrelationsmatrix?
d. Messen Sie mit Hilfe einer geeigneten und konkret zu benennenden Maßzahl die Stärke und die Richtung des statistischen Zusammenhangs zwischen dem muttersprachlichen Kompetenzfaktor und der Indikatorvariablen. Interpretieren Sie Ihr Ergebnis.
e. Messen Sie mit Hilfe einer geeigneten und konkret zu benennenden Maßzahl die Stärke und die Richtung des statistischen Zusammenhangs zwischen dem muttersprachlichen und dem fremdsprachlichen Schülerkompetenzfaktor unter Ausschaltung des Einflusses der Indikatorvariablen. Interpretieren Sie Ihr Analyseergebnis.

Problemstellung 7-6

Verwenden Sie zur Lösung der folgenden Problemstellungen die SPSS Datendatei **RT7.sav** aus dem lehrbuchbezogenen Downloadbereich. Die Datei beinhaltet Daten von Personenkraftwagen der Marke Renault Twingo, die im zweiten Halbjahr 2007 auf dem Berliner Gebrauchtwagenmarkt zum Verkauf angeboten wurden und im Zuge einer systematischen Zufallsauswahl erfasst wurden.

a. Charakterisieren Sie kurz das praktizierte Auswahlverfahren.
b. Messen Sie mit Hilfe des i) Maßkorrelationskoeffizienten nach Bravais & Pearson und ii) des Rangkorrelationskoeffizienten nach Spearman die Stärke und die Richtung des statistischen Zusammenhangs zwischen dem Alter und dem Zeitwert. Interpretieren Sie die jeweilige Maßzahl.
c. Woraus erklären sich die unterschiedlichen Werte der beiden vorhergehend berechneten Korrelationskoeffizienten?
d. Fügen Sie in die SPSS Arbeitsdatei für die Erhebungsmerkmale „Alter" und „Zeitwert" jeweils eine Variable ein, welche die Rangfolge der Merkmalswerte beinhaltet. Geben Sie die Rangsummen für die beiden „ordinalisierten" Erhebungsmerkmale an.

▶ **Hinweis**: Vereinbaren Sie für die Rangbindungen der Einfachheit halber die Option „mittleren Rang zuweisen".

e. Messen Sie mit Hilfe des Maßkorrelationskoeffizienten nach Bravais & Pearson die Stärke und die Richtung des statistischen Zusammenhangs zwischen den Rangfolgen für die Erhebungsmerkmale „Alter" und „Zeitwert". Zu welcher Aussage gelangen Sie aus dem Vergleich des Maßkorrelationskoeffizienten mit dem unter b. berechneten Rangkorrelationskoeffizienten?

Problemstellung 7-7

Die nachfolgend angegebene Kreuzproduktmatrix ist das Resultat der statistischen Analyse von Eigenschaften, die an einer statistischen Gesamtheit von Hühnereiern empirisch erhoben wurden.

		Breite (mm)	Gewicht (g)
Breite (mm)	Quadratsummen und Kreuzprodukte	1092,157	3616,738
	Anzahl	785	785
Gewicht (g)	Quadratsummen und Kreuzprodukte	3616,738	17769,944
	Anzahl	785	785

Statistische Analyse von Hühnereiern – Kreuzproduktmatrix

a. Charakterisieren Sie die statistische Gesamtheit.
b. Welche Eigenschaften wurden an den statistischen Einheiten beschrieben?
c. Geben Sie für jede Eigenschaft die Zustandsmenge an. Auf welcher Skala sind die Eigenschaftsausprägungen definiert?
d. Bestimmen Sie für jede Eigenschaft die deskriptive Varianz und die deskriptive Standardabweichung. Worüber geben die beiden statistischen Maßzahlen Auskunft?
e. Berechnen Sie die deskriptive Kovarianz. Worüber gibt diese statistische Maßzahl Auskunft?
f. Bestimmen und interpretieren Sie den bivariaten Maßkorrelationskoeffizienten für die beiden statistisch erfassten Eigenschaften. Skizzieren Sie Ihren Lösungsweg.

Problemstellung 7-8*

Verwenden Sie zur Lösung der folgenden Problemstellungen die SPSS Datendatei **AX7.sav** aus dem lehrbuchbezogenen Downloadbereich. Die Datei basiert auf der Halbzeitbilanz 2008 des vom ADAC herausgegebenen Automarkenindex *Automarxx*. Von Interesse sind die drei markenspezifischen Komponenten „Produkt“, „Markt“ und „Kunde“, die im Zuge einer Faktorenanalyse aus sechs empirisch erhobenen Kenngrößen extrahiert wurden. Die Kenngrößen wurden jeweils auf der in Deutschland üblichen Notenskala mit den Randwerten „1 für sehr gut“ und „5 für ungenügend“ gemessen und gemäß dem ADAC-Wägungsschema in der SPSS Variablen „Gesamt“ zu einer Gesamtbewertung aggregiert.

a. Bestimmen Sie für die markenspezifischen Komponenten das arithmetische Mittel und die Standardabweichung. Zu welcher analytischen Aussage gelangen Sie aus den vorliegenden Analyseergebnissen?
b. Interpretieren Sie die Komponentenwerte für die Automarke „Mercedes“.
c. Erstellen Sie für die markenspezifischen Komponenten eine Korrelationsmatrix. Charakterisieren Sie die Korrelationsmatrix. Zu welcher analytischen Aussage gelangen Sie allein aus der Betrachtung der Korrelationsmatrix?
d. Messen Sie mit Hilfe einer geeigneten und konkret zu benennenden Maßzahl die Stärke und die Richtung des statistischen Zusammenhangs zwischen der Kundenkomponente und der Gesamtbewertung. Interpretieren Sie Ihr Analyseergebnis.

e. Messen Sie mit Hilfe einer geeigneten und konkret zu benennenden Maßzahl die Stärke und die Richtung des statistischen Zusammenhangs zwischen der Kundenkomponente und der Gesamtbewertung unter Ausschaltung des Einflusses der Produkt- und der Marktkomponente. Interpretieren Sie Ihr Analyseergebnis.

Problemstellung 7-9*

Verwenden Sie zur Lösung der folgenden Problemstellungen die SPSS Datendatei **GB7.sav** aus dem lehrbuchbezogenen Downloadbereich. Die Datei beruht auf einer deutschlandweiten Gästebefragung in Fünf-Sterne-Hotels aus dem Wirtschaftsjahr 2007. Von Interesse sind alle zufällig ausgewählten und befragten männlichen Hotelgäste.

a. Wie viele männliche Hotelgäste wurden zufällig ausgewählt und befragt?
b. Bewerkstelligen Sie für die Merkmale „Schulabschluss" und „Aufenthaltsgrund" eine Kontingenzanalyse und messen Sie für die interessierenden Hotelgäste mit Hilfe einer geeigneten und konkret zu benennenden Maßzahl die Stärke der statistischen Kontingenz zwischen den beiden Merkmalen.
c. Interpretieren Sie anhand der Kontingenztabelle gemäß der Problemstellung b. die Marginalverteilung für das Merkmal „Aufenthaltsgrund".
d. Ergänzen Sie die Kontingenzanalyse aus der Problemstellung b. durch einen Vergleich der durch den Schulabschluss bedingten Verteilungen. Wie viele bedingte Verteilungen ergeben sich im konkreten Fall? Zu welcher Aussage gelangen Sie aus der Betrachtung der bedingten Verteilungen?
e. Prüfen Sie auf einem Signifikanzniveau von 0,03 mit Hilfe eines konkret zu benennenden Verfahrens die folgende Hypothese: Für männliche Gäste, die in Fünf-Sterne-Hotels logieren, sind der Aufenthaltsgrund und der Schulabschluss zwei voneinander unabhängige Merkmale.
f. Einmal angenommen, dass die Hypothese aus der Problemstellung e. verworfen werden muss. Welchen Wert hätte die zugrunde liegende Prüfgröße mindestens annehmen müssen, damit dies der Fall ist? Wie wird dieser „Mindestwert" der Prüfgröße in der Statistik bezeichnet?

Problemstellung 7-10*

Verwenden Sie zur Lösung der folgenden Problemstellungen die SPSS Datendatei **EW7.sav** aus dem lehrbuchbezogenen Downloadbereich. Die Datei beinhaltet Daten von zufällig ausgewählten Eigentumswohnungen, die im Jahr 2011 auf dem Berliner Wohnungsmarkt zum Kauf bzw. Verkauf angeboten wurden. Für die weiteren Betrachtungen sind lediglich die erfassten Fünf-Raum-Eigentumswohnungen von Interesse.

a. Wie viele Fünf-Raum-Eigentumswohnungen wurden zufällig ausgewählt und statistisch erfasst? Geben Sie die SPSS Auswahlbedingung explizit an.
b. Benennen Sie für die Menge der erfassten Fünf-Raum-Eigentumswohnungen die statistischen Erhebungsmerkmale. Charakterisieren Sie die Erhebungsmerkmale unter Angabe ihrer Zustandsmenge und Skalierung.

c. Fügen Sie in die SPSS Arbeitsdatei eine Variable ein, die für jede erfasste Fünf-Raum-Eigentumswohnung den Quadratmeterpreis (Angaben in €/m²) zum Inhalt hat. Geben Sie die benutzte Berechnungsvorschrift in der verbindlichen SPSS Syntax explizit an.
d. Zu welcher analytischen Aussage gelangen Sie aus einer alleinigen Betrachtung eines jeden der beiden nachfolgend dargestellten Diagramme? Wie werden die Diagramme in der statistischen Methodenlehre bezeichnet?

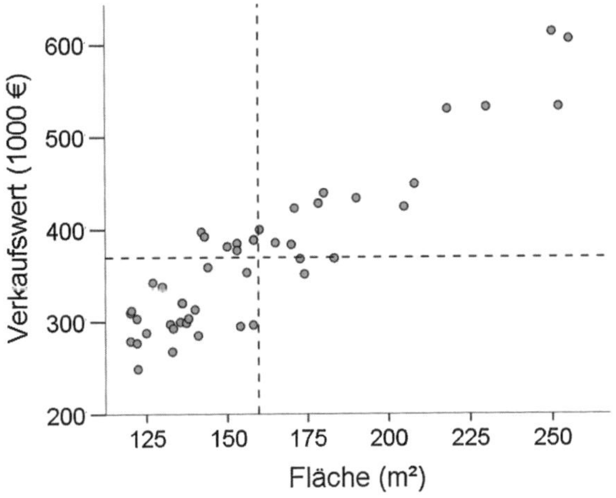

Fünf-Raum-Eigentumswohnungen – Diagramm 1

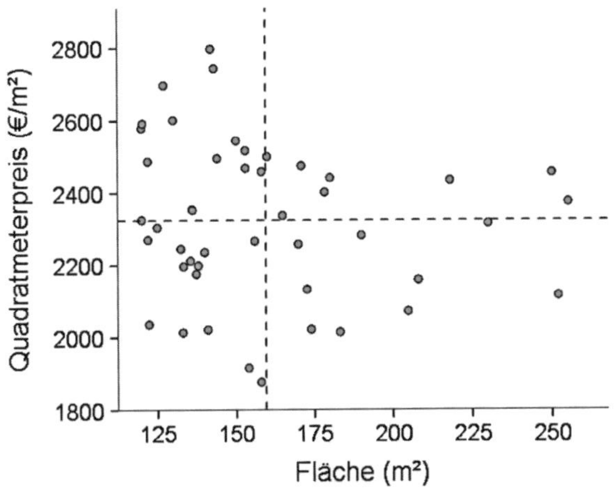

Fünf-Raum-Eigentumswohnungen – Diagramm 2

e. Berechnen und interpretieren Sie für jedes in den Diagrammen vermerkte Erhebungsmerkmal das zugehörige und ganzzahlig gerundete arithmetische Mittel. Durch welche grafische Komponente wird der Mittelwert repräsentiert?

f. Ergänzen Sie das jeweilige Diagramm durch die Berechnung und Benennung einer geeigneten statistischen Maßzahl. Interpretieren Sie den jeweiligen Wert sowohl aus statistisch-methodischer als auch aus sachlogischer Sicht.

Problemstellung 7-11*

Die nachfolgend beigefügte Grafik beruht auf einer Kundenbefragung aus dem Jahr 2007 in Berliner Sportgeschäften. Die zugehörigen Daten, die in der SPSS Datendatei **SG7.sav** gespeichert sind, finden Sie im lehrbuchbezogenen Downloadbereich. Von Interesse sind alle befragten Kunden.

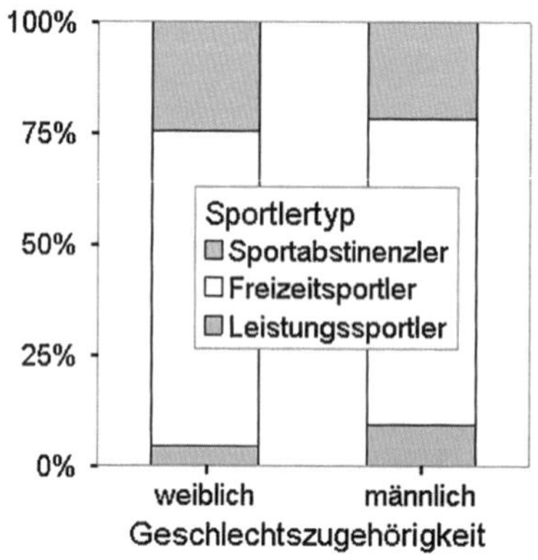

Ergebnisse der Kundenbefragung

a. Benennen Sie die analysierten Erhebungsmerkmale. Geben Sie jeweils ihre Zustandsmenge und ihre Skalierung an.
b. Was beschreiben die beiden strukturierten Säulen? Zu welcher Aussage gelangen Sie allein aus deren Vergleich?
c. Messen Sie mit Hilfe des Kontingenzmaßes V nach Cramér die Stärke der statistischen Kontingenz zwischen den betrachteten Erhebungsmerkmalen.
d. Prüfen Sie auf einem Signifikanzniveau von 0,025 mit Hilfe eines konkret zu benennenden Verfahrens die folgende Hypothese: Für Kunden von Berliner Sportgeschäften sind die betrachteten Erhebungsmerkmale voneinander unabhängig.
e. Erstellen Sie für die betrachteten Erhebungsmerkmale eine Kontingenztabelle und bestimmen anhand der Kontingenztabelle die Wahrscheinlichkeit für die folgenden zufälligen Ereignisse: F: Kunde ist Freizeitsportler, W: Kunde ist weiblich.
f. Gilt im konkreten Fall $P(F \cup W) = P(F) + P(W)$? Begründen Sie kurz Ihre Aussage unter Verwendung der Ergebnisse aus der Problemstellung e. Wie heißt diese Rechenregel?

Problemstellung 7-12

Verwenden Sie zur Lösung der folgenden Problemstellungen die SPSS Datendatei **HE7.sav** aus dem lehrbuchbezogenen Downloadbereich. Die Datei basiert auf den Breiten- und Höhendaten (Angaben jeweils in Millimetern) sowie den Gewichtsdaten (Angaben in Gramm) von 785 Hühnereiern, die von Hühnern der Rasse Loheimer Braun gelegt wurden.

a. Erläutern Sie am konkreten Sachverhalt die folgenden statistischen Grundbegriffe: Einheit, Gesamtheit, Erhebungsmerkmal, Zustandsmenge, Skala.
b. Erstellen Sie für die in Rede stehenden Erhebungsmerkmale eine Korrelationsmatrix. Charakterisieren Sie die Korrelationsmatrix und interpretieren Sie den ausgewiesenen Breite-Höhe-Wert statistisch und sachlogisch.
c. Messen Sie die Stärke und die Richtung des statistischen Zusammenhanges zwischen Breite und Höhe unter Ausschaltung des Einflusses des Gewichts. Wie wird diese Maßzahl bezeichnet? Interpretieren Sie die Maßzahl.
d. Von Interesse sind alle erfassten Hühnereier mit einem Gewicht von 64 g.
   i) Wie viele „gleichgewichtige" 64-Gramm-Hühnereier wurden statistisch erfasst?
   ii) Geben Sie die Auswahlbedingung in der verbindlichen SPSS Syntax explizit an.
   iii) Messen und interpretieren Sie aus sachlogischer Sicht den statistischen Zusammenhang zwischen Breite und Höhe.
e. Fügen Sie in die Arbeitsdatei jeweils eine Variable ein, die für jedes der in Rede stehenden Erhebungsmerkmale die standardisierten Werte enthält.
   i) Geben Sie für die standardisierten Erhebungsmerkmale das jeweilige arithmetische Mittel und die jeweilige Standardabweichung an.
   ii) Erstellen Sie für die standardisierten Erhebungsmerkmale eine Korrelationsmatrix. Charakterisieren Sie die Korrelationsmatrix.
   iii) Zu welcher Aussage gelangen Sie aus einem Vergleich Ihrer Analyseergebnisse mit den Ergebnissen aus der Problemstellung b.?

Problemstellung 7-13*

Verwenden Sie zur Lösung der folgenden Problemstellungen die SPSS Datendatei **AB7.sav** aus dem lehrbuchbezogenen Downloadbereich. Die Daten basieren auf einer Arbeitnehmerbefragung in Berliner Verwaltungen aus dem Jahr 2010. Im Zuge der Befragung wurden zufällig und unabhängig voneinander Arbeitnehmer ausgewählt und interviewt.

a. Erläutern Sie am konkreten Sachverhalt exemplarisch und kurz die folgenden statistischen Grundbegriffe: Merkmalsträger, Grundgesamtheit, Stichprobe, realisierte Stichprobe, Identifikations- und Erhebungsmerkmal.
b. Wie viele Arbeitnehmer wurden zufällig ausgewählt und befragt?
c. Geben Sie die Zustandsmenge des Erhebungsmerkmals „Motivation" an. Auf welcher Skala sind die Merkmalsausprägungen definiert?
d. Welchen Typs ist eine Kontingenztabelle, die Sie für die Erhebungsmerkmale „Motivation" und „Gehalt" erstellen? Warum?

e. Bestimmen Sie die durch das Merkmal „Gehalt" bedingten Verteilungen des Merkmals „Motivation". Wie viele bedingte Verteilungen erhalten Sie in diesem Fall? Zu welcher Aussage gelangen Sie allein aus einer vergleichenden Betrachtung dieser bedingten Verteilungen?
f. Messen und interpretieren Sie mit Hilfe des Kontingenzmaßes V nach Cramér die Stärke der statistischen Kontingenz zwischen den gemäß Problemstellung d. analysierten Merkmalen.
g. Prüfen Sie auf einem Signifikanzniveau von 0,02 mit Hilfe des χ^2-Unabhängigkeitstests die folgende Hypothese: In der statistischen Grundgesamtheit aller Arbeitnehmer in Berliner Verwaltungen ist die Motivation unabhängig vom Gehalt. Interpretieren Sie Ihr Ergebnis.
h. Betrachten Sie die Motivation-Geschlecht-Kontingenz. Von Interesse sind die beiden zufälligen Ereignisse: Ein befragter Arbeitnehmer ist gering motiviert (Ereignis G). Ein befragter Arbeitnehmer ist männlich (Ereignis M).
   i) Bestimmen Sie gemäß dem schwachen Gesetz großer Zahlen aus den verfügbaren Daten die folgenden Ereigniswahrscheinlichkeiten auf drei Dezimalstellen genau: $P(G)$, $P(M)$ und $P(G \cap M)$.
   ii) Gilt im konkreten Fall die Beziehung $P(G \cap M) = P(G) \times P(M)$? Benennen Sie die Beziehung und kommentieren Sie kurz das Ergebnis Ihrer Betrachtungen.

Problemstellung 7-14*

Verwenden Sie zur Lösung der folgenden Problemstellungen die SPSS Datendatei **GW7.sav** aus dem lehrbuchbezogenen Downloadbereich. Die Datei beinhaltet Daten von Personenkraftwagen, die im ersten Halbjahr 2010 auf dem Berliner Gebrauchtwagenmarkt angeboten wurden und im Zuge einer systematischen Zufallsauswahl statistisch erfasst wurden. Von Interesse sind alle erfassten Gebrauchtwagen vom Typ VW Passat.

a. Benennen Sie den Merkmalsträger sowie die Skalierung der statistisch erhobenen Merkmale.
b. Erläutern Sie kurz das praktizierte Auswahlverfahren. Wie viele VW Passat wurden zufällig ausgewählt und statistisch erfasst?
c. Fügen Sie für die interessierenden Gebrauchtwagen in die Arbeitsdatei eine Variable ein, welche die jahresdurchschnittliche Fahrleistung beschreibt. Geben Sie explizit die Berechnungsvorschrift in der SPSS Syntax an.
d. Können die Merkmale *Alter*, *Fahrleistung*, *Zeitwert* und *jahresdurchschnittliche Fahrleistung* als normalverteilte Zufallsgrößen aufgefasst werden? Prüfen Sie mit Hilfe eines geeigneten und konkret zu benennenden Verfahrens auf einem Signifikanzniveau von 0,05 den jeweiligen Sachverhalt. Gehen Sie jeweils von einem vollständig spezifizierten Normalverteilungsmodell aus.
e. Messen und interpretieren Sie jeweils den bivariaten statistischen Zusammenhang zwischen den unter d. genannten Merkmalen. Können auf einem Signifikanzniveau von 0,05 die Zusammenhänge als signifikant gedeutet werden?

f. Berechnen, interpretieren und testen Sie den statistischen Zusammenhang zwischen Zeitwert und jahresdurchschnittlicher Fahrleistung unter Ausschaltung des Alterseinflusses. Wie wird diese Form der statistischen Zusammenhangsanalyse bezeichnet?

g. Führen Sie für das Merkmal *Zeitwert* eine logarithmische Transformation durch und erstellen Sie für die originären und transformierten Zeitwertangaben sowie für die originären Altersangaben eine Streudiagramm-Matrix. Zu welcher Aussage gelangen Sie allein aus deren Betrachtung? Messen Sie zudem die Stärke und die Richtung der jeweiligen bivariaten Korrelation. Woraus erklären sich die unterschiedlichen Ergebnisse?

Problemstellung 7-15*

Verwenden Sie zur Lösung der Problemstellungen die SPSS Datendatei **AA7.sav** aus dem lehrbuchbezogenen Downloadbereich. Die Datei beinhaltet Daten von zufällig ausgewählten PKW der Marke Audi A4, die im ersten Halbjahr 2013 auf dem Berliner Gebrauchtwagenmarkt zum Kauf angeboten wurden.

a. Erläutern Sie am konkreten Sachverhalt kurz die folgenden statistischen Begriffe: i) Grundgesamtheit, ii) realisierte Zufallsstichprobe.

b. Zu welcher analytischen Aussage gelangen Sie aus einer alleinigen Betrachtung eines jeden der beiden nachfolgenden Diagramme? Wie werden die Diagramme in der Statistik bezeichnet?

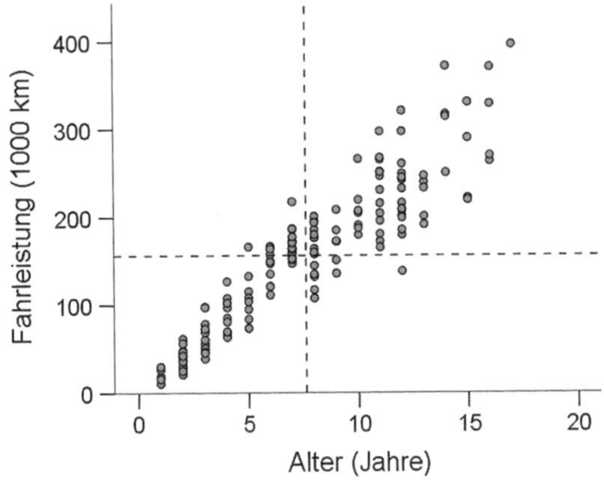

Ergebnisse der Gebrauchtwagen-Stichprobe – Diagramm 1

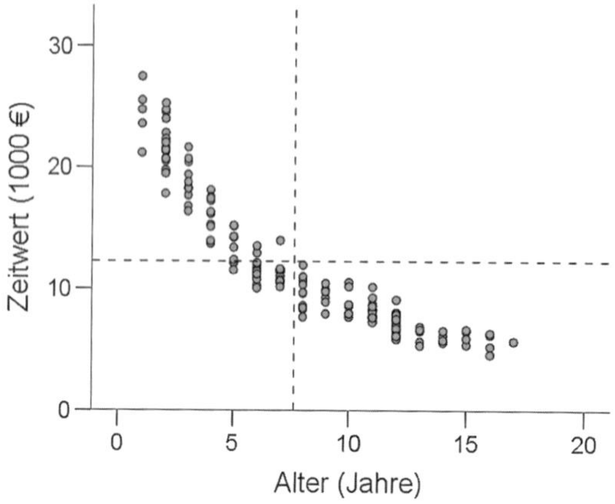

Ergebnisse der Gebrauchtwagen-Stichprobe – Diagramm 2

c. Ergänzen Sie die beiden Diagramme jeweils durch die Benennung, Berechnung und Interpretation einer geeigneten statistischen Maßzahl.

Problemstellung 7-16*

Verwenden Sie zur Lösung der folgenden Problemstellungen die SPSS Datendatei **SK7.sav** aus dem lehrbuchbezogenen Downloadbereich. Die Datei basiert auf den bundesländerspezifischen Ergebnissen der PISA-Studie aus dem Jahr 2013. Von Interesse sind die drei Kompetenzfaktoren „Englisch", „Deutsch" und „Naturwissenschaften", die im Zuge einer Faktorenanalyse aus zwölf empirisch erhobenen und auf einer metrischen Skala gemessenen Schülerkompetenzen extrahiert wurden. Die zwölf Schülerkompetenzen wurden in der SPSS Variablen „Indikator" zu einer bundeslandbezogenen Gesamtbewertung zusammengefasst.

a. Bestimmen Sie für die drei Kompetenzfaktoren jeweils das arithmetische Mittel und die Standardabweichung. Zu welcher analytischen Aussage gelangen Sie allein aus einer Betrachtung der Mittelwerttabelle?
b. Geben Sie die Kompetenzfaktorwerte für das Bundesland Berlin an und interpretieren Sie den jeweiligen Wert sachlogisch.
c. Erstellen Sie für die drei Kompetenzfaktoren eine Korrelationsmatrix. Charakterisieren Sie die Korrelationsmatrix. Zu welcher analytischen Aussage gelangen Sie allein aus der Betrachtung der Korrelationsmatrix?
d. Messen Sie mit Hilfe einer geeigneten und konkret zu benennenden Maßzahl die Stärke und die Richtung des statistischen Zusammenhangs zwischen dem Kompetenzfaktor „Deutsch" und der Gesamtbewertung. Interpretieren Sie Ihr Ergebnis sowohl aus statistischer als auch aus sachlogischer Sicht.

e. Messen Sie mit Hilfe einer geeigneten und konkret zu benennenden Maßzahl die Stärke und die Richtung des statistischen Zusammenhangs zwischen den Schülerkompetenzfaktoren „Naturwissenschaften“ und „Deutsch“ unter Ausschaltung des Einflusses der Gesamtbewertung. Interpretieren Sie Ihr Analyseergebnis.

Problemstellung 7-17*
Verwenden Sie zur Lösung der Problemstellungen die SPSS Datendatei **LM7.sav** aus dem lehrbuchbezogenen Downloadbereich. Die Daten basieren auf einer Studie des Kaufverhaltens von zufällig ausgewählten Kunden in einem großen und stark frequentierten Berliner Lebensmittelmarkt im zweiten Quartal 2013. Von Interesse sind alle erfassten Kunden.

a. Welchen Typs ist eine Kontingenztabelle, die Sie für die Erhebungsmerkmale *Alter* und *Art* erstellen? Begründen Sie kurz Ihre Aussage.
b. Verwenden Sie die Kontingenztabelle aus der Problemstellung a. und bestimmen Sie die durch das Merkmal *Alter* bedingten Verteilungen des Merkmals *Art*.
   i) Wie viele bedingte Verteilungen erhalten Sie in diesem Fall? Warum?
   ii) Zu welcher analytischen Aussage gelangen Sie allein aus einer vergleichenden Betrachtung der altersbedingten Verteilungen?
   iii) Interpretieren Sie den ersten Wert der ersten bedingten Verteilung.
c. Prüfen Sie auf einem Signifikanzniveau von 0,05 mit Hilfe des Chi-Quadrat-Unabhängigkeitstests die folgende Hypothese: In der statistischen Grundgesamtheit aller Lebensmittelmarkt-Kunden ist die Art der Bezahlung unabhängig von der Altersgruppenzugehörigkeit. Interpretieren Sie Ihr Ergebnis sowohl aus statistisch-methodischer als auch aus sachlogischer Sicht.
d. Betrachten Sie die Zufriedenheit-Gender-Kontingenz. Von Interesse sind die beiden zufälligen Ereignisse: Ein zufällig ausgewählter Kunde ist i) weiblich (Ereignis W), ii) mittelmäßig zufrieden (Ereignis M). Bestimmen Sie gemäß dem schwachen Gesetz großer Zahlen aus den verfügbaren Daten die folgenden Ereigniswahrscheinlichkeiten auf drei Dezimalstellen genau: $P(W)$, $P(M)$, $P(W \cap M)$. Gilt im konkreten Fall die Beziehung $P(W \cap M) = P(W) \times P(M)$? Benennen Sie die Beziehung und kommentieren Sie kurz das Ergebnis Ihrer Betrachtungen.

Problemstellung 7-18*
Verwenden Sie zur Lösung der Problemstellungen die SPSS Datendatei **SF7.sav** aus dem lehrbuchbezogenen Downloadbereich. Die Datei basiert auf semesterbezogenen Studierendenbefragungen am Fachbereich Wirtschafts- und Rechtswissenschaften der HTW Berlin. Für die weiteren Betrachtungen sind alle befragten Studierenden vom neunten Befragungssemester aufwärts von Interesse.

a. Wie viele Studierende wurden vom neunten Befragungssemester aufwärts erfasst? Geben Sie die Auswahlbedingung in der SPSS Syntax an.

b. Erstellen Sie für die Variablen AG und ZS eine Kontingenztabelle. Welchen Typs ist die Kontingenztabelle? Wieso und warum?
c. Wie groß ist der prozentuale Anteil der Befragten, die im Kontext der kontingenzanalytischen Betrachtungen keine bzw. keine gültigen Antworten gaben?
d. Messen Sie mit Hilfe des Kontingenzmaßes V nach Cramér die Stärke der statistischen Kontingenz zwischen beiden Variablen. Interpretieren Sie Ihr Ergebnis sowohl aus statistischer als auch aus sachlogischer Sicht.
e. Prüfen Sie auf einem Signifikanzniveau von 0,05 mit Hilfe des Chi-Quadrat-Unabhängigkeitstests die folgende Hypothese: Für Studierende am Fachbereich Wirtschafts- und Rechtswissenschaften der HTW Berlin ist die Zufriedenheit mit dem Studium unabhängig von der Altersgruppenzugehörigkeit. Interpretieren Sie Ihr Ergebnis statistisch und sachlogisch.
f. Von analytischem Interesse sind die durch die Variable F7 bedingten Verteilungen der Variablen ZS. i) Wie viele bedingte Verteilungen erhalten Sie? Warum? ii) Zu welcher kontingenzanalytischen Aussage gelangen Sie aus einer bloßen Betrachtung der bedingten Verteilungen?

Problemstellung 7-19*

Verwenden Sie zur Lösung der Problemstellungen die SPSS Datendatei **RG7.sav** aus dem lehrbuchbezogenen Downloadbereich. Die Datei basiert auf einer Gästebefragung in Romantik-Hotels, die im dritten Quartal 2013 durchgeführt wurde. Von Interesse sind alle zufällig ausgewählten und befragten Hotelgäste.

a. Erläutern Sie am konkreten Sachverhalt kurz die folgenden Begriffe: Grundgesamtheit, Zufallsstichprobe, realisierte Zufallsstichprobe.
b. Erstellen Sie für die Variablen *Einkommen* und *Geschlecht* eine Kontingenztabelle. Welchen Typs ist die Kontingenztabelle? Wieso und warum?
c. Wie viele der befragten Hotelgäste gaben hinsichtlich der beiden Erhebungsmerkmale i) gültige, ii) keine bzw. keine gültigen Antworten?
d. Messen Sie mit Hilfe des Kontingenzmaßes V nach *Cramér* die Stärke der statistischen Kontingenz zwischen beiden Erhebungsmerkmalen. Interpretieren Sie Ihr Ergebnis.
e. Prüfen Sie auf einem Signifikanzniveau von 0,05 mit Hilfe eines geeigneten und konkret zu benennenden Verfahrens die folgende Hypothese: Für Gäste in Romantik-Hotels sind Einkommen und Geschlecht zwei voneinander unabhängige Merkmale. Interpretieren Sie Ihr Ergebnis sowohl aus statistisch-methodischer als auch aus sachlogischer Sicht.
f. Wie werden in der Kontingenzanalyse die normierten Säulen in der beigefügten Grafik bezeichnet?

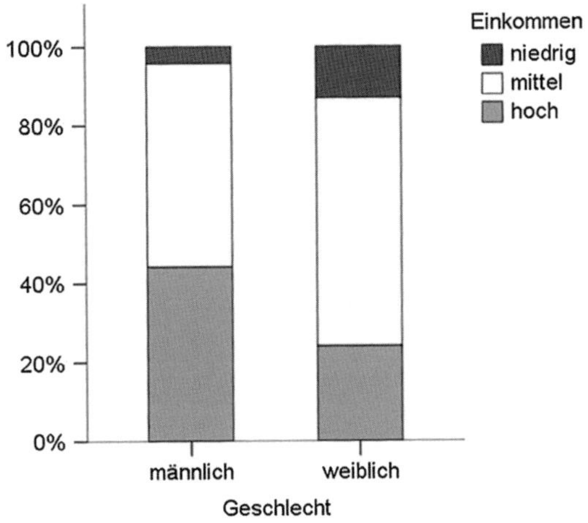

Ergebnis der Gästebefragung – normiertes Säulendiagramm

Zu welcher kontingenzanalytischen Aussage gelangen Sie aus einer bloßen Betrachtung der Grafik?

Problemstellung 7-20

Verwenden Sie zur Lösung der folgenden Problemstellungen die SPSS Datendatei **EP7.sav** aus dem lehrbuchbezogenen Downloadbereich. Die Datei beinhaltet Daten einer Palette von Hühnereiern, die im Mai 2015 in einer Brandenburger Freilandhaltung gesammelt und auf einem Berliner Wochenmarkt zum Verkauf angeboten wurden.

a. Fassen Sie die empirisch erhobenen Daten als eine realisierte Zufallsstichprobe auf und erläutern Sie am konkreten Sachverhalt kurz die folgenden statistischen Begriffe: Einheit, Grundgesamtheit, Zufallsstichprobe.
b. Charakterisieren Sie die Erhebungsmerkmale hinsichtlich ihrer Erfassbarkeit, Zustandsmenge und Skalierung.
c. In der statistischen Methodenlehre geht man von der Prämisse aus, dass zusammenhangsanalytische Betrachtungen stets durch vorgelagerte kausalanalytische Betrachtungen zu begründen sind. Ist im konkreten Fall eine statistische Zusammenhangsanalyse auf der Basis der erfassten metrischen Erhebungsmerkmale aus kausalanalytischer Sicht sinnvoll? Begründen Sie kurz Ihre Aussage unter besonderer Berücksichtigung des Zusammenhangs zwischen Breite und Höhe von Hühnereiern.
d. Wie viele bivariate Zusammenhangsanalysen können Sie theoretisch auf der Basis der erfassten metrischen Erhebungsmerkmale bewerkstelligen, wenn Sie von den folgenden Prämissen ausgehen: i) Die Reihenfolge der analysierten Merkmale ist zu beachten,

wobei eine Merkmalswiederholung zulässig ist. ii) Die Reihenfolge der analysierten Merkmale ist ohne Belang, wobei eine Merkmalswiederholung als nicht sinnvoll erachtet wird.

e. Erstellen Sie für das Ensemble der erfassten metrischen Erhebungsmerkmale eine sogenannte Streudiagramm-Matrix. i) Charakterisieren Sie die Matrix. ii) Inwieweit koinzidieren die Betrachtungen im Kontext der Problemstellung d. mit der Matrix?
f. Fügen Sie in die Arbeitsdatei eine Variable GG ein, welche für alle Hühnereier das erfasste Gewicht „kopiert". Erstellen Sie für die Variablen G und GG ein einfaches Streudiagramm. i) Zu welcher Aussage gelangen Sie aus einer alleinigen Betrachtung des Streudiagramms? ii) Welche logischen Schlussfolgerungen ziehen Sie aus der Betrachtung des einfachen Streudiagramms und der sogenannten Streudiagramm-Matrix?
g. Ergänzen Sie die grafischen Analysebefunde aus der Problemstellung e. durch die Benennung, Berechnung und Interpretation einer geeigneten statistischen Maßzahl. Inwieweit stimmen die berechneten Maßzahlen mit den Betrachtungen im Kontext der Problemstellungen c. und e. überein?
h. Erstellen Sie lediglich für alle Hühnereier, die 61 Gramm oder schwerer, jedoch leichter als 62 Gramm sind, ein einfaches Streudiagramm. Ergänzen Sie das Streudiagramm durch die zugehörigen Mittelwertlinien. i) Zu welcher Aussage gelangen Sie anhand des grafischen Analysebefundes. ii) Messen und interpretieren Sie für die betreffenden Hühnereier die Stärke und die Richtung des statistischen Zusammenhangs zwischen Breite und Höhe.
i. Messen Sie für alle erfassten Hühnereier die Stärke und die Richtung des statistischen Zusammenhangs zwischen Breite und Höhe, indem Sie einerseits das Gewicht und andererseits das Gewicht und die Farbe als eine sogenannte Kontrollvariable verwenden. Unter welcher Bezeichnung firmiert die jeweilige Maßzahl in der statistischen Zusammenhangsanalyse?

Problemstellung 7-21*

Verwenden Sie zur Lösung der Problemstellungen die SPSS Datendatei **LG7.sav** aus dem lehrbuchbezogenen Downloadbereich. Die Datei basiert auf Körpermaßen von lebendgeborenen Kindern, die im Jahr 2015 in Berliner Geburtskliniken „das Licht der Welt erblickten". Fassen Sie für die weiteren Betrachtungen die erhobenen Daten als eine realisierte Zufallsstichprobe auf.

a. Erstellen Sie für die Erhebungsmerkmale *Art der Entbindung* und *Kategorie* eine Kontingenztabelle. Welchen Typs ist die Kontingenztabelle? Wieso und warum?
b. Von Interesse sind die durch die *Art der Entbindung* bedingten Verteilungen des Merkmals *Kategorie*. Wie viele bedingte Verteilungen erhalten Sie? Zu welcher kontingenzanalytischen Aussage gelangen Sie aus einer vergleichenden Betrachtung der bedingten Verteilungen?

c. Messen Sie mit Hilfe des Kontingenzmaßes V nach Cramér die Stärke der Kontingenz zwischen den beiden Erhebungsmerkmalen aus der Problemstellung b. Interpretieren Sie Ihr Ergebnis.
d. Prüfen Sie auf einem Signifikanzniveau von 0,05 mit Hilfe des Chi-Quadrat-Unabhängigkeitstests die folgende Hypothese: Für Lebendgeborene ist die Gewichtigkeitskategorie unabhängig von der Art der Entbindung. Vermerken und interpretieren Sie Ihr Ergebnis.
e. Erstellen Sie für die Erhebungsmerkmale *Geschlecht* und *Kategorie* eine Kontingenztabelle. Von Interesse sind die beiden zufälligen Ereignisse: Ein lebendgeborenes Kind ist ein Knabe (Ereignis K). Ein lebendgeborenes Kind ist untergewichtig (Ereignis U).
   i) Bestimmen Sie gemäß dem schwachen Gesetz großer Zahlen aus den verfügbaren Daten die folgenden Ereigniswahrscheinlichkeiten auf drei Dezimalstellen genau: $P(K)$, $P(U)$ und $P(K \cap U)$.
   ii) Worin besteht die Kernaussage des schwachen Gesetzes großer Zahlen?
   iii) Gilt im konkreten Fall die Beziehung $P(K \cap U) = P(K) \times P(U)$? Benennen Sie die Beziehung und kommentieren Sie kurz Ihr Ergebnis.
   iv) Benennen, bestimmen und interpretieren Sie den Term $P(U|K)$.
   v) Gilt im konkreten Fall die Beziehung $P(K \cap U) = P(K) \times P(U|K)$? Benennen Sie die Beziehung und kommentieren Sie kurz das Ergebnis Ihrer Betrachtungen.

Problemstellung 7-22*

Verwenden Sie zur Lösung der Problemstellungen die SPSS Datendatei **LG7.sav** aus dem lehrbuchbezogenen Downloadbereich. Die Datei basiert auf Körpermaßen von lebendgeborenen Kindern, die im Jahr 2015 in Berliner Geburtskliniken „... das Licht der Welt erblickten". Für die weiteren Betrachtungen sind alle erfassten statistischen Einheiten von Interesse.

a. Benennen Sie die statistische Einheit und geben Sie den Umfang der statistischen Gesamtheit an.
b. Erstellen Sie für die Erhebungsmerkmale *Geschlecht* und *Kategorie* eine Kontingenztabelle. Welchen Typs ist die Kontingenztabelle? Wieso und warum?
c. Messen Sie mit Hilfe des Kontingenzmaßes V nach Cramér die Stärke der Kontingenz zwischen den beiden Erhebungsmerkmalen aus der Problemstellung b. Interpretieren Sie Ihr Ergebnis.
d. Fassen Sie die erhobenen Daten als eine realisierte Zufallsstichprobe auf und prüfen Sie auf einem Signifikanzniveau von 0,05 mit Hilfe des Chi-Quadrat-Unabhängigkeitstests die folgende Hypothese: Für Lebendgeborene ist die Gewichtskategorisierung unabhängig vom Geschlecht. Vermerken und interpretieren Sie Ihr Ergebnis.
e. Die nachfolgende Grafik ist ein weiteres kontingenzanalytisches Ergebnis.

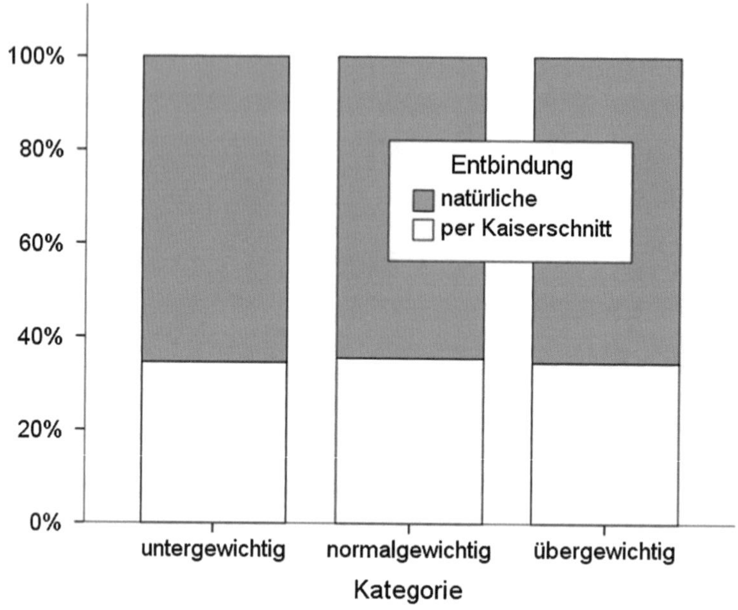

Gewichtskategorisierung von Neugeborenen – normiertes Säulendiagramm

i) Unter welcher Bezeichnung firmieren in der statistischen Methodenlehre die Verteilungen, die durch die drei normierten Säulen dargestellt werden?
ii) Zu welcher kontingenzanalytischen Aussage gelangen Sie aus einer bloßen Betrachtung der Grafik?
iii) Interpretieren Sie die statistischen Analysebefunde für die normierte Säule mit der Kennung „untergewichtig".

Problemstellung 7-23*

Verwenden Sie zur Lösung der folgenden Problemstellungen die SPSS Datendatei **FA7.sav** aus dem lehrbuchbezogenen Downloadbereich. Die Datei basiert auf einer Studierendenbefragung im Wintersemester 2014/15 im Bachelor-Programm Betriebswirtschaftslehre der HTW Berlin. Von Interesse sind die drei Variablen „Präsenz", „Selbst" und „Neben", die im Zuge einer Faktorenanalyse aus sechs empirisch erhobenen, validen und auf einer metrischen Skala gemessenen studentischen Aktivitäten extrahiert wurden. Die sechs validen studentischen Aktivitäten wurden in der Variablen „Aggregat" zu einer Gesamtbewertung zusammengefasst.

a. Bestimmen Sie für die vier interessierenden Variablen jeweils das arithmetische Mittel und die Standardabweichung. Zu welcher analytischen Aussage gelangen Sie allein aus einer Betrachtung der Mittelwerttabelle?

b. Interpretieren Sie die gemessenen Werte des Studierenden mit der Nummer 1123 sachlogisch.
c. Erstellen Sie für die drei faktoranalytisch ermittelten Variablen eine Korrelationsmatrix. Charakterisieren Sie die Korrelationsmatrix. Zu welcher analytischen Aussage gelangen Sie allein aus der Betrachtung der Korrelationsmatrix?
d. Von analytischem Interesse ist das jeweilige „bivariate Zusammenspiel“ der drei gemessenen studentischen Aktivitäten mit der Aggregatvariablen. Messen Sie mit Hilfe einer geeigneten und konkret zu benennenden Maßzahl die Stärke und die Richtung des statistischen Zusammenhangs zwischen der jeweiligen Aktivitätsvariablen und der Variablen „Aggregat“. Welches „bivariate Zusammenspiel“ ist am stärksten ausgeprägt? Interpretieren Sie das betreffende Ergebnis statistisch und sachlogisch.
e. Von analytischem Interesse ist das jeweilige „bivariate Zusammenspiel“ der drei gemessenen studentischen Aktivitäten unter Ausschaltung des Einflusses der Variablen „Aggregat“. Messen Sie mit Hilfe einer geeigneten und konkret zu benennenden Maßzahl die Stärke und die Richtung des jeweiligen statistischen Zusammenhangs zwischen den drei Variablen „Präsenz“, „Selbst“ und „Neben“. Welches „bivariate Zusammenspiel“ ist am stärksten ausgeprägt? Interpretieren Sie das betreffende Analyseergebnis statistisch und sachlogisch.
f. Messen und interpretieren Sie die Stärke des statistischen Zusammenhangs zwischen den Variablen „Selbst“ und „Neben“ unter Ausschaltung des Einflusses der Variablen „Präsenz“ und „Aggregat“.

Problemstellung 7-24*

Verwenden Sie zur Lösung der nachfolgenden Problemstellungen die SPSS Datendatei **OC7.sav** aus dem lehrbuchbezogenen Downloadbereich. Die Datei beinhaltet Daten von zufällig ausgewählten Personenkraftwagen der Marke Opel Corsa, die im ersten Halbjahr 2018 auf dem Berliner Gebrauchtwagenmarkt zum Kauf bzw. Verkauf angeboten wurden.

a. Im Gebrauchtwagenhandel geht man von der kausalanalytisch begründeten Prämisse aus, dass für gebrauchte Personenkraftwagen (PKW) zwischen dem Alter A und dem Zeitwert Z eine Wechselwirkung besteht. Erläutern Sie kurz die Prämisse aus sachlogischer Sicht.
b. Sie sind bestrebt, eine statistische Analyse der in Rede stehenden Wechselwirkung mit Hilfe einer geeigneten i) grafischen Darstellung und ii) Maßzahl zu bewerkstelligen. Benennen und interpretieren Sie den jeweiligen Analysebefund.
c. Fügen Sie in die Arbeitsdatei eine Variable Y ein, welche für jeden erfassten Gebrauchtwagen den sogenannten Logarithmus naturalis des Alters beinhaltet. Geben Sie die Berechnungsvorschrift in der verbindlichen SPSS Syntax an.
d. Analog zur Problemstellung b. sind Sie bestrebt, eine statistische Analyse der Wechselwirkung zwischen den Variablen Y und Z mit Hilfe einer geeigneten i) grafischen Darstellung und ii) Maßzahl zu bewerkstelligen. Benennen und interpretieren Sie den jeweiligen Analysebefund.

e. Im Seminar zur Statistik werden Sie aufgefordert, eine vergleichende Betrachtung der Analysebefunde aus den Problemstellungen b. und d. vorzunehmen und diese aus statistisch-methodischer Sicht kurz zu erläutern.

7.2 Lösungen

Lösung 7-1*

a. Merkmalsträger: Studierende(r), Erhebungsmerkmale, jeweils nominal, Zustandsmengen: FKK: {kein Fan, Fan}, Sozialisation: {Ost, West, Ausland}
b. drei bzw. zwei Konditionalverteilungen als Struktogramme
c. Kontingenzanalyse
d. da die drei sozialisationsspezifischen bzw. die zwei einstellungsspezifischen Konditionalverteilungen paarweise nicht deckungsgleich sind, kann davon ausgegangen werden, dass zwischen den beiden Erhebungsmerkmalen eine statistische Kontingenz besteht etwa derart, dass Studierende, die im Osten Deutschlands sozialisiert wurden, eher FKK-Fans sind, als Studierende, die im Westen Deutschlands oder im Ausland sozialisiert wurden

Lösung 7-2*

a. Stichprobenumfang: 425 Studierende
b. aus einer „gut gemischten" Menge von Studierenden wird z. B. jeder Fünfte ausgewählt und befragt
c. Zustandsmengen: Einstellung zur FKK: {Fan, kein Fan}, Religionszugehörigkeit: {Atheist, Christ, Moslem}, jeweils nominal
d. rechteckige (3×2)- bzw. (2×3)-Kontingenztabelle, da die Zustandsmengen der beiden Erhebungsmerkmale zwei bzw. drei wohl voneinander verschiedene Ausprägungen beinhalten
e. $2 + 3 = 5$ Konditionalverteilungen
f. da die drei religionsspezifischen Konditionalverteilungen paarweise nicht deckungsgleich sind, ist dies ein Hinweis auf eine statistische Kontingenz
g. Kontingenzmaß V nach *Cramér*, wegen $V \cong 0{,}218$ besteht zwischen beiden Erhebungsmerkmalen eine schwach ausgeprägte statistische Kontingenz
h. χ^2-Unabhängigkeitstest, wegen $\alpha^* \cong 0{,}000 < \alpha = 0{,}025$ muss auf dem vereinbarten Signifikanzniveau $\alpha = 0{,}025$ die Unabhängigkeitshypothese verworfen werden, d. h. die Einstellung zur Frei-Körper-Kultur und die Religionszugehörigkeit waren im Sommersemester 1996 in der Grundgesamtheit aller Studierenden an Berliner Hochschulen zwei (stochastisch) nicht voneinander unabhängige Erhebungsmerkmale

Lösung 7-3*

a. Merkmalsträger: Gebrauchtwagen des Typs Honda Accord, Erhebungsmerkmale: Alter, Fahrleistung, Hubraum, Zeitwert, Skalierung: jeweils metrisch

b. Zufallsstichprobe, Umfang: 96 Gebrauchtwagen des Typs Honda Accord
c. z. B. Monat = Fahr * 1000/Alter
d. Maßkorrelationskoeffizienten: i) wegen 0,811 besteht für die 96 Gebrauchtwagen des Typs Honda Accord ein starker positiver linearer statistischer Zusammenhang zwischen Alter und Fahrleistung, je höher (geringer) das Alter, umso höher (geringer) ist die Fahrleistung, ii) wegen –0,863 besteht für die 96 Gebrauchtwagen des Typs Honda Accord ein starker negativer linearer statistischer Zusammenhang zwischen Alter und Zeitwert, je höher (geringer) das Alter, umso geringer (höher) ist der Zeitwert, iii) wegen –0,162 besteht für die 96 Gebrauchtwagen des Typs Honda Accord ein sehr schwacher (und daher vernachlässigbarer) negativer linearer statistischer Zusammenhang zwischen Alter und monatsdurchschnittlicher Fahrleistung
e. maßkorrelationsbasierter Unabhängigkeitstest:
   i) wegen $\alpha^* = 0{,}000 < \alpha = 0{,}05$ die Unabhängigkeitshypothese verworfen werden, demnach sind Alter und Fahrleistung in der statistischen Grundgesamtheit aller Gebrauchtwagen des Typs Honda Accord zwei voneinander abhängige Merkmale,
   ii) wegen $\alpha^* = 0{,}114 > \alpha = 0{,}05$ besteht kein Anlass, die Unabhängigkeitshypothese zu verwerfen, demnach können das Alter und die monatsdurchschnittliche Fahrleistung in der statistischen Grundgesamtheit von gebrauchten Honda Accord als zwei voneinander unabhängige Merkmale aufgefasst werden
f. wegen –0,832 besteht für die 96 Gebrauchtwagen des Typs Honda Accord ein starker negativer partieller linearer statistischer Zusammenhang zwischen dem Alter und der monatsdurchschnittlichen Fahrleistung, demnach kann für Gebrauchtwagen des Typs Honda Accord, die (mehr oder weniger) eine gleiche Fahrleistung besitzen, in logischer Konsequenz ein starker negativer linearer statistischer Zusammenhang zwischen Alter und monatsdurchschnittlicher Fahrleistung gemessen werden

Lösung 7-4*

a. Merkmalsträger: PKW der Marke Renault Twingo, Gesamtheit: 70 (Umfang) gebrauchte PKW der Marke Renault Twingo (Sache), die II/2007 (Zeit) auf dem Berliner Gebrauchtwagenmarkt (Ort) angeboten wurden
b. Erhebungsmerkmale: Alter, Fahrleistung und Zeitwert
c. Skalierung: jeweils metrisch, Zustandsmenge: jeweils Menge der positiven reellen Zahlen
d. Streudiagramme bzw. Scatterplots
e. erstes Streudiagramm: zwischen Zeitwert und Alter besteht ein umgekehrter statistischer Zusammenhang, d. h. je älter ein PKW ist, umso geringer ist in der Regel auch sein Zeitwert und umgekehrt,

   zweites Streudiagramm: zwischen Fahrleistung und Alter besteht ein gleichläufiger statistischer Zusammenhang, d. h. je älter ein PKW ist, umso höher ist in der Regel auch seine Fahrleistung und umgekehrt
f. im Ensemble der 70 Gebrauchtwagen des Typs Renault Twingo belaufen sich der Zeitwert, das Alter und die (bisherige) Fahrleistung eines PKW im Durchschnitt auf ca.

6000 €, ca. 45 Monate und ca. 30000 km, Grundidee: das Studium des Verhaltens der Merkmalswerte zweier Merkmale um die beiden Mittelwerte,

erstes Streudiagramm: die Mehrheit der PKW zeigt hinsichtlich des Zeitwertes und des Alters ein gegenläufiges oder diskordantes Verhalten um die beiden Mittelwerte etwa derart, dass überdurchschnittlich alte PKW in der Regel einen unterdurchschnittlichen Zeitwert besitzen,

zweites Streudiagramm: die Mehrheit der PKW zeigt hinsichtlich der Fahrleistung und des Alters ein gleichläufiges oder konkordantes Verhalten um die beiden Mittelwerte etwa derart, dass überdurchschnittlich alte PKW in der Regel durch eine überdurchschnittliche Fahrleistung gekennzeichnet sind

g. Maßkorrelationskoeffizienten:

wegen 0,966 kann für die 70 Gebrauchtwagen des Typs Renault Twingo zwischen Alter und Fahrleistung ein starker positiver linearer statistischer Zusammenhang gemessen werden, d. h. je älter ein PKW ist, umso höher ist in der Regel seine Fahrleistung und umgekehrt;

wegen −0,861 besteht für die 70 Gebrauchtwagen des Typs Renault Twingo zwischen Alter und Zeitwert ein starker negativer linearer statistischer Zusammenhang, d. h. je älter ein PKW ist, umso geringer ist in der Regel sein Zeitwert und umgekehrt;

wegen −0,883 besteht für die 70 Gebrauchtwagen des Typs Renault Twingo zwischen Fahrleistung und Zeitwert ein starker negativer linearer statistischer Zusammenhang, d. h. je mehr ein PKW bisher gefahren wurde, umso geringer ist in der Regel sein Zeitwert und umgekehrt

h. die Maßkorrelationskoeffizienten von −0,861 und 0,966 untermauern zahlenmäßig die grafischen Analysebefunde einer fallenden bzw. steigenden Punktewolke im jeweiligen Streudiagramm

Lösung 7-5*

a. da das arithmetische Mittel jeweils null und die Standardabweichung jeweils eins ist, handelt es sich jeweils um standardisierte und dimensionslose Werte
b. im Ensemble der 16 Bundesländer besitzen Sachsens Schüler wegen −1,106 eine weit unterdurchschnittliche Kompetenz beim Kompetenzfaktor *Fremdsprache*, wegen 0,578 eine überdurchschnittliche Kompetenz beim Kompetenzfaktor *Muttersprache* und wegen 1,463 eine weit überdurchschnittliche Kompetenz beim Kompetenzfaktor *Naturwissenschaften*
c. quadratische und symmetrische (3×3)-Korrelationsmatrix, die als eine Einheitsmatrix erscheint, demnach handelt es sich bei den drei Kompetenzfaktoren um orthogonale bzw. paarweise voneinander unabhängige Faktoren
d. Maßkorrelationskoeffizient: 0,597, d. h. zwischen der muttersprachlichen Kompetenz und dem Indikator besteht ein ausgeprägter positiver linearer statistischer Zusammenhang

e. partieller Maßkorrelationskoeffizient: −0,796, d. h. bei Ausschaltung des Indikatoreinflusses besteht zwischen der fremd- und der muttersprachlichen Schülerkompetenz ein starker negativer linearer statistischer Zusammenhang

Lösung 7-6

a. aus der Menge der angebotenen PKW der Marke Renault Twingo wurde z. B. jeder zehnte PKW ausgewählt und statistisch erfasst
b. Korrelationskoeffizienten:
   i) −0,861, zwischen Alter und Zeitwert besteht ein starker negativer linearer statistischer Zusammenhang, demnach besitzen unter- bzw. überdurchschnittlich alte PKW in der Regel einen über- bzw. unterdurchschnittlichen Zeitwert,
   ii) −0,959, analoge Interpretation, wobei ein niedriger bzw. hoher Altersrang in der Regel einhergeht mit einem hohen bzw. niedrigen Zeitwertrang
c. einerseits wird mit den originären metrischen Daten, andererseits mit den „ordinalisierten" metrischen Daten in Gestalt von Rangzahlen gerechnet
d. Rangsumme jeweils 2485
e. der Maßkorrelationskoeffizient von −0,959 für die Rangfolgen ist seinem Wert nach identisch mit dem Rangkorrelationskoeffizienten nach *Spearman*

Lösung 7-7

a. Gesamtheit: 785 Hühnereier
b. Gewicht und Breite
c. Zustandsmenge: Menge der positiven reellen Zahlen, Skala: metrisch
d. Gewichtsvarianz: $17769{,}944/785 \cong 22{,}637\ (\text{g})^2$,
   Breitenvarianz: $1092{,}157/785 \cong 1{,}391\ (\text{mm})^2$,
   Standardabweichung des Gewichts: $\sqrt{(17769{,}944/785)} \cong 4{,}758$ g,
   Standardabweichung der Breite: $\sqrt{(1092{,}157/785)} \cong 1{,}180$ mm,
   die Maßzahlen geben Auskunft über das Ausmaß der durchschnittlichen quadratischen Abweichung der Einzelwerte um das jeweilige arithmetische Mittel
e. Kovarianz: $3616{,}738/785 \cong 4{,}607$ (g × mm), gibt Auskunft über das Ausmaß der „Kovariation" beider Eigenschaften, da der Wert größer null ist, kann er als ein Indiz für eine positive (bzw. konkordante) statistische Korrelation zwischen beiden Eigenschaften angesehen werden, allerdings kennt man keine Norm für die Stärke der „Kovariation", daher normiert man die Kovarianz mit den Standardabweichungen und nennt diese normierte Maßzahl „Maßkorrelationskoeffizient"
f. Korrelationskoeffizient: $(4{,}671\ (\text{g} \times \text{mm}))/((4{,}758\ \text{g}) \times (1{,}180\ \text{mm})) \cong 0{,}832$, Interpretation: zwischen Breite und Gewicht der 785 Hühnereier besteht ein starker positiver linearer statistischer Zusammenhang, demnach besitzen über- bzw. unterdurchschnittlich breite Eier in der Regel auch ein über- bzw. unterdurchschnittliches Gewicht

Lösung 7-8*

a. da die Mittelwerte null und die Standardabweichungen eins sind, handelt es sich um standardisierte Werte, die zudem stets dimensionslos sind
b. während die negativen Werte für die Produkt- und für die Marktkomponente unterdurchschnittliche Noten und damit eine gute Bewertung der Automarke Mercedes indizieren, kennzeichnet der positive Kundenkomponentenwert eine überdurchschnittliche Note und damit eine unterdurchschnittliche Bewertung
c. quadratische und symmetrische (3 × 3)-Korrelationsmatrix, die im konkreten Fall als eine (3 × 3)-Einheitsmatrix erscheint, demnach handelt es sich bei den drei markenspezifischen Komponenten um orthogonale Komponenten
d. Maßkorrelationskoeffizient: 0,097, demnach besteht zwischen Kundenkomponente und der Gesamtbewertung ein sehr schwacher (und im deskriptiven Sinne vernachlässigbarer) linearer statistischer Zusammenhang
e. partieller Maßkorrelationskoeffizient: 0,572, demnach besteht zwischen Kundenkomponente und der Gesamtbewertung ein mittelstark ausgeprägter partieller positiver linearer statistischer Zusammenhang

Lösung 7-9*

a. 519 männliche Hotelgäste
b. Kontingenzmaß V nach *Cramér*, wegen $V \cong 0{,}038$ ist für die männlichen Hotelgäste zwischen Schulabschluss und Aufenthaltsgrund nur eine sehr schwach ausgeprägte statistische Kontingenz nachweisbar
c. 326 bzw. 189 männliche Hotelgäste gaben an, aus privaten bzw. dienstlichen Gründen im Hotel zu logieren
d. die drei ähnlichen schulabschlussbezogenen Konditionalverteilungen weisen auf eine eher schwache Kontingenz zwischen den beiden Merkmalen hin
e. Chi-Quadrat-Unabhängigkeitstest, wegen $\alpha^* \cong 0{,}692 > \alpha = 0{,}03$ besteht kein Anlass, die Unabhängigkeitshypothese zu verwerfen, demnach kann davon ausgegangen werden, dass in der Grundgesamtheit aller männlichen Hotelgäste die beiden Merkmale voneinander unabhängig sind
f. Schwellenwert $\chi^2_{0,97;2}$ = IDF.CHISQ(0.97,2) $\cong 7{,}01$ als Quantil einer χ^2-Verteilung der Ordnung $p = 1 - 0{,}03 = 0{,}97$ für df = 2 Freiheitsgrade

Lösung 7-10*

a. 47 Eigentumswohnungen, Auswahlbedingung: Räume = 5
b. zwei Erhebungsmerkmale: Fläche (m^2) und Verkaufswert (1000 €), Zustandsmenge: Menge der positiven reellen Zahlen, Skalierung: metrisch
c. z. B. Preis = Wert * 1000/Fläche
d. erstes Streudiagramm indiziert einen positiven statistischen Zusammenhang zwischen Verkaufswert und Fläche, zweites Streudiagramm indiziert keinen statistischen Zusammenhang zwischen Quadratmeterpreis und Fläche

e. im Ensemble der 47 Fünf-Raum-Eigentumswohnungen besitzt eine Wohnung im Durchschnitt eine Fläche von 160 m^2, einen Verkaufswert von 370000 € und einen Preis von 2324 €/m^2, grafische Komponente: Mittelwertlinie
f. Maßkorrelationskoeffizienten:
wegen 0,923 kann für die 47 Fünf-Raum-Eigentumswohnungen zwischen dem Verkaufswert und der Fläche ein starker positiver linearer statistischer Zusammenhang gemessen werden, d. h. je größer eine Wohnung ist, umso höher ist in der Regel auch ihr Verkaufswert und umgekehrt;
wegen −0,143 besteht für die 47 Fünf-Raum-Eigentumswohnungen zwischen dem Quadratmeterpreis und der Fläche ein sehr schwacher negativer linearer statistischer Zusammenhang, demnach können die beiden Merkmale im deskriptiven Sinne als voneinander unabhängig gedeutet werden

Lösung 7-11*

a. Merkmale: Sportlertyp und Geschlechtszugehörigkeit, Zustandsmengen: {Sportabstinenzler, Freizeitsportler, Leistungssportler}, {männlich, weiblich}, Skala: jeweils nominal
b. die geschlechtsspezifischen Konditionalverteilungen des Merkmals *Sportlertyp*, die beiden ähnlichen Konditionalverteilungen indizieren eine schwache statistische Kontingenz zwischen beiden Erhebungsmerkmalen
c. wegen V = 0,095 ist für die befragten Kunden zwischen den Merkmalen *Sportlertyp* und der *Geschlechtszugehörigkeit* nur eine sehr schwach ausgeprägte statistische Kontingenz nachweisbar
d. χ^2-Unabhängigkeitstest: wegen $\alpha^* \cong 0{,}107 > \alpha = 0{,}025$ besteht kein Anlass, die Unabhängigkeitshypothese zu verwerfen, es kann davon ausgegangen werden, dass in der Grundgesamtheit aller Kunden in Berliner Sportgeschäften die Merkmale *Sportlertyp* und *Geschlecht* voneinander unabhängig sind
e. $P(F) = 344/492 \cong 0{,}6992$, $P(W) = 243/492 \cong 0{,}4939$
f. Additionsaxiom, gilt nicht, da die Ereignisse nicht disjunkt sind und eine Wahrscheinlichkeit stets nur eine reelle Zahl zwischen null und eins ist

Lösung 7-12

a. Einheit: Hühnerei, Gesamtheit: 785 Hühnereier, Merkmale: Breite, Höhe, Gewicht, Zustandsmenge: positive reelle Zahlen, Skala: metrisch
b. quadratische (3 × 3)-Matrix, wegen 0,427 besteht zwischen Breite und Höhe ein schwacher positiver linearer statistischer Zusammenhang, demnach wären breite Eier eher höher und schmale Eier eher flacher, was zumindest für gleichgewichtige Eier nicht logisch erscheint
c. partieller linearer Maßkorrelationskoeffizient, wegen −0,452 besteht zwischen Breite und Höhe von gleichgewichtigen Hühnereiern ein negativer linearer statistischer Zusammenhang, demnach fällt die Höhe breiter Eier eher geringer aus als die Höhe schmaler Eier

d. i) 35 Hühnereier, ii) Filter: Gewicht = 64, iii) wegen −0,817 besteht für die 35 Hühnereier, die jeweils 64 g schwer sind, zwischen Breite und Höhe ein starker negativer linearer statistischer Zusammenhang, demnach sind breite 64-Gramm-Eier in der Regel durch eine geringere Höhe gekennzeichnet als schmale 64-Gramm-Eier
e. i) dimensionslose Werte, deren Mittelwert jeweils null und deren Standardabweichung jeweils eins ist, ii) quadratische (3 × 3)-Matrix, welche die gleichen bivariaten linearen Maßkorrelationskoeffizienten beinhaltet, wie die „originäre" Korrelationsmatrix aus der Problemstellung b), iii) im Unterschied zum arithmetischen Mittel und zur Standardabweichung bleibt der bivariate Maßkorrelationskoeffizient von der Standardisierung unberührt

Lösung 7-13*

a. Merkmalsträger: Arbeitnehmer, Grundgesamtheit: alle Arbeitnehmer (unbestimmte Anzahl) in Berliner Verwaltungen im Jahr 2010, Stichprobe: 1011 zufällig und unabhängig voneinander ausgewählte Arbeitnehmer, realisierte Stichprobe: die erfassten und in der SPSS Datendatei gespeicherten Befragungsergebnisse, Identifikationsmerkmal: z. B. sachlich: Arbeitnehmer, Erhebungsmerkmal: z. B. Gehaltsgruppe
b. 1011 Arbeitnehmer
c. Zustandsmenge: {niedrig, mittel, hoch}, Skala: ordinal
d. quadratische Kreuztabelle vom Typ (3 × 3) bzw. mit 3 × 3 = 9 Feldern, da zwei Erhebungsmerkmale mit jeweils drei Ausprägungen in einer Kreuztabelle dargestellt wurden
e. gemäß Tabelle in der nachfolgenden Abbildung drei bedingte und gehaltsspezifische Verteilungen

Motivation * Gehalt Kreuztabelle

% innerhalb von Gehaltsgruppe

		Gehaltsgruppe			Gesamt
		untere	mittlere	obere	
Motivation	gering	39,1%	16,0%	13,6%	25,2%
	mittel	44,5%	70,5%	36,7%	52,1%
	hoch	16,4%	13,5%	49,8%	22,7%
Gesamt		100,0%	100,0%	100,0%	100,0%

Kreuztabelle Motivation versus Gehalt

da die drei bedingten bzw. Konditionalverteilungen nicht deckungsgleich sind, ist dies Hinweis darauf, dass die beiden Erhebungsmerkmale nicht voneinander unabhängig sind, also zwischen ihnen eine statistische Kontingenz besteht, demnach sind z. B. Arbeitnehmer der oberen Gehaltsgruppe durch eine höhere Motivation gekennzeichnet, als Arbeitnehmer der unteren bzw. mittleren Gehaltsgruppe

f. wegen $V \cong 0{,}305$ besteht für die 1011 zufällig ausgewählten und befragten Arbeitnehmer zwischen der Gehaltsgruppe und der Motivation eine ausgeprägte statistische Kontingenz
g. wegen $\alpha^* = 0{,}000 < \alpha = 0{,}02$ muss die Unabhängigkeitshypothese verworfen werden, demnach ist die Motivation in der statistischen Grundgesamtheit aller Arbeitnehmer in Berliner Verwaltungen abhängig bzw. nicht unabhängig von der Gehaltsgruppe
h. i) $P(G) \cong 0{,}252$, $P(M) \cong 0{,}484$, $P(G \cap M) \cong 0{,}122$, ii) wegen $0{,}252 \times 0{,}484 \cong 0{,}122$ gilt (in ausreichender Näherung) die Multiplikationsregel für zwei stochastisch unabhängige Ereignisse, demnach können die beiden zufälligen Ereignisse G und M als voneinander unabhängig gedeutet werden

Lösung 7-14*
Voraussetzung: SPSS Filter *Typ = 8* setzen

a. Merkmalsträger: PKW VW Passat, Erhebungsmerkmale mit Skalierung: Typ, nominal; Alter, Fahrleistung, Hubraum, Zeitwert jeweils metrisch
b. Auswahlverfahren: z. B. jeder fünfte angebotene PKW VW Passat wurde aus einer „bunt gemischten" Angebotspalette ausgewählt, Umfang: 92 Gebrauchtwagen des Typs VW Passat
c. z. B. Durch = Fahrleistung/(Alter/12)
d. via nichtparametrische Tests, alte Dialogfelder, K-S-Test bei einer Stichprobe auf eine vollständig spezifizierte Normalverteilung: Alter ($\alpha^* = 0{,}121$), Fahrleistung ($\alpha^* = 0{,}582$) und jahresdurchschnittliche Fahrleistung ($\alpha^* = 0{,}458$) können jeweils als eine normalverteilte Zufallsgröße gedeutet werden, Zeitwert ($\alpha^* = 0{,}021$) nicht normalverteilt
e. Maßkorrelationsanalyse:
wegen 0,765 und $\alpha^* = 0{,}000 < \alpha = 0{,}05$ besteht zwischen dem Alter und der Fahrleistung ein signifikanter und zugleich ausgeprägter positiver linearer statistischer Zusammenhang,
wegen −0,881 und $\alpha^* = 0{,}000 < \alpha = 0{,}05$ besteht zwischen dem Alter und dem Zeitwert ein signifikanter und zugleich starker negativer linearer statistischer Zusammenhang,
wegen −0,343 und $\alpha^* = 0{,}001 < \alpha = 0{,}05$ besteht zwischen dem Alter und der jahresdurchschnittlichen Fahrleistung ein signifikanter, allerdings schwacher negativer linearer statistischer Zusammenhang,
wegen 0,255 und $\alpha^* = 0{,}014 < \alpha = 0{,}05$ besteht zwischen der (bisherigen) Fahrleistung und der jahresdurchschnittlichen Fahrleistung ein signifikanter, allerdings schwacher positiver linearer statistischer Zusammenhang,
wegen 0,104 und $\alpha^* = 0{,}324 > \alpha = 0{,}05$ besteht zwischen dem Zeitwert und der jahresdurchschnittlichen Fahrleistung kein signifikanter linearer statistischer Zusammenhang
f. partielle lineare Maßkorrelationsanalyse:
wegen −0,446 und $\alpha^* = 0{,}000 < \alpha = 0{,}05$ besteht zwischen dem Zeitwert und der jahresdurchschnittlichen Fahrleistung bei Gebrauchtwagen gleichen Alters ein signifikanter und zugleich mittelstark ausgeprägter negativer linearer statistischer Zusammenhang

g. obgleich zwischen Alter und Zeitwert bzw. zwischen Alter und logarithmiertem Zeitwert ein negativer statistischer Zusammenhang ersichtlich ist, unterscheiden sich beide Korrelationskoeffizienten in Höhe von −0,881 und −0,907 voneinander; dies erklärt sich daraus, dass der bivariate Maßkorrelationskoeffizient immer nur die Stärke und die Richtung eines linearen statistischen Zusammenhanges messen kann, der für die originären Altersdaten und die logarithmierten Zeitwerte stärker ausgeprägt ist als für die originären Alters- und Zeitwerte, obgleich zwischen den originären und den logarithmierten Zeitwerten ein funktionaler Zusammenhang besteht, berechnet man für beide Variablen einen Maßkorrelationskoeffizienten von „nur" 0,864

Lösung 7-15*

a. i) alle im ersten Halbjahr 2013 auf dem Berliner Gebrauchtwagenmarkt angebotenen PKW der Marke Audi A4, ii) die verfügbaren Daten von 150 zufällig ausgewählten und gebrauchten PKW der Marke Audi A4
b. erstes Streudiagramm: für die 150 Gebrauchtwagen der Marke Audi A4 besteht zwischen der Fahrleistung und dem Alter ein ausgeprägter positiver statistischer Zusammenhang,
   zweites Streudiagramm: für die 150 Gebrauchtwagen der Marke Audi A4 besteht zwischen dem Zeitwert und der Fahrleistung ein ausgeprägter negativer statistischer Zusammenhang
c. erstens: Maßkorrelationskoeffizient von 0,923, d. h. für die 150 gebrauchten Audi A4 besteht zwischen der Fahrleistung und dem Alter ein starker positiver linearer statistischer Zusammenhang, je jünger bzw. älter ein Audi A4 ist, umso niedriger bzw. höher ist in der Regel seine Fahrleistung
   zweitens: Maßkorrelationskoeffizient von −0,912, d. h. für die 150 gebrauchten Audi A4 besteht zwischen dem Zeitwert und der Fahrleistung ein starker negativer linearer statistischer Zusammenhang, je niedriger bzw. höher die Fahrleistung ist, umso höher bzw. niedriger ist in der Regel der Zeitwert

Lösung 7-16*

a. da die Mittelwerte null und die Standardabweichungen eins sind, handelt es sich standardisierte Werte, die zudem stets dimensionslos sind
b. im Ensemble der 16 Bundesländer besitzen Berliner Schüler wegen −0,740 eine unterdurchschnittliche Kompetenz beim Faktor Naturwissenschaften, wegen 0,144 eine leicht überdurchschnittliche Kompetenz beim Faktor Fremdsprache Englisch und wegen −1,151 eine stark unterdurchschnittliche Kompetenz beim Faktor Deutsche Sprache
c. quadratische und symmetrische (3 × 3)-Korrelationsmatrix, die als eine Einheitsmatrix erscheint, demnach handelt es sich bei den drei Kompetenzfaktoren um orthogonale bzw. paarweise voneinander unabhängige Faktoren
d. Maßkorrelation: 0,699, statistisch: zwischen dem Kompetenzfaktor Deutsch und der Gesamtbewertung besteht ein starker positiver linearer statistischer Zusammenhang, sachlogisch: je höher (niedriger) die Deutschkompetenz ist umso höher (niedriger) ist in der Regel auch die Gesamtbewertung

e. partielle Maßkorrelation: −0,605, unter Ausschaltung des Einflusses der Gesamtbewertung kann zwischen den Schülerkompetenzen Naturwissenschaften und Deutsch ein ausgeprägter negativer linearer statistischer Zusammenhang gemessen werden

Lösung 7-17*

a. rechteckig vom Typ (3 × 2) bzw. (2 × 3), da die Zustandsmengen der beiden Merkmale drei bzw. zwei Ausprägungen beinhalten
b. i) drei Verteilungen, da das Bedingungsmerkmal drei Ausprägungen besitzt, ii) da die drei Konditionalverteilungen nicht identisch sind, ist dies ein Hinweis darauf, dass bei den Kunden des Lebensmittelmarktes zwischen den Merkmalen *Altersgruppenzugehörigkeit* und *Zahlungsart* eine statistische Kontingenz besteht, iii) 40 von 183 bzw. 21,9 % der Lebensmittelmarkt-Kunden, die zur unteren Altersgruppe gehörten, bezahlten mit Bargeld
c. statistisch: wegen $\alpha = 0{,}05 > \alpha^* = 0{,}000$ wird die Unabhängigkeitshypothese verworfen; sachlogisch: in der Grundgesamtheit der Kunden des Lebensmittelmarktes können die Art der Bezahlung und die Altersgruppenzugehörigkeit als voneinander abhängig angesehen werden
d. $P(W) = 365/678 \cong 0{,}538$, $P(M) = 341/678 \cong 0{,}503$, $P(W \cap M) = 183/678 \cong 0{,}270$; ja, wegen $0{,}538 \times 0{,}503 \cong 0{,}270$ gilt die Multiplikationsregel für zwei stochastisch unabhängige zufällige Ereignisse, für die zufällig ausgewählten Kunden können die Ereignisse „weiblich" und „mittelmäßig zufrieden" als stochastisch voneinander unabhängig gedeutet werden

Lösung 7-18*

a. 1118 Studierende, Filter: Semester >= 9 bzw. Semester > 8
b. rechteckig vom Typ (2 × 3), da die jeweilige Zustandsmenge der beiden ordinalen Variablen zwei bzw. drei Ausprägungen beinhaltet
c. 4,6 %
d. wegen $V \cong 0{,}052$ besteht für die 1067 Studierenden, die auf beide Fragen eine gültige Antwort gaben, zwischen der Altersgruppenzugehörigkeit und der Zufriedenheit mit dem Studium eine sehr schwach ausgeprägte und daher vernachlässigbare statistische Kontingenz
e. statistisch: wegen $\alpha = 0{,}05 < \alpha^* \cong 0{,}243$ besteht kein Anlass, die Unabhängigkeitshypothese zu verwerfen; sachlogisch: für Studierende am Fachbereich Wirtschafts- und Rechtswissenschaften kann die Zufriedenheit mit dem Studium als unabhängig von der Altersgruppenzugehörigkeit angesehen werden
f. i) zwei durch das kategoriale Merkmal *Berufsabschluss* bedingte bzw. konditionale Verteilungen des kategorialen Erhebungsmerkmals *Zufriedenheit mit dem Studium*; da die Zustandsmenge von F7 (Berufsabschluss) nur aus zwei Ausprägungen besteht, ii) da die zwei Konditionalverteilungen wohl ähnlich, aber nicht deckungsgleich bzw. kongruent sind, ist dies ein Hinweis auf eine schwach ausgeprägte Kontingenz zwischen den beiden kategorialen Merkmalen

Lösung 7-19*

a. Grundgesamtheit: unbekannte Menge aller Gäste in Romantik-Hotel, Zufallsstichprobe: 1123 zufällig ausgewählte und befragte Hotelgäste, realisierte Zufallsstichprobe: die in der Datei erfassten Befragungsergebnisse
b. rechteckig vom Typ (3 × 2) bzw. (2 × 3), da die Zustandsmengen beider Variablen zwei bzw. drei Ausprägungen beinhalten
c. i) 959 Hotelgäste, ii) 164 Hotelgäste
d. wegen $V \cong 0{,}241$ kann für die befragten Hotelgäste zwischen Einkommen und Geschlecht eine schwache statistische Kontingenz gemessen werden
e. Chi-Quadrat-Unabhängigkeitstest: wegen $\alpha = 0{,}05 > \alpha^* = 0{,}000$ wird gemäß dem p-value-Konzept die Unabhängigkeitshypothese verworfen, Interpretation: in der statistischen Grundgesamtheit von Gästen in Romantik-Hotels können auf dem vorab vereinbarten Signifikanzniveau von $\alpha = 0{,}05$ das *Einkommen*sniveau und die *Geschlechts*zugehörigkeit als zwei voneinander abhängige Merkmale aufgefasst werden
f. zwei durch das nominale und dichotome Erhebungsmerkmal *Geschlecht*szugehörigkeit bedingte bzw. konditionale Verteilungen des ordinalen Erhebungsmerkmals *Einkommen*; da die beiden Konditionalverteilungen nicht deckungsgleich bzw. kongruent sind, kann diese grafische Befund als ein Hinweis darauf gedeutet werden, dass zwischen für die befragten Hotelgäste zwischen den beiden Merkmalen eine statistische Kontingenz besteht etwa derart, dass Frauen in der Regel ein niedrigeres Einkommen beziehen als Männer

Lösung 7-20

a. statistische Einheit: Hühnerei, statistische Grundgesamtheit: endlich große und hinsichtlich ihres Umfanges nicht näher bestimmte Menge von Hühnereiern, Zufallsstichprobe: 669 zufällig ausgewählte (und in einer Palette abgelegte) Hühnereier
b. alle fünf Erhebungsmerkmale sind direkt bzw. unmittelbar erfassbar, Erfassungsnummer: Menge der natürlichen Zahlen als Zustandsmenge, nominale Skala, da lediglich eine wertfreie und zahlenmäßige Identifikation bewerkstelligt werden soll; Farbe: dichotome, 0-1-kodierte und nominale (0 → weiß, 1 → braun) Zustandsmenge; Breite, Gewicht und Höhe als stetige Erhebungsmerkale, jeweils Menge der positiven reellen Zahlen als Zustandsmenge, jeweils metrisch skaliert
c. ja, etwa derart, dass das Gewicht sowohl mit der Breite als auch der Höhe in einem konkordanten Sinne korreliert, hingegen in Breite und Höhe bei Unterstellung gleichgewichtiger Hühnereier ein diskordantes Verhalten zeigen
d. kombinatorisch als i) Variation von 3 Merkmalen zur 2. Klasse mit Wiederholung, $3^2 = 9$ bivariate Korrelationen, ii) Kombination von 3 Merkmalen zur 2. Klasse ohne Wiederholung, 3 bivariate Korrelationen
e. quadratische, symmetrische (und redundante) Matrix vom Typ (3 × 3), augenscheinliche konkordante Korrelation von Gewicht und Breite einerseits und Gewicht und Höhe andererseits; für Höhe und Breite keine diskordante Korrelation augenscheinlich

f. i) Punktewolke erscheint als eine „lineare Punktekette“, die als eine eineindeutige Abbildung bzw. lineare Funktion von G auf GG bzw. von GG auf G gedeutet werden kann und im Sinne einer bivariaten Korrelationsanalyse als „trivial“ erscheint, ii) aus diesem „trivialen“ Grund wird in einer Streudiagramm-Matrix eine Korrelation eines Merkmals mit sich selbst nicht angezeigt
g. Maßkorrelationskoeffizient nach *Bravais* und *Pearson*: eine Korrelation der Merkmale mit sich selbst ist trivial, ein Korrelationskoeffizient von 1 indiziert jeweils einen „funktionalen linearen Zusammenhang“; zwischen Gewicht und Breite kann wegen 0,810 ein starker positiver linearer statistischer Zusammenhang gemessen werden; zwischen Breite und Höhe kann wegen 0,307 ein schwacher positiver linearer statistischen Zusammenhang gemessen werden; zwischen Gewicht und Höhe kann wegen 0,722 ein ausgeprägter positiver linearer statistischer Zusammenhang gemessen werden; die Maßkorrelationskoeffizienten untermauern zahlenmäßig sowohl die kausalanalytischen Betrachtungen als auch die grafischen Befunde der Streudiagramm-Matrix
h. Filter: G >= 61 & G < 62; die 45 nahezu gleichgewichtigen Hühnereier indizieren hinsichtlich ihrer Breite und Höhe mehrheitlich ein diskordantes Verhalten „in ihren Bewegungen um ihre Mittelwerte“, d. h. dass über- bzw. unterdurchschnittlich breite Hühnereier in der Regel unter- bzw. überdurchschnittlich hoch sind; bivariater Maßkorrelationskoeffizient: –0,816, d. h. zwischen Breite und Höhe der 45 nahezu gleichgewichtigen Hühnereier besteht ein starker negativer linearer statistischen Zusammenhang
i. partieller Maßkorrelationskoeffizient, i) –0,687, ii) –0,708

Lösung 7-21*

a. rechteckig vom Typ (2 × 3) bzw. (3 × 2), da die Zustandsmengen beider Variablen zwei bzw. drei Ausprägungen beinhalten
b. zwei bedingte Verteilungen, da die beiden bedingten Verteilungen nahezu deckungsgleich sind, ist dies ein Hinweis darauf, dass zwischen beiden Merkmalen keine bzw. eine sehr schwache statistische Kontingenz besteht
c. wegen $V = 0{,}010$ kann für die erfassten Lebendgeborenen zwischen der Art der Entbindung und der Gewichtigkeitskategorie eine sehr schwach ausgeprägte statistische Kontingenz gemessen werden
d. Ergebnis: wegen $\alpha = 0{,}05 > \alpha^* = 0{,}980$ besteht kann Anlass, die Unabhängigkeitshypothese zu verwerfen, Interpretation: für Lebendgeborene ist die Gewichtigkeitskategorie unabhängig von der Art der Entbindung
e. i) Wahrscheinlichkeiten:
$P(K) = 216/418 \cong 0{,}517$, $P(U) = 87/418 \cong 0{,}208$, $P(K \cap U) = 35/418 \cong 0{,}084$,
ii) in einer Verwendung von relativen Häufigkeiten als Schätzwerte für Wahrscheinlichkeiten,
iii) Multiplikationsregel für zwei stochastisch unabhängige Ereignisse, wegen
$0{,}084 \neq 0{,}517 \times 0{,}208 \cong 0{,}108$ gilt die angezeigte Multiplikationsregel nicht, die zufälligen Ereignisse K und U sind stochastisch nicht voneinander unabhängig bzw. voneinander abhängig,

iv) bedingte Wahrscheinlichkeit P(U|K) = 35/216 ≅ 0,162 als Wahrscheinlichkeit dafür, dass ein lebendgeborenes Kind untergewichtig ist unter der Bedingung, dass es sich um einen Knaben handelt,
v) Multiplikationsregel für zwei zufällige Ereignisse, die als Rechenregel wegen (35/418) = (216/418) × (35/216) bzw. wegen 0,085 ≅ 0,517 × 0,162 „allgemeingültig" ist

Lösung 7-22*

a. Einheit: ein lebendgeborenes Kind, Umfang: 418 Lebendgeborene
b. rechteckig vom Typ (2 x 3) bzw. (3 x 2), da die Zustandsmengen beider Variablen zwei bzw. drei Ausprägungen beinhalten
c. wegen V = 0,137 kann für die erfassten Lebendgeborenen zwischen dem Geschlecht und der Gewichtigkeit eine schwach ausgeprägte statistische Kontingenz gemessen werden
d. Ergebnis: wegen $\alpha = 0{,}05 > \alpha^* = 0{,}019$ wird die Unabhängigkeitshypothese verworfen, Interpretation: für Lebendgeborene ist die Gewichtigkeitskategorisierung abhängig vom Geschlecht
e. i) drei durch das Merkmal Gewichtigkeitskategorie bedingte Verteilungen des Merkmals Entbindung, ii) da die drei durch das Merkmal „Gewichtigkeitskategorie" bedingten Verteilungen nahezu deckungsgleich sind, ist dies ein Hinweis darauf, dass für die erfassten Lebendgeborenen keine statistische Kontingenz zwischen den Merkmalen „Gewichtigkeit" und „Art der Entbindung" besteht, iii) ca. 35 % der Lebendgeborenen, die als untergewichtig eingestuft wurden, wurden per Kaiserschnitt und 100 % – 35 % = 65 % auf natürlichem Wege entbunden

Lösung 7-23*

a. da für die vier metrischen Variablen die Mittelwerte null und die Standardabweichungen eins sind, handelt es sich standardisierte Werte, die zudem stets dimensionslos sind
b. im Ensemble der 142 befragten Studierenden, die valide Aussagen gaben, ist der Studierende mit der Nummer 1001 wegen 0 < 0,674 < 1 überdurchschnittlich aktiv im Präsenzstudium, wegen
–1,239 < –1 stark unterdurchschnittlich aktiv im Selbststudium, wegen 1,262 > 1 überdurchschnittlich aktiv in einer Nebenjobtätigkeit und wird wegen 0,029 ≈ 0 insgesamt als durchschnittlich aktiv bewertet
c. quadratische und symmetrische (3 x 3)-Korrelationsmatrix, die als eine (3 x 3)-Einheitsmatrix erscheint, demnach handelt es sich bei den drei faktoranalytisch ermittelten Variablen um orthogonale bzw. paarweise voneinander unabhängige Faktoren
d. Maßzahl: bivariater Maßkorrelationskoeffizient, statistisch: wegen 0,685 besteht zwischen den beiden Variablen „Selbst" und „Aggregat" ein ausgeprägter positiver linearer statistischer Zusammenhang, sachlogisch: je höher (niedriger) die gemessene Selbststudienaktivität ist, umso höher (niedriger) ist in der Regel auch die Gesamtbewertung der studentischen Aktivitäten

e. Maßzahl: partieller bivariater Maßkorrelationskoeffizient, statistische Interpretation: wegen −0,589 besteht zwischen den beiden Variablen „Selbst" und „Neben" ein ausgeprägter negativer partieller linearer statistischer Zusammenhang, der im Vergleich zu den beiden anderen partiellen Korrelationen am stärksten ausgeprägt ist, sachlogisch: je höher (niedriger) die gemessene Selbststudienaktivität ist, umso niedriger (höher) ist bei gleicher Gesamtbewertung die Nebenjobtätigkeit

f. partieller linearer Maßkorrelationskoeffizient: −0,946, d. h. unter Ausschaltung des Einflusses der Gesamtbewertung und der Aktivitäten im Präsenzstudium kann zwischen den studentischen Aktivitäten im Selbststudium und in einer Nebenjobtätigkeit ein starker negativer linearer statistischer Zusammenhang gemessen werden, d. h. je höher die Selbststudienaktivitäten sind, umso geringer sind in der Regel die Aktivitäten in einer Nebenjobtätigkeit und umgekehrt

Lösung 7-24*

a. je jünger bzw. älter ein Gebrauchtwagen ist, umso höher bzw. geringer ist in der Regel sein Zeitwert oder je höher bzw. niedriger der Zeitwert eines Gebrauchtwagens ist, umso jünger bzw. älter ist dieser in der Regel

b. i) bivariates bzw. einfaches Streudiagramm, siehe nachfolgende Abbildung, die Punktewolke indiziert einen nichtlinear fallenden Verlauf, demnach fällt für einen gebrauchten Opel Corsa in der Regel der Zeitwert mit zunehmendem Alter

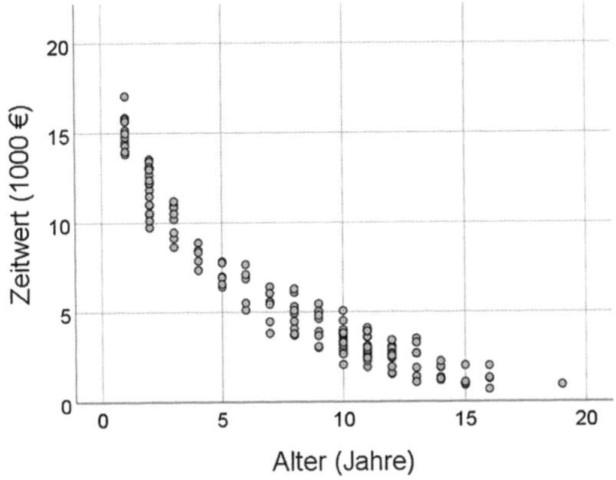

Originäre Zeit- und Alterswerte von Gebrauchtwagen – Streudiagramm 1

ii) bivariater Maßkorrelationskoeffizient nach Bravais & Pearson: $r_{ZA} = r_{AZ} = -0,937$, demnach ist für die 150 Gebrauchtwagen vom Typ Opel Corsa ein starker negativer bzw. umgekehrter linearer statistischer Zusammenhang zwischen dem Zeitwert Z und dem Alter A zu vermerken

c. Y = ln(Alter)

d. i) bivariates bzw. einfaches Streudiagramm, siehe nachfolgende Abbildung, die Punktewolke indiziert einen linear fallenden Verlauf, demnach fällt für einen gebrauchten Opel Corsa in der Regel der Zeitwert mit zunehmendem (logarithmiertem) Alter

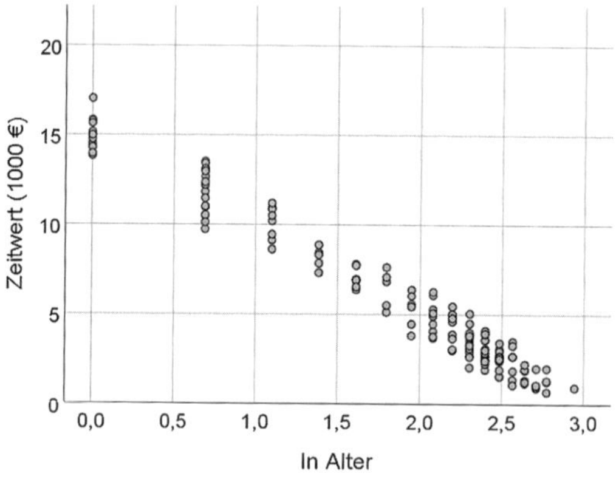

Originäre Zeit- und transformierte Alterswerte von Gebrauchtwagen – Streudiagramm 2

ii) bivariater Maßkorrelationskoeffizient nach Bravais & Pearson: $r_{ZY} = r_{YZ} = -0{,}982$, demnach ist für die 150 Gebrauchtwagen vom Typ Opel Corsa ein stark ausgeprägter negativer bzw. umgekehrter linearer statistischer Zusammenhang zwischen dem Zeitwert Z und dem logarithmierten Alter Y zu vermerken

e. der Unterschied zur Lösung b. erklärt sich für die Lösung d. aus dem Umstand, dass ein Maßkorrelationskoeffizient stets nur die Stärke und Richtung eines **linearen** statistischen Zusammenhanges zwischen zwei metrischen Merkmalen zu messen vermag

Literatur

Eckstein PP (2014) Repetitorium Statistik – Deskriptive Statistik, Stochastik, Induktive Statistik, 8. Aufl. Springer Gabler, Wiesbaden

Eckstein PP (2016) Angewandte Statistik mit SPSS- Praktische Einführung für Wirtschaftswissenschaftler, 8. Aufl. Springer Gabler, Wiesbaden

Eckstein PP (2019) Statistik für Wirtschaftswissenschaftler – Eine realdatenbasierte Einführung mit SPSS, 6. Aufl. Springer Gabler, Wiesbaden

Regressionsanalyse 8

8.1 Problemstellungen

Problemstellung 8-1*

Die statistische Analyse der Abhängigkeit des Zeitwertes vom Alter von 30 PKW der Marke VW Passat Benziner mit einem 2-Liter-Triebwerk, die im ersten Quartal 2008 auf dem Berliner Gebrauchtwagenmarkt zum Verkauf angeboten wurden, ergab das folgende Bild:

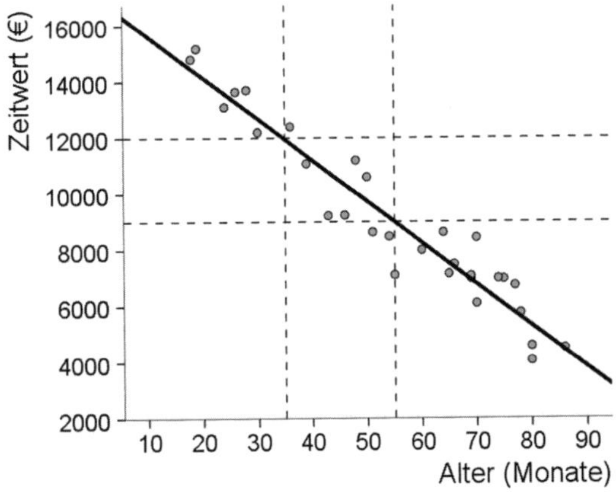

Zeitwert – Alter – Diagramm

P. P. Eckstein, *Datenanalyse mit SPSS*,
https://doi.org/10.1007/978-3-658-31837-6_8

a. Benennen Sie den Merkmalsträger sowie die Erhebungsmerkmale und ihre Skalierung einschließlich der zugehörigen Zustandsmenge.
b. Unter welcher Bezeichnung firmiert in der statistischen Methodenlehre das indizierte Diagramm?
c. Die im Diagramm dargestellte Funktion wurde mit Hilfe der Methode der kleinsten Quadratesumme geschätzt. Charakterisieren Sie aus statistisch-methodischer Sicht die geschätzte Funktion.
d. Bestimmen Sie anhand der Grafik näherungsweise die Parameter der Funktion, geben Sie die Funktion explizit an und interpretieren Sie die Parameterwerte sachlogisch.
e. Für die geschätzte Funktion ermittelt man ein Bestimmtheitsmaß von 0,922. Interpretieren Sie diese Maßzahl.
f. Geben Sie unter Verwendung der verfügbaren Informationen eine Maßzahl an, welche die Stärke und die Richtung des statistischen Zusammenhangs zwischen den in Rede stehenden Erhebungsmerkmalen misst. Benennen Sie diese Maßzahl, interpretieren Sie diese sachlogisch und begründen Sie kurz Ihre Herangehensweise aus statistisch-methodischer Sicht.

Problemstellung 8-2*

Verwenden Sie zur Lösung der folgenden Problemstellungen die SPSS Datendatei **RT7.sav** aus dem lehrbuchbezogenen Downloadbereich. Die Datei beinhaltet Daten von zufällig ausgewählten Personenkraftwagen der Marke Renault Twingo, die im zweiten Halbjahr 2007 auf dem Berliner Gebrauchtwagenmarkt zum Verkauf angeboten wurden.

a. Benennen Sie den Merkmalsträger und erläutern Sie am konkreten Sachverhalt kurz den Begriff Zufallsstichprobe.
b. Messen Sie mit Hilfe einer geeigneten und konkret zu benennenden Maßzahl die Stärke und die Richtung des statistischen Zusammenhangs zwischen dem Alter und der Fahrleistung. Interpretieren Sie Ihr Analyseergebnis.
c. Schätzen Sie mit Hilfe der Methode der kleinsten Quadratesumme eine inhomogene lineare Funktion, welche die statistische Abhängigkeit der Fahrleistung vom Alter modelliert. Benennen Sie die Funktion und geben Sie unter Verwendung geeigneter Symbole die geschätzte Funktion explizit an.
d. Interpretieren Sie das Bestimmtheitsmaß.
e. Geben Sie explizit die zur geschätzten Funktion gehörende Grenz- und Elastizitätsfunktion an.
f. Bestimmen und interpretieren Sie den Wert der Grenz- und der Elastizitätsfunktion für einen vier Jahre alten PKW der Marke Renault Twingo.
g. Welche Fahrleistung hätte ceteris paribus ein vier Jahre alter PKW der Marke Renault Twingo zu verzeichnen?

Problemstellung 8-3*

Verwenden Sie zur Lösung der Problemstellungen die SPSS Datendatei **RT7.sav** aus dem lehrbuchbezogenen Downloadbereich. Die Datei beinhaltet Daten von Personenkraftwagen der Marke Renault Twingo, die im zweiten Halbjahr 2007 auf dem Berliner Gebrauchtwagenmarkt zum Verkauf angeboten wurden.

a. Messen Sie mit Hilfe einer geeigneten und konkret zu benennenden Maßzahl die Stärke und die Richtung des statistischen Zusammenhangs zwischen dem Zeitwert und der Fahrleistung. Interpretieren Sie Ihr Analyseergebnis.
b. Schätzen Sie mit Hilfe der Methode der kleinsten Quadratesumme eine einfache nichtlineare Funktion, welche die statistische Abhängigkeit des Zeitwertes Z von der Fahrleistung F beschreibt. Verwenden Sie diejenige Funktion, die statistisch am höchsten bestimmt ist. Benennen Sie die Funktion und geben Sie die Funktion explizit an.
c. Bestimmen Sie mittels der geschätzten Funktion den Zeitwert eines gebrauchten PKW der Marke Twingo mit einer Fahrleistung von 33000 km.
d. Geben Sie explizit zu der geschätzten Funktion die zugehörige Grenz- und Elastizitätsfunktion an.
e. Bestimmen und interpretieren Sie die marginale Zeitwertneigung und die Zeitwertelastizität für einen gebrauchten PKW der Marke Twingo mit einer Fahrleistung von 33000 km.

Problemstellung 8-4*

Verwenden Sie zur Lösung der folgenden Problemstellungen die SPSS Datendatei **VW7.sav** aus dem lehrbuchbezogenen Downloadbereich. Die Datei beinhaltet Daten von zufällig ausgewählten PKW der Marke VW, die im Jahr 2010 auf dem Berliner Gebrauchtwagenmarkt zum Verkauf angeboten wurden. Von Interesse sind alle erfassten VW Golf mit einem 1,6-Liter-Triebwerk.

a. Wie viele VW Golf wurden zufällig ausgewählt und statistisch erfasst? Geben Sie die SPSS Auswahlbedingung explizit an.
b. Konstruieren Sie ein Modell, das die statistische Abhängigkeit der Fahrleistung F vom Alter A zum Gegenstand hat. Verwenden Sie dazu den sogenannten logarithmischen Modellansatz. Stellen Sie das numerisch bestimmte Modell in seiner funktionalen Form explizit dar.
c. Wie groß ist der Anteil der Fahrleistungsvarianz, der mit Hilfe des Modells allein aus der Altersvarianz statistisch erklärt werden kann? Benennen Sie die Maßzahl, die diese Information liefert.
d. Geben Sie die zum konstruierten Modell gehörende Grenz- und Elastizitätsfunktion explizit an.
e. Bestimmen und interpretieren Sie jeweils den Wert der Grenz- und der Elastizitätsfunktion an der Stelle 60.
f. Wie alt wäre ceteris paribus ein VW Golf mit einer bisherigen Fahrleistung von 100000 km?

g. Welche bisherige Fahrleistung hätte ceteris paribus ein zehn Jahre alter VW Golf mit einem 1,6-Liter-Triebwerk zu verzeichnen?

Problemstellung 8-5*

Verwenden Sie zur Lösung der folgenden Problemstellungen die SPSS Datendatei **AX7.sav** aus dem lehrbuchbezogenen Downloadbereich. Die Datei basiert auf der Halbzeitbilanz 2008 des vom ADAC herausgegebenen Automarkenindex *Automarxx*. Von Interesse sind die drei markenspezifischen Komponenten „Produkt", „Markt" und „Kunde", die im Zuge einer Faktorenanalyse mit Hilfe der Hauptkomponentenmethode und des Anderson-Rubin-Verfahrens aus sechs empirisch erhobenen Kenngrößen extrahiert wurden. Die Kenngrößen wurden jeweils auf der in Deutschland üblichen Notenskala mit den Randwerten „1 für sehr gut" und „5 für ungenügend" gemessen und gemäß dem ADAC-Wägungsschema in der SPSS Variablen „Gesamt" zu einer Gesamtbewertung aggregiert. Die Gesamtbewertung bildet wiederum die Grundlage für den Automarken-Rangplatz, der in der SPSS Variablen „Rang" abgebildet ist.

a. Schätzen Sie mit Hilfe der Methode der kleinsten Quadratsumme eine inhomogene lineare Funktion, welche die statistische Abhängigkeit des Automarken-Rangplatzes von den drei markenspezifischen Komponenten modelliert. Benennen Sie die Funktion und stellen Sie diese geschätzte Funktion unter Verwendung geeigneter Symbole explizit dar.
b. Wie groß ist der Anteil der Rangplatzvarianz, der durch die markenspezifischen Komponenten statistisch erklärt werden kann? Wie wird diese Maßzahl bezeichnet?
c. Fassen Sie die verfügbaren Daten als eine realisierte Zufallsstichprobe auf und prüfen Sie auf einem Signifikanzniveau von 0,05 die unter a. geschätzten Funktionsparameter auf Signifikanz.
d. Welchen Rangplatz würden Sie unter Verwendung der Analyseergebnisse aus der Problemstellung a. einer Automarke zuordnen, die bezüglich der drei markenspezifischen Komponenten jeweils einen durchschnittlichen Wert besitzt?
e. Bestimmen und interpretieren Sie unter Verwendung der Analyseergebnisse aus der Problemstellung a. die auf die Marktkomponente bezogene partielle marginale Rangplatzneigung sachlogisch.

Problemstellung 8-6*

Analysieren Sie unter Verwendung der im lehrbuchbezogenen Downloadbereich verfügbaren SPSS Datendatei **GW7.sav** für die Gebrauchtwagen der Marke „5er BMW" die statistische Abhängigkeit des Zeitwertes vom Alter, von der Fahrleistung und vom Hubraum. Verwenden Sie für die zu schätzende Zeitwertfunktion einen inhomogenen linearen Modellansatz.

a. Geben Sie unter Verwendung geeigneter Symbole die geschätzte Zeitwertfunktion mit ganzzahlig gerundeten Parameterwerten explizit an.

b. Können bei Annahme einer Irrtumswahrscheinlichkeit von 0,05 die in Rede stehenden Zeitwertfaktoren als signifikant von null verschieden angesehen werden? Begründen Sie kurz Ihre Ergebnisse.
c. Interpretieren Sie das zugehörige Bestimmtheitsmaß.
d. Welchen Zeitwert besäße ceteris paribus ein gebrauchter PKW der Marke „5er BMW" mit den folgenden Eigenschaften: 5 Jahre alt, 2,5-Liter-Triebwerk, bereits 100000 km gefahren?
e. Geben Sie die zum geschätzten Zeitwertmodell gehörenden partiellen Grenzfunktionen an.
f. Bestimmen und interpretieren Sie die jeweiligen marginalen Zeitwertneigungen auf der Basis der unter d. genannten Eigenschaften. Interpretieren Sie Ihre Ergebnisse sachlogisch.
g. Treffen Sie eine Kollinearitätsaussage über die Zeitwertfaktoren.

Problemstellung 8-7*
Analysieren Sie unter Verwendung der im lehrbuchbezogenen Downloadbereich verfügbaren SPSS Datendatei **VW7.sav** für die Gebrauchtwagen des Typs VW Polo die statistische Abhängigkeit des Zeitwertes vom Alter, von der Fahrleistung und vom Hubraum. Verwenden Sie für die zu schätzende Zeitwertfunktion einen inhomogenen linearen Modellansatz.

a. Wie viele VW Polo wurden zufällig ausgewählt und statistisch erfasst? Geben Sie die SPSS Auswahlbedingung explizit an.
b. Erläutern Sie anhand der ausgewählten VW Polo kurz die folgenden Begriffe: Grundgesamtheit, Zufallsstichprobe, realisierte Zufallsstichprobe.
c. Benennen Sie die Zeitwertfunktion und geben Sie unter Verwendung geeigneter Symbole die geschätzte Zeitwertfunktion explizit an.
d. Können bei Annahme einer Irrtumswahrscheinlichkeit von 0,05 die in Rede stehenden Zeitwertfaktoren als signifikant von null verschieden angesehen werden?
e. Wie groß ist der Anteil der Zeitwertvarianz, der mit Hilfe des konstruierten Modells aus der Alters-, Fahrleistungs- und Hubraumvarianz erklärt werden kann? Unter welcher Bezeichnung firmiert in der statistischen Methodenlehre diese Kennzahl?
f. Welchen Zeitwert besäße ceteris paribus ein gebrauchter PKW des Typs VW Polo mit den folgenden Eigenschaften: drei Jahre alt, bereits 20000 km gefahren, 1,3-Liter-Triebwerk?
g. Geben Sie die zum geschätzten Zeitwertmodell gehörenden partiellen Grenzfunktionen an.
h. Bestimmen und interpretieren Sie die jeweiligen marginalen Zeitwertneigungen auf der Basis der unter f. genannten Eigenschaften. Interpretieren Sie Ihre Ergebnisse sachlogisch.

Problemstellung 8-8*

Verwenden Sie zur Lösung der folgenden Problemstellungen die SPSS Datendatei **VW7.sav** aus dem lehrbuchbezogenen Downloadbereich. Für die weiteren Betrachtungen sind die erfassten Gebrauchtwagen des Typs VW Polo von Interesse.

a. Konstruieren Sie mit Hilfe der Methode der kleinsten Quadratesumme ein Modell, das die statistische Abhängigkeit des Zeitwertes Z vom Alter A, von der Fahrleistung F und vom Hubraum H zum Gegenstand hat. Verwenden Sie einen exponentiellen Modellansatz und stellen Sie das Modell explizit dar.

> **Hinweis**: Fügen Sie zur Lösung der Problemstellung in die SPSS Arbeitsdatei eine Variable ein, welche die natürlichen Logarithmen der beobachteten Zeitwerte beinhaltet und schätzen Sie mit Hilfe der Methode der kleinsten Quadratesumme eine multiple inhomogene lineare Regressionsfunktion der logarithmierten Zeitwerte über den originären Alters-, Fahrleistungs- und Hubraumangaben.

b. Wie groß ist der Anteil der Zeitwertvarianz, der mit Hilfe des Modells allein aus der Alters-, der Fahrleistungs- und der Hubraumvarianz statistisch erklärt werden kann? Benennen Sie die Maßzahl, die diese Information liefert.
c. Welchen Zeitwert besäße ceteris paribus ein gebrauchter PKW des Typs VW Polo mit den folgenden Eigenschaften: drei Jahre alt, bereits 20000 km gefahren, 1,3-Liter-Triebwerk?
d. Geben Sie die zum konstruierten Modell gehörenden partiellen Grenzfunktionen explizit an.
e. Bestimmen und interpretieren Sie die jeweiligen marginalen Zeitwertneigungen auf der Basis der im Kontext der Problemstellung c. genannten Eigenschaften. Interpretieren Sie Ihre Ergebnisse sachlogisch.
f. Woraus erklären sich die Unterschiede in den Analyseergebnissen im Vergleich zur Problemstellung 8-7*?

Problemstellung 8-9*

Verwenden Sie zur Lösung der folgenden Problemstellungen die SPSS Datendatei **GA7.sav** aus dem lehrbuchbezogenen Downloadbereich. Die Datei beinhaltet Daten von zufällig ausgewählten PKW der Marke Audi A3, die im Jahr 2011 auf dem Berliner Gebrauchtwagenmarkt zum Verkauf angeboten wurden.

a. Messen Sie mit Hilfe einer geeigneten und konkret zu benennenden Maßzahl die Stärke und die Richtung des statistischen Zusammenhangs zwischen dem Verkaufswert und dem Alter. Interpretieren Sie Ihr Ergebnis sowohl statistisch als auch sachlogisch.
b. Bestimmen Sie mit Hilfe der Methode der kleinsten Quadratesumme eine inhomogene Funktion, welche die statistische Abhängigkeit des Verkaufswertes V vom Alter A be-

schreibt. Verwenden Sie dazu das sogenannte lineare Modell. Benennen Sie die Funktion und geben Sie die Funktion mit ganzzahlig gerundeten Werten explizit an.

c. Bestimmen Sie mit Hilfe der unter b. geschätzten Funktion den Verkaufswert für einen fünfzehn Jahre alten Audi A3. Interpretieren Sie Ihr Ergebnis.
d. In der empirischen Wirtschaftsforschung hat es sich als vorteilhaft erwiesen, für vergleichbare Gebrauchtwagen nichtlineare inhomogene Verkaufswertfunktionen zu bestimmen. Welches der im SPSS Dialogfeld „Kurvenanpassung" implementierten bivariaten Modelle ist im konkreten Fall am besten geeignet, die erfassten Werte zu beschreiben? Benennen Sie das Modell und geben Sie die zugehörige Funktion mit ganzzahlig gerundeten Werten an.
e. Bestimmen Sie mit Hilfe der unter d. geschätzten Funktion den Verkaufswert für einen fünfzehn Jahre alten Audi A3. Zum welcher sachlogischen Aussage gelangen Sie aus dem Vergleich dieses Ergebnisses mit dem Analyseergebnis aus der Problemstellung c.?

Problemstellung 8-10*
Verwenden Sie zur Lösung der folgenden Problemstellungen die SPSS Datendatei **GA7.sav** aus dem lehrbuchbezogenen Downloadbereich. Die Datei beinhaltet Daten von zufällig ausgewählten Personenkraftwagen der Marke Audi A3, die im Wirtschaftsjahr 2011 auf dem Berliner Gebrauchtwagenmarkt zum Verkauf angeboten wurden.

a. Messen Sie mit Hilfe einer geeigneten und konkret zu benennenden Maßzahl die Stärke und die Richtung des statistischen Zusammenhangs zwischen i) dem Verkaufswert V und der Fahrleistung F, ii) dem Alter A und der Fahrleistung F. Interpretieren Sie jeweils Ihr Ergebnis statistisch und sachlogisch.
b. Im Gebrauchtwagenhandel ist es üblich, für vergleichbare PKW die Fahrleistung F in Abhängigkeit vom Alter A mit Hilfe einer geeigneten Funktion zu bestimmen. Schätzen Sie mittels der verfügbaren Daten eine inhomogene logarithmische Funktion, charakterisieren Sie diese aus methodischer Sicht und geben Sie die Funktion mit ganzzahlig gerundeten Werten explizit an.
c. Bestimmen Sie mit Hilfe der unter b. geschätzten Funktion die Fahrleistung für einen zehn Jahre alten Audi A3.
d. Geben Sie für die unter b. geschätzte Funktion die zugehörige Grenzfunktion explizit an.
e. Bestimmen und interpretieren Sie mit Hilfe der unter b. geschätzten Funktion die marginale Fahrleistungsneigung sowohl für einen fünf Jahre alten als auch für einen zehn Jahre alten Audi A3. Bewerten Sie Ihre Ergebnisse.

Problemstellung 8-11*
Verwenden Sie zur Lösung der folgenden Problemstellungen die SPSS Datendatei **ET7.sav** aus dem lehrbuchbezogenen Downloadbereich. Die Datei beinhaltet Daten von zufällig ausgewählten Eigentumswohnungen, die im Jahr 2012 auf dem Berliner Wohnungsmarkt zum Kauf angeboten wurden. Für die weiteren Betrachtungen sind Eigentumswohnungen mit fünf Räumen von Interesse.

a. Wie viele Eigentumswohnungen mit fünf Räumen wurden zufällig ausgewählt und erfasst? Geben Sie die SPSS Auswahlbedingung explizit an.
b. Messen Sie mit Hilfe einer geeigneten und konkret zu benennenden Maßzahl die Stärke und die Richtung des statistischen Zusammenhangs zwischen der Wohnfläche und dem Verkaufswert. Interpretieren Sie Ihr Ergebnis statistisch und sachlogisch.
c. Bestimmen Sie mit Hilfe der Methode der kleinsten Quadratesumme eine Funktion, welche die statistische Abhängigkeit des Verkaufswertes W von der Wohnfläche F beschreibt. Verwenden Sie dazu das sogenannte lineare Modell i) mit einer Konstanten bzw. ii) ohne Konstante. Geben Sie jeweils die geschätzte Funktion explizit an und charakterisieren Sie diese.
d. Wie groß ist der Anteil der Verkaufswertevarianz, der mit Hilfe der inhomogenen linearen Funktion allein aus der Wohnflächenvarianz statistisch erklärt werden kann? Wie wird dieser Wert in der Statistik bezeichnet?
e. Bestimmen Sie mit Hilfe der gemäß Problemstellung c. geschätzten Funktionen jeweils den Verkaufswert (Angaben in 1000 €) für eine Eigentumswohnung mit einer Wohnfläche von 200 m^2.
f. Bestimmen und interpretieren Sie unter Verwendung der Analyseergebnisse aus der Problemstellung c. die jeweilige marginale Verkaufswertneigung für eine Eigentumswohnung mit einer Wohnfläche von 200 m^2.

Problemstellung 8-12*

Verwenden Sie zur Lösung der folgenden Problemstellungen die SPSS Datendatei **ET7.sav** aus dem lehrbuchbezogenen Downloadbereich. Die Datei beinhaltet Daten von zufällig ausgewählten Eigentumswohnungen, die im Jahr 2012 auf dem Berliner Wohnungsmarkt zum Kauf angeboten wurden. Für die weiteren Betrachtungen sind Wohnungen mit mindestens fünf Räumen von Interesse.

a. Messen und interpretieren Sie mit Hilfe einer geeigneten und konkret zu benennenden Maßzahl die Stärke und die Richtung des statistischen Zusammenhangs zwischen i) der Wohnfläche und dem Quadratmeterpreis, ii) der Wohnfläche und dem Verkaufswert.
b. Bestimmen Sie mit Hilfe der Methode der kleinsten Quadratesumme eine Funktion, welche die statistische Abhängigkeit des Verkaufswertes W von der Wohnfläche F beschreibt. Verwenden Sie dazu das sogenannte logarithmische Modell. Geben Sie die geschätzte Funktion mit ganzzahlig gerundeten Parameterwerten an. Wie wird die geschätzte Funktion in der Statistik bezeichnet?
c. Wie groß ist der Anteil der Varianz der Verkaufswerte, der mit Hilfe der geschätzten Funktion allein aus der Wohnflächenvarianz statistisch erklärt werden kann? Wie wird dieser Wert in der Statistik bezeichnet?
d. Bestimmen Sie mit Hilfe der geschätzten Funktion den Verkaufswert für eine Eigentumswohnung mit einer Wohnfläche von 300 m^2.

e. Bestimmen und interpretieren Sie sowohl die marginale Verkaufswertneigung als auch die Verkaufswertelastizität für eine Eigentumswohnung mit einer Wohnfläche i) von 200 m^2 und ii) von 400 m^2.

Problemstellung 8-13*

Verwenden Sie zur Lösung der folgenden Problemstellungen die SPSS Datendatei **GO7.sav** aus dem lehrbuchbezogenen Downloadbereich. Die Datei beinhaltet Daten von zufällig ausgewählten Personenkraftwagen der Marke Opel, die 2011 auf dem Berliner Gebrauchtwagenmarkt zum Verkauf angeboten wurden. Von Interesse sind die erfassten Gebrauchtwagen vom Typ Astra.

a. Wie viele gebrauchte Opel Astra wurden zufällig ausgewählt und erfasst? Geben Sie die Auswahlbedingung in der verbindlichen SPSS Syntax an.
b. Schätzen Sie mit Hilfe der Methode der kleinsten Quadratesumme eine homogene lineare Funktion, welche die statistische Abhängigkeit des Zeitwertes Z vom Alter A, von der bisherigen Fahrleistung F und vom Hubraum H beschreibt. Benennen Sie die Funktion und geben Sie diese mit ganzzahlig gerundeten Parameterwerten an.
c. Bestimmen und interpretieren Sie den Residualstandardfehler.
d. Prüfen Sie auf einem Signifikanzniveau von 0,05 die geschätzten Koeffizienten auf Signifikanz. Interpretieren Sie Ihr Ergebnis.
e. Bestimmen und interpretieren Sie unter Verwendung der geschätzten Funktion die partielle marginale Zeitwertneigung für i) das Alter, ii) die bisherige Fahrleistung und iii) den Hubraum.
f. Welchen Zeitwert würde unter Verwendung der geschätzten Funktion ein PKW Opel Astra besitzen, wenn er zwölf Jahre alt ist, bisher 200.000 km gefahren wurde und ein 1,8-Liter-Triebwerk besitzt?

Problemstellung 8-14*

Verwenden Sie zur Lösung der Problemstellungen die SPSS Datendatei **AD7.sav** aus dem lehrbuchbezogenen Downloadbereich. Die Datei beinhaltet Daten von Personenkraftwagen der Marke Audi, die im Jahr 2012 auf dem Berliner Gebrauchtwagenmarkt angeboten und zufällig gewählt wurden. Von Interesse sind die Personenkraftwagen der Marke Audi A4.

a. Erläutern Sie am konkreten Sachverhalt kurz den Begriff „realisierte Zufallsstichprobe".
b. Fügen Sie in die Arbeitsdatei eine Variable X ein, welche die jahresdurchschnittliche Fahrleistung (Angaben in km) zum Inhalt hat. Geben Sie die Berechnungsvorschrift in der verbindlichen SPSS Syntax explizit an.
c. Zu welcher Aussage gelangen Sie aus einer alleinigen Betrachtung der beiden nachfolgenden Diagramme? Wie werden die Diagramme in der Statistik bezeichnet?

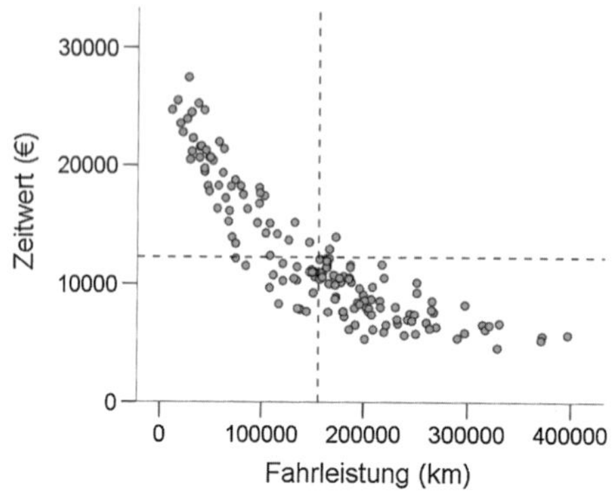

Diagramm 1: Zeitwert versus Fahrleistung

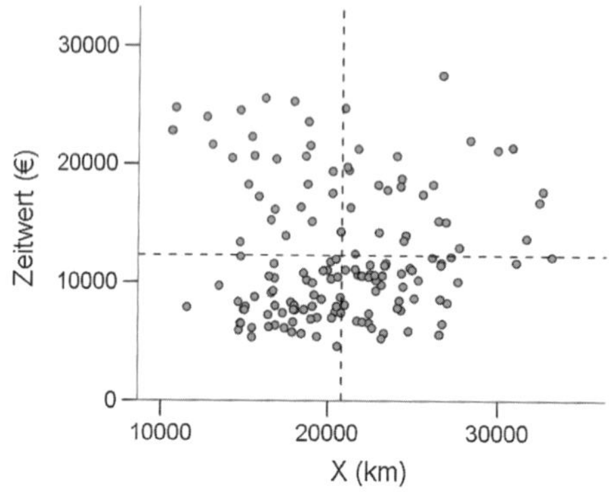

Diagramm 2: Zeitwert versus jahresdurchschnittliche Fahrleistung X

d. Ergänzen Sie die Diagramme durch die Benennung, Berechnung und Interpretation einer geeigneten statistischen Maßzahl.

e. Im Gebrauchtwagenhandel ist es üblich, für vergleichbare Personenkraftwagen mit Hilfe einer geeigneten Funktion den Zeitwert Z in Abhängigkeit von der bisherigen Fahrleistung F zu schätzen. Bestimmen Sie anhand der verfügbaren Daten mit Hilfe der Methode der kleinsten Quadratesumme eine inhomogene Funktion zur Beschreibung dieser Abhängigkeit. Verwenden Sie dazu den logarithmischen Modellansatz. Benennen Sie die Funktion und geben Sie die Funktion mit ganzzahlig gerundeten Parameterwerten explizit an.

f. Bestimmen und interpretieren Sie für die gemäß Problemstellung e. geschätzte Funktion das zugehörige Bestimmtheitsmaß.

g. Bestimmen und interpretieren Sie anhand der gemäß Problemstellung e. bestimmten Funktion für einen Gebrauchtwagen der Marke Audi A4 mit einer bisherigen Fahrleistung von 300000 km sowohl die marginale Zeitwertneigung als auch die Zeitwertelastizität.
h. Bestimmen Sie mit Hilfe der gemäß Problemstellung e. geschätzten Funktion den Zeitwert für einen Gebrauchtwagen der Marke Audi A4 mit einer bisherigen Fahrleistung von 300000 km. Ergänzen Sie die Zeitwertschätzung durch einen Toleranzbereich. Gehen Sie dabei von einem Residualstandardfehler von 1978 € aus.

Problemstellung 8-15

Verwenden Sie zur Lösung der Problemstellungen die SPSS Datendatei **AD7.sav** aus dem lehrbuchbezogenen Downloadbereich. Die Datei beinhaltet Daten von Personenkraftwagen der Marke Audi, die im Jahr 2012 auf dem Berliner Gebrauchtwagenmarkt angeboten und zufällig gewählt wurden. Von Interesse sind die Personenkraftwagen der Marke Audi A3.

a. Fügen Sie in die Arbeitsdatei i) eine Variable Y ein, welche den natürlichen Logarithmus des Alters A zum Inhalt hat und ii) eine Variable X ein, welche die jahresdurchschnittliche Fahrleistung (Angaben in km) zum Inhalt hat. Geben Sie die jeweilige Berechnungsvorschrift in der verbindlichen SPSS Syntax explizit an.
b. Von Interesse sind die SPSS Variablen A, Y und Z. Erstellen Sie für diese drei Variablen eine Streudiagramm-Matrix und interpretieren Sie die grafischen Analysebefunde. Ergänzen Sie den jeweiligen grafischen Analysebefund durch die Berechnung und Interpretation des zugehörigen Maßkorrelationskoeffizienten nach Bravais & Pearson.
c. Im Gebrauchtwagenhandel ist es üblich, für vergleichbare Personenkraftwagen mit Hilfe einer geeigneten Funktion den Zeitwert Z in Abhängigkeit vom Alter A zu schätzen. Bestimmen Sie anhand der verfügbaren Daten mit Hilfe der Methode der kleinsten Quadratesumme eine inhomogene Funktion zur Beschreibung dieser Abhängigkeit. Verwenden Sie dazu den logarithmischen Modellansatz. Charakterisieren Sie die Funktion und geben Sie die Funktion mit ganzzahlig gerundeten Parameterwerten explizit an.
d. Bestimmen Sie mit Hilfe der Methode der kleinsten Quadratesumme eine bivariate inhomogene lineare Funktion zur Beschreibung der Abhängigkeit der Variablen Z von der Variablen Y. Geben Sie die Funktion mit ganzzahlig gerundeten Parameterwerten explizit an. Zu welcher Aussage gelangen Sie aus dem Vergleich dieser Funktion mit der unter c. bestimmten Funktion?
e. Bestimmen Sie mit Hilfe der Methode der kleinsten Quadratesumme eine multiple inhomogene lineare Funktion zur Beschreibung der Abhängigkeit der Variablen Z von den Variablen Y und X. Geben Sie die geschätzte Funktion mit ganzzahlig gerundeten Parameterwerten explizit an und interpretieren Sie das zugehörige Bestimmtheitsmaß.
f. Erläutern Sie anhand der gemäß Problemstellung e. geschätzten Funktion kurz das Grundprinzip eines linearen und eines quasilinearen Regressionsansatzes.

Problemstellung 8-16*

Verwenden Sie zur Lösung der Problemstellungen die SPSS Datendatei **SO7.sav** aus dem lehrbuchbezogenen Downloadbereich. Die Datei beinhaltet Daten von zufällig ausgewählten Personenkraftwagen der Marke Skoda Octavia mit einem 1,6-Liter-Benzinmotor, die im ersten Halbjahr 2013 auf dem Berliner Gebrauchtwagenmarkt zum Verkauf angeboten wurden.

a. Fügen Sie in Arbeitsdatei eine Variable mit dem Namen A ein, welche das Alter der Gebrauchtwagen in Jahren beschreibt. Geben Sie die benutzte Berechnungsvorschrift in der verbindlichen SPSS Syntax an.
b. Im Gebrauchtwagenhandel ist es üblich, für vergleichbare Personenkraftwagen mit Hilfe einer geeigneten Funktion den Zeitwert Z in Abhängigkeit vom Alter A zu schätzen. Bestimmen Sie anhand der verfügbaren Daten mit Hilfe der Methode der kleinsten Quadratesumme eine inhomogene Funktion zur Beschreibung dieser Abhängigkeit. Verwenden Sie dazu den linearen Modellansatz und die unter a. berechnete Variable. Benennen Sie die Funktion und geben Sie diese mit ganzzahlig gerundeten Parameterwerten explizit an.
c. Bestimmen und interpretieren Sie anhand der unter b. bestimmten Funktion die marginale Zeitwertneigung für einen fünf Jahre alten Gebrauchtwagen.
d. Sie sind an einer ökonomisch plausiblen Zeitwertbestimmung sowohl eines fünf als auch eines fünfzehn Jahre alten Skoda Octavia interessiert. Zu welchen Ergebnissen gelangen Sie unter Verwendung der unter b. geschätzten Funktion?
e. Ergänzen Sie die Zeitwertschätzung für einen fünf Jahre alten Gebrauchtwagen durch einen Toleranzbereich, der auf dem ganzzahlig gerundeten Residualstandardfehler der unter b. geschätzten Funktion basiert. Interpretieren Sie Ihr Ergebnis sachlogisch.
f. Treffen Sie mit Hilfe einer geeigneten und konkret zu benennenden Maßzahl eine Aussage über die Stärke und Richtung des statistischen Zusammenhangs zwischen dem Zeitwert Z und dem Alter A der erfassten Gebrauchtwagen.

Problemstellung 8-17*

Verwenden Sie zur Lösung der folgenden Problemstellungen die SPSS Datendatei **SC7.sav** aus dem lehrbuchbezogenen Downloadbereich. Die Datei beinhaltet Daten von zufällig ausgewählten Personenkraftwagen der Marke Seat Cordoba, die im Jahr 2014 auf dem Berliner Gebrauchtwagenmarkt zum Verkauf angeboten wurden. Von Interesse sind alle Gebrauchtwagen mit einer Sonderausstattung.

a. Schätzen Sie mit Hilfe der Methode der kleinsten Quadratesumme eine inhomogene lineare Funktion, welche die statistische Abhängigkeit des Zeitwertes Z vom Alter A, von der Fahrleistung F und vom Hubraum H beschreibt. Benennen Sie die Funktion und geben Sie die Funktion mit ganzzahlig gerundeten Parameterwerten an.

b. Wie hoch ist die geschätzte Funktion bestimmt? Benennen und interpretieren Sie das betreffende statistische Maß.
c. Prüfen Sie auf einem Signifikanzniveau von 0,05 die geschätzten Koeffizienten auf Signifikanz. Interpretieren Sie Ihr Analyseergebnis.
d. Bestimmen und interpretieren Sie für die geschätzte Funktion die zugehörigen partiellen marginalen Zeitwertneigungen.
e. Welchen Zeitwert würde unter Verwendung der Analyseergebnisse ein gebrauchter PKW vom Typ Seat Cordoba besitzen, wenn er zehn Jahre alt ist, bisher 100000 Kilometer gefahren wurde und mit einem 1,4-Liter-Motor ausgestattet ist?

Problemstellung 8-18*

Verwenden Sie zur Lösung der folgenden Problemstellungen die SPSS Datendatei **MW7.sav** aus dem lehrbuchbezogenen Downloadbereich. Die Datei beinhaltet Daten von Mietwohnungen, die im Jahr 2016 auf dem Berliner Wohnungsmarkt angeboten wurden. Von Interesse sind die erfassten Drei-Zimmer-Mietwohnungen in mittlerer Wohnlage im Stadtteil Weißensee.

a. Wie viele der interessierenden Mietwohnungen wurden erfasst? Geben Sie die Auswahlbedingung in der verbindlichen SPSS Syntax explizit an.
b. In der Immobilienwirtschaft ist es üblich, für vergleichbare Mietwohnungen mit Hilfe einer geeigneten Funktion die statistische Abhängigkeit der monatlichen Kaltmiete K von der Wohnfläche W zu schätzen. Bestimmen Sie für die interessierenden Mietwohnungen mit Hilfe der Methode der kleinsten Quadratesumme eine inhomogene lineare Funktion zur Beschreibung dieser Abhängigkeit. Benennen Sie die Funktion und geben Sie diese explizit an.
c. Bestimmen und interpretieren Sie anhand der unter b. bestimmten Funktion die marginale Neigung der monatlichen Kaltmiete für eine 100 m^2 große Mietwohnung.
d. Wie groß ist der Anteil der Varianz der monatlichen Kaltmieten, der mit Hilfe der unter b. bestimmten Funktion allein aus der Wohnflächenvarianz bestimmt werden kann? Wie wird die zugrunde liegende Maßzahl in der statistischen Methodenlehre bezeichnet?
e. Sie sind im interessieren Mietwohnungsmarktsegment an der Abschätzung der monatlichen Kaltmiete für eine 100 m^2 große Wohnung interessiert. Zu welchem ganzzahlig gerundeten Ergebnis gelangen Sie unter Verwendung der gemäß Problemstellung b. bestimmten Funktion?
f. Ergänzen Sie die Kaltmieteschätzung aus der Problemstellung e. durch einen Toleranzbereich, der auf dem ganzzahlig gerundeten Residualstandardfehler der unter b. bestimmten Funktion basiert. Interpretieren Sie Ihr Ergebnis.
g. Treffen Sie für die interessierenden Mietwohnungen mit Hilfe einer geeigneten und konkret zu benennenden Maßzahl eine Aussage über die Stärke und die Richtung des statistischen Zusammenhangs zwischen der monatlichen Kaltmiete K und der Wohnfläche W.

Problemstellung 8-19*

Verwenden Sie zur Lösung der folgenden Problemstellungen die SPSS Datendatei **SC7.sav** aus dem lehrbuchbezogenen Downloadbereich. Die Datei beinhaltet Daten von zufällig ausgewählten Personenkraftwagen der Marke Seat Cordoba, die im Jahr 2014 auf dem Berliner Gebrauchtwagenmarkt zum Verkauf angeboten wurden. Für die weiteren Betrachtungen sind alle erfassten Gebrauchtwagen ohne Sonderausstattung von Interesse.

a. Im Gebrauchtwagenhandel ist es üblich, für vergleichbare PKW mit Hilfe einer Funktion die statistische Abhängigkeit des Zeitwertes Z vom Alter A zu schätzen. Bestimmen Sie für die interessierenden Gebrauchtwagen eine inhomogene lineare Funktion zur Beschreibung dieser Abhängigkeit. Benennen Sie die Funktion und das ihr zugrunde liegende Konstruktionsprinzip. Geben Sie die Funktion mit ganzzahlig gerundeten Parameterwerten explizit an.
b. Wie groß ist der Anteil der Zeitwertevarianz, der mit Hilfe der unter a. bestimmten Funktion allein aus der Altersvarianz statistisch erklärt werden kann? Wie wird diese Maßzahl in der Statistik bezeichnet?
c. Bestimmen und interpretieren Sie anhand der unter a. bestimmten Funktion die marginale Zeitwertneigung für einen zehn Jahre alten Seat Cordoba.
d. Sie sind im interessierenden Gebrauchtwagensegment an der Abschätzung des Zeitwertes für einen zehn Jahre alten PKW interessiert. Zu welchem Ergebnis gelangen Sie unter Verwendung der gemäß Problemstellung a. bestimmten Funktion?
e. Treffen Sie für die interessierenden Gebrauchtwagen mit Hilfe einer geeigneten und konkret zu benennenden Maßzahl eine Aussage über die Stärke und die Richtung des statistischen Zusammenhangs zwischen i) dem Zeitwert Z und der Fahrleistung F und ii) der Fahrleistung F und dem Alter A. Interpretieren Sie die jeweilige Maßzahl.

Problemstellung 8-20

Verwenden Sie zur Lösung der folgenden Problemstellungen die SPSS Datendatei **EP7.sav** aus dem lehrbuchbezogenen Downloadbereich. Die Datei beinhaltet Daten von Hühnereiern, die im Mai 2015 in einer Brandenburger Freilandhaltung gesammelt und auf einem Berliner Wochenmarkt zum Verkauf angeboten wurden.

a. Bestimmen Sie für alle erfassten Hühnereier mit Hilfe der Methode der kleinsten Quadratesumme eine inhomogene lineare Funktion zur Beschreibung der Abhängigkeit des Gewichtes von der Breite, der Höhe und der Farbe. Benennen Sie die Funktion und geben Sie ihre Parameterwerte auf zwei Dezimalstellen gerundet an.
b. Können gemäß Problemstellung a. auf einem Signifikanzniveau von 0,05 die geschätzten Parameter als signifikant verschieden von null interpretiert werden? Begründen Sie den jeweiligen Analysebefund auf der Basis des sogenannten p-value-Konzepts.
c. Wie groß ist der prozentuale Anteil der Gewichtsvarianz, der gemäß Problemstellung a. mit Hilfe der geschätzten Funktion statistisch erklärt werden kann? Unter welcher Bezeichnung firmiert in der statistischen Methodenlehre die berechnete Maßzahl?

d. Bestimmen und interpretieren Sie unter Verwendung des Analysebefundes aus der Problemstellung a. die partiellen marginalen Gewichtsneigungen.
e. Wie schwer würden Sie erwartungsgemäß und in Anlehnung an die Problemstellung a. ein Hühnerei mit den folgenden Eigenschaften schätzen?
i) 42 mm breit, 53 mm hoch, braune Farbe, ii) 47 mm breit, 64 mm hoch, weiße Farbe.
f. Ergänzen Sie Ihre Gewichtsschätzungen aus der Problemstellung e. durch einen sogenannten Toleranzbereich, der auf dem Residualstandardfehler beruht.
g. Fügen Sie in die Arbeitsdatei eine Variable ein, welche die sogenannten Residuen der Funktion aus der Problemstellung a. zum Inhalt hat. i) Was beschreiben im konkreten Fall die Residuen? ii) Bestimmen Sie das arithmetische Mittel der Residuen und erläutern Sie kurz den Analysebefund aus statistisch-methodischer Sicht. iii) Prüfen Sie auf einem Signifikanzniveau von 0,05 mit Hilfe des Kolmogorov-Smirnov-Tests in der Lilliefors-Modifikation die folgende unvollständig spezifizierte Verteilungshypothese: Die Gewichtsresiduen genügen dem theoretischen Modell einer Normalverteilung. Bewerten Sie den residualen Analysebefund im Hinblick auf die geschätzte multiple inhomogene lineare Funktion.

Problemstellung 8-21*
Die nachfolgende Grafik basiert auf Daten von lebendgeborenen Kindern, die im Jahr 2015 in Berliner Geburtskliniken „das Licht der Welt erblickten" und als normalgewichtig eingestuft wurden. Die zugrunde liegenden Daten sind im lehrbuchbezogenen Downloadbereich in der SPSS Datendatei **LG7.sav** verfügbar. Fassen Sie für die weiteren Betrachtungen die erhobenen Daten als eine realisierte Zufallsstichprobe auf.

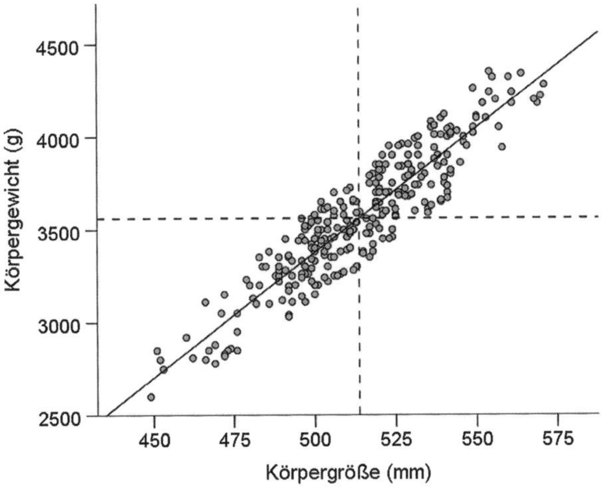

Körpergewicht – Körpergröße – Streudiagramm

a. Wie viele Lebendgeborene wurden als normalgewichtig eingestuft?
b. Welches statistische Analysekonzept liegt der Grafik zugrunde?
c. In der Geburtsmedizin ist es üblich, für lebendgeborene Kinder mit Hilfe einer Funktion das Körpergewicht Y in Abhängigkeit von der Körpergröße X zu schätzen. Bestimmen Sie analog zur Grafik anhand der verfügbaren Daten eine Funktion zur Beschreibung dieser Abhängigkeit. Benennen Sie die Funktion und geben Sie die Funktion mit ihren geschätzten und auf eine Dezimalstelle gerundeten Parameterwerten explizit an.
d. Wie groß ist der Anteil der Körpergewichtsvarianz, der mit der gemäß Problemstellung c. bestimmten Funktion aus der Körpergrößenvarianz statistisch erklärt werden kann? Wie wird diese Maßzahl in der statistischen Methodenlehre bezeichnet?
e. Bestimmen und interpretieren Sie anhand der im Kontext der Problemstellung c. bestimmten Funktion die marginale Gewichtsneigung für ein lebendgeborenes Kind mit einer Körpergröße von 50 cm.
f. Welches Körpergewicht besitzt unter Verwendung der gemäß Problemstellung c. geschätzten Funktion ein lebendgeborenes Kind mit einer Körpergröße von 50 cm erwartungsgemäß?
g. Ergänzen Sie die Körpergewichtsschätzung aus der Problemstellung f. durch einen Toleranzbereich, der auf einem ganzzahlig gerundeten Residualstandardfehler basiert.
h. Treffen Sie für die interessierenden Lebendgeborenen mit Hilfe einer geeigneten und konkret zu benennenden Maßzahl eine statistische Aussage über die Stärke und die Richtung des Zusammenhangs zwischen dem Körpergewicht Y und der Körpergröße X.

Problemstellung 8-22*

Verwenden Sie zur Lösung der folgenden Problemstellungen die SPSS Datendatei **VP7.sav** aus dem lehrbuchbezogenen Downloadbereich. Die Datei beinhaltet Daten von zufällig ausgewählten Personenkraftwagen der Marke VW Polo, die im Jahr 2015 auf dem Berliner Gebrauchtwagenmarkt zum Verkauf angeboten wurden.

a. Schätzen Sie mit Hilfe der Methode der kleinsten Quadratesumme eine inhomogene lineare Funktion, welche die statistische Abhängigkeit des Zeitwertes Z vom Alter A, von der Fahrleistung F, vom Hubraum H und von der Sonderausstattung S beschreibt. Benennen Sie die Funktion und geben Sie diese mit ganzzahlig gerundeten Parameterwerten explizit an.
b. Wie hoch ist im Kontext der Problemstellung a. die geschätzte Funktion bestimmt? Benennen und interpretieren Sie die angewandte statistische Maßzahl.
c. Prüfen Sie auf einem Signifikanzniveau von 0,05 die gemäß Problemstellung a. geschätzten Zeitwertkoeffizienten auf Signifikanz. Interpretieren Sie Ihre Ergebnisse.
d. Bestimmen und interpretieren Sie die partiellen marginalen Zeitwertneigungen für i) das Alter, ii) die Fahrleistung, iii) den Hubraum und iv) die Sonderausstattung.
e. Welchen Zeitwert würde unter Verwendung der Analyseergebnisse ein gebrauchter PKW vom Typ VW Polo besitzen, wenn er zehn Jahre alt ist, bisher 100000 km gefahren wurde, einen 1,4-Liter-Motor und i) keine bzw. ii) eine Sonderausstattung besitzt?

f. Ergänzen Sie die Zeitwertschätzungen aus der Problemstellung e. durch einen Toleranzbereich, der auf dem ganzzahlig gerundeten Residualstandardfehler der unter a. bestimmten Funktion basiert.

Problemstellung 8-23

Verwenden Sie zur Lösung der folgenden Problemstellungen die SPSS Datendatei **MW7.sav** aus dem lehrbuchbezogenen Downloadbereich. Die Datei beinhaltet Daten von zufällig ausgewählten Mietwohnungen, die im Jahr 2016 auf dem Berliner Wohnungsmarkt angeboten wurden. Für die weiteren Betrachtungen sind die erfassten Mietwohnungen, deren Ortslage der Stadtteil Prenzlauer Berg ist, von Interesse.

a. Wie viele Mietwohnungen sind von Interesse?
b. In der Immobilienwirtschaft geht man von der sachlogisch begründeten Prämisse aus, dass für eine Mietwohnung die Wohnfläche ein Kaltmietfaktor ist. Schätzen Sie anhand der verfügbaren Daten mit Hilfe der Methode der kleinsten Quadratesumme eine inhomogene lineare Funktion, welche diese Prämisse empirisch untermauert. i) Benennen Sie die Funktion und geben Sie die Funktion unter Verwendung wohldefinierter Symbole explizit an. ii) Wie hoch ist die Funktion bestimmt? Benennen und interpretieren Sie die Maßzahl. iii) Prüfen Sie auf einem Signifikanzniveau von 0,05 den geschätzten Kaltmietkoeffizienten auf Signifikanz. Interpretieren Sie Ihr Ergebnis.
c. In der Immobilienwirtschaft geht man von der sachlogisch begründeten Prämisse aus, dass für eine Mietwohnung neben der Wohnfläche auch die Wohnlage als ein markanter Kaltmietfaktor anzusehen ist.
   i) Erstellen Sie ein gruppiertes Kaltmieten-Wohnflächen-Streudiagramm, indem Sie die Wohnlage als Gruppierungsmerkmal verwenden. Zu welcher analytischen Aussage gelangen Sie aus einer alleinigen Betrachtung der grafischen Darstellung?
   ii) Schätzen Sie anhand der verfügbaren Daten mit Hilfe der Methode der kleinsten Quadratesumme eine inhomogene lineare Funktion, welche diese Prämisse empirisch untermauert. Benennen Sie die Funktion und geben Sie die Funktion unter Angabe der verwendeten Symbolik explizit an.
   iii) Wie groß ist der Anteil der Varianz der monatlichen Kaltmiete, der mit Hilfe der konstruierten Funktion allein aus der Wohnflächen- und Wohnlagevarianz statistisch erklärt werden kann?
   iv) Können auf einem Signifikanzniveau von 0,05 die geschätzten Kaltmietkoeffizienten als wesentlich von Null verschiedene Werte aufgefasst werden? Begründen Sie kurz Ihre Aussagen.
   v) Bestimmen und interpretieren Sie anhand der geschätzten Funktion die partiellen marginalen Kaltmietneigungen.
   vi) Mit welcher monatlichen Kaltmiete können Sie als eine wohnungssuchende Person erwartungsgemäß rechnen, wenn Sie sich für eine Mietwohnung mit einer Wohnfläche von 100 m^2 in guter Wohnlage interessieren und zur Kaltmietabschätzung die konstruierte Funktion verwenden?

Problemstellung 8-24*

Die nachfolgend beigefügte Grafik basiert auf Daten von zufällig ausgewählten Personenkraftwagen der Marke Smart ForTwo, die im Jahr 2016 auf dem Berliner Gebrauchtwagenmarkt zum Kauf angeboten wurden. Die zugehörigen Daten sind in der SPSS Datendatei **ST7.sav** aus dem lehrbuchbezogenen Downloadbereich gespeichert.

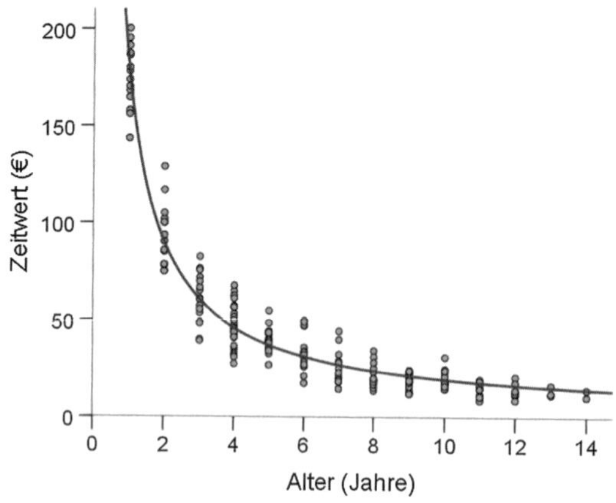

Zeitwert – Alter – Diagramm

a. Welches statistische Analysekonzept liegt der Grafik zugrunde? Unter welcher Kennung firmiert die grafische Darstellung in der statistischen Methodenlehre?

b. Im Gebrauchtwagenhandel ist es üblich, für vergleichbare Personenkraftwagen mit Hilfe einer geeigneten Funktion den Zeitwert Z in Abhängigkeit vom Alter A zu schätzen. Bestimmen Sie analog zur Grafik heuristisch eine geeignete Funktion zur Beschreibung dieser Abhängigkeit. Begründen Sie kurz Ihren heuristischen Lösungsweg und geben Sie die Funktion mit ihren geschätzten und auf drei Dezimalstellen gerundeten Parameterwerten explizit an.

c. Wie groß ist der prozentuale Anteil der Zeitwertevarianz, der mit Hilfe der gemäß Problemstellung b. bestimmten Funktion allein aus der Altersvarianz statistisch nicht erklärt werden kann? Wie wird diese Maßzahl in der Statistik bezeichnet?

d. Bestimmen und interpretieren Sie anhand der unter b. bestimmten Funktion die marginale Zeitwertneigung für einen i) zwei bzw. ii) zehn Jahre alten Gebrauchtwagen der Marke Smart ForTwo.

e. Welchen Zeitwert besitzt unter Verwendung der gemäß Problemstellung b. geschätzten Funktion ein i) zwei bzw. ii) zehn Jahre alter Smart ForTwo?

f. Treffen Sie für die erfassten Gebrauchtwagen der Marke Smart ForTwo mit Hilfe einer geeigneten und konkret zu benennenden Maßzahl eine Aussage über die Stärke und die

Richtung des statistischen Zusammenhangs zwischen i) dem Zeitwert Z und dem Alter A, ii) dem Zeitwert Z und der Fahrleistung F sowie iii) dem Alter A und der Fahrleistung F.

Problemstellung 8-25*
Verwenden Sie zur Lösung der nachfolgenden Problemstellungen die SPSS Datendatei **OC7.sav** aus dem lehrbuchbezogenen Downloadbereich. Die Datei beinhaltet Daten von zufällig ausgewählten Personenkraftwagen der Marke Opel Corsa, die im ersten Halbjahr 2018 auf dem Berliner Gebrauchtwagenmarkt zum Kauf bzw. Verkauf angeboten wurden.

a. Erläutern Sie am konkreten Sachverhalt kurz die folgenden Begriffe: i) Merkmalsträger, ii) Grundgesamtheit, iii) Zufallsstichprobe, iv) realisierte Zufallsstichprobe v) Identifikationsmerkmal, vi) Erhebungsmerkmal, vii) Skalierung.
b. Im Gebrauchtwagenhandel ist es üblich, für vergleichbare PKW mit Hilfe einer Funktion die statistische Abhängigkeit des Zeitwertes Z vom Alter A zu schätzen. Begründen Sie aus kausalanalytischer Sicht kurz die Konstruktion einer solchen Funktion und bestimmen Sie für die interessierenden Gebrauchtwagen eine inhomogene lineare Funktion zur Beschreibung dieser Abhängigkeit. Benennen Sie die Funktion und das ihr zugrunde liegende Konstruktionsprinzip. Geben Sie die Funktion mit ihren Parameterwerten explizit an. Benennen und interpretieren Sie die Funktionsparameter.
c. Prüfen Sie in Anwendung des sogenannten p-value-Konzepts auf einem vorab vereinbarten Signifikanzniveau von 0,05 die geschätzten Funktionsparameter auf Signifikanz. Interpretieren Sie das jeweilige Testergebnis sachlogisch.
d. Wie groß ist der prozentuale Anteil der Zeitwertevarianz, der mit Hilfe der unter b. bestimmten Funktion allein aus der Altersvarianz statistisch erklärt werden kann? Wie wird die zugrunde liegende Maßzahl in der Statistik bezeichnet?
e. Bestimmen und interpretieren Sie anhand der gemäß b. bestimmten Funktion die marginale Zeitwertneigung für einen fünf und einen zehn Jahre alten Opel Corsa. Zu welcher Aussage gelangen Sie aus einer vergleichenden Betrachtung der beiden marginalen Zeitwertneigungen?
f. Sie sind im interessierenden Gebrauchtwagensegment an der Abschätzung des Zeitwertes für einen fünf und einen fünfzehn Jahre alten PKW interessiert. Zu welchen Ergebnissen gelangen Sie allein aus der Verfügbarkeit der gemäß Problemstellung b. geschätzten Funktion?
g. Der Anschaulichkeit halber stellen Sie die gemäß b. geschätzte Funktion gemeinsam mit den Beobachtungswerten in einem geeigneten und konkret zu benennenden Diagramm grafisch dar. Bewerten Sie den grafischen Analysebefund sowohl im Hinblick auf die gemäß Problemstellung e. geschätzten Zeitwerte als auch aus sachlogischer Sicht.

Problemstellung 8-26*

Verwenden Sie zur Lösung der nachfolgenden Problemstellungen die SPSS Datendatei **OC7.sav** aus dem lehrbuchbezogenen Downloadbereich. Die Datei beinhaltet Daten von zufällig ausgewählten Personenkraftwagen der Marke Opel Corsa, die im ersten Halbjahr 2018 auf dem Berliner Gebrauchtwagenmarkt zum Kauf bzw. Verkauf angeboten wurden.

a. Sowohl im Gebrauchtwagenhandel als auch in der Ökonometrie ist es üblich und kausalanalytisch begründet, für vergleichbare PKW mit Hilfe einer Funktion die statistische Abhängigkeit des Zeitwertes Z vom Alter A zu schätzen. Erläutern Sie kurz die zugrunde liegende kausalanalytische Begründung.
b. Im Zuge der Ausarbeitung eines Vortrags im Oberseminar zur Ökonometrie entscheiden Sie sich zur Bestimmung einer geeigneten inhomogenen Funktion zur Beschreibung dieser Abhängigkeit für eine sogenannte heuristische Modellwahl.

> **Hinweis**: Eine heuristische Modellwahl kann in SPSS via Analysieren, Regression, Kurvenanpassung bewerkstelligt werden.

Begründen Sie kurz Ihre heuristische Modellwahl und geben Sie die ermittelte Funktion mit ihren Parameterwerten explizit an.

c. Benennen und interpretieren Sie die Kennzahl, die Ihrer heuristischen Modellwahl zugrunde liegt.
d. Im Zentrum Ihres Seminarvortrags stehen anschauliche und sachlogisch nachvollziehbare Interpretationen sowie praktisch relevante Anwendungen des konstruierten Modells, wobei insbesondere i) altersbedingte Zeitwertschätzungen, ii) altersbedingte marginale Zeitwertneigungen und iii) altersbedingte Zeitwertelastizitäten von Interesse sind. Zu welchen Ergebnissen gelangen Sie jeweils, wenn Sie Ihre analytischen Betrachtungen exemplarisch zum einen auf einen ein Jahr alten und zum anderen auf einen zehn Jahre alten Opel Corsa beziehen?
e. Der Anschaulichkeit halber sind Sie in Rahmen Ihres Seminarvortrags bestrebt, die Beobachtungsbefunde, das konstruierte Modell, die Zeitwertschätzungen und die marginalen Zeitwertneigungen gemeinsam in einem geeigneten Diagramm grafisch darzustellen und bildhaft zu untermauern. Benennen und kommentieren Sie kurz die grafischen Bausteine.

Problemstellung 8-27*

Verwenden Sie zur Lösung der nachfolgenden Problemstellungen die SPSS Datendatei **OC7.sav** aus dem lehrbuchbezogenen Downloadbereich. Die Datei beinhaltet Daten von zufällig ausgewählten Personenkraftwagen (PKW) der Marke Opel Corsa, die im ersten Halbjahr 2018 auf dem Berliner Gebrauchtwagenmarkt zum Kauf bzw. Verkauf angeboten wurden.

a. Im Seminar zur Ökonometrie werden Sie gebeten, für PKW der Marke Opel Corsa mit Hilfe der Methode der kleinsten Quadratesumme ein inhomogenes lineares Modell zur Beschreibung der statistischen Abhängigkeit des Zeitwertes Z vom Alter A, der Fahrleistung F und dem Hubraum H zu konstruieren. Benennen Sie das Modell und geben Sie das konstruierte Modell mit seinen Parametern explizit an.
b. Bewerten Sie mit Hilfe einer geeigneten und konkret zu benennenden Maßzahl die statistische Erklärungsfähigkeit des konstruierten Modells.
c. Treffen Sie mit Hilfe einer geeigneten und konkret zu benennenden Maßzahl eine Aussage über die sogenannte Kollinearität. Erläutern Sie kurz das sogenannte Kollinearitätsproblem.
d. Prüfen Sie in Anwendung des sogenannten p-value-Konzepts auf einem Signifikanzniveau von 0,05 die geschätzten Modellparameter auf Signifikanz. Interpretieren Sie Ihre Ergebnisse.
e. Bestimmen und interpretieren Sie die partiellen marginalen Zeitwertneigungen.
f. Welchen Zeitwert würde unter Verwendung der Analyseergebnisse ein gebrauchter Opel Corsa besitzen, wenn er zehn Jahre alt ist, bisher 50000 km gefahren wurde, einen 1,2-Liter-Motor besitzt?
g. Ergänzen Sie die Zeitwertschätzung aus der Problemstellung f. durch einen Toleranzbereich, der auf dem Residualstandardfehler des konstruierten Modells basiert.

Problemstellung 8-28*

Verwenden Sie zur Lösung der nachfolgenden Problemstellungen die SPSS Datendatei **OC7.sav** aus dem lehrbuchbezogenen Downloadbereich. Die Datei beinhaltet Daten von zufällig ausgewählten Personenkraftwagen der Marke Opel Corsa, die im ersten Halbjahr 2018 auf dem Berliner Gebrauchtwagenmarkt zum Verkauf angeboten wurden.

a. Im Seminar zur Ökonometrie werden Sie gebeten, ein Modell zur Beschreibung der statistischen Abhängigkeit des Zeitwertes Z vom Alter A, von der Fahrleistung F und vom Hubraum H zu konstruieren.

> **Hinweis**: In Anlehnung an die Problemstellung 8-26* entschließen Sie sich für ein inhomogenes quasilineares Modell, das auf den originären Zeitwerten, den logarithmierten Alterswerten sowie den originären Fahrleistungs- und Hubraumwerten basiert.

Benennen Sie das Modell und geben Sie das konstruierte Modell explizit an.

b. Bewerten Sie mit Hilfe einer geeigneten und konkret zu benennenden Maßzahl die statistische Erklärungsfähigkeit des konstruierten Modells.
c. Bewerten Sie mit Hilfe einer geeigneten und konkret zu benennenden Maßzahl das sogenannte Kollinearitätsproblem.

d. Prüfen Sie in Anwendung des sogenannten p-value-Konzepts auf einem Signifikanzniveau von 0,05 die geschätzten Modellkoeffizienten auf Signifikanz. Interpretieren Sie Ihre Ergebnisse.
e. Bestimmen und interpretieren Sie für das konstruierte Modell die partiellen marginalen Zeitwertneigungen.
f. Welchen Zeitwert würde unter Verwendung des konstruierten Modells ein gebrauchter Opel Corsa besitzen, wenn er zehn Jahre alt ist, bisher 50000 km gefahren wurde und einen 1,2-Liter-Motor besitzt?
g. Ergänzen Sie die Zeitwertschätzung aus der Problemstellung e. durch einen Toleranzbereich, der auf dem Residualstandardfehler des konstruierten Modells beruht.

8.2 Lösungen

Lösung 8-1*

a. Merkmalsträger: PKW der Marke VW Passat, Erhebungsmerkmale: Zeitwert (in €) und Alter (in Monaten), Skalierung: jeweils metrisch, Zustandsmenge: jeweils positive reelle Zahlen
b. Streudiagramm, ergänzt durch Niveaulinien und eine Regressionsgerade
c. bivariate inhomogene lineare Kleinste-Quadrate-Regressionsfunktion des Zeitwertes Z über dem Alter A
d. Bestimmung der Parameter mittels der Zwei-Punkte-Gleichung:
Regressionskoeffizient: (9000 − 12000)/(55 − 35) = −150 (€ pro Monat), d. h. steigt das Alter eines VW Passat um einen Monat, so fällt im Durchschnitt sein Zeitwert um 150 €, Regressionskonstante: 12000 + 150 × 35 = 9000 + 150 × 55 = 17250 (€), d. h. der geschätzte Zeitwert eines Neuwagens beträgt 17250 €, Zeitwertfunktion: $Z^*(A) = 17250 - 150 \times A$
e. mit Hilfe der bivariaten inhomogenen linearen Kleinste-Quadrate-Regression $Z^*(A) = 17250 - 150 \times A$ des Zeitwertes Z über dem Alter A ist man bereits in der Lage, zu 92,2 % die Varianz der Zeitwertangaben aus der Varianz der Altersangaben zu erklären
f. Maßkorrelationskoeffizient, der für eine bivariate inhomogene lineare Regression seinem Betrage nach identisch ist mit der Wurzel aus dem Bestimmtheitsmaß R^2, wegen des negativen Regressionskoeffizienten von −150 ermittelt man einen (bivariaten linearen) Maßkorrelationskoeffizienten von $-\sqrt{(0{,}922)} \approx -0{,}96$ und interpretiert ihn wie folgt: zwischen dem Zeitwert und dem Alter der 30 gebrauchten PKW der Marke VW Passat besteht ein starker negativer linearer statistischer Zusammenhang, demnach besitzen PKW mit einem unterdurchschnittlichen Alter in der Regel einen überdurchschnittlichen Zeitwert und umgekehrt

Lösung 8-2*

a. PKW der Marke Renault Twingo, die Zufallsstichprobe ist im konkreten Fall durch die Menge der 70 zufällig ausgewählten PKW gekennzeichnet
b. Maßkorrelationskoeffizient, wegen 0,966 besteht ein starker positiver linearer statistischer Zusammenhang zwischen Alter und Fahrleistung, je älter der PKW, umso höher ist in der Regel seine Fahrleistung und umgekehrt
c. z. B. A(lter), F(ahrleistung), bivariate inhomogene lineare Kleinste-Quadrate-Regressionsfunktion: $F^*(A) = 3{,}055 + 0{,}621 \times A$
d. $R^2 \cong 0{,}934$, mit Hilfe der bivariaten linearen Kleinste-Quadrate-Regression ist man bereits in der Lage, zu 93,4 % die Fahrleistungsvarianz allein aus der Altersvarianz statistisch zu erklären
e. Grenzfunktion: 0,621, Elastizitätsfunktion: $0{,}621 \times A/(3{,}055 + 0{,}621 \times A)$
f. Altersniveau $A_0 = 4 \times 12 = 48$ Monate, altersunabhängige marginale Fahrleistungsneigung: 0,621 (1000 km je Monat), steigt (unabhängig vom jeweiligen Altersniveau) das Alter eines PKW der Marke Renault Twingo um einen Monat, dann steigt die Fahrleistung im Durchschnitt um 621 km, Fahrleistungselastizität: steigt das Alter eines 48 Monate (bzw. vier Jahre) alten PKW der Marke Twingo um 1 %, dann steigt die Fahrleistung unterproportional und im Durchschnitt um
$0{,}621 \times 48/(3{,}055 + 0{,}621 \times 48) = 0{,}91$ %
g. $F^*(48) = 3{,}055 + 0{,}621 \times 48 = 32{,}863$ (1000 km) bzw. 32863 km

Lösung 8-3*

a. Maßkorrelationskoeffizient: wegen −0,883 besteht für die 70 Gebrauchtwagen der Marke Renault Twingo ein starker negativer linearer statistischer Zusammenhang zwischen Zeitwert und Fahrleistung, je höher bzw. niedriger die Fahrleistung, umso niedriger bzw. höher ist in der Regel der Zeitwert
b. die drei Exponentialmodelle sind wegen $R^2 \cong 0{,}887$ am höchsten bestimmt, bivariate inhomogene nichtlineare Regressionsfunktion z. B. in Gestalt der sogenannten Wachstumsfunktion: $Z^*(F) = \exp(9{,}394 - 0{,}027 \times F)$
c. wegen $F_0 = 33$ (1000 km) gilt $Z^*(33) = \exp(9{,}394 - 0{,}027 \times 33) \cong 4930$ €
d. zugehörige Grenzfunktion: $-0{,}027 \times \exp(9{,}394 - 0{,}027 \times F)$,
zugehörige Elastizitätsfunktion: $-0{,}027 \times F$
e. für das Fahrleistungsniveau gilt: $F_0 = 33$ (1000 km),
marginale Zeitwertneigung: $-0{,}027^*\exp(9{,}394 - 0{,}027 \times 33) \cong -133$ € je 1000 km, d. h. steigt auf einem Fahrleistungsniveau von 33000 km die Fahrleistung um 1000 km, dann fällt der Zeitwert im Durchschnitt um 133 €,

Punkt-Elastizität: $-0{,}027 \times 33 \cong -0{,}89$, d. h. auf einem Fahrleistungsniveau von 33000 km steht einer einprozentigen Zunahme der Fahrleistung wegen $|-0{,}89| < 1$ ein unterproportionaler durchschnittlicher relativer Zeitwertverlust von 0,89 % gegenüber

Lösung 8-4*

a. Filter: Typ = „Golf" & Hub = 16, Anzahl: 200 Gebrauchtwagen vom Typ VW Golf mit einem 1,6-Liter-Triebwerk bzw. (16 × 100 cm^3)-Hubraum
b. $F^*(A) = -128{,}755 + 51{,}245 \times \ln(A)$
c. Bestimmtheitsmaß $R^2 \cong 0{,}767$
d. zur Regression gehörige Grenzfunktion: 51,245/A, zur Regression gehörige Elastizitätsfunktion: $51{,}245/(-128{,}755 + 51{,}245 \times \ln(A))$
e. marginale Laufleistungsneigung: 51,245/60 = 0,854 (1000 km je Monat), demnach steigt die Fahrleistung eines 5 Jahre bzw. 60 Monate alten VW Golf im Verlaufe eines Monats im Durchschnitt um 854 km,
   Fahrleistungselastizität: $51{,}245/(-128{,}755 + 51{,}245 \times \ln(60)) \cong 0{,}63$, demnach steigt die Fahrleistung eines 5 Jahre bzw. 60 Monate alten VW Golf wegen $|0{,}63| < 1$ unterproportional um durchschnittlich 0,63 %, wenn das Alter um 1 % steigt
f. wegen $F^* = 100$ (1000 km) und $100 = -128{,}755 + 51{,}245 \times \ln(A)$ gilt:
   $A = \exp((100 + 128{,}755)/51{,}245) \cong 86{,}8$ Monate bzw. etwa 7,25 Jahre
g. wegen 10 × 12 = 120 Monate gilt: $F^*(120) = -128{,}755 + 51{,}245 \times \ln(120) \cong 116{,}6$ (1000 km) bzw. 116600 km

Lösung 8-5*

a. multiple inhomogene lineare Kleinste-Quadrate-Regressionsfunktion
   $R^*(P, M, K) = 17 + 7{,}721 \times P + 5{,}221 \times M + 0{,}982 \times K$
   zur Beschreibung des Rangplatzes R in Abhängigkeit von der Produktkomponente P, der Marktkomponente M und der Kundenkomponente K
b. Bestimmtheitsmaß $R^2 \cong 0{,}939$
c. da für alle drei Regressionsparameter das empirische Signifikanzniveau kleiner als 0,05 ist, deutet man im induktiven Sinne die Regressionsparameter als signifikant verschieden von null bzw. als erklärungsstatistisch wesentlich
d. wegen $R^*(0, 0, 0) = 17$ den Rangplatz Nr. 17
e. da $\partial R^*/\partial M = 5{,}221$ gilt, steigt (fällt) ceteris paribus im Durchschnitt der Rangplatz um 5,221 Platzziffern, wenn der Wert der Marktkomponente um den Wert eins steigt (fällt)

Lösung 8-6*

Voraussetzung: SPSS Filter *Typ = 4* setzen

a. Symbole: Z(eitwert), Z^* geschätzter Zeitwert, A(lter), F(ahrleistung), H(ubraum), multiple inhomogene lineare Kleinste-Quadrate-Regressionsfunktion:
   $Z^*(A, F, H) = 22999 - 190 \times A - 65 \times F + 421 \times H$
b. da für alle drei Regressoren $\alpha^* < \alpha = 0{,}05$ gilt, können sie jeweils als signifikante Zeitwertfaktoren aufgedeckt werden
c. mit Hilfe der multiplen inhomogenen linearen Regression ist man in der Lage, zu 83,3 % die Varianz der Zeitwerte aus der Varianz der Alters-, Fahrleistungs- und Hubraumwerte statistisch zu erklären
d. wegen $A_0 = 5 \times 12 = 60$ Monate, $F_0 = 100$ (1000 km) und $H_0 = 25$ (100 cm^3) ist

$Z^*(60, 100, 25) = 22999 - 190 \times 60 - 65 \times 100 + 421 \times 25 \approx 15624$ €

e. die partiellen Grenzfunktionen sind mit den jeweiligen Regressionskoeffizienten identisch, $\partial Z^*/\partial A = -190$, $\partial Z^*/\partial F = -65$, $\partial Z^*/\partial H = 421$

f. marginale Zeitwertneigungen: $\partial Z^*/\partial A = -190$ (€ je Monat), d. h. ein mittlerer partieller Zeitwertverlust von 190 € pro Monat, $\partial Z^*/\partial F = -65$ (€ je 1000 km), d. h. ein mittlerer partieller Zeitwertverlust von 65 € je 1000 km Fahrleistung, $\partial Z^*/\partial H = 421$ (€ je 100 cm^3), d. h. eine mittlere partielle Zeitwerterhöhung von 421 € je 100 cm^3 Hubraum

g. da alle drei VIF-Werte (Variance-Inflation-Factors) kleiner als 5 sind, kann die Kollinearität unter den Regressoren vernachlässigt werden

Lösung 8-7*

a. 300 Gebrauchtwagen vom Typ VW Polo, Filter: Typ = „Polo"

b. Grundgesamtheit: alle 2010 auf dem Berliner Gebrauchtwagenmarkt angebotenen VW Polo, Zufallsstichprobe: 300 zufällig ausgewählte VW Polo, realisierte Zufallsstichprobe: Menge der statistisch erfassten Daten in Gestalt einer Datenmatrix bzw. Datendatei

c. Symbole: Z(eitwert), Z^* geschätzter Zeitwert, A(lter), F(ahrleistung), H(ubraum), multiple inhomogene lineare Kleinste-Quadrate-Regressionsfunktion des Zeitwertes über dem Alter, der (bisherigen) Fahrleistung und dem Hubraum:
$Z^*(A, F, H) = 5770{,}210 - 44{,}690 \times A - 16{,}254 \times F + 438{,}919 \times H$

d. da für alle drei Regressoren $\alpha^* < \alpha = 0{,}05$ gilt, können sie jeweils als signifikante Zeitwertfaktoren aufgedeckt werden

e. mit Hilfe der multiplen linearen Regression ist man in der Lage, zu 83,4 % die Varianz der Zeitwerte aus der Varianz der drei Regressoren Alter, Fahrleistung und Hubraum statistisch zu erklären

f. wegen $A_0 = 3 \times 12 = 36$ Monate, $F_0 = 20$ (1000 km) und $H_0 = 13$ (100 cm^3) ist
$Z^* = 5770{,}210 - 44{,}690 \times 36 - 16{,}254 \times 20 + 438{,}919 \times 13 \cong 9542$ €

g. die partiellen Grenzfunktionen $\partial Z^*/\partial A = -44{,}690$, $\partial Z^*/\partial F = -16{,}254$, $\partial Z^*/\partial H = 438{,}919$ sind mit den Regressionskoeffizienten identisch

h. partielle marginale Zeitwertneigungen: i) –44,690 (€ je Monat), d. h. ein mittlerer partieller monatlicher Zeitwertverlust von ca. 45 €, ii) –16,254 (€ je 1000 km), d. h. ein mittlerer partieller Zeitwertverlust von ca. 16 € je weitere 1000 km Fahrleistung, iii) 438,919 (€ je 100 cm^3), d. h. eine mittlere partielle Zeitwerterhöhung von ca. 439 € je weitere 100 cm^3 Hubraum

Lösung 8-8*

a. multiple inhomogene quasilineare Kleinste-Quadrate-Regressionsfunktion der logarithmierten Zeitwerte über den originären Alters-, Fahrleistungs- und Hubraumangaben:
$\ln Z^*(A, F, H) = 9{,}167 - 0{,}010 \times A - 0{,}003 \times F + 0{,}029 \times H$,
zugehörige exponentielle Regression:
$Z^*(A, F, H) = \exp(9{,}167 - 0{,}010 \times A - 0{,}003 \times F + 0{,}029 \times H)$

b. Bestimmtheitsmaß $R^2 \cong 0{,}910$
c. wegen $A_0 = 3 \times 12 = 36$ Monate, $F_0 = 20$ (1000 km) und $H_0 = 13$ (100 cm³) ist
   $Z^*(36, 20, 13) = \exp(9{,}167 - 0{,}010 \times 36 - 0{,}003 \times 20 + 0{,}029 \times 13) \cong 9173$ €
d. partielle Grenzfunktionen:
   $\partial Z^*/\partial A = -0{,}010 \times Z^*(A, F, H)$,
   $\partial Z^*/\partial F = -0{,}003 \times Z^*(A, F, H)$,
   $\partial Z^*/\partial H = 0{,}029 \times Z^*(A, F, H)$
e. partielle marginale Zeitwertneigungen:
   wegen $-0{,}010 \times 9173 \cong -91{,}7$ (€ je Monat) ist ein mittlerer partieller monatlicher Zeitwertverlust von ca. 92 € zu verzeichnen,
   wegen $-0{,}003 \times 9173 \cong -27{,}5$ (€ je 1000 km) ist ein mittlerer partieller Zeitwertverlust von ca. 28 € je weitere 1000 km Fahrleistung zu verzeichnen,
   wegen $0{,}029 \times 9173 \cong 266$ (€ je 100 cm³) ist eine mittlere partielle Zeitwerterhöhung von 266 € je weitere 100 cm³ Hubraum zu verzeichnen
f. Unterschiede erklären sich aus den unterschiedlichen Modellansätzen

Lösung 8-9*

a. Maßkorrelationskoeffizient: −0,920, d. h. für die 190 zufällig ausgewählter Audi A3 besteht ein starker negativer linearer statistischer Zusammenhang zwischen Verkaufswert und Alter, je älter ein Audi A3 ist, umso geringer ist in der Regel sein Verkaufswert und umgekehrt
b. bivariate inhomogene lineare Kleinste-Quadrate-Regressionsfunktion des Verkaufswertes V über dem Alter A: $V^*(A) = 19262 - 111 \times A$
c. wegen $A_0 = 15 \times 12 = 180$ Monate ist $V^*(180) = 19262 - 111 \times 180 = -718$ €, d. h. keine ökonomisch plausible Verkaufswertschätzung
d. bivariate inhomogene logarithmische Kleinste-Quadrate-Regressionsfunktion des Verkaufswertes V über dem Alter A: $V^*(A) = 43355 - 7957 \times \ln(A)$

> **Hinweis**: Gleichwohl die kubische Funktion ein vergleichbar hohes Bestimmtheitsmaß liefert, wird sie als Polynom dritten Grades nicht als eine bivariate Funktion gedeutet.

e. wegen $A_0 = 15 \times 12 = 180$ Monate erhält man mittels der nichtlinearen (bzw. logarithmischen) Regressionsfunktion mit $V^*(180) = 43355 - 7957 \times \ln(180) \cong 2035$ € eine ökonomisch plausible Verkaufswertschätzung

Lösung 8-10*

a. Maßkorrelationskoeffizienten: i) −0,952, d. h. für die 190 zufällig ausgewählten Audi A3 besteht ein starker negativer linearer statistischer Zusammenhang zwischen Verkaufswert und Fahrleistung, je höher die Fahrleistung eines Audi A3 ist, umso geringer ist in der Regel sein Verkaufswert und umgekehrt, ii) 0,915, d. h. für die 190 Audi A3 besteht ein starker positiver linearer statistischer Zusammenhang zwischen Alter und

Fahrleistung, je höher die Fahrleistung eines Audi A3 ist, umso höher ist in der Regel sein Alter und umgekehrt

b. bivariate inhomogene nichtlineare (bzw. logarithmische) Regressionsfunktion der Fahrleistung F über dem Alter A: $F^*(A) = -198 + 84 \times \ln(A)$
c. wegen $A_0 = 10 \times 12 = 120$ Monate ist $F^*(120) = -198 + 84 \times \ln(120) \cong 204$ (1000 km) bzw. 204.000 km
d. Grenzfunktion: $dF^*/dA = 84 \times A^{-1} = 84/A$
e. marginale Neigungen: wegen $A_0 = 5 \times 12 = 60$ Monate bzw. $A_0 = 10 \times 12 = 120$ Monate gilt $84/60 = 1{,}4$ (1000 km pro Monat) bzw. $84/120 = 0{,}7$ (1000 km pro Monat), d. h. steigt das Alter eines fünf bzw. zehn Jahre alten Audi A3 um einem Monat, dann steigt im Mittel die Fahrleistung um 1400 km bzw. um 700 km, im konkreten Fall halbiert sich die monatliche Fahrleistungszunahme mit einer Verdopplung des Alters

Lösung 8-11*

a. Anzahl: 103 Eigentumswohnungen, Filter: Räume = 5
b. Maßkorrelationskoeffizient nach *Bravais* & *Pearson*: 0,934, d. h. für die 103 zufällig ausgewählten Eigentumswohnungen mit fünf Räumen besteht ein (kausalanalytisch begründeter) starker positiver linearer statistischer Zusammenhang zwischen Wohnfläche und Verkaufswert, je größer die Wohnfläche ist, umso höher ist in der Regel auch der Verkaufswert und umgekehrt
c. i) bivariate inhomogene lineare Kleinste-Quadrate-Regressionsfunktion des Verkaufswertes W über der Wohnfläche F: $W^*(F) = 18{,}569 + 2{,}239 \times F$,
   ii) bivariate homogene lineare Kleinste-Quadrate-Regressionsfunktion des Verkaufswertes W über der Wohnfläche F: $W^*(F) = 2{,}350 \times F$
d. Bestimmtheitsmaß $R^2 = 0{,}872 \cong (0{,}934)^2$, das im konkreten Fall identisch ist mit dem Quadrat des bivariaten Maßkorrelationskoeffizienten gemäß Problemstellung b.
e. inhomogene Funktion: $W^*(200) = 18{,}569 + 2{,}239 \times 200 \cong 466{,}4$ (1000 €), homogene Funktion: $W^*(200) = 2{,}350 \times 200 \cong 470$ (1000 €)
f. marginale Verkaufswertneigungen: steigt (fällt) unabhängig vom Wohnflächenniveau die Wohnfläche um einen Quadratmeter, dann steigt (fällt) der Verkaufswert im Durchschnitt um 2239 € (Basis: inhomogene Funktion) bzw. um 2350 € (Basis: homogene Funktion)

Lösung 8-12*

a. Maßkorrelationskoeffizient: i) wegen −0,048 besteht zwischen Wohnfläche und Quadratmeterpreis ein sehr schwach ausgeprägter negativer linearer statistischer Zusammenhang, beide Merkmale können als voneinander unabhängig gedeutet werden, ii) wegen 0,983 besteht zwischen Wohnfläche und Verkaufswert ein sehr stark ausgeprägter positiver linearer statistischer Zusammenhang, demnach besitzen überdurchschnittlich große Eigentumswohnungen in der Regel einen überdurchschnittlich hohen Verkaufswert und umgekehrt

b. bivariate inhomogene logarithmische Regressionsfunktion des Verkaufswertes W über der Wohnfläche F: $W^*(F) = -2204 + 512 \times \ln(F)$
c. Bestimmtheitsmaß $R^2 \cong 0{,}959$
d. geschätzter Verkaufswert: $W^*(300) = -2204 + 512 \times \ln(300) \cong 716{,}3$ (1000 €)
e. marginale Verkaufswertneigungen: steigt (fällt) auf einem Wohnflächenniveau von 200 m² bzw. 400 m² die Wohnfläche um einen Quadratmeter, dann steigt (fällt) wegen $512/200 = 2{,}56$ (1000 € je m²) bzw. $512/400 = 1{,}28$ (1000 € je m²) der Verkaufswert im Durchschnitt um 2560 € bzw. 1280 €, die Verkaufswertneigung halbiert sich mit einer Verdopplung des Wohnflächenniveaus
f. Verkaufswertelastizitäten: steigt (fällt) auf einem Wohnflächenniveau von 200 m² bzw. 400 m² die Wohnfläche um 1 %, dann steigt (fällt) wegen $512/(-2204 + 512 \times \ln(200)) \cong 1$ bzw. $512/(-2204 + 512 \times \ln(400)) \cong 0{,}6$ der Verkaufswert proportional um 1 % bzw. unterproportional um 0,6 %

Lösung 8-13*

a. 100 Opel Astra, Filter: Typ = „Astra"
b. multiple homogene lineare Kleinste-Quadrate-Regressionsfunktion des Zeitwertes über dem Alter, der bisherigen Fahrleistung und dem Hubraum: $Z^*(A, F, H) = -53 \times A - 14 \times F + 769 \times H$
c. Residualstandardfehler: 1159,8 € ≈ 1160 €, d. h. im Durchschnitt weichen die beobachteten von den geschätzten Zeitwerten um 1160 € nach oben und unten ab
d. da für alle drei Regressoren $\alpha^* = 0{,}000 < \alpha = 0{,}05$ gilt, können sie jeweils als signifikante Zeitwertfaktoren aufgedeckt werden
e. partielle marginale Zeitwertneigungen: i) −53 € je Monat, ii) −14 € je 1000 km, iii) 769 € je 100 cm³, i) und ii) partieller und durchschnittlicher Zeitwertverlust, iii) partielle und durchschnittliche Zeitwerterhöhung
f. wegen $A_0 = 12 \times 12 = 144$ Monate, $F_0 = 200$ (1000 km) und $H_0 = 18$ (100 cm³) gilt $Z^*(144, 200, 18) = -53 \times 144 - 14 \times 200 + 769 \times 18 \cong 3410$ €

Lösung 8-14*

a. realisierte Zufallsstichprobe: die verfügbaren Daten von 150 zufällig ausgewählten PKW der Marke Audi A4, Filter: Marke = „Audi A4"
b. $X = F/A$
c. erstes Streudiagramm: für die 150 Audi A4 besteht zwischen der Fahrleistung und dem Zeitwert ein ausgeprägter negativer statistischer Zusammenhang, da für die Merkmalswerte beider Merkmale mehrheitlich ein diskordantes bzw. gegenläufiges Verhalten um die Mittelwerte in Gestalt einer (degressiv bzw. nichtlinear) fallenden Punktewolke zu erkennen ist

   zweites Streudiagramm: für die 150 Audi A4 besteht zwischen der jahresdurchschnittlichen Fahrleistung (Variable X) und dem Zeitwert kein statistischer Zusammenhang, da für die Merkmalswerte beider Merkmale weder ein konkordantes bzw. gleichläufiges noch ein diskordantes bzw. gegenläufiges Verhalten um die Mittelwerte zu erkennen ist

d. Maßkorrelationskoeffizient $r_{ZF} = r_{FZ} \cong -0{,}872$, d. h. zwischen den Zeitwerten und Fahrleistungswerten der 150 Audi A4 besteht ein starker negativer linearer (signifikant von null verschiedener) statistischer Zusammenhang, demnach besitzen Gebrauchtwagen mit einer überdurchschnittlichen Fahrleistung F in der Regel einen unterdurchschnittlichen Zeitwert Z und umgekehrt,

Maßkorrelationskoeffizient $r_{ZX} = r_{XZ} \cong 0{,}018$, d. h. zwischen den Zeitwerten und den jahresdurchschnittlichen Fahrleistungswerten der Audi A4 besteht ein sehr schwacher (nicht signifikant von null verschiedener und zu vernachlässigender) linearer statistischer Zusammenhang, demnach können die beiden Erhebungsmerkmale X und Z als voneinander unabhängig gedeutet werden

e. bivariate inhomogene logarithmische Kleinste-Quadrate-Regression des Zeitwertes Z über der bisherigen Fahrleistung F: $Z^*(F) = 95804 - 7108 \times \ln(F)$

f. wegen $R^2 \cong 0{,}875$ ist man mit Hilfe der gemäß Problemstellung e. geschätzten Regression in der Lage, zu 87,5 % die Zeitwertevarianz allein aus der Varianz der bisherigen Fahrleistungswerte statistisch zu erklären

g. Zeitwertneigung: $-7108/300000 \cong -0{,}024$, d. h. für einen Audi A4 mit einer bisherigen Fahrleistung von 300000 km hat man bei einer Erhöhung der bisherigen Fahrleistung etwa um 1000 km im Mittel mit einem Zeitwertverlust von $(-0{,}024$ €/km$) \times (1000$ km$) \cong -24$ € zu rechnen;

Zeitwertelastizität: $(-7108)/(95804 - 7108 \times \ln(300000)) \cong -1{,}15$, d. h. für einen Audi A4 mit einer Fahrleistung von 300000 km ist wegen $|-1{,}15| > 1$ der Zeitwert überproportional elastisch, d. h. einer 1 %-igen Veränderung der Fahrleistung steht im Mittel eine 1,15 %-ige Zeitwertveränderung gegenüber

h. Zeitwertschätzung: $Z^*(300000) = 95804 - 7108 \times \ln(300000) \cong 6161$ €

Lösung 8-15

a. i) $Y = \ln(A)$, ii) $X = F/A$

b. quadratische und symmetrische Streudiagramm-Matrix, zwischen A und Y wird ein positiver nichtlinearer „funktionaler", zwischen A und Z ein negativer nichtlinearer und zwischen Y und Z ein negativer linearer Zusammenhang indiziert, die Maßkorrelationskoeffizienten $r_{AY} = r_{YA} \cong 0{,}946$, $r_{AZ} = r_{ZA} \cong -0{,}911$ und $r_{ZY} = r_{YZ} \cong -0{,}968$ untermauern die grafischen Analysebefunde zahlenmäßig, dabei ist zu beachten, dass die Maßkorrelationskoeffizienten stets nur die Richtung und Stärke eines linearen statistischen Zusammenhanges messen können, selbst wenn (wie für die Variablen A und Y) ein nichtlinearer „funktionaler" Zusammenhang besteht

c. bivariate inhomogene logarithmische Kleinste-Quadrate-Regression des Zeitwertes Z über dem Alter A: $Z^*(A) = 23461 - 7827 \times \ln(A)$

d. wegen $Y = \ln(A)$ ist die bivariate inhomogene quasilineare Kleinste-Quadrate-Regression $Z^*(Y) = 23461 - 7827 \times Y$ identisch mit der Regression aus c.

e. wegen $R^2 \cong 0{,}940$ ist man mit der multiplen inhomogenen quasilinearen Kleinste-Quadrate-Regression $Z^*(Y, X) = 24595 - 7786 \times Y - 0{,}061 \times X$ bereits in der Lage, die Zeitwertevarianz zu 94 % allein aus der Varianz der Regressoren Y und X statistisch zu erklären

f. die inhomogenen Regressionsfunktionen $Z^*(Y, X) = 24595 - 7786 \times Y - 0{,}061 \times X$ und $Z^*(A, F) = 24595 - 7786 \times \ln(A) - 0{,}061 \times (F/A)$ sind linear im Ansatz und wegen $Y = \ln(A)$ und $X = F/A$ nichtlinear in den Regressoren; da die Regression $Z^*(A, F)$ auf den originären Regressoren basiert, subsumiert man sie auch unter dem Begriff einer quasilinearen Regression der Zeitwertes Z über dem Alter A und der bisherigen Fahrleistung F

Lösung 8-16*

a. $A = M/12$
b. bivariate bzw. einfache inhomogene lineare Kleinste-Quadrate-Regressionsfunktion $Z^*(A) = 14859 - 1032 \times A$ des Zeitwertes Z über dem Alter A
c. $d\,Z^*/d\,A = -1032$ € pro Jahr, ceteris paribus und unabhängig vom jeweiligen Altersniveau hat man für einen Skoda Octavia im Verlauf eines Jahres im Mittel mit einem Zeitwertverlust von 1032 € zu rechnen
d. wegen $A_0 = 5$ gilt $Z^*(5) = 14859 - 1032 \times 5 = 9699$ €, ökonomisch plausible Zeitwertschätzung, wegen $A_0 = 15$ gilt $Z^*(15) = 14859 - 1032 \times 15 = -621$ €, keine ökonomisch plausible Zeitwertschätzung
e. [9699 € ± 1096 €] bzw. [8603 €, 10795 €], d. h. ein fünf Jahre alter Skoda Octavia besitzt erwartungsgemäß einen Zeitwert zwischen 8603 € und 10795 €
f. Maßkorrelationskoeffizient: −0,95, für die erfassten Skoda Octavia besteht zwischen Zeitwert und Alter ein (kausalanalytisch bzw. sachlogisch begründeter) starker negativer linearer statistischer Zusammenhang, d. h. je älter bzw. jünger ein Skoda Octavia ist, umso niedriger bzw. höher ist in der Regel sein Zeitwert

Lösung 8-17*

a. Name: multiple inhomogene lineare Kleinste-Quadrate-Regressionsfunktion des Zeitwertes Z über dem Alter A, der (bisherigen) Fahrleistung F und dem Hubraum H für 96 Seat Cordoba mit Sonderausstattung, Funktion:
$Z^*(A, F, H) = 5675 - 29 \times A - 8 \times F + 160 \times H$
b. Bestimmtheitsmaß $R^2 \cong 0{,}959$, d. h. mit Hilfe der multiplen inhomogenen linearen Regression ist man bereits in der Lage, zu 95,9 % die Zeitwertevarianz aus der Alters-, Fahrleistungs- und Hubraumvarianz statistisch zu erklären
c. da für die drei Regressionskoeffizienten das empirische Signifikanzniveau kleiner als 0,05 ist, deutet man im induktiven Sinne die Koeffizienten als signifikant verschieden von null und die Regressoren Alter, Fahrleistung und Hubraum als wesentliche Zeitwertfaktoren für Gebrauchtwagen vom Typ Seat Cordoba mit Sonderausstattung
d. für PKW vom Typ Seat Cordoba mit Sonderausstattung hat man wegen
   i) $\partial Z^*/\partial A = -29$ € je Monat ist unabhängig vom Altersniveau (bei Unterstellung gleicher Fahrleistung und gleichem Hubraum) mit einem durchschnittlichen monatlichen Zeitwertverlust von 29 € zu rechnen,

ii) $\partial Z^*/\partial F = -8$ € je 1000 km ist unabhängig vom Fahrleistungsniveau für PKW gleichen Alters und gleichen Hubraums mit einem durchschnittlichen Zeitwertverlust von 8 € je 1000 km Fahrleistung zu rechnen,

iii) wegen $\partial Z^*/\partial H = 160$ € je 100 cm^3 ist unabhängig vom Hubraumniveau für PKW gleichen Alters und gleicher Fahrleistung mit einer durchschnittlichen Zeitwertveränderung von 160 € zu rechnen, wenn sich der Hubraum um eine Einheit bzw. um 100 cm^3 verändert

e. wegen $A_0 = 10 \times 12 = 120$ Monate, F = 100 (1000 km), H = 14 (100 cm^3) gilt: $Z^*(120, 100, 14) = 5675 - 29 \times 120 - 8 \times 100 + 160 \times 14 \cong 3635$ €

Lösung 8-18*

a. Filter: Zimmer = 3 & Lage = 2 & Stadtteil = „Wei", Anzahl: 39 Wohnungen
b. bivariate inhomogene lineare Kleinste-Quadrate-Regressionsfunktion der monatlichen Kaltmiete K über der Wohnfläche W: $K^*(W) = 3{,}813 + 7{,}914 \times W$
c. $dK^*/dW \cong 7{,}91$ €/m^2, unabhängig vom Wohnflächenniveau steigt (fällt) die (geschätzte) monatliche Kaltmiete K^* im Durchschnitt um 7,91 €, wenn die Wohnfläche W um einen Quadratmeter steigt (fällt)
d. Bestimmtheitsmaß $R^2 \cong 0{,}874$
e. wegen $W_0 = 100$ m^2 gilt $K^*(100) = 3{,}813 + 7{,}914 \times 100 \cong 795$ €
f. [795 € ± 43 €] bzw. [752 €, 838 €], für eine 100 m^2 große Mietwohnung muss man mit einer monatlichen Kaltmiete zwischen 752 € und 838 € rechnen
g. Maßkorrelationskoeffizient: 0,935, für die interessierenden Mietwohnungen besteht zwischen der monatlichen Kaltmiete und der Wohnfläche ein (kausalanalytisch begründeter) starker positiver linearer statistischer Zusammenhang, d. h. je kleiner bzw. größer eine Mietwohnung ist, umso niedriger bzw. höher ist in der Regel die monatliche Kaltmiete

Lösung 8-19*

a. bivariate inhomogene lineare Kleinste-Quadrate-Regressionsfunktion des Zeitwertes Z über dem Alter A: $Z^*(A) = 7235 - 36 \times A$
b. Bestimmtheitsmaß $R^2 = 0{,}881$
c. Zeitwertneigung: 36 € pro Monat, steigt unabhängig vom Altersniveau das Alter um einen Monat, so fällt der Zeitwert im Durchschnitt um 36 €, d. h. durchschnittlicher monatlicher Zeitwertverlust von 36 €
d. wegen $A_0 = 10 \times 12 = 120$ Monate gilt $Z^*(120) = 7235 - 36 \times 120 \cong 2915$ €
e. Toleranzbereich als geschlossenes Intervall von Regressionswert und Residualstandardfehler: [2915 € ± 380 €] bzw. [2535 €, 3295 €], für einen zehn Jahre alten Seat Cordoba muss man erwartungsgemäß mit einem Zeitwert zwischen 2535 € und 3295 € rechnen
f. i) Maßkorrelationskoeffizient: −0,682, d. h. zwischen dem Zeitwert und der Fahrleistung besteht für die interessierenden Gebrauchtwagen ein ausgeprägter negativer linearer statistischer Zusammenhang,

ii) Maßkorrelationskoeffizient: 0,565, d. h. zwischen der Fahrleistung und dem Alter besteht für die interessierenden Gebrauchtwagen ein mittelstarker positiver linearer statistischer Zusammenhang

Lösung 8-20

a. multiple bzw. multivariate inhomogene lineare Kleinste-Quadrate-Regressionsfunktion $G^*(B, H, F)$ des Gewichtes G über der Breite B, der Höhe H und der Farbe F von 669 zufällig ausgewählten Hühnereiern: $G^*(B, H, F) = -123{,}59 + 2{,}56 \times B + 1{,}23 \times H + 1{,}10 \times F$
b. ja, da für alle drei Regressoren wegen $\alpha^* \cong 0{,}000 < \alpha = 0{,}05$ das empirische Signifikanzniveau α^* kleiner ist als das vorab vereinbarte Signifikanzniveau α
c. 91,5 %, Bestimmtheitsmaß $R^2 \cong 0{,}915$
d. partielle marginale Neigungen als erste partielle Ableitungen der multiplen Regression, die mit den Regressionskoeffizienten übereinstimmen und jeweils als Konstanten erscheinen:
   i) breitenbezogene Gewichtsneigung: 2,56 g/mm, d. h. weitet bzw. vermindert sich die Breite von Hühnereiern gleicher Höhe und gleicher Farbe um einen Millimeter, dann steigt bzw. fällt das Gewicht im Durchschnitt um 2,56 Gramm,
   ii) höhenbezogene Gewichtsneigung: 1,23 g pro mm, d. h. weitet bzw. vermindert sich die Höhe von Hühnereiern gleicher Breite und gleicher Farbe um einen Millimeter, dann steigt bzw. fällt das Gewicht im Durchschnitt um 1,23 Gramm,
   iii) farbenbezogene Gewichtsneigung von 1,10 g je Farbenausprägung: da die Variable F(arbe) als eine dichotome, 0-1-kodierte, nominale (Schein)Variable definiert ist, wobei 0 die weiße Farbe und 1 die braune Farbe markiert, misst der Regressionskoeffizient den durchschnittlichen Gewichtsunterschied von braunen und weißen Hühnereiern gleicher Breite und gleicher Höhe
e. i) $G^*(42, 53, 1) = -123{,}59 + 2{,}56 \times 42 + 1{,}23 \times 53 + 1{,}10 \times 1 \cong 50{,}22$ g
   ii) $G^*(47, 64, 0) = -123{,}59 + 2{,}56 \times 47 + 1{,}23 \times 64 + 1{,}10 \times 0 \cong 75{,}45$ g
f. Residualstandardfehler: 1,55 g; Toleranzbereich als geschlossenes Intervall von Regressionswert G^* und dem Residualstandardfehler: i) [50,22 g ± 1,55 g] bzw. [48,67 g; 51,77 g],
   ii) [75,45 g ± 1,55 g] bzw. [73,90 g; 77,00 g]
g. i) Residuen als sogenannte Regressionsfehler in Gestalt der Abweichungen der beobachteten Gewichte von den regressionsanalytisch geschätzten Gewichten,
   ii) das arithmetische Mittel der Residuen ist null, da die multiple inhomogene lineare Regressionsfunktion mit Hilfe der Methode der kleinsten Quadrate geschätzt wurde,
   iii) wegen $\alpha^* \geq 0{,}2 > \alpha = 0{,}05$ besteht kein Anlass, die Normalverteilungshypothese zu verwerfen; die sogenannten Gewichtsresiduen bzw. Gewichtsreste können im stochastischen Sinne als voneinander unabhängig aufgefasst und die multiple inhomogene lineare Kleinste-Quadrate-Regressionsfunktion als ein geeignet spezifiziertes Modell zur Beschreibung der Abhängigkeit des Gewichts von der Breite, der Höhe und der Farbe von Hühnereiern gedeutet werden

Lösung 8-21*

a. 276 Lebendgeborene
b. Streudiagramm, Basis: lineare Regressionsanalyse
c. bivariate inhomogene lineare Kleinste-Quadrate-Regression des Gewichts Y über der Größe X:
$Y^*(X) = -3357{,}6 + 13{,}5 \times X$
d. Bestimmtheitsmaß $R^2 \cong 0{,}845$
e. wegen $dY^*/dX = 13{,}5$ g pro mm steigt (fällt) ceteris paribus und unabhängig vom Körpergrößenniveau das Körpergewicht im Durchschnitt um 13,5 g, wenn die Körpergröße um einen Millimeter steigt (fällt)
f. erwartungsgemäß um $Y^*(500) = -3357{,}6 + 13{,}5 \times 500 \cong 3392{,}4 \approx 3392$ g
g. Toleranzbereich: (3392 g ± 137 g), d. h. ein normalgewichtiges Lebendgeborenes mit einer Größe von 50 cm hat erwartungsgemäß ein Körpergewicht zwischen 3255 g und 3529 g
h. Maßkorrelationskoeffizient: 0,919, für normalgewichtige Lebendgeborene besteht ein starker positiver linearer statistischer Zusammenhang zwischen Körpergröße und Körpergewicht

Lösung 8-22*

a. multiple inhomogene lineare Kleinste-Quadrate-Regression des Zeitwertes Z über dem Alter A, der Fahrleistung F, dem Hubraum H und der Sonderausstattung S:
$Z^*(A, F, H, S) = 6911 - 35 \times A - 14 \times F + 217 \times H + 1120 \times S$
b. Bestimmtheitsmaß $R^2 = 0{,}984$, d. h. mit der multiplen inhomogenen linearen Regression ist man bereits in der Lage, zu 98,4 % die Zeitwertevarianz aus der Alters-, Fahrleistungs-, Hubraumvarianz sowie dem dichotomen Sonderausstattungsniveau statistisch zu erklären
c. da für die vier Regressionskoeffizienten das empirische Signifikanzniveau kleiner als 0,05 ist, deutet man im induktiven Sinne die Regressionskoeffizienten als signifikant verschieden von null und die Regressoren Alter, Fahrleistung, Hubraum und Sonderausstattung als wesentliche Zeitwertfaktoren für Gebrauchtwagen vom Typ VW Polo
d. partielle marginale Neigungen: i) Alter: wegen $\partial Z^*/\partial A = -35$ € je Monat hat man ceteris paribus und unabhängig vom bisherigen Altersniveau für PKW gleicher Fahrleistung, gleichen Hubraums und gleicher Sonderausstattung mit einem durchschnittlichen Zeitwertverlust von 35 € je Monat zu rechnen, ii) Fahrleistung: wegen $\partial Z^*/\partial F = -14$ € je 1000 km hat man ceteris paribus und unabhängig vom bisherigen Fahrleistungsniveau für PKW gleichen Alters, gleichen Hubraums und gleicher Sonderausstattung mit einem durchschnittlichen Zeitwertverlust von 14 € je 1000 km zu rechnen iii) Hubraum: wegen $\partial Z^*/\partial H = 217$ € je 100 cm^3 hat man ceteris paribus und unabhängig vom Hubraumniveau für PKW gleichen Alters, gleicher Fahrleistung und gleicher Sonderausstattung mit einer Zeitwerterhöhung bzw. einem Zeitwertverlust von durchschnittlich 217 € zu rechnen, wenn der Hubraum um 100 cm^3 größer bzw. kleiner ist, iv) Sonderausstattung: wegen $\partial Z^*/\partial S = 1120$ € hat man ceteris paribus für PKW gleichen Alters, gleicher Fahrleistung und gleichen Hubraums mit einer durchschnittlichen Zeit-

werterhöhung von 1120 € für einen PKW mit Sonderausstattung gegenüber einem PKW ohne Sonderausstattung zu rechnen

e. i) wegen $A_0 = 10 \times 12 = 120$ Monate, $F_0 = 100$ (1000 km), $H_0 = 14$ (100 cm³) und $S_0 = 0$ ergibt sich die folgende Zeitwertschätzung:
$Z^*(120, 100, 14, 0) = 6911 - 35 \times 120 - 14 \times 100 + 217 \times 14 + 1120 \times 0 \cong 4349$ €
ii) wegen $A_0 = 10 \times 12 = 120$ Monate, $F_0 = 100$ (1000 km), $H_0 = 14$ (100 cm³) und $S_0 = 1$ ergibt sich die folgende Zeitwertschätzung:
$Z^*(120, 100, 14, 1) = 6911 - 35 \times 120 - 14 \times 100 + 217 \times 14 + 1120 \times 1 \cong 5469$ €

f. Toleranzbereiche: i) ohne Sonderausstattung: [4349 € ± 394 €] bzw. [3955 €, 4743 €], ii) mit Sonderausstattung: [5469 € ± 394 €] bzw. [5075 €, 5863 €]

Lösung 8-23

a. Stichprobenumfang: 171 Mietwohnungen, Filter: Ortskode = 12

b. i) Funktion: bivariate inhomogene lineare Kleinste-Quadrate-Regressionsfunktion $K^*(F) = -34{,}566 + 8{,}555 \times F$ der monatlichen Kaltmiete K über der Wohnfläche F, K^* bezeichnet die regressionsanalytisch geschätzte monatliche Kaltmiete,
ii) Bestimmtheitsmaß $R^2 \cong 0{,}897$,
iii) wegen $\alpha = 0{,}05 > \alpha^* = 0{,}000$ ist der Regressionskoeffizient 8,55 €/m² signifikant bzw. wesentlich verschieden von null

c. i) das gruppierte Streudiagramm bestätigt die Prämisse durch eine wohnlagenbedingte Struktur der Punktewolke

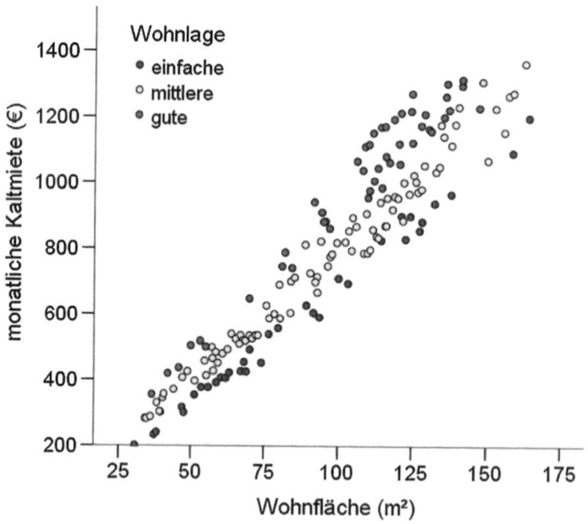

Gruppiertes Streudiagramm der Kaltmieten und Wohnflächen

ii) Funktion: multiple inhomogene lineare Kleinste-Quadrate-Regressionsfunktion

$K^*(F, L) = -237{,}259 + 7{,}996 \times F + 123{,}714 \times L$ der monatlichen Kaltmiete K über der Wohnfläche F und der Wohnlage L, K^* bezeichnet die regressionsanalytisch geschätzte monatliche Kaltmiete,

iii) Bestimmtheit $R^2 \cong 0{,}971$,

iv) ja, da für die beiden Regressionskoeffizienten $\alpha = 0{,}05 > \alpha^* = 0{,}000$ gilt, können sie als wesentliche und von null verschiedene Koeffizienten gedeutet werden, dies ist äquivalent mit der sachlogischen Aussage, wonach sowohl die Wohnfläche als auch die Wohnlage wesentliche Kaltmietfaktoren sind,

v) partielle marginale Kaltmietneigungen: wegen $\partial K^*/\partial F \cong 8$ € je m^2 steigt (fällt) unabhängig vom Wohnflächenniveau bei gleicher Wohnlage die monatliche Kaltmiete im Durchschnitt um 8 €, wenn die Wohnfläche um 1 m^2 steigt (fällt), wegen $\partial K^*/\partial L \cong 124$ € je Wohnlagenstufe steigt (fällt) bei gleicher Wohnfläche die monatliche Kaltmiete im Durchschnitt um 124 €, wenn die Wohnlage um eine Stufe steigt (fällt),

vi) wegen $F_0 = 100\ m^2$ und $L_0 = 3$ muss man ceteris paribus, also unter sonst gleichen Bedingungen mit einer monatlichen Kaltmiete von
$K^*(100, 3) = -237{,}259 + 7{,}996 \times 100 + 123{,}714 \times 3 \cong 933{,}48$ €
rechnen

Lösung 8-24*

a. Analysekonzept: bivariate Regressionsanalyse, Grafik: Streudiagramm

b. via Analysieren, Regression, Kurvenanpassung liefert die bivariate inhomogene inverse Kleinste-Quadrate-Regressionsfunktion $Z^*(A) = 1{,}769 + 176{,}599 \times A^{-1}$ des Zeitwertes Z über dem Alter A mit $R^2 = 0{,}948$ das höchste Bestimmtheitsmaß

c. Unbestimmtheitsmaß $1 - R^2$ mit $(1 - 0{,}948) \times 100\ \% = 5{,}2\ \%$

d. Grenzfunktion: $dZ^*/dA \cong -176{,}6 \times A^{-2}$,

Zeitwertneigungen: wegen i) $A_0 = 2$ bzw. ii) $A_0 = 10$ Jahre hat man ceteris paribus für einen Smart ForTwo im Verlaufe des dritten bzw. elften Altersjahres wegen i) $-176{,}6/2^2 \cong -44{,}15$ (100 €) bzw. ii) $-176{,}6/10^2 \cong -1{,}77$ (100 €) im Mittel mit einem Zeitwertverlust von i) 4415 € bzw. ii) 177 € zu rechnen

e. Zeitwertschätzungen: wegen i) $A_0 = 2$ Jahre und $Z^*(2) = 1{,}769 + 176{,}599/2 \cong 90{,}069$ (100 €) bzw. ii) $A_0 = 10$ Jahre und $Z^*(10) = 1{,}769 + 176{,}599/10 \cong 19{,}429$ (100 €) besitzt ein Smart ForTwo erwartungsgemäß einen Zeitwert von i) 9007 € bzw. ii) 1943 €

f. bivariater Maßkorrelationskoeffizient: für die 200 Gebrauchtwagen vom Typ Smart ForTwo besteht wegen i) –0,762 ein ausgeprägter negativer linearer statistischer Zusammenhang zwischen dem Zeitwert Z und dem Alter, ii) –0,754 ein ausgeprägter negativer linearer statistischer Zusammenhang zwischen dem Zeitwert Z und der Fahrleistung F, iii) 0,952 ein starker positiver linearer statistischer Zusammenhang zwischen dem Alter A und der Fahrleistung F,

kausalanalytisch und sachlogisch begründete Interpretationen: während mit zunehmendem Alter bzw. zunehmender Fahrleistung in der Regel der Zeitwert eines gebrauchten Smart ForTwo fällt, steigt mit zunehmendem Alter in der Regel auch dessen Fahrleistung

Lösung 8-25*

a. i) Gebrauchtwagen der Marke Opel Corsa, ii) endliche, jedoch unbekannte Anzahl von PKW der Marke Opel Corsa, die im ersten Halbjahr 2018 auf dem Berliner Gebrauchtwagenmarkt zum Verkauf angeboten wurden, iii) 150 zufällig ausgewählte Gebrauchtwagen der Marke Opel Corsa, v) sachlich: Marke Opel Corsa, örtlich: Berliner Gebrauchtwagenmarkt, zeitlich: 1. Halbjahr 2018, vi) Nummer, Marke, Typ, Zeitwert (in 1000 €), Alter (in Jahren), Fahrleistung (in 1000 km), Hubraum (in 100 cm^3), vii) Nummer, Marke und Typ als Identifikator nominal, die restlichen vier Erhebungsmerkmale sind metrisch skaliert

b. kausalanalytische Begründung: je jünger bzw. älter ein Gebrauchtwagen ist, umso höher bzw. niedriger ist in der Regel sein Zeitwert; bivariate inhomogene lineare Kleinste-Quadrate-Regression des Zeitwertes Z über dem Alter A: $Z^*(A) = 13{,}284 - 0{,}901 \times A$; Regressionskonstante: wegen $A_0 = 0$ besäße ein Neuwagen der Marke Opel Corsa einen Zeitwert von 13,284 (1000 €) bzw. 13284 €; Regressionskoeffizient: steigt das Alter um ein Jahr, dann fällt (unabhängig vom jeweiligen Altersniveau) im Durchschnitt der Zeitwert (konstant) um 0,901 (1000 €) bzw. um 901 €

c. wegen $\alpha^* = 0{,}000 < \alpha = 0{,}05$ sind die Regressionsparameter signifikant von null verschiedene und damit wesentliche Kennzahlen

d. 87,9 %, Bestimmtheitsmaß $R^2 = 0{,}879$

e. $dZ^*/dA = -0{,}901$ (1000 € pro Altersjahr), unabhängig von jeweiligen Altersniveau ist im Verlaufe eines Jahres erwartungsgemäß und im Durchschnitt stets ein gleicher und konstanter Zeitwertverlust von 901 € zu vermerken

f. geschätzter Zeitwert für einen

$A_0 = 5$ Jahre alten Opel Corsa: $Z^*(5) = 13{,}284 - 0{,}901 \times 5 = 8{,}779$ (1000 €) bzw. 8779 €

$A_0 = 15$ Jahre alten Opel Corsa: $Z^*(15) = 13{,}284 - 0{,}901 \times 15 = -0{,}231$(1000 €) bzw. −231 €, eine Zeitwertschätzung, die sich einer sachlogischen Interpretation verschießt, es sei denn, man deutet diesen negativen Zeitwert als ein „Geschenk an den Käufer“

g. Streudiagramm mit linearer Regression, siehe nachfolgende Abbildung

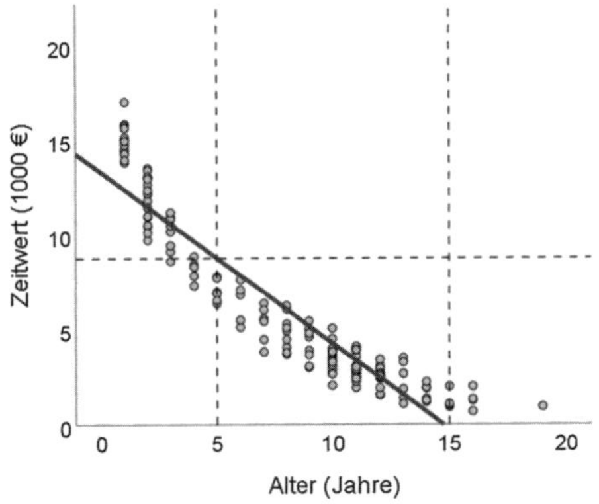

Zeitwert – Alter – Streudiagramm mit linearer Regressionsfunktion

für gebrauchte Opel Corsa mit einem Alter von A > 13,284/0.901 = 14,743 ≈ 15 Jahren wird ein negativer Zeitwert indiziert; ein nichtlinearer Verlauf der Punktewolke ist ein weiteres Indiz dafür, dass die bivariate inhomogene lineare Regression kein geeignetes Modell zur Beschreibung der in Rede stehenden Abhängigkeit ist

Lösung 8-26*

a. je jünger bzw. älter ein Gebrauchtwagen ist, umso höher bzw. niedriger ist in der Regel sein Zeitwert
b. analog zur nachfolgenden Abbildung ist das logarithmische Modell $Z^*(A) = 15,296 - 5,085 \times \ln(A)$ am besten geeignet, die Abhängigkeit des Zeitwertes Z vom Alter A zu beschreiben

Modellzusammenfassung und Parameterschätzer

Abhängige Variable: Wert

Gleichung	Modellzusammenfassung	Parameterschätzer			
	R-Quadrat	Konstante	b1	b2	b3
Linear	0,879	13,284	-0,901		
Logarithmisch	0,965	15,296	-5,084		
Invers	0,835	2,478	14,605		
Quadratisch	0,953	15,714	-1,859	0,062	
Kubisch	0,963	17,075	-2,762	0,187	-0,005
Zusammengesetzt	0,925	16,802	0,851		
Potenzfunktion	0,833	20,657	-0,825		
S-förmig	0,601	1,002	2,162		
Aufbaufunktion	0,925	2,822	-0,161		
Exponentiell	0,925	16,802	-0,161		

Die unabhängige Variable ist Alter.

Zusammenfassung Zeitwert – Alter – Modelle, heuristische Modellwahl

c. Bestimmtheitsmaß $R^2 = 0,965$, d. h. mit Hilfe der bivariaten inhomogenen logarithmischen (bzw. quasilinearen) Regression $Z^*(A)$ ist man bereits in der Lage, die Varianz der Zeitwerte Z allein aus der Varianz der Altersangaben A statistisch zu erklären

d. i) während man für einen $A_0 = 1$ Jahr alten Opel Corsa einen Zeitwert von $Z^*(1) = 15,296 - 5,084 \times \ln(1) = 15,296 - 5,084 \times 0 = 15,296$ (1000 €) bzw. 15296 € schätzt, ergibt sich für einen $A_0 = 10$ Jahre alten Opel Corsa ein geschätzter Zeitwert von $Z^*(10) = 15,296 - 5,084 \times \ln(10) \cong 3,59$ (1000 €) bzw. 3590 €

ii) Grenzfunktion: $-5,084/A$ für $A > 0$; während man für einen $A_0 = 1$ Jahr alten Opel Corsa im Verlaufe eines Jahres (also im zweiten Altersjahr) wegen $-5,084/1 = -5,084$ (1000 € pro Jahr) im Durchschnitt mit einem Zeitwertverlust von 5084 € rechnen muss, beläuft sich der Zeitwertverlust für einen $A_0 = 10$ Jahre alten Opel Corsa im Verlaufe eines Jahres (also im elften Altersjahr) erwartungsgemäß und im Durchschnitt wegen $(-5,084/10) = -0,508$ (1000 € pro Jahr) „nur noch" auf 508 €

iii) Elastizitätsfunktion: $-5,084/(15,296 - 5,084 \times \ln(A))$; während für einen $A_0 = 1$ Jahr alten Opel Corsa wegen $-5,084/(15,296 - 5,084 \times \ln(1)) \cong -0,33$ und $|-0,33| < 1$ eine einprozentige Alterszunahme im Durchschnitt mit einem unterproportionalen Zeitwertverlust von 0,33 Prozent einhergeht, muss man wegen $-5,084/(15,296 - 5,08 4 \times \ln(10)) \cong -1,42$ und $|-1,42| > 1$ für einen $A_0 = 10$ Jahre alten Opel Corsa erwartungsgemäß und im Durchschnitt mit einem überproportionalen Zeitwertverlust bei einer einprozentigen Alterszunehme rechnen

e. siehe nachfolgende grafische Darstellung

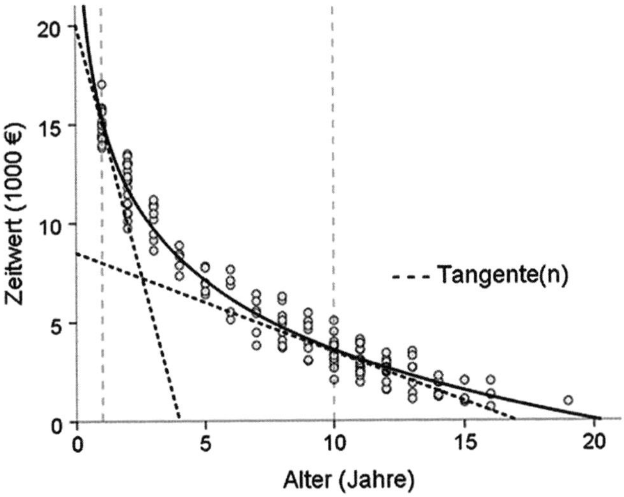

Zeitwert – Alter – Streudiagramm mit Regression und Tangenten

das Streudiagramm indiziert eine nichtlinear fallende Punktewolke, in deren „Mitte" der Graph der logarithmischen Regressionsfunktion angezeigt wird; die beiden Tangenten im Erscheinungsbild der gestrichelten und fallenden Geraden, welche den konvexen Graphen der logarithmischen Regression $Z^*(A)$ an den Altersstellen $A_0 = 1$ und $A_0 = 10$ „berühren", symbolisieren die marginalen Zeitwertneigungen

Lösung 8-27*

a. multiple inhomogene lineare Kleinste-Quadrate-Regression des Zeitwertes Z^* über dem Alter A, der Fahrleistung F und dem Hubraum H:
$Z^*(A, F, H) = 7{,}547 - 0{,}550 \times A - 0{,}019 \times F + 0{,}447 \times H$

b. Bestimmtheitsmaß $R^2 = 0{,}922$, mit Hilfe des konstruierten Modells ist man bereits in der Lage, zu 92,2 % die Zeitwertevarianz der 150 Opel Corsa allein aus der Varianz der Alters-, Fahrleistungs- und Hubraumwerte statistisch zu erklären

c. da die sogenannten Variance-Inflation-Factors (VIF) für die drei Regressoren A, F und H kleiner als 5 sind, kann die sogenannte Kollinearität zwischen den Regressoren vernachlässigt werden; das sogenannte Kollinearitätsproblem besteht in einer „ergebnisverzerrenden" linearen Korrelation zwischen den Regressoren, die theoretisch als voneinander unabhängig aufgefasst werden

d. da für alle Modellparameter das empirische Signifikanzniveau $\alpha^* = 0{,}000$ kleiner als das vorgegebene Signifikanzniveau $\alpha = 0{,}05$ ist, deutet man im induktiven Sinne die geschätzten Modellparameter als signifikant verschieden von null und insbesondere die drei Regressoren A, F und H als wesentliche zeitwertbestimmende Faktoren

e. marginale Zeitwertneigungen: i) wegen $\partial Z^*/\partial A = -0{,}550$ (1000 € pro Jahr) fällt unter sonst gleichen Bedingungen und unabhängig vom Altersniveau sowie bei gleicher

Fahrleistung und gleichem Hubraum der Zeitwert eines Opel Corsa mit jedem Altersjahr im Durchschnitt um 550 €;
ii) wegen $\partial Z^*/\partial F = -0{,}019$ (1000 € je 1000 km) fällt unter sonst gleichen Bedingungen und unabhängig vom Fahrleistungsniveau sowie bei gleichem Alter und Hubraum der Zeitwert eines Opel Corsa im Durchschnitt um 190 € bei einer Fahrleistungserhöhung von 1000 km; iii) wegen $\partial Z^*/\partial H = 0{,}447$ (1000 € je 100 cm^3) ist unter sonst gleichen Bedingungen und unabhängig vom Hubraumniveau sowie bei gleichem Alter und gleicher Fahrleistung für einen Opel Corsa im Durchschnitt mit einer Zeitwertveränderung von 447 € bei einer Hubraumveränderung von 100 cm^3 zu rechnen

f. wegen $A_0 = 10$ Jahre, $F_0 = 50$ (1000 km) und $H_0 = 12$ (100 cm^3) = 1,2 Liter ist unter sonst gleichen Bedingungen für einen gebrauchten Opel Corsa mit einem Zeitwert von $Z^*(10, 50, 12) = 7{,}547 - 0{,}550 \times 10 - 0{,}019 \times 50 + 0{,}447 \times 12 = 6{,}461$ (1000 €) bzw. 6461 € zu rechnen

g. Residualstandardfehler: 1,248 (1000 €), Toleranzbereich: [6461 € ± 1248 €] = [5213 €, 7709 €]

Lösung 8-28*

a. multiple inhomogene lineare Kleinste-Quadrate-Regression des Zeitwertes Z^* über dem logarithmierten Alter $Y = \ln(A)$, der Fahrleistung F und dem Hubraum H:
$Z^*(Y, F, H) = 13{,}621 - 4{,}273 \times Y - 0{,}014 \times F + 0{,}107 \times H$

b. Bestimmtheitsmaß $R^2 = 0{,}973$, mit Hilfe des konstruierten Modells ist man bereits in der Lage, zu 97,3 % die Zeitwertevarianz der 150 Opel Corsa allein aus der Varianz der logarithmierten Alterswerte und der originären Fahrleistungs- und Hubraumwerte statistisch zu erklären

c. da die sogenannten Variance-Inflation-Factors (VIF) für die drei Regressoren Y, F und H kleiner als 5 sind, wird die Kollinearität zwischen den drei Regressoren als nicht schwerwiegend gedeutet

d. da für alle Modellparameter das empirische Signifikanzniveau $\alpha^* = 0{,}000$ kleiner als das vorgegebene Signifikanzniveau $\alpha = 0{,}05$ ist, deutet man im induktiven Sinne die geschätzten Modellparameter als signifikant verschieden von null und insbesondere die drei Regressoren Y, F und H als wesentliche zeitwertbestimmende Faktoren

e. marginale Zeitwertneigungen: i) wegen $\partial Z^*/\partial Y = -4{,}273/A$ (1000 € pro Jahr) fällt unter sonst gleichen Bedingungen und abhängig vom Altersniveau A_0 sowie bei gleicher Fahrleistung und gleichem Hubraum der Zeitwert eines Opel Corsa im Verlaufe eines Jahres im Durchschnitt um $(4274/A_0)$ €
ii) wegen $\partial Z^*/\partial F = -0{,}014$ (1000 € je 1000 km) fällt unter sonst gleichen Bedingungen und unabhängig vom Fahrleistungsniveau sowie bei gleichem Alter und Hubraum der Zeitwert eines Opel Corsa im Durchschnitt um 140 € bei einer Fahrleistungserhöhung von 1000 km; iii) wegen $\partial Z^*/\partial H = 0{,}107$ (1000 € je 100 cm^3) ist unter sonst gleichen Bedingungen und unabhängig vom Hubraumniveau sowie bei gleichem Alter und gleicher Fahrleistung für einen Opel Corsa im Durchschnitt mit einer Zeitwertveränderung von 107 € bei einer Hubraumveränderung von 100 cm^3 zu rechnen

f. wegen A_0 = 10 Jahre, F_0 = 50 (1000 km) und H_0 = 12 (100 cm^3) = 1,2 Liter ist unter sonst gleichen Bedingungen für einen gebrauchten Opel Corsa mit einem Zeitwert von $Z^*(\ln(10), 50, 12) = 13{,}621 - 4{,}273 \times \ln(10) - 0{,}014 \times 50 + 0{,}107 \times 12 = 4{,}366$ (1000 €) bzw. 4366 € zu rechnen
g. Residualstandardfehler: 0,732 (1000 €), Toleranzbereich: [4366 € ± 732 €] = [3634 €, 5098 €]

Literatur

Eckstein PP (2014) Repetitorium Statistik – Deskriptive Statistik, Stochastik, Induktive Statistik, 8. Aufl. Springer Gabler, Wiesbaden
Eckstein PP (2016) Angewandte Statistik mit SPSS – Praktische Einführung für Wirtschaftswissenschaftler, 8. Aufl. Springer Gabler, Wiesbaden
Eckstein PP (2019) Statistik für Wirtschaftswissenschaftler – Eine realdatenbasierte Einführung mit SPSS, 6. Aufl. Springer Gabler, Wiesbaden

Zeitreihenanalyse 9

9.1 Problemstellungen

Problemstellung 9-1
Verwenden Sie zur Lösung der folgenden Problemstellungen die SPSS Datendatei **BB7.sav** aus dem lehrbuchbezogenen Downloadbereich. Die Datei beinhaltet für die Jahre 2006 bis 2010 die Zeitreihe der monatlichen Anzahl von Übernachtungen (Angaben in 1000) in Berliner Beherbergungsbetrieben.

a. Erläutern Sie anhand der verfügbaren Daten kurz den Begriff „Zeitreihe".
b. Charakterisieren Sie die Zeitreihe der Übernachtungszahlen aus statistisch-methodischer Sicht.
c. Kennzeichnen Sie den Beobachtungszeitraum der erfassten Zeitreihe mit Hilfe einer geeigneten Indexmenge und geben Sie die Länge des Beobachtungszeitraumes an.
d. Stellen Sie die Zeitreihe der monatlichen Übernachtungszahlen in einem geeigneten und konkret zu benennenden Diagramm grafisch dar. Zu welcher Aussage gelangen Sie aus der alleinigen Betrachtung des Diagramms?
e. Fügen Sie in die SPSS Arbeitsdatei eine Variable ein, welche die „geglättete" Zeitreihe der monatsdurchschnittlichen Übernachtungszahlen zum Inhalt hat. Verwenden Sie dazu das Verfahren der gleitenden Durchschnitte zum Stützbereich von zwölf Monaten.
f. Stellen Sie die originäre und die geglättete Zeitreihe der monatlichen Übernachtungszahlen gemeinsam in einem Sequenzdiagramm grafisch dar. Zu welcher analytischen Aussage gelangen Sie aus der alleinigen Betrachtung des Sequenzdiagramms?
g. Speichern Sie die erweiterte SPSS Arbeitsdatei.

P. P. Eckstein, *Datenanalyse mit SPSS*,
https://doi.org/10.1007/978-3-658-31837-6_9

Problemstellung 9-2
Verwenden Sie zur Lösung der folgenden Problemstellungen die SPSS Datendatei **BB7.sav** aus dem lehrbuchbezogenen Downloadbereich. Die Datei beinhaltet für die Jahre 2006 bis 2010 die Zeitreihe der monatlichen Anzahl von Übernachtungen (Angaben in 1000) in Berliner Beherbergungsbetrieben.

a. Erläutern Sie kurz das Grundanliegen einer Zeitreihenanalyse.
b. Als wissenschaftlicher Mitarbeiter der Berlin Marketing GmbH werden Sie aufgefordert, für die zwölf Monate des Wirtschaftsjahres 2011 eine Prognose der Übernachtungsanzahlen zu liefern. Beschreiben Sie den Beobachtungszeitraum, den Prognosezeitraum und den Relevanzzeitraum der angestrebten Zeitreihenanalyse mit Hilfe geeigneter Indexmengen. Geben Sie zudem die Länge des jeweiligen Zeitraumes an.
c. Schätzen Sie mit Hilfe der Methode der kleinsten Quadratesumme eine inhomogene lineare Funktion, welche die Übernachtungszahlen in ihrer zeitlichen Entwicklung beschreibt. Wie wird diese Funktion in der Zeitreihenanalyse bezeichnet? Geben Sie unter Verwendung geeigneter Symbole die geschätzte Funktion an und interpretieren Sie die geschätzten Funktionsparameter.
d. Fügen Sie in die Arbeitsdatei eine Variable ein, welche die Funktionswerte der gemäß Problemstellung c. geschätzten Funktion für den Relevanzzeitraum beinhaltet. Komplettieren Sie in der SPSS Variablenansicht die Definition der eingefügten SPSS Variablen und geben Sie den Schätzwert für den Monat Dezember des Wirtschaftsjahres 2011 an.
e. Stellen Sie die gemäß Problemstellung d. ermittelten Funktionswerte gemeinsam mit der originären Zeitreihe in einem Sequenzdiagramm grafisch dar. Zu welcher analytischen Aussage gelangen Sie aus der alleinigen Betrachtung des Sequenzdiagramms?

Problemstellung 9-3
Verwenden Sie zur Lösung der folgenden Problemstellungen die SPSS Datendatei **BB7.sav** aus dem lehrbuchbezogenen Downloadbereich. Die Datei beinhaltet für die Jahr 2006 bis 2010 die Zeitreihe der monatlichen Übernachtungen (Angaben in 1000) in Berliner Beherbergungsbetrieben.

a. Fügen Sie in Weiterführung der Problemstellung 9-2 in die Arbeitsdatei eine Variable ein, welche für den Beobachtungszeitraum die Residuen der linearen Trendfunktion beinhaltet. Komplettieren Sie in der SPSS Variablenansicht die Definition der eingefügten SPSS Variablen und stellen Sie die Variable in einem Sequenzdiagramm grafisch dar. Zu welcher analytischen Aussage gelangen Sie aus der Betrachtung des Sequenzdiagramms?
b. Was beschreiben im konkreten Fall die Trendresiduen, die gemäß Problemstellung a. berechnet wurden? Berechnen Sie die Summe der Trendresiduen. Woraus erklärt sich der Residualsummenwert?

c. Fügen Sie in die Arbeitsdatei eine Variable „Saison“ ein, welche für den Relevanzzeitraum eine saisonale Komponente beinhaltet, die im konkreten Fall die monatsdurchschnittlichen Abweichungen der originären Zeitreihenwerte von den Trendwerten beschreibt. Komplettieren Sie in der SPSS Variablenansicht die Definition der eingefügten Variablen und interpretieren Sie die Saisonkomponentenwerte für die Monate Oktober und November.

▶ **Hinweis**: Kopieren Sie der Einfachheit halber die monatsdurchschnittlichen Abweichungen, die im SPSS Viewer aufgelistet sind, für jedes Jahr des unterjährigen Relevanzzeitraumes in die Arbeitsdatei.

d. Stellen Sie die gemäß der Problemstellungen a. und c. analytisch erzeugten Zeitreihen der Trendresiduen und der Saisonkomponente gemeinsam in einem Sequenzdiagramm grafisch dar. Zu welcher analytischen Aussage gelangen Sie aus der alleinigen Betrachtung des Sequenzdiagramms?

Problemstellung 9-4
Verwenden Sie zur Lösung der folgenden Problemstellungen die SPSS Datendatei **BB7.sav** aus dem lehrbuchbezogenen Downloadbereich. Die Datei beinhaltet für die Jahre 2006 bis 2010 die Zeitreihe der monatlichen Anzahl von Übernachtungen (Angaben in 1000) in Berliner Beherbergungsbetrieben.

a. Fügen Sie in Weiterführung der Problemstellung 9-3 in die SPSS Arbeitsdatei eine Variable ein, welche unter Berücksichtigung der Trend- und der Saisonkomponente für den Relevanzzeitraum die monatlichen Übernachtungen modellhaft beschreibt. Geben Sie die SPSS Berechnungsvorschrift explizit an.
b. Als wissenschaftlicher Mitarbeiter der Berlin Marketing GmbH werden Sie aufgefordert, für die zwölf Monate des Wirtschaftsjahres 2011 eine Prognose der Übernachtungsanzahlen zu erstellen. Zu welchen monatlichen Prognoseergebnissen gelangen Sie?
c. Charakterisieren Sie das statistische Modell, mit dem Sie im Kontext der Problemstellung b. die monatlichen Übernachtungen in Berliner Beherbergungsbetrieben prognostizierten.
d. Stellen Sie die originäre Zeitreihe und die Zeitreihe der Trend-Saison-Modellwerte gemeinsam in einem Sequenzdiagramm grafisch dar. Zu welcher analytischen Aussage gelangen Sie aus der alleinigen Betrachtung des Sequenzdiagramms?
e. Fügen Sie in die Arbeitsdatei eine Variable ein, welche die Modellresiduen zum Inhalt hat. Geben Sie die SPSS Berechnungsvorschrift für die Modellresiduen explizit an.
f. Stellen Sie die Modellresiduen, die gemäß Problemstellung e. berechnet wurden, in einem Sequenzdiagramm grafisch dar. Zu welcher analytischen Aussage gelangen Sie aus der alleinigen Betrachtung des Sequenzdiagramms?
g. Berechnen und interpretieren Sie den Residualstandardfehler des applizierten Trend-Saison-Modells.

Problemstellung 9-5*
Verwenden Sie zur Lösung der nachfolgenden Problemstellungen die SPSS Datendatei **FG7.sav** aus dem lehrbuchbezogenen Downloadbereich. Die Datei beinhaltet die Zeitreihe der monatlichen Fluggästezahlen (Angaben in 1000 Personen) auf den Berliner Flughäfen für die Jahre 2010 bis 2015.

a. Charakterisieren Sie die Zeitreihe der Fluggästezahlen aus statistisch-methodischer Sicht.
b. Kennzeichnen Sie den Beobachtungszeitraum der erfassten Zeitreihe mit Hilfe einer geeigneten Indexmenge und geben Sie dessen Länge an.
c. Stellen Sie die Zeitreihe der monatlichen Fluggästezahlen in einem geeigneten und konkret zu benennenden Diagramm grafisch dar. Zu welcher Aussage gelangen Sie aus der alleinigen Betrachtung des Diagramms?
d. Fügen Sie in die Arbeitsdatei jeweils eine Variable ein, welche jeweils eine „geglättete" Zeitreihe der Fluggästezahlen zum Inhalt hat. Verwenden Sie dazu das Verfahren der sogenannten zentrierten gleitenden Durchschnitte zum Stützbereich von i) sechs Monaten und ii) zwölf Monaten. Erläutern Sie kurz die Zweckbestimmung und das Konstruktionsprinzip des praktizierten zeitreihenanalytischen Verfahrens.
e. Stellen Sie gemäß Problemstellung d. die originäre und die beiden geglätteten Zeitreihen der Fluggästezahlen gemeinsam in einem Sequenzdiagramm grafisch dar. Zu welcher analytischen Aussage gelangen Sie aus einer alleinigen Betrachtung des Sequenzdiagramms?
f. Sie sind bestrebt, die Fluggästezahlen mit Hilfe eines geeigneten Modells nachzubilden. Welches Zeitreihenmodell würden Sie im Blickwinkel des grafischen Analysebefundes aus der Problemstellung e. präferieren? Begründen Sie kurz Ihre Entscheidung.

Problemstellung 9-6*
Verwenden Sie zur Lösung der nachfolgenden Problemstellungen die SPSS Datendatei **FG7.sav** aus dem lehrbuchbezogenen Downloadbereich. Die Datei beinhaltet die Zeitreihe der monatlichen Fluggästezahlen (Angaben in 1000 Personen) auf den Berliner Flughäfen für die Jahre 2010 bis 2015. Im Seminar zum Projektmanagement werden Sie aufgefordert, im Kontext eines Fachvortrages eine kurzfristige statistische Prognose der monatlichen Fluggästezahlen für das Wirtschaftsjahr 2016 zu präsentieren und das von Ihnen konstruierte und applizierte Prognosemodell vorzustellen und sachlogisch zu begründen. In Anlehnung an die Problemstellung 9-5* entschließen Sie sich, ein additives Trend-Saison-Modell zu konstruieren und mit dessen Hilfe eine kurzfristige statistische Prognose der monatlichen Fluggästezahlen zu bewerkstelligen.

a. In einem ersten Analyseschritt fügen Sie in die Arbeitsdatei eine Variable *Trend* ein, welche die Werte einer inhomogenen linearen Kleinste-Quadrate-Trendfunktion beinhaltet. Geben Sie unter Verwendung geeigneter Symbole die Trendfunktion explizit an. Benennen und interpretieren Sie die geschätzten Trendparameter.

b. In einem zweiten Analyseschritt fügen Sie in die Arbeitsdatei eine Variable *Saison* ein, welche die monatsdurchschnittlichen Schwankungen der erfassten Fluggästezahlen um die Trendfunktion beinhaltet. Skizzieren Sie kurz Ihren Lösungsweg und interpretieren Sie den jeweiligen monatsdurchschnittlichen Wert für die Monate Januar und Juni.

c. In einem dritten Analyseschritt fügen Sie in die Arbeitsdatei eine Variable *Modell* ein, welche die Schätzwerte eines additiven Trend-Saison-Modells auf der Basis einer inhomogenen linearen Kleinste-Quadrate-Trendfunktion und monatsdurchschnittlicher Abweichungen der Fluggästezahlen vom linearen Trend beinhaltet. Geben Sie die angewandte Berechnungsvorschrift für die Variable *Modell* in der verbindlichen SPSS Syntax an.

d. In einem vierten Analyseschritt stellen Sie die beobachteten und die modellierten Fluggästezahlen gemeinsam mit Hilfe eines geeigneten und konkret zu benennenden Diagramms grafisch dar. Zu welcher Aussage gelangen Sie aus einer alleinigen Betrachtung des Diagramms?

e. In einem fünften Analyseschritt bestimmen Sie als ein Gütemaß für Ihr Trend-Saison-Modell den zugehörigen Residualstandardfehler. Zu welcher analytischen Aussage gelangen Sie anhand dieses Maßes?

f. In einem sechsten Analyseschritt prognostizieren Sie mit Hilfe des konstruierten Trend-Saison-Modells die monatliche Anzahl der Fluggäste auf den Berliner Flughäfen für das Wirtschaftsjahr 2016. An welche Bedingung ist Ihre Prognose gebunden? Beschreiben Sie den Prognose- und den Relevanzzeitraum Prognosemodells mit Hilfe einer geeigneten Indexmenge und geben Sie die Länge des Prognose- und des Relevanzzeitraumes an.

g. In einem siebenten Analyseschritt ergänzen Sie Ihre Arbeitsdatei durch die „im Nachhinein“ verfügbaren und in der Tabelle vermerkten „originären“ monatlichen Fluggästezahlen (Angaben in 1000) für das Wirtschaftsjahr 2016.

Januar	Februar	März	April	Mai	Juni
2034	2206	2569	2604	2875	2952
Juli	August	September	Oktober	November	Dezember
3073	2982	3242	3144	2623	2603

h. In einem achten und finalen Analyseschritt entschließen sich, eine sogenannte ex-post-Prognose mit Hilfe des sogenannten Janus-Koeffizienten zu bewerkstelligen.

► **Hinweis**: Der Quotient aus den radizierten durchschnittlichen quadratischen Abweichungen von beobachteten Werten und Modellwerten eines Prognosezeitraumes einerseits und eines Beobachtungszeitraumes andererseits wird in der Zeitreihenanalyse auch als Janus-Koeffizient bezeichnet.

Zu welcher analytischen Aussage gelangen Sie mit Hilfe dieser Maßzahl?

Problemstellung 9-7
Verwenden Sie zur Lösung der Problemstellungen die SPSS Datendatei **JD7.sav** aus dem lehrbuchbezogenen Downloadbereich. Die Datei beinhaltet die Zeitreihe der 2010/11 an der Nashville Stock Exchange, Tennessee, USA, börsentäglich erfassten Schlusskurse für die Stammaktie „Jack Daniels".

a. Fügen Sie in die SPSS Arbeitsdatei eine Variable ein, welche die zeitlich logische Abfolge der erfassten Schlusskurse mit Hilfe der natürlichen Zahlen beschreibt. Gehen Sie der Einfachheit und Praktikabilität halber von einer äquidistanten Zeitreihe aus und geben Sie die applizierte Berechnungsvorschrift in der verbindlichen SPSS Syntax explizit an. Beschreiben Sie den Beobachtungszeitraum der Zeitreihe mit Hilfe einer geeigneten Indexmenge und geben Sie die Länge des Beobachtungszeitraumes an.
b. Stellen Sie mit Hilfe einer geeigneten und konkret zu benennenden Grafik den zeitlichen Verlauf der erfassten und auf eine logarithmische Skala transformierten Schlusskurse der Jack-Daniels-Aktie dar. Zu welcher Aussage gelangen Sie aus einer alleinigen Betrachtung der grafischen Darstellung?
c. Ergänzen Sie die gemäß Problemstellung b. erstellte Grafik durch eine sogenannte i) zentrierte und ii) zurückgreifende 50-Tage-Trajektorie. Zu welcher Aussage gelangen Sie aus der alleinigen Betrachtung der erweiterten Grafik?
d. Im technischen Wertpapiermanagement kommt den börsentäglichen Renditen in Gestalt der börsentäglichen prozentualen Veränderungsraten eine besondere praktische und analytische Bedeutung zu. Fügen Sie in die Arbeitsdatei eine Variable ein, welche die börsentäglichen Renditen für die Jack-Daniels-Stammaktie zum Inhalt hat. Gehen Sie bei der Berechnung der börsentäglichen Renditen von den Prämissen eines stetigen Verzinsungsmodells aus. Geben Sie die applizierte Berechnungsvorschrift in der verbindlichen SPSS Syntax an.
e. Prüfen Sie auf einem vorab vereinbarten Signifikanzniveau von 0,05 mit Hilfe des Kolmogorov-Smirnov-Anpassungstests die folgende unvollständig spezifizierte Verteilungshypothese: Die börsentäglichen Renditen der Jack-Daniels-Stammaktie sind Realisationen einer normalverteilten Zufallsgröße. Interpretieren Sie Ihr Ergebnis.
f. Gehen Sie von der Prämisse aus, dass die börsentäglichen Renditen der Jack-Daniels-Stammaktie dem Modell einer Normalverteilung genügen.
   i) Spezifizieren Sie unter Verwendung der verfügbaren Daten das Verteilungsmodell durch die Benennung, die Berechnung und die auf zwei Dezimalstellen gerundete Angabe der charakteristischen Verteilungsparameter.
   ii) Berechnen Sie die Wahrscheinlichkeit dafür, dass sich ceteris paribus an einem beliebigen Börsentag die Rendite der Jack-Daniels-Stammaktie auf mindestens 2,5 % beläuft. Geben Sie die benutzte Berechnungsvorschrift in der verbindlichen SPSS Syntax an.
   iii) Bestimmen Sie den Wert, den ceteris paribus die Rendite der Jack-Daniels-Stammaktie an einem beliebigen Börsentag mit einer Wahrscheinlichkeit von 0,95

höchstens annimmt. Geben Sie die benutzte Berechnungsvorschrift in der verbindlichen SPSS Syntax an.

g. Bei der Analyse und Modellierung von stochastischen Prozessen kommt dem sogenannten Box-Jenkins-Verfahren und der Klasse der sogenannten *Arima*-Modelle eine besondere praktische Bedeutung zu. i) Auf welchen diagnostischen Instrumenten beruht das sogenannte Box-Jenkins-Verfahren? ii) Benennen Sie die Komponenten eines stochastischen Prozesses, die mit Hilfe der Klasse der sogenannten *Arima*-Modelle nachgebildet werden können.

h. Zur Identifikation der Komponenten eines stochastischen Prozesses, die über eine zeitliche Entwicklungsrichtung hinaus „wirken“, ist es im Rahmen des Box-Jenkins-Verfahrens erforderlich, einen zumindest schwach stationären stochastischen Prozess zu betrachten. Erläutern Sie kurz den Begriff und das Erscheinungsbild eines schwach stationären stochastischen Prozesses.

i. Ein einfaches statistisches Instrument zur Trendelimination bei Zeitreihen bilden die sogenannten Differenzenfilter der Ordnung d. Einmal unterstellt, dass Sie die auf eine logarithmische Skala transformierten Schlusskurswerte für die Jack-Daniels-Stammaktie mit Hilfe eines Differenzenfilters der Ordnung d = 1 in einen schwach stationären stochastischen Prozess umwandeln können. Worin liegt der analytische und sachlogische Vorteil der praktizierten Transformation der Schlusskurswerte? Erläutern Sie kurz das Erscheinungsbild der so transformierten börsentäglichen Schlusskurse der Jack-Daniels-Stammaktie.

j. Sie sind bestrebt, die chronologisch erfassten und auf eine logarithmische Skala transformierten Schlusskurse der Jack-Daniels-Aktie zu diagnostizieren und zum Zwecke einer kurzfristigen statistischen Vorausberechnung mit Hilfe eines geeigneten *Arima*-Modells nachzubilden. Welche „Bewegungsgesetze“ identifizieren Sie mit Hilfe des Box-Jenkins-Verfahrens für die Schlusskurse, wenn Sie Ihren analytischen Betrachtungen die SPSS Standardeinstellungen zugrunde legen? Erläutern Sie kurz Ihren Analysebefund. Spezifizieren Sie in der allgemein üblichen Notation ein geeignetes *Arima*(p, d, q)-Modell zur Nachbildung der Schlusskurswerte der Jack-Daniels-Aktie.

k. Einmal unterstellt, dass Sie für die vier Tage der sechsten Kalenderwoche des Wirtschaftsjahres 2011 mit Hilfe des spezifizierten *Arima*-Modells eine Prognose der börsentäglich erfassten Schlusskurswerte der Jack-Daniels-Aktie bewerkstelligen wollen. Worauf läuft im konkreten Fall Ihre Prognose der börsentäglichen Schlusskurse letzten Endes hinaus?

Problemstellung 9-8*

Verwenden Sie zur Lösung der Problemstellungen die SPSS Datendatei **DA7.sav** aus dem lehrbuchbezogenen Downloadbereich. Die Datei beinhaltet die im Wirtschaftsjahr 2014 an der Frankfurter Börse börsentäglich notierten Eröffnungs- und Schlusskurse der Aktie der Daimler Aktiengesellschaft.

a. Fügen Sie in die Arbeitsdatei eine Variable „Zeit“ ein, welche die zeitliche Abfolge der börsentäglichen Notationen mit Hilfe einer auf den natürlichen Zahlen basierenden äquidistanten Größe beschreibt.
b. Stellen Sie mit Hilfe einer geeigneten und konkret zu benennenden Grafik und der Zeitvariablen aus der Problemstellung a. den zeitlichen Verlauf der erfassten und auf eine logarithmische Skala transformierten Schlusskurse der Daimler-Aktie dar. Zu welcher Aussage gelangen Sie aus einer alleinigen Betrachtung der grafischen Darstellung?
c. Ergänzen Sie die Grafik aus der Problemstellung b. durch eine sogenannte zentrierte 50-Tage-Trajektorie. Zu welcher Aussage gelangen Sie aus einer alleinigen Betrachtung der erweiterten Grafik?
d. Sie sind bestrebt, die chronologisch erfassten und auf eine logarithmische Skala transformierten Schlusskurse der Daimler-Aktie zu diagnostizieren und zum Zwecke einer kurzfristigen statistischen Vorausberechnung mit Hilfe eines geeigneten *Arima*-Modells nachzubilden. Welche „Bewegungsgesetze“ identifizieren Sie mit Hilfe des sogenannten Box-Jenkins-Verfahrens, wenn Sie Ihren analytischen Betrachtungen die SPSS Standardeinstellungen zugrunde legen? Skizzieren und begründen Sie kurz Ihre Analysebefunde.
e. Spezifizieren Sie in der allgemein üblichen zeitreihenanalytischen Notation ein geeignetes *Arima*(p, d, q)-Modell zur Nachbildung des zeitlichen Verlaufs der Schlusskurswerte der Daimler-Aktie.
f. Erstellen Sie mit Hilfe des gemäß Problemstellung e. spezifizierten *Arima*-Modells eine Prognose der Schlusskurswerte der Daimler-Aktie für die ersten zehn Börsentage des Wirtschaftsjahres 2015. Worauf läuft im konkreten Fall die Schlusskursprognose letzten Endes hinaus?
g. Fügen Sie in die Arbeitsdatei eine Variable „Trend“ ein, welche für die originären Schlusskurse den linearen Trend beschreibt, der gemäß der sogenannten Zwei-Punkte-Geradengleichung auf dem ersten und dem letzten Schlusskurwert basiert. Geben Sie die Trendfunktion mit ihren Parameterwerten an.
h. Erstellen Sie mit Hilfe der gemäß g. bestimmten Trendfunktion eine Prognose der Schlusskurswerte der Daimler-Aktie für die ersten zehn Börsentage des Wirtschaftsjahres 2015 und stellen Sie diese gemeinsam mit den originären Schlusskursen grafisch dar. Zu welcher Aussage gelangen Sie aus einem Vergleich dieses Analysebefundes mit dem Befund aus der Problemstellung f.?

Problemstellung 9-9*

Verwenden Sie zur Lösung der Problemstellungen die SPSS Datendatei **BM7.sav** aus dem lehrbuchbezogenen Downloadbereich. Die Datei beinhaltet die im Wirtschaftsjahr 2017 an der Frankfurter Börse börsentäglich notierten Schlusskurse der Aktie der Bayerischen Motoren Werke Aktiengesellschaft.

a. Fügen Sie in die SPSS Arbeitsdatei eine Variable „Zeit" ein, welche die zeitlich logische Abfolge der erfassten Schlusskurse mit Hilfe der natürlichen Zahlen beschreibt. Gehen Sie der Einfachheit und Praktikabilität halber von einer äquidistanten Zeitreihe aus und geben Sie die applizierte Berechnungsvorschrift in der verbindlichen SPSS Syntax explizit an. Beschreiben Sie den Beobachtungszeitraum der Zeitreihe mit Hilfe einer geeigneten Indexmenge und geben Sie die Länge des Beobachtungszeitraumes an.
b. Stellen Sie mit Hilfe einer geeigneten und konkret zu benennenden Grafik und der Zeitvariablen aus der Problemstellung a. den zeitlichen Verlauf der i) erfassten und ii) auf eine logarithmische Skala transformierten Schlusskurse der BMW-Aktie dar. Zu welcher Aussage gelangen Sie aus einer alleinigen Betrachtung der grafischen Darstellung?
c. Ergänzen Sie die Grafik aus der Problemstellung b. auf der Basis der Schlusskurse durch i) eine sogenannte zentrierte und ii) eine sogenannte zurückgreifende 50-Tage-Trajektorie. Zu welcher Aussage gelangen Sie aus einer alleinigen Betrachtung der erweiterten Grafik?
d. Sie sind bestrebt, die chronologisch erfassten und auf eine logarithmische Skala transformierten Schlusskurse der Daimler-Aktie zu diagnostizieren und zum Zwecke einer kurzfristigen statistischen Vorausberechnung mit Hilfe eines geeigneten *Arima*-Modells nachzubilden. Welche „Bewegungsgesetze" identifizieren Sie mit Hilfe des sogenannten Box-Jenkins-Verfahrens, wenn Sie Ihren analytischen Betrachtungen die SPSS Standardeinstellungen zugrunde legen? Skizzieren und begründen Sie kurz Ihre Analysebefunde.
e. Spezifizieren Sie in der allgemein üblichen zeitreihenanalytischen Notation ein geeignetes *Arima*(p, d, q)-Modell zur Nachbildung des zeitlichen Verlaufs der Schlusskurswerte der BMW-Aktie.
f. Erstellen Sie mit Hilfe des gemäß Problemstellung e. spezifizierten *Arima*-Modells eine Prognose der Schlusskurswerte der BMW-Aktie für die ersten zehn Börsentage des Wirtschaftsjahres 2018. Worauf läuft im konkreten Fall die Schlusskursprognose letzten Endes hinaus?

Problemstellung 9-10*

Verwenden Sie zur Lösung der folgenden Problemstellungen die SPSS Datendatei **BF7.sav** aus dem lehrbuchbezogenen Downloadbereich. Die Datei beinhaltet die Zeitreihe der monatlichen Fluggästezahlen (Angaben in 1000 Personen) auf den Berliner Flughäfen für die Wirtschaftsjahre 2011 bis 2018. Im Oberseminar zum Projektmanagement werden Sie gebeten, im Rahmen eines Fachvortrages jeweils eine kurzfristige statistische Prognose der monatlichen Fluggästezahlen für das Wirtschaftsjahr 2019 auf der Basis der folgenden statistischen Modelle zu präsentieren: i) additives Trend-Saison-Modell mit linearem Trend, ii) multiplikatives saisonales Holt-Winters-Modell der exponentiellen Glättung, iii) homogenes ARIMA-Modell mit saisonalen Parametern.

► **Empfehlung**: Erstellen Sie für jedes zu konstruierende Modell eine eigene Arbeitsdatei.

a. Erläutern Sie am konkreten Sachverhalt kurz die folgenden Begriffe: i) Beobachtungszeitraum, ii) Prognosezeitraum, iii) Relevanzzeitraum, iv) ex-post-Prognosekonzept.
b. Im Zuge der Konstruktion des additiven Trend-Saison-Modells fügen Sie in einem ersten Analyseschritt in die Arbeitsdatei eine Variable „Trend“ ein, welche für den Beobachtungszeitraum die Werte einer inhomogenen linearen Kleinste-Quadrate-Trendfunktion beinhaltet. Geben Sie unter Verwendung geeigneter Symbole die Trendfunktion explizit an. Benennen und interpretieren Sie die geschätzten Trendparameter. In einem zweiten Analyseschritt fügen Sie in die Arbeitsdatei eine Variable „Saison“ ein, welche die monatsdurchschnittlichen Schwankungen der erfassten Fluggästezahlen um die lineare Trendfunktion beinhaltet.

▶ **Hinweis**: Bedienen Sie sich zur Berechnung der saisonalen Komponente analog zur nachfolgenden Abbildung des SPSS Dialogfeldes „Saisonale Zerlegung“, das Sie in SPSS via Analysieren, Vorhersage, Saisonale Zerlegung anfordern können.

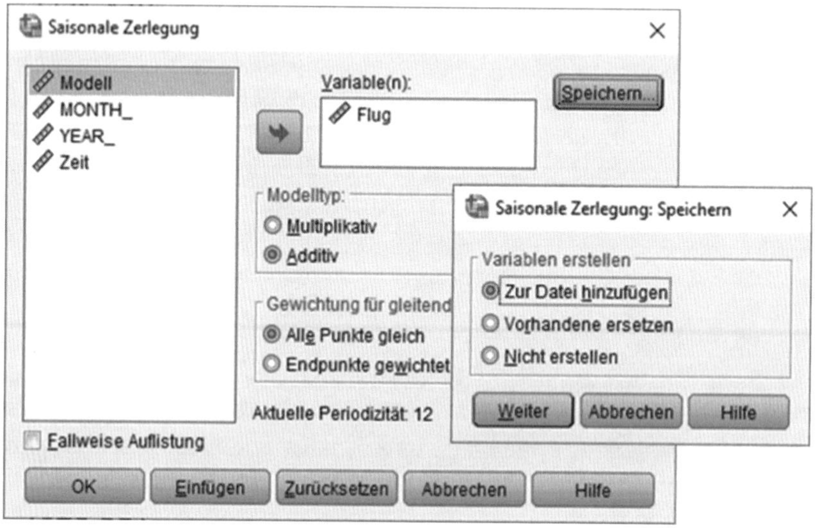

SPSS Dialogfeld Saisonale Zerlegung

In einem dritten Analyseschritt erweitern Sie die Variablen „Trend“ und „Saison“ um die zugehörigen Werte im Prognosezeitraum. In einem vierten Analyseschritt fügen Sie in die Arbeitsdatei eine Variable „Modell“ ein, welche die Schätzwerte des additiven Trend-Saison-Modells auf der Basis der berechneten Modellkomponenten für den Relevanzzeitraum beinhaltet. Geben Sie die angewandte Berechnungsvorschrift für die Variable „Modell“ in der verbindlichen SPSS Syntax an. In einem fünften Analyseschritt stellen Sie in einem Sequenzdiagramm die im Beobachtungszeitraum erfassten Zeitreihenwerte und die berechneten Modellwerte für den Relevanzzeitraum gemeinsam grafisch dar. Zu welcher Aussage gelangen Sie aus einer alleinigen Betrachtung des Sequenzdiagramms?

c. Im Zuge der Konstruktion des multiplikativen saisonalen Holt-Winters-Modells der exponentiellen Glättung fügen Sie in einem ersten Analyseschritt eine Variable „Modell“ ein, welche für den Relevanzzeitraum die geschätzten Modellwerte der monatlichen Fluggästezahlen beinhaltet.

▶ **Hinweis**: Das in Rede stehende Modell kann in SPSS via „Analysieren, Vorhersagen, traditionelle Modelle erstellen" im Dialogfeld „Zeitreihenmodellierung" spezifiziert werden. Die geschätzten Modellwerte können im zugehörigen Unterdialogfeld „Optionen" für den Relevanzzeitraum optional angefordert werden.

In einem zweiten Analyseschritt stellen Sie in einem Sequenzdiagramm die im Beobachtungszeitraum erfassten Zeitreihenwerte und die berechneten Modellwerte für den Relevanzzeitraum gemeinsam grafisch dar. Zu welcher Aussage gelangen Sie aus einer alleinigen Betrachtung des Sequenzdiagramms?

d. Im Zuge der Konstruktion eines homogenen ARIMA-Modells mit saisonalen Parametern identifizieren Sie in einem ersten Analyseschritt mit Hilfe des Box-Jenkins-Verfahrens für die Zeitreihe der monatlichen Fluggästezahlen ein ARIMA(0,1,0)(1,1,0)-Modell. In einem zweiten Analyseschritt fordern Sie für das vollständig spezifizierte Modell analog zur Problemstellung c. im SPSS Dialogfeld „Zeitreihenmodellierung“ die geschätzten Modellwerte für den Relevanzzeitraum an. In einem dritten Analyseschritt stellen Sie (analog zur den beiden anderen Modellen) in einem Sequenzdiagramm die im Beobachtungszeitraum erfassten Zeitreihenwerte und die berechneten Modellwerte für den Relevanzzeitraum gemeinsam grafisch dar und kommentieren kurz den grafischen Analysebefund. Im Rahmen Ihres Fachvortrags werden Sie zudem gebeten, sowohl die Modellspezifikation als auch den Terminus „homogen“ kurz zu erklären und zu begründen.

e. In der nachfolgenden Tabelle sind die ex-post verfügbaren monatlichen Fluggästezahlen auf den Berliner Flughäfen für das Wirtschaftsjahr 2019 zusammengefasst.

Januar	Februar	März	April	Mai	Juni
2419	2538	2934	3102	3201	3261
Juli	August	September	Oktober	November	Dezember
3359	3181	3267	3233	2545	2606

In einem finalen Analyseschritt bestimmen Sie im Kontext des sogenannten ex-post-Prognosekonzepts für jedes der drei konstruierten Modelle den sogenannten Janus-Koeffizienten.

▶ **Hinweis**: Für ein Zeitreihenmodell bezeichnet man den Quotienten aus dem ex-post-Residualstandardfehler und dem ex-ante-Residualstandardfehler als Janus-Koeffizient.

Interpretieren Sie die jeweilige Maßzahl sowohl aus statistisch-methodischer als auch aus sachlogischer Sicht und ergänzen Sie Ihre Aussage durch ein Sequenzdiagramm, welches die Grundidee des ex-post-Prognosekonzepts augenscheinlich werden lässt.

9.2 Lösungen

Lösung 9-1

a. da die Übernachtungszahlen y_t zeitlich logisch abfolgend geordnet sind, subsumiert man die Daten $\{y_t, t = 1, 2, \ldots, 60\}$ unter dem Begriff einer Zeitreihe
b. äquidistante Zeitintervallreihe
c. Beobachtungszeitraum: $T_B = \{t \mid t = 1, 2, \ldots, 60\} = \{t^* \mid t^* = \text{Jan 2006, Feb 2006}, \ldots, \text{Dez 2010}\}$, Länge: $n = 60$ Monate
d. Sequenzdiagramm, steigender und volatiler Verlauf der Übernachtungszahlen, der augenscheinlich saisonal bedingt ist
e. via Zeitreihen erstellen, zentrierte gleitende Durchschnitte, Spanne: 12
f. volatiler Verlauf wird derart geglättet, dass eine linear steigende Tendenz der Übernachtungszahlen erkennbar wird
g. via Datei, Speichern unter

Lösung 9-2

a. Analyse, Modellierung und Prognose der zeitlichen Entwicklung eines Prozesses (im konkreten Fall die Anzahl der Übernachtungen in Berliner Beherbergungsbetrieben)
b. Beobachtungszeitraum: $T_B = \{t \mid t = 1, 2, \ldots, 60\} = \{t^* \mid t^* = \text{Jan 2006, Feb 2006}, \ldots, \text{Dez 2010}\}$, Länge: $n = 60$ Monate
   Prognosezeitraum: $T_P = \{t \mid t = 61, 62, \ldots, 72\} = \{t^* \mid t^* = \text{Jan 2011, Feb 2011}, \ldots, \text{Dez 2011}\}$, Länge: $h = 12$ Monate
   Relevanzzeitraum: $T_R = \{t \mid t = 1, 2, \ldots, 72\} = \{t^* \mid t^* = \text{Jan 2006, Feb 2006}, \ldots, \text{Dez 2011}\}$, Länge: $n + h = 60 + 12 = 72$ Monate
c. A: Anzahl der Übernachtungen, t: Zeit, inhomogene lineare (Kleinste-Quadrate-)Trendfunktion: $A^*(t) = 1249{,}970 + 8{,}849 \times t$ mit $t \in T_B$, Trendkonstante: unter Verwendung des linearen Trends schätzt man wegen $t = 0$ und $t^* = \text{Dez 2005}$ für den Dezember 2005 wegen $A^*(0) = 1249{,}970 + 8{,}849 \times 0 = 1249{,}970$ (1000 Übernachtungen) bzw. ca. 1,25 Mio. Übernachtungen in den Berliner Beherbergungsbetrieben, wegen $dA^*/dt = 8{,}849$ (1000 Übernachtungen je Monat) steigt von Monat zu Monat die Anzahl der Übernachtungen in Berliner Beherbergungsbetrieben im Durchschnitt um 8849 Übernachtungen
d. z. B. via Analysieren, Regression, Kurvenanpassung, Speichern, Optionen: vorhergesagte Werte, vorhersagen bis Jahr 2011, Monat 12, Schätzwert für $t = 72$ bzw. $t^* = \text{Dez 2011}$: $A^*(72) = 1249{,}970 + 8{,}849 \times 72 \cong 1887{,}1$ (1000 Übernachtungen) bzw. ca. 1,89 Mio. Übernachtungen
e. linear steigende Übernachtungszahlen, die durch saisonale und in ihrem absoluten Niveau nahezu gleichbleibende Schwankungen überlagert werden

Lösung 9-3

a. SPSS Variable: z. B. Tres = Über – Trend, Variablenlabel: Trend*res*iduen, Variable kann via Transformieren, Variable berechnen bzw. via Analysieren, Regression, Kurvenanpassung, Speichern, Option: Residuen erzeugt werden; analytische Aussage: Trendresiduen sind durch einen volatilen und periodisch wiederkehrenden Verlauf „um null" gekennzeichnet
b. die Abweichungen der originären Zeitreihenwerte von den Werten der linearen Trendfunktion, Summe der Trendresiduen ist null, Residualsumme von null erklärt sich aus der Kleinste-Quadrate-Trendfunktion
c. Berechnung der Saisonkomponente via *Analysieren, Mittelwerte vergleichen, Mittelwerte*, abhängige Variable: *Tres*, unabhängige Variable: MONTH_, wegen 242,762 bzw. -180,088 liegen jeweils im Monat Oktober bzw. November die Übernachtungszahlen im Durchschnitt um ca. 243 Tsd. Übernachtungen über bzw. um ca. 180 Tsd. Übernachtungen unter dem linearen Trend
d. Trendresiduen und Saisonkomponentenwerte zeigen einen volatilen, um null schwankenden, periodisch wiederkehrenden und nahezu kongruenten zeitlichen Verlauf

Lösung 9-4

a. z. B. Modell = Trend + Saison
b. Prognosewerte (Angaben in 1000 Übernachtungen), siehe Abbildung

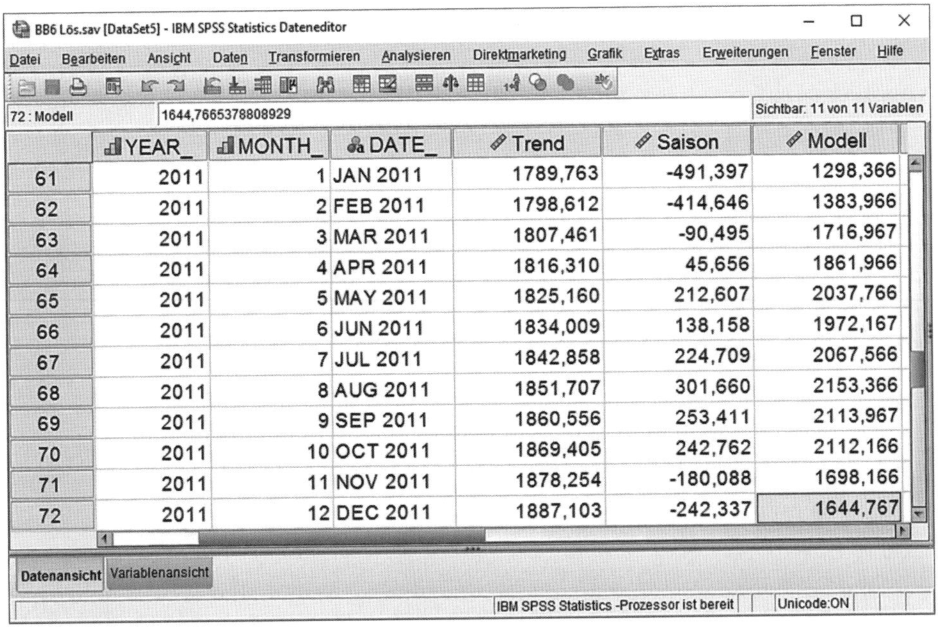

	YEAR_	MONTH_	DATE_	Trend	Saison	Modell
61	2011	1	JAN 2011	1789,763	-491,397	1298,366
62	2011	2	FEB 2011	1798,612	-414,646	1383,966
63	2011	3	MAR 2011	1807,461	-90,495	1716,967
64	2011	4	APR 2011	1816,310	45,656	1861,966
65	2011	5	MAY 2011	1825,160	212,607	2037,766
66	2011	6	JUN 2011	1834,009	138,158	1972,167
67	2011	7	JUL 2011	1842,858	224,709	2067,566
68	2011	8	AUG 2011	1851,707	301,660	2153,366
69	2011	9	SEP 2011	1860,556	253,411	2113,967
70	2011	10	OCT 2011	1869,405	242,762	2112,166
71	2011	11	NOV 2011	1878,254	-180,088	1698,166
72	2011	12	DEC 2011	1887,103	-242,337	1644,767

SPSS Dateneditor mit Prognosewerten für Übernachtungen

c. additives Trend-Saison-Modell, Basis: linearer Kleinste-Quadrate-Trend und absolute monatsdurchschnittliche Schwankungen um den linearen Trend
d. Modellwerte beschreiben im Relevanzzeitraum hinreichend genau die zeitliche Entwicklung der beobachteten monatlichen Übernachtungen in Berliner Beherbergungsbetrieben
e. z. B. Mres = Über – Modell
f. Modell*res*iduen zeigen einen volatilen und unsystematischen Verlauf; Prognosewerte gemäß b):
g. 64,46 (1000 Übernachtungen), d. h. im Durchschnitt weichen im Beobachtungszeitraum die Übernachtungszahlen um 64460 Übernachtungen nach oben und nach unten von den Modellwerten ab

Lösung 9-5*

a. äquidistante Zeitintervallreihe
b. $T_B = \{t \mid t = 1, 2, \ldots, 72\} = \{t^* \mid t^* = \text{Jan } 2010, \text{Feb } 2010, \ldots, \text{Dez } 2015\}$, Länge des Beobachtungszeitraumes: 72 Monate
c. Sequenzdiagramm indiziert im Beobachtungszeitraum ansteigende und durch periodisch wiederkehrende Schwankungen getragene Fluggästezahlen
d. die zentrierten gleitenden Durchschnitte können via Transformieren, Zeitreihe erstellen in die Arbeitsdatei eingefügt werden; Zweckbestimmung: Glättung einer stark schwankenden Zeitreihe, um sowohl ihr „Schwankungsmuster" als auch ihre „Grundrichtung" identifizieren zu können, Konstruktionsprinzip: arithmetisches Mittel aus einer festlegten Anzahl von Zeitreihenwerten, die „über eine Zeitreihe hinweggleitend" berechnet werden
e. während ein Stützbereich von sechs Monaten ein periodisch wiederkehrendes bzw. sinusförmiges Schwankungsmuster erkennen lässt, werden bei einem Stützbereich von zwölf Monaten die Schwankungen eliminiert, wobei ein linear steigender Trend der Fluggästezahlen erkennbar wird
f. ein additives Trend-Saison-Modell auf der Basis eines linearen Trends, der durch periodisch wiederkehrende und in ihrem absoluten Ausmaß konstante Schwankungen überlagert wird

Lösung 9-6*

a. z. B. via Analysieren, Regression, Kurvenanpassung: F* geschätzte Fluggastzahlen, Basis: linearer Trend in Gestalt einer inhomogenen linearen Kleinste-Quadrate-Regressionsfunktion der Fluggastzahlen F über der Zeitvariablen t, wobei $F^*(t) = 1801{,}413 + 9{,}800 \times t$ mit $t \in T_B$ gilt, Parameterinterpretation, Trendkonstante: wegen $F^*(0) = 1801{,}413$ schätzt man für den Dezember 2009 auf den Berliner Flughäfen ca. 1801 Tsd. bzw. 1,8 Mio. Fluggäste, Trendkoeffizient: wegen $dF^*/dt = 9{,}8$ (1000

Fluggäste pro Monat) ist im Beobachtungszeitraum T_B auf den Berliner Flughäfen von Monat zu Monat die Anzahl der Fluggäste durchschnittlich um 9800 Personen gestiegen

b. die saisonalen Werte als monatsdurchschnittliche Schwankungen der Fluggastzahlen um den linearen Trend können auf der Basis der sogenannten Trendresiduen z. B. via Analysieren, Mittelwerte vergleichen, Mittelwerte, abhängige Variable: *Trendresiduen*, Schicht(variable): *Month_*, berechnet werden, Variablenwerte vgl. Variable *Saison* im beigefügten Dateneditor

FG6 Lös.sav [DataSet1] - IBM SPSS Statistics Dateneditor

Datei Bearbeiten Ansicht Daten Transformieren Analysieren Direktmarketing Grafik Extras Erweiterungen Fenster Hilfe

84 : DATE_ DEC 2016 Sichtbar: 11 von 11 Variablen

	DATE_	Flug	Trend	Saison	Modell	TResi	MResi
71	NOV 2015	2330	2497,210	-138,711	2358,499	-167,210	-28,499
72	DEC 2015	2121	2507,010	-346,678	2160,332	-386,010	-39,332
73	JAN 2016	2034	2516,809	-477,711	2039,098	.	-5,098
74	FEB 2016	2206	2526,609	-428,345	2098,265	.	107,735
75	MAR 2016	2569	2536,409	-84,478	2451,931	.	117,069
76	APR 2016	2604	2546,209	-6,611	2539,598	.	64,402
77	MAY 2016	2875	2556,009	159,922	2715,931	.	159,069
78	JUN 2016	2952	2565,809	221,289	2787,098	.	164,902
79	JUL 2016	3073	2575,609	276,656	2852,265	.	220,735
80	AUG 2016	2982	2585,409	193,689	2779,098	.	202,902
81	SEP 2016	3242	2595,209	323,222	2918,431	.	323,569
82	OCT 2016	3144	2605,009	307,756	2912,765	.	231,235
83	NOV 2016	2623	2614,809	-138,711	2476,098	.	146,902
84	DEC 2016	2603	2624,609	-346,678	2277,931	.	325,069

Datenansicht Variablenansicht

IBM SPSS Statistics -Prozessor ist bereit Unicode:ON

SPSS Dateneditor mit Prognosewerten für Fluggastzahlen

In den sechs beobachteten Monaten Januar bzw. Juni lagen die Fluggastzahlen wegen −477,711 bzw. 221,289 im Durchschnitt um 478711 Fluggäste unter bzw. um 221289 Fluggäste über dem linearen Trend.

c. Berechnungsvorschrift: Modell = Trend + Saison

d. In einem sogenannten Sequenzdiagramm zeigen die beobachteten und die modellmäßig geschätzten Fluggastzahlen einen nahezu deckungsgleichen Verlauf. Dieser grafische Befund kann als ein Indiz dafür angesehen werden, dass das additive Trend-Saison-Modell ein geeignetes Zeitreihenmodell zur Nachbildung der Fluggastzahlen im Beobachtungszeitraum ist.

e. Residualstandardfehler: $\sqrt{((136118{,}410)/72)} \cong 43{,}5$ (1000 Fluggäste), d. h. im Durchschnitt weichen im Beobachtungszeitraum die beobachteten Fluggastzahlen von den Modellwerten um 43500 Fluggäste ab.
f. an die sogenannte ceteris-paribus-Bedingung, wonach für eine Prognose die gleichen gesamtwirtschaftlichen Bedingungen unterstellt werden wie im Beobachtungszeitraum; Prognosezeitraum: $T_P = \{t \mid t = 73, 74, \ldots, 84\} = \{t^* \mid t^* = \text{Jan 2016, Feb 2016}, \ldots, \text{Dez 2016}\}$, Länge: 12 Monate, Relevanzzeitraum: $T_R = \{t \mid t = 1, 2, \ldots, 84\} = \{t^* \mid t^* = \text{Jan 2010}, \ldots, \text{Dez 2016}\}$, Länge: 72 + 12 = 84 Monate, Modellprognose: siehe Dateneditorauszug unter b.
g. vgl. Dateneditorauszug unter b.
h. sogenannte ex-post-Prognose, gemäß Dateneditorauszug unter b. ergibt sich ein Janus-Koeffizient von $195{,}2/43{,}5 \cong 4{,}5 > 1$, demnach ist das Ausmaß der mittleren quadratischen Abweichungen der beobachteten Fluggastzahlen von den geschätzten Fluggastzahlen „ex post" im Prognosezeitraum 4,5-mal größer als „ex ante" im Beobachtungszeitraum; die Kennzahl $\sqrt{((457290{,}253)/12)} \cong 195{,}2$ (1000 Fluggäste) kennzeichnet die radizierte mittlere quadratische Abweichung im ex-post-Prognosezeitraum

Lösung 9-7*

a. z. B. Zeit = $Casenum, Indexmenge für Beobachtungszeitraum: $T_B = \{t \mid t = 1, 2, \ldots, 144\} = \{t^* \mid t^* = \text{2. Aug 2010}, \ldots, \text{18. Feb 2011}\}$, Länge: 144 Börsentage
b. Sequenzdiagramm: volatiler und ansteigender Kursverlauf
c. es wird jeweils ein geglätteter, wachsender und s-förmiger Kursverlauf indiziert, wobei die Moving-Average-Trajektorie „zeitlich mittig" und die Prior-Moving-Average-Trajektorie „zeitnah verschoben" projiziert wird
d. z. B. Rendite = (LN(Jack) – LN(LAG(Jack))) * 100
e. wegen $\alpha = 0{,}05 < \alpha \geq 0{,}2$ besteht kein Anlass, die Normalverteilungshypothese zu verwerfen, die börsentäglichen Renditen R_t (für $t \in T_B$, Angaben in %) der Jack-Daniels-Stammaktie können als Realisationen einer normalverteilten Zufallsgröße aufgefasst werden
f. i) arithmetisches Mittel: 0,15 %, Standardabweichung: 1,99 %, Modellspezifikation: $R_t \sim N(0{,}15\,\%, 1{,}99\,\%)$,
ii) Prob = 1 – CDF.NORMAL(2.5,0.15, 1.99) $\cong$ 0,1188,
iii) Quantil = IDF.NORMAL(0.95,0.15,1.99) $\cong$ 3,42 %
g. i) Instrumente: Autokorrelationsfunktion ACF, partielle Autokorrelationsfunktion PACF, beide werden tabellarisch und/oder grafisch in Gestalt eines sogenannten Korrelogramms dargestellt, ii) Komponenten: autoregressive Komponente, integrierte bzw. Trendkomponente, Moving-Average-Komponente bzw. Störgrößenkomponente
h. stochastischer Prozess, der zeitunabhängig zumindest in seinem Erwartungswert und in seiner Varianz konstant ist

i. die transformierten Werte können bei Anwendung des stetigen Verzinsungsmodells als prozentuale börsentägliche Veränderungsraten bzw. Renditen gedeutet werden; die Trajektorie der börsentäglichen Renditen ist in ihrem zeitlichen Verlauf volatil um das Schwankungszentrum null mit einer homoskedastischen Schwankungsbreite von ca. 5 % nach oben und nach unten
j. erstens: da die empirischen ACF-Koeffizienten nur sehr langsam aussterben und nur der empirischen PACF-Koeffizient der Lag-Ordnung q = 1 signifikant verschieden von null und im Wert nahe eins ist, identifiziert man einen integrierten stochastischen Prozess,
zweitens: da die erste Differenzenfolge eine schwach stationäre Trajektorie indiziert, identifiziert man einen integrierten stochastischen Prozess der Ordnung d = 1,
drittens: da sowohl die empirischen ACF-Koeffizienten als auch die empirischen PACF-Koeffizienten des schwach stationären stochastischen Prozesses bereits „ausgestorben" sind, diagnostiziert man einen „reinen" stochastischen Prozess bzw. ein sogenanntes „weißes Rauschen", Modellspezifikation: ARIMA(0,1,0)-Modell
k. es wird eine „Hausse" (frz.: *hausse* → Anstieg) in Gestalt eines linear steigenden Trends für die logarithmierten Schlusskurswerte bzw. eines exponentiell steigenden Trends für die originären Schlusskurswerte fortgeschrieben

Lösung 9-8*

a. Zeit = $Casenum
b. das Sequenzdiagramm indiziert einen volatilen Kursverlauf im Beobachtungszeitraum $T_B = \{t \mid t = 1, 2, \ldots, 246\}$ mit einer Länge von n = 246 Börsentagen
c. 50-Tage-Linie in Gestalt der zentrierten gleitenden Durchschnitte zum Stützbereich von 50 Börsentagen bestätigt den unter b. vermerkten Kursverlauf
d. da die empirischen ACF-Koeffizienten nur sehr langsam aussterben und nur der empirische PACF-Koeffizient der Lag-Ordnung q = 1 signifikant verschieden von null und im Wert nahe eins ist, identifiziert man einen integrierten stochastischen Prozess; da die erste Differenzenfolge eine schwach stationäre Trajektorie indiziert, identifiziert man einen integrierten stochastischen Prozess der Ordnung d = 1; da für den schwach stationären stochastischen Prozess sowohl die empirische ACF als auch die empirische PACF keinen Koeffizienten als signifikant von null verschieden anzeigen, diagnostiziert man einen reinen Zufallsprozess im Erscheinungsbild eines „weißen Rauschens"
e. Modellspezifikation: ARIMA(0,1,0)-Modell
f. es wird eine „Hausse" (frz.: *hausse* → Anstieg) in Gestalt eines linear steigenden Trends für die logarithmierten Schlusskurswerte bzw. eines exponentiell steigenden Trends für die originären Schlusskurswerte fortgeschrieben
g. Trendfunktion: $y_t^* = 61{,}67 + ((68{,}93 - 61{,}67)/(246 - 1)) \times t$ mit $t \in T_B$
h. eine Prognose auf der Basis der Trendfunktion aus der Problemstellung g. ist vergleichbar mit der Prognose auf der Basis des ARIMA(0,1,0)-Modells, es wird ein linear ansteigender Kurverlauf für die ersten zehn Börsentage des Wirtschaftsjahres 2015 angezeigt

Lösung 9-10*

a. i) Beobachtungszeitraum: $T_B = \{t \mid t = 1, 2, \ldots, 96\} = \{t^* \mid t^* =$ Jan 2011, Feb 2011, …, Dez 2018$\}$, Länge: n = 96 Monate,

ii) Prognosezeitraum: $T_P = \{t \mid t = 97, 98, \ldots, 108\} = \{t^* \mid t^* =$ Jan 2019, Feb 2019, …, Dez 2019$\}$, Länge: h = 12 Monate,

iii) Relevanzzeitraum: $T_R = T_B \cup T_P = \{t \mid t = 1, 2, \ldots, 108\} = \{t^* \mid t^* =$ Jan 2011, Feb 2011, …, Dez 2019$\}$, Länge: n + h = 96 + 12 = 108 Monate, t symbolisiert die SPSS Variable *Zeit*

b. 1) lineare Trendfunktion: Trend = 1863,955 + 11,831 * Zeit, Symbolik: *Trend* als geschätzte Fluggastanzahl zur *Zeit* $t \in T_B$, Interpretation der Trendparameter, Trendkonstante: wegen t = 0 schätzt man mit Hilfe der linearen Trendfunktion für den Dezember 2010 die Anzahl der Fluggäste auf den Berliner Flughäfen auf 1863,955 (1000 Personen) bzw. auf ca. 1,9 Millionen Personen, Trendkoeffizient: im Beobachtungszeitraum steigt die Anzahl der Fluggäste auf den Berliner Flughäfen monatlich im Durchschnitt um 11,831 (1000 Personen) bzw. um 11831 Personen

2) bis 4), siehe nachfolgende Abbildung

*FG aM.sav [DataSet1] - IBM SPSS Statistics Dateneditor

	Zeit	YEAR_	MONTH_	DATE_	Trend	Saison	Modell
97	97	2019	1	JAN 2019	3011,524	-551,059	2460,465
98	98	2019	2	FEB 2019	3023,355	-468,309	2555,045
99	99	2019	3	MAR 2019	3035,185	-131,012	2904,174
100	100	2019	4	APR 2019	3047,016	3,607	3050,623
101	101	2019	5	MAY 2019	3058,847	182,524	3241,370
102	102	2019	6	JUN 2019	3070,677	256,226	3326,903
103	103	2019	7	JUL 2019	3082,508	336,225	3418,733
104	104	2019	8	AUG 2019	3094,338	232,262	3326,600
105	105	2019	9	SEP 2019	3106,169	365,036	3471,205
106	106	2019	10	OCT 2019	3118,000	301,595	3419,595
107	107	2019	11	NOV 2019	3129,830	-188,667	2941,164
108	108	2019	12	DEC 2019	3141,661	-338,428	2803,232

SPSS Dateneditor mit Prognosewerten für Fluggastzahlen

SPSS Berechnungsvorschrift: Modell = Trend + Saison

5) Sequenzdiagramm, siehe nachfolgende Abbildung

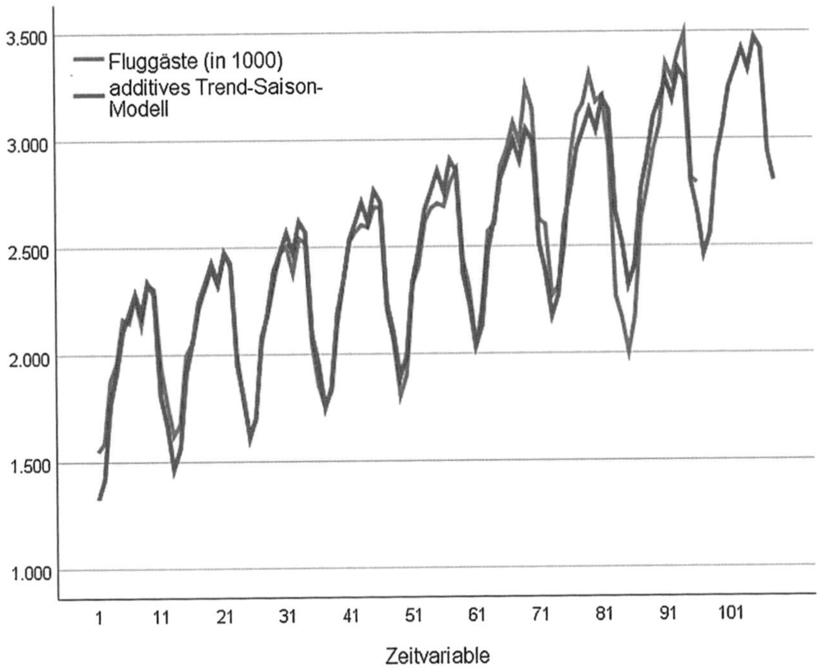

Beobachtete und prognostizierte Fluggastzahlen – Sequenzdiagramm

während das additive Trend-Saison-Modell die Entwicklung der Fluggastzahlen für die ersten fünf Jahre hinreichend genau zu beschreiben vermag, trifft dieser Befund aufgrund stärker ausschlagender saisonaler Schwankungen für die letzten drei Jahre eher nicht zu; die Modellprognose indiziert einen konstanten Anstieg der Fluggastzahlen, der augenscheinlich durch gleichbleibende saisonale Schwankungen überlagert wird

c. 1) Anaclysebefunde, siehe nachfolgende Abbildung

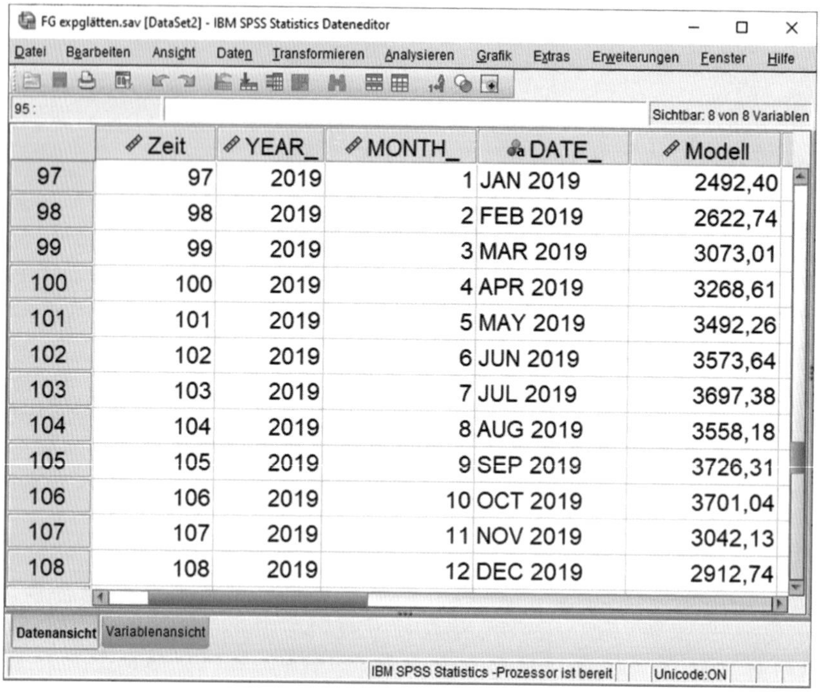

FG expglätten.sav [DataSet2] - IBM SPSS Statistics Dateneditor

Datei Bearbeiten Ansicht Daten Transformieren Analysieren Grafik Extras Erweiterungen Fenster Hilfe

95 : Sichtbar: 8 von 8 Variablen

	Zeit	YEAR_	MONTH_	DATE_	Modell
97	97	2019	1	JAN 2019	2492,40
98	98	2019	2	FEB 2019	2622,74
99	99	2019	3	MAR 2019	3073,01
100	100	2019	4	APR 2019	3268,61
101	101	2019	5	MAY 2019	3492,26
102	102	2019	6	JUN 2019	3573,64
103	103	2019	7	JUL 2019	3697,38
104	104	2019	8	AUG 2019	3558,18
105	105	2019	9	SEP 2019	3726,31
106	106	2019	10	OCT 2019	3701,04
107	107	2019	11	NOV 2019	3042,13
108	108	2019	12	DEC 2019	2912,74

Datenansicht Variablenansicht

IBM SPSS Statistics -Prozessor ist bereit Unicode:ON

SPSS Dateneditor Winters-Modell

2) Sequenzdiagramm, siehe nachfolgende Abbildung

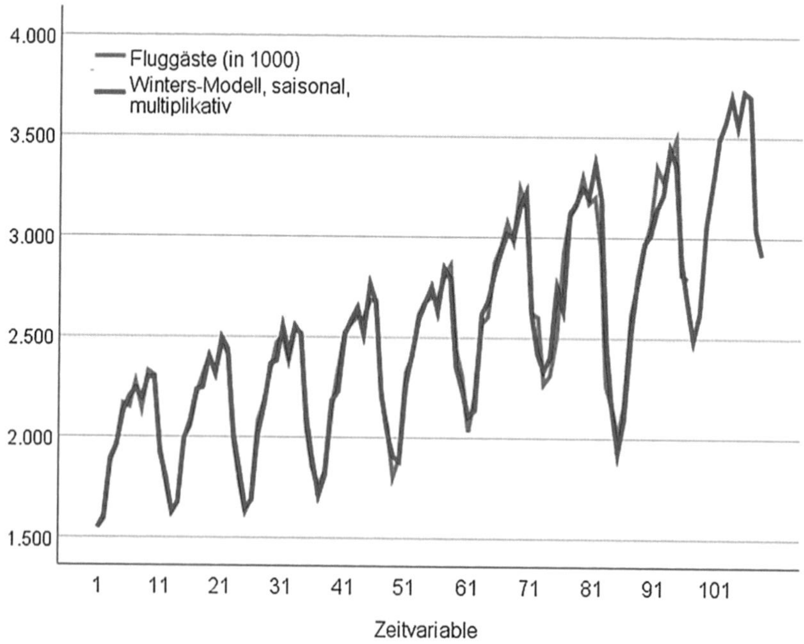

Sequenzdiagramm Winters-Modell

das multiplikative saisonale Holt-Winters-Modell der exponentiellen Glättung vermag die monatlichen Fluggästezahlen hinreichend genau zu beschreiben; die Modellprognose indiziert einen Anstieg der Fluggästezahlen, der augenscheinlich durch stärker ausgeprägte saisonale Schwankungen überlagert wird

d. 1) und 2) Analysebefunde, siehe nachfolgende Abbildung

FG Arima.sav [DataSet3] - IBM SPSS Statistics Dateneditor

Datei Bearbeiten Ansicht Daten Transformieren Analysieren Grafik Extras Erweiterungen Fenster Hilfe

Sichtbar: 9 von 9 Variablen

	Zeit	YEAR_	MONTH_	DATE_	Modell
97	97	2019	1	JAN 2019	2556,01
98	98	2019	2	FEB 2019	2664,25
99	99	2019	3	MAR 2019	2993,75
100	100	2019	4	APR 2019	3269,48
101	101	2019	5	MAY 2019	3451,64
102	102	2019	6	JUN 2019	3539,53
103	103	2019	7	JUL 2019	3752,50
104	104	2019	8	AUG 2019	3656,33
105	105	2019	9	SEP 2019	3734,66
106	106	2019	10	OCT 2019	3662,48
107	107	2019	11	NOV 2019	2982,78
108	108	2019	12	DEC 2019	2922,34

Datenansicht Variablenansicht

IBM SPSS Statistics -Prozessor ist bereit Unicode:ON

SPSS Dateneditor ARIMA-Modell

3) Sequenzdiagramm, siehe nachfolgende Abbildung

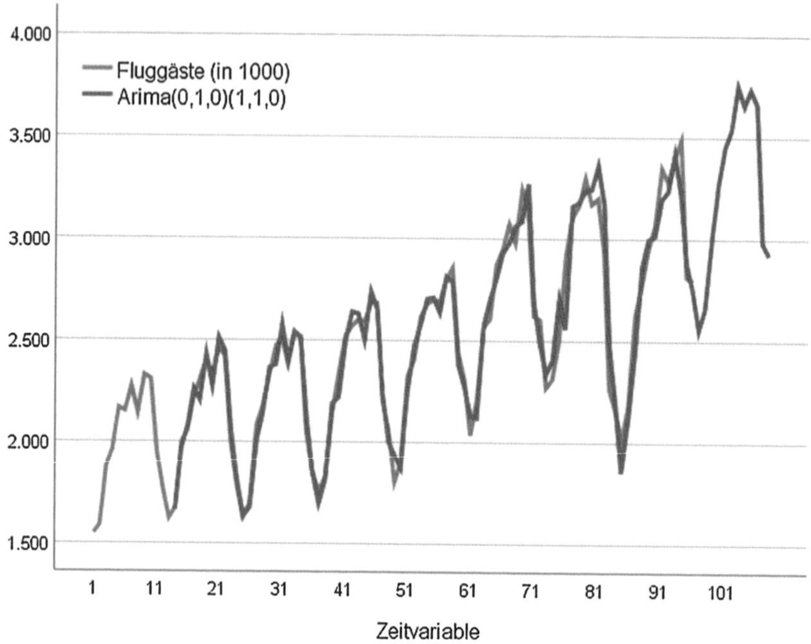

Sequenzdiagramm ARIMA-Modell

das homogene ARIMA(0,1,0)(1,1,0)-Modell vermag die monatlichen Fluggästezahlen hinreichend genau zu beschreiben, wobei wegen der beiden Differenzenfilter der Ordnung d = 1 die ersten 13 Monate nicht modellmäßig abgebildet werden können; die Modellprognose indiziert analog zum Holt-Winters-Modell einen Anstieg der Fluggästezahlen, der augenscheinlich durch stärker ausgeprägte saisonale Schwankungen überlagert wird; die Modellspezifikation erklärt sich einerseits aus der trendbehafteten Zeitreihe und andererseits aus saisonalen Schwankungen, für die ein autoregressiver und trendbehafteter stochastischer Prozess erster Ordnung identifiziert wurde; das Adjektiv homogen indiziert ein Modell, in das „keine Konstante eingeschlossen wird“

e. i) additives Trend-Saison-Modell:
$\sqrt{((308643{,}127/12)/(1244575{,}548/96))} \cong 1{,}409$
Sequenzdiagramm, siehe nachfolgende Abbildung

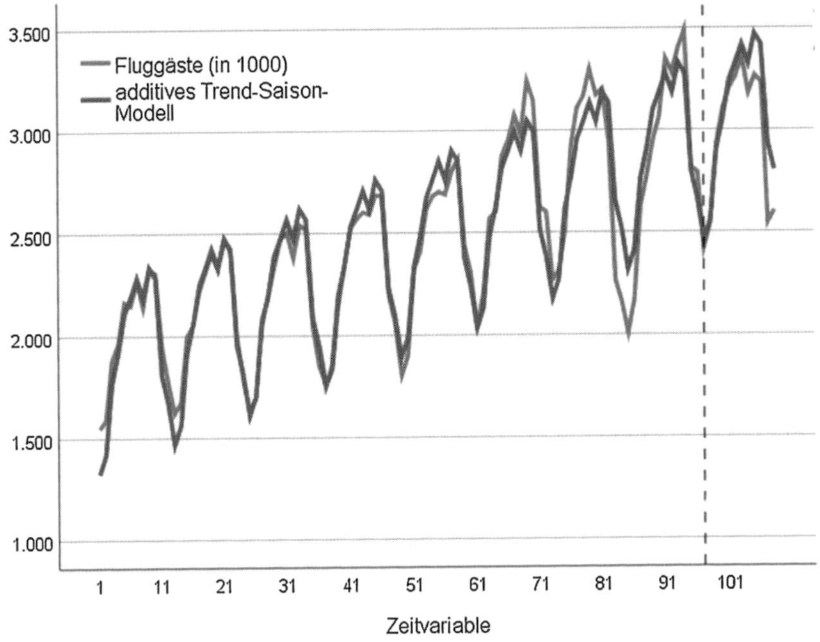

Sequenzdiagramm additives Trend-Saison-Modell

ii) multiplikatives saisonales Holt-Winters-Modell der exponentiellen Glättung: $\sqrt{((1270249{,}936/12)/(601701{,}448/96))} \cong 4{,}110$
Sequenzdiagramm, siehe nachfolgende Abbildung

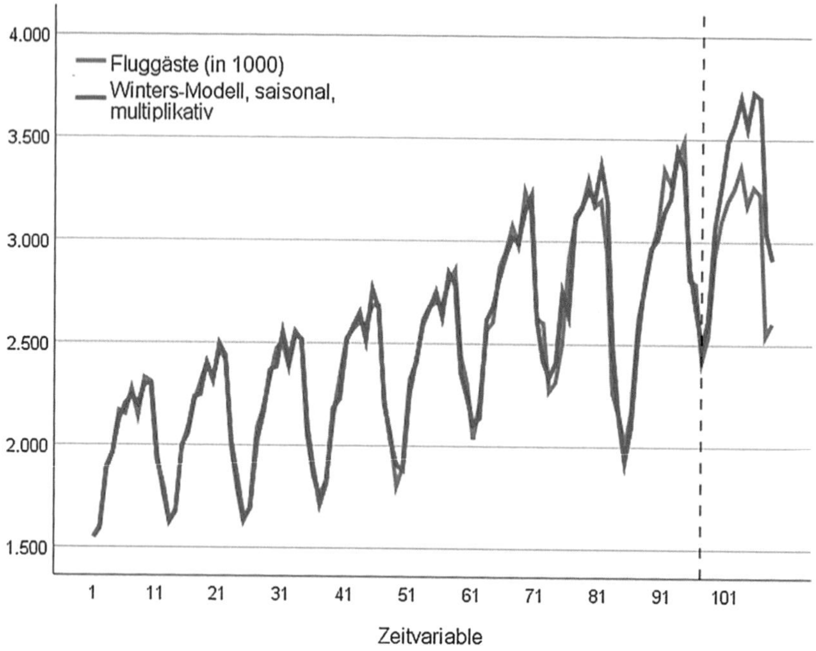

Sequenzdiagramm saisonales Holt-Winters-Modell

iii) homogenes ARIMA(0,1,0)(1,1,0)-Modell:
$\sqrt{((1282385{,}093/12)/(750354{,}507/83))} \cong 3{,}438$
Sequenzdiagramm, siehe nachfolgende Abbildung

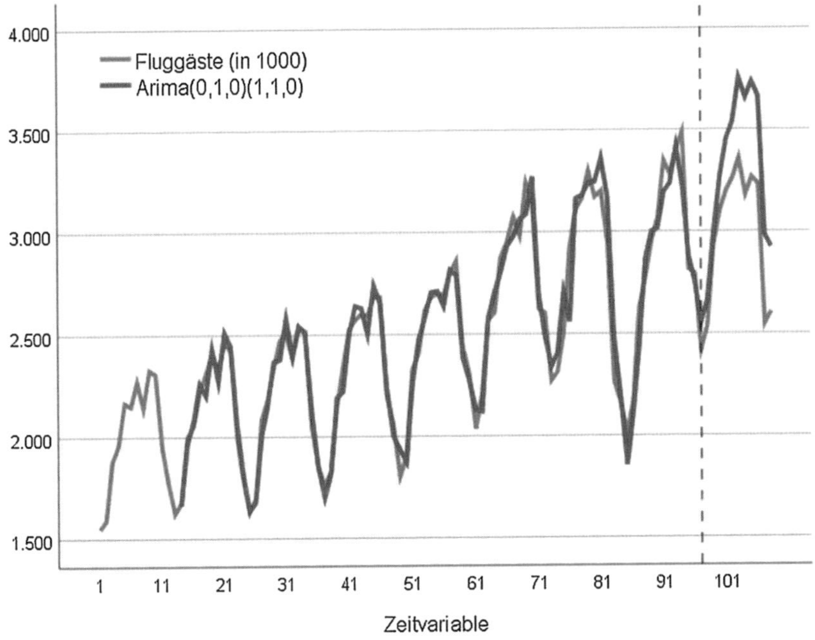

Sequenzdiagramm ARIMA-Modell

gleichwohl die Modelle ii) und iii) im Beobachtungszeitraum eine bessere Anpassung an die beobachteten Zeitreihenwerte indizieren, weichen die jeweiligen Prognosewerte von den ex-post verfügbaren realen Daten augenscheinlich „weiter ab“ als vom vergleichsweise methodisch einfacheren Modell i); dieser grafische Befund wird durch die jeweiligen Werte des Janus-Koeffizienten numerisch untermauert; da alle drei Koeffizienten größer als eins sind, ist dies ein Hinweis auf eine geringe Prognosegüte des jeweiligen Modells; offensichtlich ist für eine Prognose die sogenannte ceteris-paribus-Bedingung außer Kraft gesetzt, da die ex-post-Fluggästezahlen geringer ausfielen, als die prognostizierten Fluggästezahlen

Literatur

Eckstein PP (2014) Repetitorium Statistik – Deskriptive Statistik, Stochastik, Induktive Statistik, 8. Aufl. Springer Gabler, Wiesbaden

Eckstein PP (2016) Angewandte Statistik mit SPSS- Praktische Einführung für Wirtschaftswissenschaftler, 8. Aufl. Springer Gabler, Wiesbaden

Eckstein PP (2019) Statistik für Wirtschaftswissenschaftler – Eine realdatenbasierte Einführung mit SPSS, 6. Aufl. Springer Gabler, Wiesbaden

Faktorenanalyse 10

10.1 Problemstellungen

Problemstellung 10-1
Verwenden Sie zur Lösung der folgenden Problemstellungen die SPSS Datendatei **AM7.sav** aus dem lehrbuchbezogenen Downloadbereich. Die Datei basiert auf dem vom ADAC herausgegebenen Automarkenindex *Automarxx* für das Jahr 2007. Die Erhebungsmerkmale „Markenimage", „Markeninnovationen", „Markenqualität", „Marktposition", „Kundenbindung" und „Kundenzufriedenheit" wurden auf einer Punkte-Skala mit den Randwerten „null für ungenügend" und „neun für ausgezeichnet" gemessen. Von Interesse sind alle erfassten Automarken.

a. Benennen Sie ein statistisches Analysekonzept, das es ermöglicht, die Anzahl der in Rede stehenden sechs metrischen Erhebungsmerkmale aufgrund ihrer korrelativen Beziehungen zu reduzieren.
b. Zur Dimensionsreduktion verwenden Sie die sogenannte Hauptkomponentenmethode, wobei nur Komponenten von Interesse sind, die kein „erklärungsstatistisches Geröll" darstellen. Wie viele Komponenten extrahieren Sie aus den Erhebungsmerkmalen?
c. Wie groß ist der prozentuale Anteil an der Gesamtvarianz der Erhebungsmerkmale, der durch die Varianz der extrahierten Komponenten erklärt werden kann?
d. Zur Identifikation einer möglichst einfachen und sachlogisch plausiblen Struktur der extrahierten Komponenten nutzen Sie ein orthogonales Rotationsverfahren, das darauf zielt, die Varianz der Komponentenladungen zu maximieren und die Anzahl der extrahierten Komponenten zu minimieren. Wie wird das Verfahren genannt?

P. P. Eckstein, *Datenanalyse mit SPSS*,
https://doi.org/10.1007/978-3-658-31837-6_10

e. Benennen Sie jeweils das Erhebungsmerkmal, das auf der jeweilig extrahierten und rotierten Komponente am geringsten „geladen" ist. Geben Sie zudem die jeweilige Komponentenladung an.
f. „Taufen" Sie die extrahierten und rotierten Komponenten sachlogisch.
g. Bestimmen und interpretieren Sie die durchschnittlichen Faktorwerte für die europäischen Automarken. Verwenden und benennen Sie dazu ein Verfahren, das standardisierte und zugleich unkorrelierte Faktorwerte erzeugt.

Problemstellung 10-2*

Verwenden Sie zur Lösung der Problemstellungen die SPSS Datendatei **KD7.sav** aus dem lehrbuchbezogenen Downloadbereich. Die Datei basiert auf Preisen für kommunale Dienstleistungen, die im zweiten Quartal 2008 für ausgewählte Kommunen des Bundeslandes Brandenburg statistisch erhoben wurden.

a. Benennen Sie ein statistisches Analysekonzept, das es ermöglicht, die Anzahl der statistisch erfassten kommunalen Dienstleistungspreise zu reduzieren.
b. Zur Dimensionsreduktion verwenden Sie die sogenannte „principal components analysis", wobei nur Komponenten von Interesse sind, die kein sogenanntes „scree" darstellen. Wie viele Komponenten extrahieren Sie aus den erfassten kommunalen Dienstleistungspreisen? Wie groß ist der Anteil an der Gesamtvarianz der statistisch erfassten kommunalen Dienstleistungspreise, der durch die Varianz der extrahierten Komponenten erklärt werden kann?
c. Zur Identifikation einer möglichst einfachen und sachlogisch plausiblen Struktur der extrahierten Komponenten nutzen Sie ein orthogonales Rotationsverfahren, das darauf zielt, die Varianz der Komponentenladungen zu maximieren und die Anzahl der extrahierten Komponenten zu minimieren. Wie wird das Verfahren genannt?
d. Benennen Sie jeweils den kommunalen Dienstleistungspreis, der auf der jeweilig rotierten Komponente am höchsten „geladen" ist. Geben Sie zudem die jeweilige Komponentenladung an.
e. „Taufen" Sie die rotierten Komponenten sachlogisch.
f. Bestimmen und interpretieren Sie mit Hilfe des Anderson-Rubin-Verfahrens die Faktorwerte für die Kommune Oranienburg.

Problemstellung 10-3*

Verwenden Sie zur Lösung der folgenden Problemstellungen die SPSS Datendatei **SA7.sav** aus dem lehrbuchbezogenen Downloadbereich. Die Datei basiert auf dem Sozialatlas für die traditionellen Berliner Stadtbezirke aus dem Jahr 2005.

a. Benennen Sie den Merkmalsträger und die metrischen Erhebungsmerkmale sowie ein statistisches Analysekonzept, das eine Reduktion der metrischen Erhebungsmerkmale ermöglicht.

b. Wie viele Komponenten können mit der Hauptkomponenten- und der Varimax-Methode aus den metrischen Erhebungsmerkmalen extrahiert werden? Wie groß ist ihr prozentualer Erklärungsanteil an der Gesamtvarianz?
c. Wie sind letztlich die extrahierten Komponenten in Gestalt von Faktoren inhaltlich bestimmt?
d. Ergänzen Sie die bewerkstelligte Komponenten-Extraktion durch ein sogenanntes Scree-Plot und durch ein Ladungsdiagramm. Zu welcher Aussage gelangen Sie aus einer alleinigen Betrachtung des jeweiligen Diagramms?
e. Bestimmen Sie für die Merkmalsträger die jeweiligen Faktorwerte. Benennen und verwenden Sie dazu ein Verfahren, das standardisierte und unkorrelierte Faktorwerte liefert.
f. Bilden Sie jeweils auf der Grundlage der gemäß Problemstellung e. bestimmten Faktorwerte eines extrahierten Faktors eine Rangordnung für die Merkmalsträger und vergleichen Sie Ihre faktorbasierten Rangordnungen mit den „originären" SPSS Variablen *Sozial* und *Bildung*.

Problemstellung 10-4*

Verwenden Sie zur Lösung der folgenden Problemstellungen die SPSS Datendatei **NB7.sav** aus dem lehrbuchbezogenen Downloadbereich. Die Datei basiert auf einer Nutzerbefragung in Berliner Parkhäusern im November 2006. Von Interesse sind die Nutzer von Berliner Parkhäusern der Kategorie „alt".

a. Wie viele Nutzer wurden in Parkhäusern der Kategorie „alt" zufällig ausgewählt und befragt? Geben Sie den „gesetzten" SPSS Filter explizit an.
b. Benennen Sie ein Analysekonzept, das es ermöglicht, aus den Zufriedenheitskriterien mit dem Parkhausinneren, die jeweils auf einer Punkteskala mit den Randwerten null (für unzufrieden) und neun (für zufrieden) statistisch gemessen wurden und in den SPSS Variablen F7a bis F7j abgebildet sind, eine geringere Anzahl von Komponenten zu extrahieren.
c. Als Extraktionsverfahren verwenden Sie die Hauptkomponentenmethode, wobei nur extrahierte Komponenten mit einem Eigenwert größer als eins von Interesse sind. Wie viele Komponenten extrahieren Sie?
d. Wie groß ist der Anteil an der Gesamtvarianz der Erhebungsmerkmale, der durch die Varianz der extrahierten Komponenten erklärt werden kann?
e. Zur Identifikation einer möglichst einfachen und sachlogisch plausiblen Struktur der extrahierten Komponenten nutzen Sie ein orthogonales Rotationsverfahren, das darauf zielt, die Varianz der Komponentenladungen zu maximieren und die Anzahl der extrahierten Komponenten zu minimieren. Wie wird das Verfahren genannt?
f. Benennen Sie für die rotierten Komponenten das Erhebungsmerkmal, das am höchsten „geladen" ist. Geben Sie die jeweilige Komponentenladung an.
g. „Taufen" Sie die extrahierten und rotierten Komponenten sachlogisch.

h. Bestimmen Sie die Faktorwerte für die befragten Parkhausnutzer. Benennen und verwenden Sie dazu ein Verfahren, das standardisierte und unkorrelierte Faktorwerte „erzeugt".
i. Bestimmen Sie den jeweiligen durchschnittlichen Faktorwert für alle befragten weiblichen Nutzer von Berliner Parkhäusern der Kategorie „alt". Interpretieren Sie die durchschnittlichen Faktorwerte sachlogisch.

Problemstellung 10-5*

Verwenden Sie zur Lösung der folgenden Problemstellungen die SPSS Datendatei **FB7.sav** aus dem lehrbuchbezogenen Downloadbereich. Die Datei basiert auf den empirischen Befunden von semesterbezogenen Studierendenbefragungen in den Bachelor-Studiengängen des Fachbereichs Wirtschafts- und Rechtswissenschaften der Berliner Hochschule für Technik und Wirtschaft. Von Interesse sind alle Studierenden, die im Sommersemester 2015 befragt wurden.

a. Benennen Sie ein statistisches Analysekonzept, das es ermöglicht, aus den Aktivitäten von Studierenden, die jeweils auf einer 100 %-Skala gemessen wurden und in den SPSS Variablen F9a bis F9f abgebildet sind, eine geringere Anzahl von Komponenten zu extrahieren.
b. Als Extraktionsverfahren verwenden Sie die Hauptkomponentenmethode, wobei nur extrahierte Komponenten mit einem Eigenwert größer als eins von Interesse sind. Wie viele Komponenten extrahieren Sie?
c. Verwenden Sie zur Identifikation der extrahierten Komponenten ein orthogonales Rotationsverfahren, das darauf zielt, die Varianz der Komponentenladungen zu maximieren und die Anzahl der extrahierten Komponenten zu minimieren. Wie wird das Verfahren genannt?
d. Benennen Sie für jede rotierte Komponente das Erhebungsmerkmal, das am höchsten „geladen" ist. Geben Sie die jeweilige Komponentenladung an und interpretieren Sie den Ladungswert.
e. „Taufen" Sie die extrahierten Komponenten sachlogisch.
f. Bestimmen Sie die Faktorwerte für die Befragten, die von Interesse sind. Verwenden Sie dazu ein Verfahren, das standardisierte und unkorrelierte Faktorwerte „erzeugt". Benennen Sie das Verfahren.
g. Ermitteln und interpretieren Sie jeweils die durchschnittlichen Faktorwerte für die befragten Studierenden, die durch die Ausprägungen des Erhebungsmerkmals „Berufsabschluss" bedingt sind.
h. Ein allseits und traditionell kolportiertes Klischee lautet: „Mädchen sind fleißiger als Jungen". Können Sie unter Verwendung der ermittelten Faktorwerte dieses Klischee auch für die befragten Studierenden empirisch untermauern? Skizzieren Sie kurz Ihren Lösungsansatz.

Problemstellung 10-6*

Verwenden Sie zur Lösung der folgenden Problemstellungen die SPSS Datendatei **SI7.sav** aus dem lehrbuchbezogenen Downloadbereich. Die Datei basiert auf Sozialindikatoren, die im Jahr 2010 für europäische Länder gemessen wurden. Die Sozialindikatoren sind den SPSS Variablen A bis J abgebildet.

a. Benennen Sie ein Analysekonzept, das es ermöglicht, die gemessenen Sozialindikatoren aufgrund ihrer korrelativen Beziehungen hinsichtlich ihrer Anzahl zu reduzieren.
b. Zur angestrebten Reduktion verwenden Sie die Hauptkomponentenmethode, wobei nur Komponenten von Interesse sind, die kein „erklärungsstatistisches Geröll“ darstellen. Wie viele Komponenten können Sie aus den gemessenen Sozialindikatoren extrahieren?
c. Wie groß ist der prozentuale Anteil an der Gesamtvarianz der gemessenen Sozialindikatoren, der durch die Varianz der extrahierten Komponenten insgesamt erklärt werden kann?
d. Zur Identifikation einer möglichst einfachen und sachlogisch plausiblen Struktur der extrahierten Komponenten nutzen Sie ein orthogonales Rotationsverfahren, das darauf zielt, die Varianz der Komponentenladungen zu maximieren und die Anzahl der extrahierten Komponenten zu minimieren. i) Wie wird das Verfahren genannt? ii) Benennen Sie jeweils den Sozialindikator, der auf der jeweiligen Komponente am höchsten „geladen“ ist. Geben Sie die jeweilige Komponentenladung an. iii) Versehen Sie die extrahierten Komponenten mit einem geeigneten Namen.
e. Bestimmen Sie die länderspezifischen Komponentenwerte. Verwenden Sie dazu ein Verfahren, das standardisierte und unkorrelierte Komponentenwerte erzeugt. Benennen Sie das applizierte Verfahren.
f. Bestimmen und interpretieren Sie die durchschnittlichen Komponentenwerte für die i) osteuropäischen Länder und ii) westeuropäischen Länder.

Problemstellung 10-7*

Verwenden Sie zur Lösung der folgenden Problemstellungen die SPSS Datendatei **SL7.sav** aus dem lehrbuchbezogenen Downloadbereich. Die Datei basiert auf der Schulleistungsstudie aus dem Jahr 2010, im Rahmen derer in den deutschen Bundesländern die Kompetenzen von Schülern der neunten Klasse getestet wurden. Die gemessenen Schülerkompetenzen sind den SPSS Variablen SK1 bis SK8 abgebildet.

a. Benennen Sie ein Analysekonzept, das es ermöglicht, die gemessenen Schülerkompetenzen aufgrund ihrer korrelativen Beziehungen hinsichtlich ihrer Anzahl zu reduzieren.
b. Erstellen Sie für die gemessenen Schülerkompetenzen eine Korrelationsmatrix. Charakterisieren Sie die Korrelationsmatrix und interpretieren Sie die am schwächsten und am stärksten ausgeprägte bivariate Korrelation.
c. Zur angestrebten Reduktion verwenden Sie die Hauptkomponentenmethode, wobei nur Komponenten von Interesse sind, deren Eigenwerte größer als eins sind. i) Erläutern

Sie am praktischen Sachverhalt kurz den Eigenwert-Begriff. ii) Womit ist im konkreten Fall die Summe der Eigenwerte identisch? iii) Wie viele Komponenten können Sie aus den gemessenen Schülerkompetenzen extrahieren? iv) Wie groß ist der Anteil an der Gesamtvarianz der gemessenen Schülerkompetenzen, der durch die Varianz der extrahierten Komponenten insgesamt erklärt werden kann?

d. Zur Identifikation einer möglichst einfachen und sachlogisch plausiblen Struktur der extrahierten Komponenten nutzen Sie ein orthogonales Rotationsverfahren, das darauf zielt, die Varianz der Komponentenladungen zu maximieren und die Anzahl der extrahierten Komponenten zu minimieren. i) Wie wird das Verfahren genannt? ii) Benennen Sie jeweils die Schülerkompetenz, die auf der jeweiligen extrahierten Komponente am höchsten „geladen" ist. Geben Sie die jeweilige Komponentenladung an. iii) Versehen Sie die Komponenten mit einem geeigneten Namen.
e. Bestimmen Sie mit Hilfe des sogenannten Anderson-Rubin-Verfahrens die bundesländerspezifischen Komponentenwerte. Zu welchen analytischen Aussagen gelangen Sie, wenn Sie i) für die Werte einer jeden Komponente das arithmetische Mittel und die Standardabweichung bestimmen und ii) für alle Komponenten eine Korrelationsmatrix erstellen?
f. Bestimmen und interpretieren Sie die durchschnittlichen Faktorwerte, die sich aus der i) West-Ost-Gliederung, ii) Nord-Süd-Gliederung bzw. iii) Dreier-Gliederung der Bundesländer ergeben.

Problemstellung 10-8*

Verwenden Sie zur Lösung der folgenden Problemstellungen die SPSS Datendatei **RH7.sav** aus dem lehrbuchbezogenen Downloadbereich. Die Datei basiert auf einer Gästebefragung in Romantik-Hotels aus dem Jahr 2010. Von Interesse sind die metrischen Erhebungsmerkmale W1 bis W14, welche gästebezogene Wichtigkeitskriterien sind und allesamt auf einer sechsstufigen Punkte-Skala mit den Randwerten null (für unwichtig) und fünf (für wichtig) bemessen wurden.

a. Benennen Sie ein statistisches Analysekonzept, das es ermöglicht, die Anzahl der statistisch erfassten Wichtigkeitskriterien aufgrund ihrer korrelativen Beziehungen zu reduzieren.
b. Zur Dimensionsreduktion verwenden Sie die Hauptkomponentenmethode, wobei nur Komponenten von Interesse sind, die kein „erklärungsstatistisches Geröll" darstellen. i) Benennen Sie die Kennzahl und ihren Mindestwert, mit deren Hilfe Sie Komponenten identifizieren, die kein erklärungsstatistisches Geröll darstellen. ii) Wie viele Komponenten extrahieren Sie aus den statistisch erfassten Wichtigkeitskriterien?
c. Zur Identifikation einer möglichst einfachen und sachlogisch plausiblen Struktur der extrahierten Komponenten nutzen Sie ein rechtwinkliges Rotationsverfahren, das darauf zielt, die Varianz der Komponentenladungen zu maximieren und die Anzahl der extrahierten Komponenten zu minimieren. i) Wie wird das Verfahren genannt? ii) Benennen Sie jeweils das gästebezogene Wichtigkeitskriterium, das auf der jeweilig ex-

trahierten und rotierten Komponente am höchsten „geladen“ ist. Geben Sie zudem die jeweilige Komponentenladung an. iii) „Taufen“ Sie die extrahierten Komponenten sachlogisch.

d. Bestimmen Sie für die „getauften“ Komponenten die zugehörigen Komponentenwerte. Benennen und verwenden Sie zur Komponentenwertberechnung ein Verfahren, das standardisierte und unkorrelierte Werte erzeugt.
e. Bestimmen und interpretieren Sie die durchschnittlichen Komponentenwerte, die sich aus der i) geschlechtsspezifischen, ii) aufenthaltsgrundspezifischen Gliederung der befragten Hotelgäste ergeben.

Problemstellung 10-9*
Verwenden Sie zur Lösung der folgenden Problemstellungen die SPSS Datendatei **GS7.sav** aus dem lehrbuchbezogenen Downloadbereich. Die Daten basieren auf einer Gästebefragung in einem Spa-Hotel im Bundesland Brandenburg aus dem Jahr 2012. Von Interesse sind die Erhebungsmerkmale W1 bis W8, welche gästebezogene Wichtigkeitskriterien sind und auf einer sechsstufigen Skala mit den Randwerten null (für unwichtig) und fünf (für wichtig) gemessen wurden.

a. Benennen Sie ein Analysekonzept, das es ermöglicht, die Anzahl der erfassten Wichtigkeitskriterien aufgrund ihrer korrelativen Beziehungen zu reduzieren.
b. Zur Dimensionsreduktion verwenden Sie die Hauptkomponentenmethode, wobei nur Komponenten von Interesse sind, die kein „erklärungsstatistisches Geröll“ darstellen. i) Benennen Sie die Kennzahl und ihren Mindestwert, mit deren Hilfe Sie Komponenten identifizieren, die kein erklärungsstatistisches Geröll darstellen. ii) Wie viele Komponenten extrahieren Sie aus den erfassten Wichtigkeitskriterien?
c. Zur Identifikation einer möglichst einfachen und sachlogisch plausiblen Struktur der extrahierten Komponenten nutzen Sie das sogenannte Varimax-Verfahren. Charakterisieren Sie kurz das Verfahren.
d. „Taufen“ Sie die extrahierten und rotierten Komponenten sachlogisch.
e. Zur Berechnung der Komponentenwerte verwenden Sie das sogenannte Anderson-Rubin-Verfahren. Charakterisieren Sie kurz das Verfahren.
f. Geben Sie die altersgruppenbezogene absolute Häufigkeitsverteilung der Hotelgäste bezüglich der berechneten Komponentenwerte an. Für wie viele der befragten Hotelgäste konnten keine Werte berechnet werden? Warum?
g. Bestimmen und interpretieren Sie die durchschnittlichen Komponentenwerte, die sich aus der altersgruppenbezogenen Gliederung der befragten Hotelgäste ergeben.

Problemstellung 10-10*
Verwenden Sie zur Lösung der folgenden Problemstellungen die SPSS Datendatei **FS7.sav** aus dem lehrbuchbezogenen Downloadbereich. Die Daten basieren auf einer Gästebefragung, die im ersten Quartal 2015 in Fünf-Sterne-Hotels im sogenannten deutschsprachigen Dreiländereck durchgeführt wurde. Für die weiteren Betrachtungen sind die

metrischen Erhebungsmerkmale K0 bis K9 von Interesse, die gästebezogene Wichtigkeitskriterien sind und allesamt auf einer zehnstufigen Punkte-Skala mit den Randwerten null (für unwichtig) und neun (für wichtig) gemessen wurden.

a. Benennen Sie ein statistisches Analysekonzept, das es ermöglicht, die Anzahl der empirisch erfassten Wichtigkeitskriterien aufgrund ihrer korrelativen Beziehungen zu reduzieren.
b. Zur sogenannten Dimensionsreduktion der empirisch erfassten Wichtigkeitskriterien verwenden Sie die sogenannte Hauptkomponentenmethode, wobei nur Komponenten von Interesse sind, deren Eigenwert größer als eins ist. i) Erläutern Sie kurz die Begriffe „Eigenwert" und „Komponente". ii) Wie viele Komponenten extrahieren Sie aus den erfassten Wichtigkeitskriterien? iii) Wie groß ist der Anteil an der Gesamtvarianz der erfassten Wichtigkeitskriterien, der durch die extrahierten Komponenten erklärt werden kann?
c. Zur Identifikation einer möglichst einfachen und sachlogisch plausiblen Struktur der extrahierten Komponenten nutzen Sie das sogenannte Varimax-Verfahren. i) Charakterisieren Sie das Verfahren. ii) Welchen Typs ist die rotierte Komponentenmatrix? Wieso und warum? iii) Welches Wichtigkeitskriterium ist auf der jeweiligen Komponente am höchsten „geladen"? Geben Sie die jeweilige Komponentenladung an und interpretieren Sie diese aus statistisch-methodischer Sicht.
d. Eine Faktorenanalyse wird als erfolgreich bewertet, sobald es gelingt, die extrahierten und rotierten Komponenten sachlogisch plausibel zu etikettieren. Kann im konkreten Fall die praktizierte Faktorenanalyse als erfolgreich gekennzeichnet werden? Begründen Sie kurz Ihr Analyseergebnis und protokollieren Sie im Falle einer erfolgreichen Faktorenanalyse die sogenannte Faktorentaufe bzw. Faktorenetikettierung.
e. Gehen Sie für die nachfolgenden Betrachtungen von der Prämisse einer erfolgreichen Faktorenanalyse aus. Im Kontext einer erfolgreichen Faktorenanalyse ist man bestrebt, jedem Merkmalsträger für jeden Faktor einen Faktorwert zuzuordnen. Ein häufig appliziertes zur Berechnung von Faktorwerten ist das sogenannte Anderson-Rubin-Verfahren. Charakterisieren und applizieren Sie das Verfahren.
f. Bestimmen Sie in Anlehnung an die vorhergehende Problemstellung für jeden Faktor das arithmetische Mittel und die Standardabweichung der zugehörigen Faktorwerte. Zu welcher Aussage gelangen Sie aus einer alleinigen Betrachtung der beiden faktorwertspezifischen Kennzahlen?
g. Erstellen Sie für die Faktorwerte der extrahierten und rotierten Faktoren eine Korrelationsmatrix. Charakterisieren Sie die Matrix. Zu welcher statistisch-methodischen Aussage gelangen Sie aus einer Betrachtung der Matrix?
h. Von Interesse ist die reisegrundspezifische absolute Häufigkeitsverteilung der befragten Hotelgäste bezüglich der berechneten Faktorwerte an. Für wie viele der befragten Hotelgäste liegen keine auswertbaren Befunde vor? Wieso und warum?

i. Bestimmen und bewerten Sie für die identifizierten und etikettierten Faktoren die durchschnittlichen Faktorwerte, die sich aus der reisegrundspezifischen Gliederung der befragten Hotelgäste ergeben.

Problemstellung 10-11*

Verwenden Sie zur Lösung der folgenden Problemstellungen die SPSS Datendatei **DS7.sav** aus dem lehrbuchbezogenen Downloadbereich. Die Datei basiert auf einer Befragung von Studierenden in den Bachelor-Studiengängen am Fachbereich Wirtschafts- und Rechtswissenschaften der HTW Berlin im Sommersemester 2018.

▶ **Hinweis**: Die nachfolgenden und in vier Teile gegliederten Problemstellungen basieren auf einer originären Abschlussklausur im Oberseminar zur multivariaten Statistik.

Teil 1

a. Wie viele Studierende wurden befragt? Wie wird in der Statistik diese Kennzahl bezeichnet?
b. Von Interesse sind die SPSS Variablen F9a bis F9f, deren Ausprägungen jeweils auf einer Punkteskala von 0 bis 100 gemessen wurden. Charakterisieren Sie kurz die Variablen aus statistisch-methodischer Sicht.
c. Benennen und applizieren Sie ein statistisches Analyseverfahren, mit dessen Hilfe Sie die interessierenden Variablen aufgrund ihrer korrelativen Beziehungen auf eine kleinere Anzahl latenter Variablenkonstrukte reduzieren können. Zu welchem Ergebnis gelangen Sie, wenn Sie die SPSS-Standardeinstellungen für das Analyseverfahren verwenden?
d. Wie groß ist der Informationsverlust, der durch die Variablenreduktion zu verzeichnen ist?
e. Benennen Sie die latenten Variablenkonstrukte aus sachlogischer Sicht.
f. Ordnen Sie jedem Merkmalsträger für jedes latente Variablenkonstrukt einen Wert zu. Die Wertezuordnung soll derart bewerkstelligt werden, dass die latenten Variablenkonstrukte als standardisierte und orthogonale Größen erscheinen. Unter welchem Etikett firmiert in SPSS ein implementiertes Verfahren, das diese Kriterien erfüllt?
g. Mit Bezug auf die Problemstellung f. werden Sie aufgefordert, anhand der latenten Variablenkonstrukte die folgenden Begriffe mit Hilfe geeigneter und konkret zu benennender Maßzahlen numerisch zu unterlegen und verbal kurz zusammenzufassen: i) Standardisierung, ii) Orthogonalität.

Teil 2

Verwenden Sie zur Lösung der folgenden Problemstellungen die statistischen Analysebefunde aus dem Teil 1.

a. Benennen Sie ein statistisches Analysekonzept, das es ermöglicht, die einseitig gerichtete Abhängigkeit des Zufriedenheitsgrades mit dem bisherigen Studium von i) den latenten Variablenkonstrukten, ii) der Anzahl der Prüfungswiederholungen und iii) der Geschlechtszugehörigkeit mit Hilfe einer Funktion zu beschreiben.
b. Zu welchem Ergebnis gelangen Sie, wenn Sie unter Verwendung der verfügbaren Daten mit Hilfe der Methode der kleinsten Quadratesumme eine inhomogene lineare Funktion bestimmen? Benennen Sie die Funktion und geben Sie unter Verwendung geeigneter Symbole die geschätzte Funktion mit ganzzahlig gerundeten Parameterwerten explizit an.
c. Fassen Sie die verfügbaren Daten als eine realisierte Zufallsstichprobe auf und prüfen Sie auf einem Signifikanzniveau von 0,05 die geschätzten Koeffizienten auf Signifikanz. Interpretieren Sie Ihr Ergebnis.
d. Bestimmen und interpretieren Sie die partielle marginale Zufriedenheitsneigung für i) das latente Variablenkonstrukt, das den größten partiellen Einfluss auf die Zufriedenheit besitzt, ii) die erklärende Variable „Prüfungswiederholungen", iii) die erklärende Variable „Geschlechtszugehörigkeit".

Teil 3

Verwenden Sie zur Lösung der folgenden Problemstellungen die statistischen Analysebefunde aus dem Teil 1.

a. Sie sind an einer Gruppierung der Merkmalsträger auf der Basis der latenten Variablenkonstrukte interessiert. Die Merkmalsträgergruppierung soll derart bewerkstelligt werden, dass die Merkmalsträger in einer Gruppe hinsichtlich ihrer Merkmalsausprägungen möglichst ähnlich sind. Unter welcher Bezeichnung firmiert in der statistischen Methodenlehre ein solches Analysekonzept?
b. Zur angestrebten Merkmalsträgergruppierung verwenden Sie das sogenannte K-Means-Verfahren, das aus statistisch-methodischer Sicht als ein partitionierendes Verfahren gekennzeichnet wird. Worin bestehen das Wesen und der Vorteil eines partitionierenden Verfahrens?
c. Zu welchem Analyseergebnis gelangen Sie, wenn Sie an einer Merkmalsträgergruppierung auf der Basis von vier Gruppen interessiert sind und Sie für die angestrebte Gruppierung eine Anzahl von maximal zehn Iterationen festlegen? Geben Sie die Merkmalsträgerverteilung auf die Gruppen explizit an.
d. Interpretieren Sie die gruppenspezifischen Analysebefunde sachlogisch.

Teil 4

Verwenden Sie zur Lösung der folgenden Problemstellungen die Analysebefunde aus dem Teil 3. Fassen Sie die verfügbaren Daten als eine realisierte Zufallsstichprobe auf.

a. Von Interesse sind die vier Merkmalsträgergruppen. Erläutern Sie kurz anhand der praktizierten Gruppierung den Begriff „disjunkte Gruppen". Wie kennzeichnet man in der Statistik das vorliegende gruppierte Stichprobenensemble?
b. Fügen Sie in die Arbeitsdatei eine Variable *Mittel* ein, welche für jeden Merkmalsträger einen durchschnittlichen Wert für die latenten Variablenkonstrukte beinhaltet. Geben Sie die applizierte Berechnungsvorschrift in der verbindlichen SPSS Syntax an.
c. Können gemäß Problemstellung b. die durchschnittlichen Werte in ihrer Gliederung nach den vier Merkmalsträgergruppen als Realisationen von i) normalverteilten, ii) varianzhomogenen und iii) mittelwerthomogenen Zufallsgrößen aufgefasst werden? Überprüfen Sie die drei Sachverhalte jeweils mit Hilfe eines geeigneten und konkret zu benennenden Verfahrens auf einem Signifikanzniveau von 0,015. Gehen Sie davon aus, dass Sie keine Kenntnis über die „wahren" Kennzahlen in der statistischen Grundgesamtheit besitzen. Interpretieren Sie das jeweilige Analyseergebnis.
d. Ist es im konkreten Fall sinnvoll, einen Post-Hoc-Test durchzuführen? Begründen Sie kurz Ihre Aussage und benennen Sie gegebenenfalls ein geeignetes Verfahren sowie das sich daraus ergebende Analyseergebnis.

10.2 Lösungen

Lösung 10-1*

a. Faktorenanalyse
b. zwei Komponenten
c. prozentualer Erklärungsanteil: 81,2 %
d. Varimax-Verfahren nach Kaiser
e. Komponente 1: Kundenzufriedenheit, Faktorladung: 0,090, Komponente 2: Markeninnovation, Faktorladung: 0,052
f. Komponente 1: Markenfaktor, Komponente 2: Kundenfaktor
g. Anderson-Rubin-Verfahren, wegen 0,402 bzw. −0,246 werden die europäischen Automarken hinsichtlich des Markenfaktors überdurchschnittlich und hinsichtlich des Kundenfaktors unterdurchschnittlich bewertet

Lösung 10-2*

a. Faktorenanalyse
b. drei Komponenten, Erklärungsanteil: 0,822
c. Varimax-Verfahren nach Kaiser
d. Komponente 1: Strompreis, Ladung: 0,838, Komponente 2: Straßenreinigungspreis, Ladung: 0,958, Komponente 3: Wasserpreis, Ladung: 0,979

e. Komponente 1: Preisfaktor Energie, Komponente 2: Preisfaktor Stadtreinigung, Komponente 3: Preisfaktor Wasser
f. Faktorwerte: Preisfaktor Energie: 0,013, Preisfaktor Stadtreinigung: –0,176, Preisfaktor Wasserpreis: 1,048, Interpretation: Oranienburg ist im Ensemble der 20 Kommunen durch einen durchschnittlichen Energiepreisfaktor, einen unterdurchschnittlichen Stadtreinigungspreisfaktor und einen überdurchschnittlichen Wasserpreisfaktor gekennzeichnet

Lösung 10-3*

a. Merkmalsträger: Berliner Stadtbezirk, metrische Erhebungsmerkmale: Arbeitslosenquote, Anteil Sozialhilfeempfänger, Anteil Mindestsicherungsempfänger, Rentneranteil, Anteil der Personen mit Hauptschulabschluss, Anteil der Personen mit Hochschulreife, Akademikeranteil, Anteil der Personen mit prekärem Sozialstatus, Anteil der Personen mit Berufsabschluss, Analysekonzept: Faktorenanalyse
b. zwei extrahierte Komponenten, prozentualer Erklärungsanteil: 85,2 %
c. Faktortaufe: Faktor 1 als Sozialstatus, Faktor 2 als Bildungsstatus
d. Scree-Plot: da nur die ersten beiden Eigenwerte größer als eins sind, extrahiert man nur zwei Faktoren aus den neun metrischen Erhebungsmerkmalen, Ladungsdiagramm: die beiden Faktoren sind orthogonal, während auf der Komponente 1 „Sozialstatus" die Merkmale M1, M2, M3, M4 und M8 hochgeladen sind, sind die restlichen fünf Erhebungsmerkmale auf der Komponente 2 „Bildungsstatus" hoch geladen
e. Anderson-Rubin-Verfahren
f. die merkmalsträgerspezifischen Rangfolgen auf der Grundlage der Faktorwerte der beiden extrahierten Faktoren können via *Transformieren, Rangfolge bilden* erzeugt werden, der Grad der Übereinstimmung zwischen den faktorbasierten Rangfolgen und den beiden SPSS Variablen *Sozial* und *Bildung* kann z. B. mit dem Rangkorrelationskoeffizienten nach Spearman gemessen werden: die beiden Koeffizienten 0,899 bzw. 0,897 indizieren einen hohen Übereinstimmungsgrad zwischen den „publizierten" und den „faktoranalytisch ermittelten" Stadtbezirksrängen

Lösung 10-4*

a. Filter: Kategorie = 2, Anzahl: 432 befragte Nutzer
b. Faktorenanalyse
c. drei Komponenten
d. Erklärungsanteil: 0,734
e. Varimax-Methode nach Kaiser
f. Komponente 1: Fahrspurbreite, Ladung: 0,898, Komponente 2: Belüftung, Ladung: 0,883, Komponente 3: Stellplatz wiederfinden, Ladung: 0,864
g. Faktor 1: Konstruktionsfaktor, Faktor 2: Zustandsfaktor, Faktor 3: Orientierungsfaktor
h. Anderson-Rubin-Verfahren
i. weibliche Nutzer von Parkhäusern der Kategorie „alt" sind mit dem Konstruktionsfaktor überdurchschnittlich (0,159), mit dem Zustandsfaktor unterdurchschnittlich (–0,100) und mit dem Orientierungsfaktor überdurchschnittlich (0,101) zufrieden

Lösung 10-5*

a. Faktorenanalyse
b. drei Komponenten
c. Varimax-Methode nach Kaiser
d. Komponente 1: Vorlesungsbesuch mit Komponentenladung von 0,901, Interpretation: zwischen der Komponente 1 und dem Vorlesungsbesuch besteht ein starker positiver linearer statistischer Zusammenhang, Komponente 2: Selbststudium mit Komponentenladung 0,771, Interpretation: zwischen der Komponente 2 und dem Selbststudium besteht ein ausgeprägter positiver linearer statistischer Zusammenhang; Komponente 3: Nebenjobtätigkeit mit Komponentenladung 0,946, Interpretation: zwischen der Komponente 3 und der Nebenjobtätigkeit besteht ein starker positiver linearer statistischer Zusammenhang
e. Faktorentaufe: Faktor 1: curriculares Studium, Faktor 2: extracurriculares Studium, Faktor 3: Nebenjobtätigkeit
f. Anderson-Rubin-Verfahren
g. 42 Studierende ohne Berufsabschluss sind sowohl im curricularen als auch im extracurricularen Studium wegen 0,283 und 0,122 überdurchschnittlich aktiv und wegen 0,023 in einer Nebenjobtätigkeit leicht überdurchschnittlich aktiv; 134 Studierende mit Berufsabschluss sind wegen –0,094, –0,035 und –0,012 in allen drei studentischen Aktivitäten leicht unterdurchschnittlich aktiv
h. im konkreten Fall ausschließlich nur im Hinblick auf den extracurricularen Studienaktivitätsfaktor der mit 0,119 ein überdurchschnittliches Niveau indiziert, während für die restlichen mit –0,033 und –0,043 ein leicht unterdurchschnittliches Niveau angezeigt wird, bei den befragten männlichen Studierenden ist entgegengesetzter Befund zu vermerken, Mittelwertberechnung via Mittelwerte vergleichen, abhängige Variablen: die drei Faktoren, unabhängige Variable: F1 (Geschlecht)

Lösung 10-6*

a. Faktorenanalyse
b. drei Komponenten
c. prozentualer Erklärungsanteil: 80,7 %
d. i) Varimax-Verfahren, ii) Komponente 1: Armutsrisikoquote Frauen, Ladung: 0,885, Komponente 2: Kinderanteil, Ladung: –0,856, Komponente 3: Sozialausgaben für Familien und Kinder, Ladung: 0,903, iii) Komponente 1: Faktor Armutsrisiko, Komponente 2: demografischer Faktor, Komponente 3: Faktor Sozialausgaben
e. Anderson-Rubin-Verfahren
f. im Ensemble der 23 europäischen Länder sind i) die 6 osteuropäischen Länder mit 0,797 durch einen überdurchschnittlichen Armutsrisikofaktor, mit 0,359 durch einen überdurchschnittlichen demografischen Faktor und mit –0,285 durch einen unterdurchschnittlichen Sozialausgabenfaktor gekennzeichnet und ii) die 7 westeuropäischen Länder mit –0,482 durch einen unterdurchschnittlichen Armutsrisikofaktor, mit

0,524 durch einen überdurchschnittlichen demografischen Faktor und mit 0,251 durch einen überdurchschnittlichen Sozialausgabenfaktor gekennzeichnet

Lösung 10-7*

a. Faktorenanalyse
b. quadratische und symmetrische Matrix vom Typ (8 × 8), die bivariate Korrelation ist wegen 0,179 zwischen „Hörverstehen Englisch" und „Leseverständnis Deutsch" am schwächsten und wegen 0,985 zwischen „Hörverstehen Englisch" und „Sprachkompetenz Englisch" am stärksten ausgeprägt
c. i) die Eigenwerte sind die reellwertigen Lösungen der zur quadratischen und symmetrischen (8 × 8)-Korrelationsmatrix gehörenden charakteristischen Gleichung in Gestalt eines Polynoms achten Grades, ii) die Summe der acht reellen Eigenwerte ist im konkreten Fall 8 und damit identisch mit der Dimension der Korrelationsmatrix, iii) zwei Komponenten, iv) 0,955 bzw. 95,5 %
d. i) Varimax-Verfahren, ii) Komponente 1: Hörverstehen Englisch, Ladung: 0,987, Komponente 2: Leseverständnis Deutsch, Ladung: 0,966, iii) Faktor 1: Englischkenntnisse, Faktor 2: Deutschkenntnisse
e. i) da für die beiden Faktoren das arithmetische Mittel jeweils null und die Standardabweichung jeweils eins ist, können die Faktorwerte der beiden Faktoren jeweils als standardisierte Werte identifiziert werden, die zudem noch dimensionslos sind, ii) die Korrelationsmatrix für die beiden Faktoren ist eine Einheitsmatrix, so dass beide Faktoren als orthogonale bzw. voneinander unabhängige bzw. nicht korrelierende Faktoren identifiziert werden können
f. im Ensemble der 16 Bundesländer besitzen die Schüler in den i) 11 westlichen Bundesländern wegen 0,549 bzw. −0,146 überdurchschnittliche Englischkenntnisse bzw. leicht unterdurchschnittliche Deutschkenntnisse und in den 5 östlichen Bundesländern wegen −1,209 bzw. 0,321 stark unterdurchschnittliche Englischkenntnisse bzw. leicht überdurchschnittliche Deutschkenntnisse, ii) 11 nördlichen Bundesländern wegen −0,287 bzw. −0,344 leichtunterdurchschnittliche Englisch- bzw. Deutschkenntnisse und in den 5 südlichen Bundesländern wegen 0,623 bzw. 0,757 überdurchschnittliche Englisch- bzw. Deutschkenntnisse, iii) 5 nordwestlichen Bundesländern wegen 0,507 bzw. −0,801 überdurchschnittliche Englisch- bzw. unterdurchschnittliche Deutschkenntnisse, in den 6 östlichen Bundesländern wegen −0,949 bzw. 0,037 stark unterdurchschnittliche Englischkenntnisse bzw. durchschnittliche Deutschkenntnisse und in den 5 südwestlichen Bundesländern wegen 0,632 bzw. 0,757 jeweils überdurchschnittliche Englisch- und Deutschkenntnisse

Lösung 10-8*

a. Faktorenanalyse
b. i) alle der 14 Eigenwerte, die größer als eins sind, ii) vier Komponenten
c. i) Varimax-Verfahren, ii) Komponente 1: gute Küche mit 0,749, Komponente 2: familiäres Flair mit 0,809, Komponente 3: Internetzugang mit 0,702, Komponente 4:

Wellness-Angebote mit 0,837, iii) z. B. Komponente 1: Ambiente-Faktor, Komponente 2: Flair-Faktor, Komponente 3: Tagungs-Faktor, Komponente 4: Wellness-Faktor

d. Anderson-Rubin-Verfahren
e. i) die 2 × 4 = 8 durchschnittlichen Faktorwerte indizieren in ihrem geschlechtsspezifischen Vergleich stets eine „entgegengesetzte“ Wichtigkeit etwa derart, dass die männlichen Hotelgäste den Wellness-Faktor hinsichtlich seiner Wichtigkeit mit –0,089 leicht unterdurchschnittlich und die weiblichen Hotelgäste mit 0,098 leicht überdurchschnittlich bewerten

   ii) die 2 × 4 = 8 durchschnittlichen Faktorwerte indizieren in ihrem aufenthaltsgrundspezifischen Vergleich eine stets „entgegengesetzte“ Wichtigkeit etwa derart, dass die privaten Hotelgäste den Tagungsfaktor hinsichtlich seiner Wichtigkeit mit –0,213 unterdurchschnittlich und die geschäftlichen Hotelgäste mit 0,641 überdurchschnittlich bewerten

Lösung 10-9*

a. Faktorenanalyse
b. i) Eigenwerte größer als eins, ii) drei Komponenten
c. orthogonales Rotationsverfahren für extrahierte Komponenten
d. Komponente 1: Qualitäts-Faktor, Komponente 2: Wellness-Faktor, Komponente 3: Business-Faktor
e. erzeugt standardisierte und unkorrelierte Werte
f. 55 Gäste der unteren, 458 der mittleren und 209 der oberen Altersgruppe, für 135 Hotelgäste lagen keine validen Befragungsergebnisse vor
g. für die untere Altersgruppe ist wegen –0,146 der Qualitätsfaktor unterdurchschnittlich bzw. nicht so wichtig, dafür sind aber der Wellness-Faktor (0,190) und der Business-Faktor (0,313) überdurchschnittlich bzw. eher wichtig; für die mittlere Altersgruppe sind die drei Faktoren wegen –0,055, 0,036 und 0,048 „nur von durchschnittlicher Wichtigkeit“; für die obere Altersgruppe ist wegen 0,158 der Qualitätsfaktor überdurchschnittlich bzw. eher wichtig, dafür sind jedoch sowohl der Wellness-Faktor (–0,128) als auch der Business-Faktor (–0,188) unterdurchschnittlich bzw. nicht so wichtig

Lösung 10-10*

a. Faktorenanalyse
b. i) Eigenwerte sind die Lösungen der charakteristischen Gleichung einer Matrix; bei einer (stets quadratischen und symmetrischen) Korrelationsmatrix ist die Summe der reellwertigen Eigenwerte identisch mit der Dimension der Matrix; eine Komponente ist ein latentes Variablenkonstrukt, ii) vier Komponenten, iii) Varianzerklärungsanteil: 0,7002 bzw. ca. 70 %
c. i) orthogonales Rotationsverfahren, ii) rechteckig vom Typ (10 × 4), da aus zehn empirisch erfassten und standardisierten Wichtigkeitskriterien insgesamt vier Komponenten extrahiert wurden, iii) Komponente 1: angenehmes Ambiente, Komponentenladung:

0,834, d. h. zwischen dem auf einer zehnstufigen Punkteskala empirisch erfassten und standardisierten Wichtigkeitskriterium „angenehmes Ambiente“ und der extrahierten Komponente 1 besteht ein starker positiver linearer statistischer Zusammenhang; Komponente 2: Sport- und Wellness-Angebote mit 0,879, Interpretation analog zu Komponente 1; Komponente 3: kostenloser Internetzugang mit 0,825, Interpretation analog zur Komponente 1; Komponente 4: gute Verkehrsanbindung mit 0,795, Interpretation analog zur Komponente 1

d. ja, da die vier Komponenten sachlogisch zum Beispiel wie folgt gekennzeichnet bzw. etikettiert bzw. getauft werden können: Komponente 1: Qualitätsfaktor, Komponente 2: Entspannungsfaktor, Komponente 3: Medienfaktor, Komponente 4: Lagefaktor

e. erzeugt standardisierte und unkorrelierte Faktorwerte

f. da analog zur nachfolgenden Abbildung für alle vier Faktoren das arithmetische Mittel jeweils null und die Standardabweichung jeweils eins ist, identifiziert man die Faktorwerte eines jeden Faktors als standardisierte und zugleich dimensionslose Werte

	Anzahl	Mittelwert	Standardabweichung
Qualität	905	,000	1,000
Entspannung	905	,000	1,000
Medien	905	,000	1,000
Lage	905	,000	1,000

Faktorwerte der Gästebefragung – Mittelwerttabelle

g. die quadratische und symmetrische Korrelationsmatrix vom Typ (4 × 4) ist analog zur nachfolgenden Abbildung ihrem Wesen nach eine Einheitsmatrix, d. h. es liegen vier orthogonale Faktoren vor, die paarweise linear voneinander unabhängig sind

Korrelationsmatrix

	Qualität	Entspannung	Medien	Lage
Qualität	1	0	0	0
Entspannung	0	1	0	0
Medien	0	0	1	0
Lage	0	0	0	1

Faktorwerte der Gästebefragung – Korrelationsmatrix

h. für insgesamt 148 Hotelgäste, die entweder mindestens ein Wichtigkeitskriterium und/oder den Reisegrund nicht bewertet bzw. angegeben haben

i. Mittelwerttabelle:

Mittelwert

Reisegrund	Qualität	Entspannung	Medien	Lage
privat	,078	,087	-,188	-,012
geschäftlich	-,271	-,299	,659	,036

Faktorwerte der Gästebefragung gegliedert nach Reisegrund – Mittelwerttabelle

Die befragten Hotelgäste bewerten in ihrer reisegrundspezifischen Gliederung die vier Wichtigkeitsfaktoren in einem „entgegengesetzten Sinne“ etwa derart, dass Hotelgäste, die aus privaten Gründen in einem Hotel logierten, den Medienfaktor wegen −0,188 als „unterdurchschnittlich wichtig“ erachten. Im Vergleich dazu bewerten die aus geschäftlichen Gründen logierenden Hotelgäste wegen 0,659 den Medienfaktor als „überdurchschnittlich wichtig“

Lösung 10-11*

Teil 1

a. Umfang der statistischen Gesamtheit: 219 Studierende
b. sechs gleichartige metrische Variablen
c. i) Faktorenanalyse, ii) aus sechs empirisch erhobenen Variablen können drei Komponenten extrahiert werden
d. (1 − 0,717) = 0,283 bzw. 28,3 %
e. Faktor 1: Intensität curriculares Studium, Faktor 2: Intensität extracurriculares Studium, Faktor 3: Intensität Projektarbeit
f. Anderson-Rubin-Verfahren
g. i) Standardisierung: für jedes der drei latenten Variablenkonstrukte ist das arithmetische Mittelwert null und die Standardabweichung eins, ii) Orthogonalität: die drei bivariaten Maßkorrelationskoeffizienten sind jeweils null, d. h. die drei latenten Variablenkonstrukte sind paarweise voneinander unabhängig, die zugehörige quadratische und symmetrische Korrelationsmatrix vom Typ (3 × 3) erscheint als eine Einheitsmatrix

Teil 2

a. Regressionsanalyse
b. multiple inhomogene lineare Kleinste-Quadrate-Regressionsfunktion der Zufriedenheit mit dem bisherigen Studium über den drei Studium-Intensitätsfaktoren, der Prüfungswiederholungen und dem Geschlecht: $F10^* = 74 + 7 \times FAC1 + 5 \times FAC2 + 3 \times FAC3 - 4 \times F11 - 6 \times F1$
c. da für alle fünf Regressionskoeffizienten das empirische Signifikanzniveau kleiner ist als das vorgegebene Signifikanzniveau, deutet man gemäß dem p-value-Konzept die Koeffizienten als signifikant verschieden von null und somit als wesentliche Faktoren zur Erklärung der Zufriedenheit mit dem bisherigen Studium
d. partielle marginale Zufriedenheitsneigung für i) das latente Variablenkonstrukt, das den größten partiellen Einfluss auf die Zufriedenheit besitzt: steigt (fällt) der curriculare Studienfaktor um eine Einheit, dann steigt (fällt) die Zufriedenheit im Durchschnitt um 7 Punkte, wenn unterstellt wird, dass die restlichen vier Regressoren unveränderlich sind bzw. bleiben, ii) die erklärende Variable „Prüfungswiederholungen“: steigt (fällt) die Anzahl der Prüfungswiederholungen um eine Einheit, dann fällt (steigt) die Zufriedenheit im Durchschnitt um 4 Punkte, wenn unterstellt wird, dass die restlichen vier

Regressoren unveränderlich sind bzw. bleiben, iii) die erklärende Variable Geschlechtszugehörigkeit: steigt (fällt) die dichotome und 0-1-kodierte Variable F1 um eine Einheit, dann fällt (steigt) die Zufriedenheit im Durchschnitt um 6 Punkte, wenn unterstellt wird, dass die restlichen vier Regressoren unveränderlich sind bzw. bleiben, sachlogische Deutung: bei den weiblichen Studierenden liegt die Zufriedenheit im Durchschnitt um 6 Punkte unterhalb der Zufriedenheit bei den männlichen Studierenden

Teil 3

a. Clusteranalyse
b. unveränderliche Clusteranzahl, Cluster können auf der Suche nach einer optimalen Lösung immer wieder aufgelöst werden, Anzahl der zu gruppierenden Merkmalsträger kann vergleichsweise groß sein
c. absolute Häufigkeitsverteilung:

Cluster	Anzahl Studierende
1	18
2	51
3	77
4	73
insgesamt	219

d. Cluster 1: im Ensemble aller Befragten sind 18 Studierende im curricularen Studium stark unterdurchschnittlich aktiv, im extracurricularen Studium und in der Projektarbeit unterdurchschnittlich aktiv;
Cluster 2: im Ensemble aller Befragten sind 51 Studierende im curricularen Studium leicht unterdurchschnittlich und im extracurricularen Studium sowie in der Projektarbeit überdurchschnittlich aktiv;
Cluster 3: im Ensemble aller Befragten sind 77 Studierende im curricularen und im extracurricularen Studium überdurchschnittlich, jedoch in der Projektarbeit unterdurchschnittlich aktiv;
Cluster 4: im Ensemble aller Befragten sind 73 Studierende sowohl im curricularen Studium als auch in der Projektarbeit überdurchschnittlich und im extracurricularen Studium unterdurchschnittlich aktiv

Teil 4

a. vier elementefremde bzw. merkmalsträgerfremde Gruppen, wegen ihres unterschiedlichen Umfangs vier unbalancierte Gruppen
b. Mittel = Mean(FAC1, FAC2, FAC3)
c. Verfahren: i) Kolmogorov-Smirnov-Anpassungstest auf eine unvollständig spezifizierte Normalverteilung, ii) Varianzhomogenitätstest nach Levene, iii) einfaktorielle Varianzanalyse als multipler Mittelwerttest

Ergebnis und Interpretation: i) da das empirische Signifikanzniveau jeweils größer als 0,015 ist, können die Befunde in den vier Gruppen jeweils als Realisationen einer normalverteilten Zufallsgröße aufgefasst werden, ii) da das empirische Signifikanzniveau von 0,006 kleiner als 0,015 ist, können die vier durchschnittlichen Gruppenwerte nicht als Realisationen von varianzhomogenen Zufallsgrößen aufgefasst werden, iii) wegen Varianzinhomogenität ist der Welch-Test als Mittelwerthomogenitätstest geeignet, da das empirische Signifikanzniveau kleiner als 0,015 ist, können die vier durchschnittlichen Gruppenwerte nicht als Realisationen von mittelwerthomogenen Zufallsgrößen aufgefasst werden

d. ja, da die Mittelwerthomogenitätshypothese verworfen wurde, z. B. Games-Howell-Prozedur als post-hoc-Test, auf einem Signifikanzniveau von 0,05 identifiziert man drei homogene Untergruppen: 1. Cluster 1, 2. Cluster 2 und 3. Cluster 3 und 4

Literatur

Eckstein PP (2016) Angewandte Statistik mit SPSS- Praktische Einführung für Wirtschaftswissenschaftler, 8. Aufl. Springer Gabler, Wiesbaden

Eckstein PP (2019) Statistik für Wirtschaftswissenschaftler – Eine realdatenbasierte Einführung mit SPSS, 6. Aufl. Springer Gabler, Wiesbaden

Clusteranalyse

11

11.1 Problemstellungen

Problemstellung 11-1

Verwenden Sie zur Lösung der folgenden Problemstellungen die SPSS Datendatei **AM7.sav** aus dem lehrbuchbezogenen Downloadbereich. Die Datei basiert auf dem vom ADAC herausgegebenen Automarkenindex *Automarxx* für das Jahr 2007. Die interessierenden Erhebungsmerkmale „Markenimage", „Markeninnovationen", „Markenqualität", „Marktposition", „Kundenbindung" und „Kundenzufriedenheit" wurden jeweils auf einer Punkte-Skala mit den Randwerten „null für ungenügend" und „neun für ausgezeichnet" gemessen. Von Interesse sind alle erfassten „nicht-asiatischen" Automarken.

a. Geben Sie explizit die SPSS Auswahlbedingung an.
b. Benennen Sie ein statistisches Analysekonzept, das es ermöglicht, die interessierenden Automarken derart zu gruppieren, dass die Automarken, die sich bezüglich der originär erfassten Erhebungsmerkmale am ähnlichsten sind, jeweils in einer Gruppe zusammengefasst werden.
c. Sie entschließen sich für ein Gruppierungsverfahren, das von der feinsten Gliederung ausgeht und schrittweise die interessierenden Automarken zu homogenen Gruppen zusammenfasst. Wie wird dieses Analyseverfahren bezeichnet?
d. Wie viele Gruppen von Automarken identifizieren Sie, wenn Sie von den folgenden Prämissen ausgehen: Als Gruppierungsmethode verwenden Sie ein Verfahren, das auf dem kleinsten Zuwachs der Fehlerquadratsumme für die standardisierten Merkmalswerte beruht. Im sogenannten Baumdiagramm bildet ein normierter Fusionskoeffizient von vier die Entscheidungsgrundlage.

P. P. Eckstein, *Datenanalyse mit SPSS*,
https://doi.org/10.1007/978-3-658-31837-6_11

e. Welche Automarken wurden aufgrund der Ähnlichkeit ihrer standardisierten Merkmalswerte als erste zusammengefasst?
f. Wie viele Automarken sind gemäß der Problemstellung d. in der kleinsten Gruppe zusammengefasst? Listen Sie die zugehörigen Automarken auf.
g. Geben Sie in Auswertung der Distanzmatrix das Distanzmaß für die folgenden Automarken-Paare an: Audi und BMW bzw. BMW und Chrysler. Zu welcher Aussage gelangen Sie aus deren Vergleich?

Problemstellung 11-2*
Verwenden Sie zur Lösung der folgenden Problemstellungen die SPSS Datendatei **KD7.sav** aus dem lehrbuchbezogenen Downloadbereich. Die Datei beinhaltet Preise für kommunale Dienstleistungen, die im zweiten Quartal 2008 für ausgewählte Kommunen des Bundeslandes Brandenburg statistisch erhoben wurden.

a. Benennen Sie die statistische Gesamtheit und charakterisieren Sie die Erhebungsmerkmale aus statistisch-methodischer Sicht.
b. Benennen Sie ein statistisches Analysekonzept, das es ermöglicht, die erfassten Kommunen derart zu gruppieren, dass die Kommunen, die sich bezüglich der statistisch erfassten kommunalen Dienstleistungspreise am ähnlichsten sind, jeweils in einer Gruppe zusammengefasst werden.
c. Sie entschließen sich für ein Gruppierungsverfahren, das von der feinsten Gliederung ausgeht und die erfassten Kommunen schrittweise zu homogenen Gruppen zusammenfasst. Wie wird dieses statistische Verfahren bezeichnet?
d. Wie viele Gruppen von Kommunen identifizieren Sie, wenn Sie von den folgenden Prämissen ausgehen: Als Gruppierungsmethode verwenden Sie ein Verfahren, das auf dem kleinsten Zuwachs der Fehlerquadratsumme für die standardisierten kommunalen Dienstleistungspreise beruht. Im sogenannten Baumdiagramm bildet ein normierter Fusionskoeffizient mit einem Wert von zehn die Entscheidungsgrundlage.
e. Welche zwei Kommunen wurden aufgrund der Ähnlichkeit ihrer standardisierten Dienstleistungspreise als erste zusammengefasst?
f. Wie viele Kommunen sind gemäß der Problemstellung d. in der kleinsten Gruppe zusammengefasst? Listen Sie die zugehörigen Kommunen auf.
g. Geben Sie in Auswertung der Distanzmatrix das Distanzmaß für die folgenden Kommunen-Paare an: Angermünde und Strausberg bzw. Bernau und Cottbus. Zu welcher Aussage gelangen Sie aus deren Vergleich?

Problemstellung 11-3
Verwenden Sie zur Lösung der folgenden Problemstellungen die SPSS Datendatei **SA7.sav** aus dem lehrbuchbezogenen Downloadbereich. Die Datei basiert auf dem Sozialatlas für die traditionellen Berliner Stadtbezirke aus dem Jahr 2005.

a. Für ein Referat im „Studium generale“ wollen Sie mit Hilfe eines statistischen Analysekonzeptes eine Klassifikation der Berliner Stadtbezirke derart bewerkstelligen, dass die Stadtbezirke, die sich hinsichtlich der verfügbaren metrischen Erhebungsmerkmale am ähnlichsten sind, in einer Gruppe zusammengefasst werden. Wie heißt das Analysekonzept?
b. Zu welchen Ergebnissen gelangen Sie im Zuge Ihrer statistischen Analyse, wenn Sie unter Verwendung der standardisierten metrischen Erhebungsmerkmale die statistische Gesamtheit in vier disjunkte Teilgesamtheiten gliedern und von der Prämisse ausgehen, dass die Klassifikation auf der Grundlage des quadrierten euklidischen Abstandsmaßes auf der Basis der folgenden Analysemethoden bewerkstelligt wird: i) Linkage bzw. Verknüpfung zwischen den Gruppen, ii) Linkage bzw. Verknüpfung innerhalb der Gruppen, iii) nächstgelegener Nachbar, iv) entferntester Nachbar und v) Ward-Methode als kleinste Erhöhung der Gesamtvarianz zwischen den Nachbarn.

Problemstellung 11-4*

Im Zuge der Ausarbeitung eines Referats im Fach Volkswirtschaftslehre zum Thema „Deutschland – einig Wirtschaftsland?“ sind Sie bestrebt, einige Kernaussagen Ihres Referats empirisch zu untermauern. Dazu bedienen Sie sich clusteranalytischer Ergebnisse auf der Basis der SPSS Datendatei **BL7.sav**. Resümieren Sie kurz Ihre Analyseergebnisse. Gehen Sie dabei von den folgenden Prämissen aus: Unter Verwendung aller geeigneten Informationen sollen die Bundesländer a) in drei und b) in zwei disjunkte Ländergruppen gegliedert werden. Die Klassifikation der Bundesländer soll jeweils auf der Grundlage standardisierter Merkmalswerte, des quadrierten euklidischen Abstandsmaßes und des sogenannten Ward-Verfahrens bewerkstelligt werden.

Problemstellung 11-5*

Verwenden Sie zur Lösung der folgenden Problemstellungen die SPSS Datendatei **PH7.sav** aus dem lehrbuchbezogenen Downloadbereich. Von Interesse sind alle erfassten Berliner Parkhäuser.

▶ **Hinweis**: Die SPSS Variablen ZW0 bis ZW9 beinhalten durchschnittliche Zufriedenheitswerte mit dem Parkhausinneren, die jeweils auf der Basis einer Punkte-Skala mit den Randwerten „null für unzufrieden“ und „neun für zufrieden“ im Zuge einer Nutzerbefragung in Berliner Parkhäusern im vierten Quartal 2006 gemessen wurden.

a. Wie viele Parkhausgruppen identifizieren Sie unter Nutzung der ermittelten durchschnittlichen Zufriedenheitswerte, wenn Sie von den folgenden Prämissen ausgehen: Als Gruppierungsmethode dient das sogenannte Ward-Verfahren auf der Basis standardisierter Werte. Im sogenannten Dendrogramm bildet ein normierter Fusionskoeffizient von fünf die Basis Ihrer Parkhausklassifikation.

b. Listen Sie die Parkhäuser der kleinsten Gruppe namentlich auf.
c. Geben Sie in Auswertung der Näherungsmatrix das Unähnlichkeitsmaß für die folgenden Parkhaus-Paare an. Zu welcher sachbezogenen Aussage gelangen Sie aus dem Vergleich der Unähnlichkeitsmaße für „Dom-Aquaree“ und „Bebelplatz“ einerseits und „Dom-Aquaree“ und „Europa Center“ andererseits?
d. Welche Parkhäuser wurden aufgrund ihrer größten Ähnlichkeit als erste zu einer Gruppe zusammengefasst? Listen Sie die Parkhäuser namentlich auf.

Problemstellung 11-6*
Verwenden Sie zur Lösung der Problemstellungen die SPSS Datendatei **KW7.sav** aus dem lehrbuchbezogenen Downloadbereich. Die Datei basiert auf den Wahlergebnissen vom 28. September 2008 zu den Kreistagen, Stadtverordnetenversammlungen und Gemeindevertretungen im Bundesland Brandenburg.

a. Erläutern Sie konkret die folgenden statistischen Grundbegriffe: Einheit, Gesamtheit, Identifikationsmerkmal, Erhebungsmerkmal, Zustandsmenge, Skala.
b. Fügen Sie zur Plausibilitätsprüfung der erfassten Daten in die Arbeitsdatei eine Variable ein, die für jede statistische Einheit die Summe der gültigen Stimmenanteile beinhaltet. Geben Sie die applizierte Berechnungsvorschrift explizit an. Welchen Wert müssen Sie für jede statistische Einheit erhalten? Warum?
c. Für ein Referat im „Studium generale“ wollen Sie mit Hilfe eines statistischen Analysekonzeptes eine Klassifikation der statistischen Einheiten derart bewerkstelligen, dass die Einheiten, die sich hinsichtlich der erfassten und statistisch auswertbaren Erhebungsmerkmale am ähnlichsten sind, in einer Gruppe zusammengefasst werden. Benennen Sie das angewandte Analysekonzept.
d. Zu welchen Ergebnissen gelangen Sie im Zuge Ihrer Analyse, wenn Sie die statistische Gesamtheit in fünf disjunkte Teilgesamtheiten gliedern und von der Prämisse ausgehen, dass die Klassifikation auf standardisierten Daten und auf der kleinsten Erhöhung der Gesamtvarianz zwischen den „Nachbarn“ beruht. Unter welcher Bezeichnung firmiert das applizierte Analyseverfahren?
e. Listen Sie in Anlehnung an die Problemstellung d. jeweils die statistischen Einheiten in den zwei kleinsten Teilgesamtheiten namentlich auf.

Problemstellung 11-7*
Verwenden Sie zur Lösung der folgenden Problemstellungen die SPSS Datendatei **FB7.sav** aus dem lehrbuchbezogenen Downloadbereich. Von Interesse sind alle Studierenden, die im Sommersemester 2015 befragt wurden.

a. In Anlehnung an die Problemstellung 10-5* sind Sie bestrebt, die sechs empirisch erhobenen und in den SPSS Variablen F9a bis F9f gespeicherten studentischen Aktivitäten mittels einer Faktorenanalyse zu reduzieren. Im Zuge ihrer faktoranalytischen Betrachtungen bestimmen Sie für die extrahierten und rotierten Komponenten mittels des sogenannten Anderson-Rubin-Verfahrens die zugehörigen Komponentenwerte für die befragten Studierenden, die hinsichtlich der erfragten Aktivitäten valide Aussage gaben.

b. Klassifizieren Sie unter Verwendung der validen Komponentenwerte die interessierenden Studenten mittels der sogenannten Clusterzentrenanalyse derart, dass die befragten Studierenden in vier disjunkte Studierendengruppen gegliedert werden können. Wie verteilen sich die Studierenden, für die Komponentenwerte bestimmt werden konnten, auf die vier Gruppen?
c. Charakterisieren Sie anhand der „finalen Clusterzentren" die zugehörigen Studierendengruppen und erläutern Sie anhand der Studierendenklassifikation die Begriffe „Kernobjekte" und „Randobjekte".

Problemstellung 11-8*

Verwenden Sie zur Lösung der folgenden Problemstellungen die SPSS Datendatei **SI7.sav** aus dem lehrbuchbezogenen Downloadbereich. Die Datei basiert auf Sozialindikatoren, die im Jahr 2010 für ausgewählte europäische Länder gemessen wurden. Die gemessenen Sozialindikatoren sind den SPSS Variablen A bis J abgebildet.

a. Benennen Sie ein statistisches Analysekonzept, das es ermöglicht, die betrachteten Länder derart zu gruppieren, dass die Länder, die sich bezüglich der gemessenen Sozialindikatoren am ähnlichsten sind, jeweils in einer Gruppe zusammengefasst werden.
b. Wie wird das statistische Analysekonzept bezeichnet, das von der feinsten Gliederung ausgeht und die Länder schrittweise zu homogenen Gruppen zusammengefasst werden?
c. Zur Ländergruppierung verwenden Sie ein Verfahren, das auf dem kleinsten Zuwachs der Summe der Fehlerquadrate für die auf einer metrischen Skala gemessenen und standardisierten Sozialindikatoren beruht. Benennen und charakterisieren Sie das Verfahren.
d. Wie viele Ländergruppen identifizieren Sie, wenn im sogenannten Baumdiagramm ein normierter Fusionskoeffizient mit einem Wert von fünf die Entscheidungsbasis bildet?
e. Welche zwei Länder wurden aufgrund der Ähnlichkeit der gemessenen und standardisierten Sozialindikatoren als erste zusammengefasst?
f. Wie viele und welche Länder sind gemäß der Problemstellung d. in der kleinsten Gruppe zusammengefasst? Listen Sie die betreffenden Länder auf.
g. Geben Sie in Auswertung der Distanzmatrix das Distanzmaß für die folgenden Länderpaare an: i) Dänemark und Finnland, ii) Dänemark und Italien. Zu welcher Aussage gelangen Sie aus deren Vergleich?

Problemstellung 11-9*

Bei der Vergabe eines Vortragsthemas im Fach Volkswirtschaftslehre zum Problemkreis „Länderklassifikation im Euro-Währungsgebiet" werden Sie aufgefordert, die Kernaussagen Ihres Vortrages anhand der SPSS Datendatei **VI7.sav** aus dem lehrbuchbezogenen Downloadbereich empirisch zu untermauern. Die Datei beinhaltet aus dem Wirtschaftsjahr 2010 für die Länder des Euro-Währungsgebietes fünf volkswirtschaftliche und jeweils metrisch skalierte Indikatoren.

a. Benennen Sie ein statistisches Analysekonzept, das es ermöglicht, die Länder derart zu gruppieren, dass die Länder, die sich bezüglich der Indikatoren am ähnlichsten sind, jeweils in einer Gruppe zusammengefasst werden.
b. Wie wird das statistische Analysekonzept bezeichnet, das von der feinsten Länderpartition ausgeht und im statistischen Sinne die Länder schrittweise zu homogenen Gruppen zusammengefasst werden?
c. Zur Ländergruppierung verwenden Sie das sogenannte Ward-Verfahren. Charakterisieren Sie kurz das applizierte Verfahren.
d. Wie viele Ländergruppen identifizieren Sie, wenn im sogenannten Baumdiagramm ein normierter Heterogenitäts- oder Fusionskoeffizient mit einem Wert von i) null, ii) vier, iii) zehn, iv) fünfzehn bzw. v) zweiundzwanzig Ihre Entscheidungsbasis bildet?
e. Welche zwei Länder wurden aufgrund der Ähnlichkeit der gemessenen und standardisierten Indikatoren als erste zusammengefasst?
f. Wie viele Länder sind gemäß der Problemstellung d. in der jeweils größten Gruppe zusammengefasst? Notieren Sie jeweils das erstgenannte und das letztgenannte Land in dieser Gruppe.
g. Geben Sie in Auswertung der Distanzmatrix das Distanzmaß für die folgenden Länderpaare an: i) Deutschland und Österreich, ii) Deutschland und Griechenland. Zu welcher Aussage gelangen Sie aus deren Vergleich?

Problemstellung 11-10*

Verwenden Sie zur Lösung der folgenden Problemstellungen die SPSS Datendatei **PS7.sav** aus dem lehrbuchbezogenen Downloadbereich. Die Datei basiert auf den bundesländerspezifischen Ergebnissen der Pisa-Studie aus dem Jahr 2009. Von Interesse sind die jeweils auf einer metrischen Skala gemessenen und in den SPSS Variablen SK1 bis SK10 abgebildeten Kompetenzen von Schülern der neunten Klasse.

a. In einem ersten Analyseschritt sind Sie bestrebt, mittels einer Faktorenanalyse die zehn gemessenen Schülerkompetenzen hinsichtlich ihres „Umfanges" zu reduzieren. Zu welchem Analyseergebnis gelangen Sie, wenn Sie die Variablenreduzierung unter Beibehaltung der SPSS Standardeinstellungen bewerkstelligen und für die extrahierten, rotierten und getauften Komponenten die Komponentenwerte mittels des sogenannten Anderson-Rubin-Verfahrens bestimmen?
b. In einem zweiten Analyseschritt sind Sie bestrebt, im Zuge einer hierarchischen Clusteranalyse und unter Verwendung der Ergebnisse aus der vorgelagerten Faktorenanalyse die Bundesländer mittels des sogenannten Ward-Verfahrens in fünf disjunkte Ländergruppen zu gliedern. Fassen Sie Ihr Klassifizierungsergebnis kurz zusammen. Benennen Sie zudem die Bundesländer, die in einem paarweisen Vergleich im Ensemble aller Bundesländer hinsichtlich der Schülerkompetenz-Faktoren am ähnlichsten bzw. am unähnlichsten sind.
c. In einem dritten Analyseschritt sind Sie bestrebt, unter Verwendung der Ergebnisse aus der vorgelagerten Faktorenanalyse im Zuge einer sogenannten Clusterzentrenanalyse

die Bundesländer wiederum in fünf disjunkte Ländergruppen zu gliedern. Worin unterscheiden sich die Ergebnisse der Clusterzentrenanalyse von denen der hierarchischen Clusteranalyse?

Problemstellung 11-11*

Verwenden Sie zur Lösung der folgenden Problemstellungen die SPSS Datendatei **BW7.sav** aus dem lehrbuchbezogenen Downloadbereich. Die Datei basiert auf den stadtteilbezogenen Ergebnissen Berlins zur Bundestagswahl 2013.

a. Benennen Sie ein Analysekonzept, das es ermöglicht, die Berliner Stadtteile derart zu gruppieren, dass die Stadtteile, die sich bezüglich der parteienbezogenen Wahlergebnisse am ähnlichsten sind, jeweils in einer Gruppe zusammengefasst werden.
b. Wie wird das statistische Analysekonzept bezeichnet, das von der feinsten Gliederung der Berliner Stadtteile ausgeht und die Stadtteile schrittweise zu homogenen Gruppen zusammenfasst?
c. Zur Gruppierung der Stadtteile verwenden Sie ein Verfahren, das auf dem kleinsten Zuwachs der Summe der Fehlerquadrate für die erfassten und standardisierten Wahlergebnisse beruht. Benennen und charakterisieren Sie das Verfahren.
d. Wie viele stadtteilbezogene Gruppen identifizieren Sie, wenn Sie im sogenannten Baumdiagramm einen normierten Heterogenitätskoeffizienten von i) fünf, ii) zehn, iii) fünfzehn verwenden? Woraus lassen sich die unterschiedlichen Ergebnisse erklären?
e. Welche Stadtteile wurden aufgrund ihrer Ähnlichkeit hinsichtlich der Wahlergebnisse als erste zusammengefasst?
f. Wie viele Stadtteile sind gemäß Problemstellung d. jeweils in der kleinsten Gruppe zusammengefasst? Notieren Sie jeweils die zugehörigen Stadtteile.
g. Von Interesse ist im Kontext der praktizierten Datenanalyse die zugehörige Distanzmatrix. i) Charakterisieren Sie die Distanzmatrix. ii) Benennen Sie das applizierte Distanzmaß. iii) Kommentieren Sie kurz die Werte der Hauptdiagonalen. iv) Geben Sie den kleinsten (von null verschiedenen) und den größten Wert des Distanzmaßes an und interpretieren Sie die beiden Werte sowohl aus statistisch-methodischer als auch aus sachbezogener Sicht.

Problemstellung 11-12

Verwenden Sie zur Lösung der folgenden Problemstellungen die SPSS Datendatei **FS7.sav** aus dem lehrbuchbezogenen Downloadbereich. Die Daten basieren auf einer Gästebefragung, die im ersten Quartal 2015 in Fünf-Sterne-Hotels im sogenannten deutschsprachigen Dreiländereck durchgeführt wurde. Für die weiteren Betrachtungen sind die „etikettierten" Faktoren von Interesse, die gemäß Problemstellung 10-10* aus den gästebezogenen Wichtigkeitskriterien K0 bis K9 extrahiert wurden. Im Marktforschungsseminar werden Sie aufgefordert, in einem Kurzreferat eine dreigliedrige Gästeklassifikation vorzustellen, die auf den Ergebnissen der eingangs erwähnten Faktorenanalyse beruht.

a. Zu welchem Klassifikationsergebnis gelangen Sie, wenn Sie sich einer sogenannten Clusterzentrenanalyse bedienen und im zugehörigen SPSS Unterdialogfeld eine maximale Anzahl von 25 Iterationen optional vereinbaren? i) Wie verteilen sich die befragten Hotelgäste, für die valide Befragungsergebnisse vorliegen, auf die Cluster? ii) Charakterisieren Sie in Anlehnung an das sogenannte „100-Seelen-Dorf der Statistik" die Gästecluster anhand der „finalen Clusterzentren".
b. Erläutern Sie kurz das Grundprinzip einer Clusterzentrenanalyse.

Problemstellung 11-13*
Verwenden Sie zur Lösung der folgenden Problemstellungen die SPSS Datendatei **LW7.sav** aus dem lehrbuchbezogenen Downloadbereich. Die Datei basiert auf den Zweitstimmenergebnissen zur Landtagswahl 2014 im Bundesland Brandenburg.

a. Benennen Sie ein statistisches Analysekonzept, das es ermöglicht, die Landkreise derart zu gruppieren, dass die Landkreise, die sich bezüglich der parteienbezogenen Wahlergebnisse am ähnlichsten sind, jeweils in einer Gruppe zusammengefasst werden.
b. Wie wird das statistische Analysekonzept bezeichnet, das von der feinsten Gliederung ausgeht und die Landkreise hinsichtlich der parteienbezogenen Wahlergebnisse schrittweise zu homogenen Gruppen zusammenfasst?
c. Zur Gruppierung der Landkreise verwenden Sie das sogenannte Ward-Verfahren. Charakterisieren Sie kurz das Verfahren.
d. Wie viele landkreisbezogene Gruppen identifizieren Sie, wenn Sie im sogenannten Baumdiagramm einen normierten Heterogenitätskoeffizienten von neun verwenden?
e. Welche Landkreise wurden aufgrund ihrer Ähnlichkeit hinsichtlich der Wahlergebnisse als erste zusammengefasst?
f. Wie viele Landkreise sind gemäß Problemstellung d. in der kleinsten Gruppe zusammengefasst? Geben Sie die Landkreise an.
g. Charakterisieren Sie die sogenannte Distanzmatrix aus statistisch-methodischer Sicht. Welchen Typs ist die Matrix? Wieso und warum? In SPSS wird eine Distanzmatrix sowohl mit dem Etikett „Näherungsmatrix" als auch mit dem Etikett „Unähnlichkeitsmatrix" versehen. Ist diese Etikettierung sinnhaft. Begründen Sie kurz ihre Aussage.
h. Benennen Sie das applizierte Distanzmaß, das im konkreten Fall der Distanzmatrix zugrunde liegt. Geben Sie das Distanzmaß für die folgenden Landkreise an: i) Havelland und Oberhavel, ii) Potsdam und Spreewald-Lausitz. Zu welcher Aussage gelangen Sie aus einem Vergleich der beiden Distanzmaße?

Problemstellung 11-14*
Verwenden Sie zur Lösung der folgenden Problemstellungen die SPSS Datendatei **WR7.sav** aus dem lehrbuchbezogenen Downloadbereich. Die Datei basiert auf einer Studierendenbefragung am Fachbereich Wirtschafts- und Rechtswissenschaften der Hochschule für Technik und Wirtschaft Berlin aus dem Wintersemester 2015/16 und dem Sommersemester 2016.

a. Benennen Sie den Merkmalsträger und geben Sie den Umfang der statistischen Gesamtheit an.
b. Von Interesse sind die SPSS Variablen F9a bis F9f, deren Ausprägungen jeweils auf einer Punkteskala von 0 bis 100 gemessen wurden. Charakterisieren Sie kurz die Variablen aus statistisch-methodischer Sicht.
c. Benennen und applizieren Sie ein statistisches Analyseverfahren, mit dessen Hilfe Sie die interessierenden Variablen aufgrund ihrer korrelativen Beziehungen zu einer kleineren Anzahl latenter Variablenkonstrukte zusammenfassen können. Zu welchem Ergebnis gelangen Sie bei Anwendung der sogenannten Hauptkomponentenmethode?
d. Benennen Sie die latenten Variablenkonstrukte aus sachlogischer Sicht.
e. Ordnen Sie jedem Merkmalsträger mit Hilfe des Anderson-Rubin-Verfahrens für jedes latente Variablenkonstrukt einen Wert zu. Für wie viele Merkmalsträger ist eine Wertzuordnung nicht möglich? Warum?
f. Bestimmen Sie für die latenten Variablenkonstrukte jeweils das arithmetische Mittel und die Standardabweichung. Zu welcher Aussage gelangen Sie aus einer alleinigen Betrachtung und Bewertung der Analysebefunde?
g. Erstellen Sie für die latenten Variablenkonstrukte eine Korrelationsmatrix. Charakterisieren Sie die Matrix und interpretieren Sie die Analysebefunde sowohl aus statistischer als auch aus sachlogischer Sicht.
h. Sie sind an einer Gruppierung der Merkmalsträger auf der Basis der latenten Variablenkonstrukte interessiert. Die Merkmalsträgergruppierung soll derart bewerkstelligt werden, dass die Merkmalsträger hinsichtlich ihrer Merkmalsausprägungen möglichst ähnlich sind. Unter welcher Bezeichnung firmiert in der statistischen Methodenlehre ein solches Analysekonzept?
i. Zur angestrebten Merkmalsträgergruppierung verwenden Sie das sogenannte K-Means-Verfahren. Zu welchem Analyseergebnis gelangen Sie, wenn Sie an einer Merkmalsträgergruppierung auf der Basis von vier Gruppen interessiert sind und Sie für die angestrebte Gruppierung eine Anzahl von maximal zwanzig Iterationen festlegen? Geben Sie die Merkmalsträgerverteilung auf die vier Gruppen explizit an.
j. Interpretieren Sie die Analysebefunde für die kleinste und für die größte Gruppe sachlogisch.

11.2 Lösungen

Lösung 11-1*

a. K ~= 2 bzw. K = 1 | K = 3
b. Clusteranalyse
c. hierarchisch-agglomerative Clusteranalyse
d. 6 Automarkencluster
e. Peugeot und Renault

f. zwei Automarken: Mercedes und Volkswagen
g. wegen 0,781 bzw. 28,515 sind sich die Automarken Audi und BMW bzw. BMW und Chrysler hinsichtlich der sechs Erhebungsmerkmale ähnlich bzw. unähnlich

Lösung 11-2*

a. 20 Kommunen, für die zum Zwecke eines kommunalen Preisvergleichs im zweiten Quartal 2008 jeweils sechs kommunale Dienstleistungspreise erfasst wurden, die im statistischen Sinne metrische Erhebungsmerkmale sind
b. Clusteranalyse
c. hierarchisch-agglomerative Clusteranalyse
d. vier Kommunencluster
e. Falkensee und Neuruppin
f. zwei Kommunen, Angermünde und Hennigsdorf
g. Distanzmaße: i) 26,140, ii) 1,461, Aussage: während die Kommunen Angermünde und Strausberg sich hinsichtlich der sechs kommunalen Dienstleistungspreise unähnlich sind, ähneln sich die Kommunen Bernau und Cottbus bezüglich der sechs kommunalen Dienstleistungspreise

Lösung 11-3

a. Analysekonzept: hierarchische Clusteranalyse, Basis: standardisierte Daten
b. drei wohl voneinander zu unterscheidende Klassifikationen: i) nächstgelegener Nachbar: Cluster 1: Kreuzberg, Cluster 2: Neukölln, Wedding, Cluster 3: Mitte, Prenzlauer Berg, Cluster 4: die restlichen Stadtbezirke, ii) entferntester Nachbar: Cluster 1: Steglitz, Wilmersdorf, Zehlendorf, Mitte, Prenzlauer Berg, Cluster 2: Hohenschönhausen, Marzahn, Hellersdorf, Charlottenburg, Friedrichshain, Schöneberg, Tiergarten, Cluster 3: Neukölln, Kreuzberg, Wedding, Cluster 4: die restlichen Stadtbezirke, iii) Ward-Verfahren: Cluster 1: Steglitz, Wilmersdorf, Zehlendorf, Mitte, Prenzlauer Berg, Cluster 2: Hohenschönhausen, Marzahn, Hellersdorf, Charlottenburg, Friedrichshain, Schöneberg, Tiergarten, Cluster 3: Neukölln, Kreuzberg, Wedding, Cluster 4: die restlichen Stadtbezirke

Lösung 11-4*

a. 3-Cluster-Klassifikation: Cluster 1: Baden-Württemberg, Bayern, Nordrhein-Westfalen, Cluster 2: Berlin, Brandenburg, Bremen, Mecklenburg- Vorpommern, Sachsen, Sachsen-Anhalt, Thüringen, Cluster 3: die restlichen sechs (westlichen) Bundesländer
b. 2-Cluster-Klassifikation: Cluster 1: Berlin, Bremen und die fünf neuen Bundesländer, Cluster 2: die restlichen neun alten Bundesländer

Lösung 11-5*

a. drei Parkhaus-Cluster
b. drei Parkhäuser: Europa-Center, Rathaus-Passagen und Kultur-Brauerei
c. hinsichtlich der zehn Erhebungsmerkmale sind sich wegen 2,368 die Parkhäuser Dom-Aquaree und Bebelplatz ähnlich und wegen 57,987 die Parkhäuser Dom-Aquaree und Europa-Center unähnlich
d. Parkhäuser Bebelplatz und Sony-Center

Lösung 11-6*

a. Einheit: Landkreis bzw. kreisfreie Stadt, Gesamtheit: 18 Landkreise und kreisfreie Städte, Identifikationsmerkmale: Landkreis bzw. kreisfreie Stadt (sachlich), Land Brandenburg (örtlich), September 2008 (zeitlich), Erhebungsmerkmale: prozentuale Stimmenanteile für acht Wählergruppen sowie Wahlbeteiligung und Anteil ungültiger Stimmen, Skalen: Wahlkreisname, nominal, Erhebungsmerkmale, metrisch, Zustandsmenge für Erhebungsmerkmale: Menge der positiven reellen Zahlen
b. z. B. Gesamt = SUM(SPD, Linke, …, Sonstige), Wert: 100 %, da es sich jeweils um eine vollständige Struktur handelt
c. hierarchische Clusteranalyse
d. Ward-Verfahren ist nur sinnvoll für metrische Erhebungsmerkmale, basiert auf dem quadrierten Euklidischen Abstand und der kleinsten Erhöhung der Gesamtvarianz zwischen den statistischen Einheiten, eine Gliederung der Gesamtheit in fünf disjunkte Teilmengen bzw. Cluster erhält man z. B. für einen normierten Fusionskoeffizienten von 10
e. die kreisfreien Städte Brandenburg und Cottbus zum einen und die Landkreise Havelland und Potsdam-Mittelmark zum anderen

Lösung 11-7*

a. drei Komponenten bzw. Faktoren wurden extrahiert: Faktor 1: curriculares Studium, Faktor 2: extracurriculares Studium, Faktor 3: Nebenjobtätigkeit, Basis: valide Faktorwerte für 177 Studierende, keine Faktorwerte für 1 Studierenden
b. finale absolute Häufigkeitsverteilung der befragten Studierenden, für die valide Faktorwerte ermittelt wurden, auf die vier Studierendencluster, siehe nachfolgende Abbildung
c. Gruppencharakteristik gemäß der nachfolgenden Abbildung, Basis: finale Clusterzentren

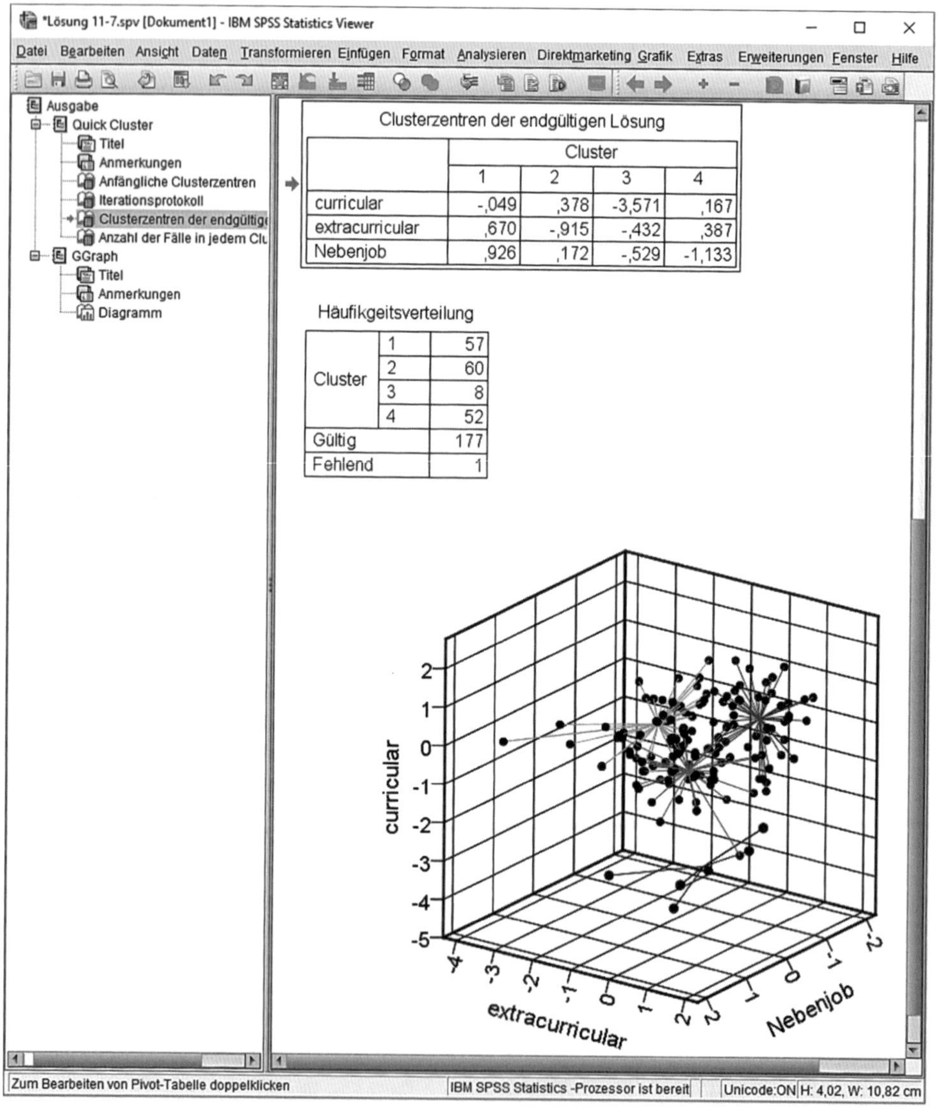

Clusterzentren der endgültigen Lösung

	Cluster 1	2	3	4
curricular	-,049	,378	-3,571	,167
extracurricular	,670	-,915	-,432	,387
Nebenjob	,926	,172	-,529	-1,133

Häufigkeitsverteilung

Cluster	1	57
	2	60
	3	8
	4	52
Gültig		177
Fehlend		1

SPSS Statistics Viewer – Clusterzentren

Gruppe 1: (57/177) × 100 % ≅ 32,2 % der befragten Studierenden, die auswertbare Antworten gaben, sind im curricularen Studium wegen −0,049 leicht unterdurchschnittlich und wegen 0,670 bzw. 0,926 im extracurricularen Studium bzw. hinsichtlich einer Nebenjobtätigkeit überdurchschnittlich aktiv;

Gruppe 2: (60/177) × 100 % ≅ 33,9 % der Studierenden sind wegen −0915 im extracurricularen Studium unterdurchschnittlich, dafür aber wegen 0,378 bzw. 0,172 überdurchschnittlich aktiv im curricularen Studium bzw. in einer Nebenjobtätigkeit;

Gruppe 3: (8/177) × 100 % ≅ 4,5 % der Studierenden sind in allen drei Studienfaktoren unterdurchschnittlich aktiv, aufgrund des indizierten Clusterzentrums von −3,571 für den curricularen Studienfaktor können diese Studierenden als „Leehrveranstaltungsbesucher" gekennzeichnet werden;

Gruppe 4: (52/177) × 100 % ≅ 29,4 % der Studierenden sind wegen 0,167 bzw. 0,387 sowohl im Hinblick auf ihr curriculares als auch auf ihr extracurriculares Studium überdurchschnittlich, jedoch hinsichtlich einer Nebenjobtätigkeit stark unterdurchschnittlich aktiv;

analog zum 3D-Diagramm im SPSS Viewer werden als Kernobjekte die Studierenden bezeichnet, die sich hinsichtlich ihrer drei standardisierten Faktorwerte „eng um das jeweilige Clusterzentrum scharen"; als Randobjekte werden die Studierenden klassifiziert, die hinsichtlich der drei standardisierten Faktorwerte durch eine mehr oder weniger große Distanz zum jeweiligen Clusterzentrum „auszeichnen"

Lösung 11-8*

a. Clusteranalyse
b. hierarchisch-agglomerative Klassifikation
c. Ward-Verfahren, Charakteristik: metrische Clustermerkmale, quadrierter Euklidischer Abstand, kleinster Zuwachs der Fehlerquadrate bei Clusterfusion
d. vier Ländercluster
e. Polen und Tschechien
f. zwei Länder: Irland und Luxemburg
g. im Ensemble der 23 europäischen Staaten sind sich hinsichtlich der 10 Sozialindikatoren i) wegen 2,503 Dänemark und Finnland sehr ähnlich und ii) wegen 52,516 Dänemark und Italien sehr unähnlich

Lösung 11-9*

a. Clusteranalyse
b. hierarchisch-agglomerative Klassifikation
c. beruht auf dem kleinsten Zuwachs der Summe der Fehlerquadrate für die auf einer metrischen Skala gemessenen und standardisierten Indikatoren
d. i) feinste Partition in Gestalt von 17 Clustern, in denen je eines der 17 Länder des Euro-Währungsgebietes enthalten ist, ii) sieben Ländercluster, iii) fünf Ländercluster, iv) vier Ländercluster, v) zwei Ländercluster
e. Niederlande und Österreich
f. i) 17 Länder, erst- bzw. letztgenannt: Niederlande bzw. Griechenland, ii) 7 Länder, erst- bzw. letztgenannt: Niederlande bzw. Zypern, iii) 11 Länder, erst- bzw. letztgenannt: Niederlande bzw. Portugal, iv) 15 Länder, erst- bzw. letztgenannt: Niederlande bzw. Irland, v) 16 Ländern, erst- bzw. letztgenannt: Niederlande bzw. Luxemburg

g. im Ensemble der 17 Länder des Euro-Währungsgebietes sind sich hinsichtlich der fünf volkswirtschaftlichen Indikatoren wegen i) 1,070 Deutschland und Österreich ähnlich bzw. ii) 29,235 Deutschland und Griechenland unähnlich

Lösung 11-10*

a. drei orthogonale Faktoren, deren standardisierte Werte in den gleichnamigen SPSS Variablen *Fremd*(sprache), *Mutter*(sprache) und *Natur*(wissenschaften) gespeichert sind
b. z. B. auf dem Niveau eines normierten Heterogenitätskoeffizienten von sieben identifiziert man anhand des Dendrogramms die folgenden Cluster: Cluster 1: die fünf Bundesländer Saarland, Sachsen-Anhalt, Thüringen, Brandenburg, Sachsen; Cluster 2: das Bundesland Mecklenburg-Vorpommern; Cluster 3: die beiden Bundesländer Berlin und Bremen; Cluster 4: die beiden Bundesländer Baden-Württemberg und Bayern; Cluster 5: die restlichen sechs Bundesländer;

   wegen eines quadrierten Euklidischen Distanzmaßes von 0,355 bzw. 17,879 sind sich im Ensemble aller 16 Bundesländer hinsichtlich der drei Schülerkompetenz-Faktoren im paarweisen Bundesländervergleich die Bundesländer Saarland und Sachsen-Anhalt am ähnlichsten bzw. Mecklenburg-Vorpommern und Bayern am unähnlichsten
c. die Clusterzentrenanalyse liefert im konkreten Fall ein gleiches Klassifikationsergebnis wie die die hierarchisch-agglomerative Clusteranalyse

Lösung 11-11*

a. Clusteranalyse
b. hierarchisch-agglomerative Clusteranalyse
c. Ward-Verfahren: metrische Merkmale, quadrierter Euklidischer Abstand
d. i) vier, ii) drei, iii) Stadtteilcluster, je größer (niedriger) das Niveau des Heterogenitätskoeffizienten, umso geringer (größer) ist die Clusteranzahl
e. Charlottenburg-Wilmersdorf und Steglitz-Zehlendorf
f. i) 1 Stadtteil, Lichtenberg, ii) 3 Stadtteile, Marzahn-Hellersdorf, Treptow-Köpenick, Lichtenberg, iii) 5 Stadtteile, Charlottenburg-Wilmersdorf, Steglitz-Zehlendorf, Tempelhof-Schöneberg, Reinickendorf, Spandau
g. i) Distanzmatrix: quadratisch und symmetrisch vom Typ (12×12), ii) Distanzmaß: quadrierter Euklidischer Abstand, iii) ein Diagonalwert „null" kennzeichnet eine „völlige" Ähnlichkeit bzw. keine Unähnlichkeit, da der jeweilige Merkmalsträger bezüglich seiner Erhebungsmerkmale „mit sich selbst" betrachtet wird, iv) kleinste Distanz: 0,939, d. h. im Ensemble der 12 Berliner Stadtteile sind sich die beiden Stadtteile Charlottenburg-Wilmersdorf und Steglitz-Zehlendorf hinsichtlich der neun metrisch erfassten und standardisierten Wahlergebnisse am ähnlichsten; größte Distanz: 49,166, d. h. im Ensemble der 12 Berliner Stadtteile sind sich die beiden Stadtteile Steglitz-Zehlendorf und Lichtenberg hinsichtlich der neun metrisch erfassten und standardisierten Wahlergebnisse am unähnlichsten

Lösung 11-12

a. i) absolute Häufigkeitsverteilung und ii) Gästecluster-Charakteristik: Cluster 1: 497 von 905 bzw. 55 von 100 Hotelgästen erachten aufgrund einer überdurchschnittlichen Bewertung (in Gestalt eines standardisierten Clusterzentrenwertes größer als null) alle vier Faktoren als wichtig; Cluster 2: 40 von 100 Hotelgästen erachten lediglich den Qualitätsfaktor als wichtig (Clusterzentrum: 0,148); Cluster 3: 5 von 100 Hotelgästen erachten lediglich den Medienfaktor (0,689) als wichtig und im Gegensatz dazu den Qualitätsfaktor (−3,153) als „betont" unwichtig
b. häufig appliziertes Verfahren einer sogenannten partitionierenden Klassifikation, bei der man vorab bereits gewisse und sachlogisch begründete Clustervorstellungen für eine große Anzahl von Merkmalsträgern besitzt

Lösung 11-13*

a. Clusteranalyse
b. hierarchische Clusteranalyse
c. hierarchisch-agglomerative Clusteranalyse, basiert auf standardisierten metrischen Erhebungsmerkmalen und dem quadrierten Euklidischen Abstand
d. 5 Landkreiscluster
e. die Landkreise Havelland und Oberhavel
f. 1 Landkreis: Potsdam
g. quadratische und symmetrische Matrix vom Typ (18 × 18), da insgesamt 18 Landkreise erfasst und analysiert wurden; Etikettierung ist sinnhaft, da eine berechnete Distanz sowohl als Ähnlichkeits- als auch als Unähnlichkeitsmaß interpretiert werden kann
h. Maßzahl: quadrierter Euklidischer Abstand, i) Havelland und Oberhavel: 1,803, ii) Potsdam und Spreewald-Lausitz: 77,633; im Ensemble der 18 Landkreise sind sich hinsichtlich der Wahlergebnisse Havelland und Oberhavel am ähnlichsten und Potsdam und Spreewald-Lausitz am unähnlichsten

Lösung 11-14*

a. Merkmalsträger: befragter Student, Umfang: 367 befragte Studenten
b. sechs gleichartige metrische Variablen
c. Verfahren: Faktorenanalyse, Ergebnis: aus sechs erhobenen Variablen können drei Komponenten extrahiert werden
d. Faktor 1: curriculare Studienaktivitäten, Faktor 2: extracurriculare Studienaktivitäten, Faktor 3: Nebenjobtätigkeit
e. zwei Studenten, die bezüglich der sechs Variablen keine validen Angaben gemacht hat
f. Mittelwert ist null, Standardabweichung ist eins, Kennzeichen für standardisierte Werte
g. Charakteristik: vom Typ (3 × 3), somit quadratisch und zudem noch symmetrisch, Interpretation: da die Korrelationsmatrix als eine Einheitsmatrix erscheint, sind die drei Faktoren unabhängig voneinander

h. Analysekonzept: Clusteranalyse
i. Merkmalsträgerverteilung, siehe nachfolgende Abbildung

Anzahl der Fälle in jedem Cluster

Cluster	1	108
	2	101
	3	135
	4	21
Gültig		365
Fehlend		2

Studierendenbefragung – Clusterverteilung

j. Clusterzentren, siehe nachfolgende Abbildung

Clusterzentren der endgültigen Lösung

	Cluster			
	1	2	3	4
FAC1_2	0,233	0,009	0,309	-3,228
FAC2_2	0,292	0,878	-0,840	-0,330
FAC3_2	-1,184	0,867	0,337	-0,246

Studierendenbefragung – Clusterzentren

i) kleinste Gruppe: 21 Studierende sind im Ensemble der 365 Studierenden stark unterdurchschnittlich aktiv im curricularen Studium und sowohl unterdurchschnittlich aktiv im extracurricularen Studium als auch hinsichtlich einer Nebenjobtätigkeit, ii) größte Gruppe: 135 Studierende sind im Ensemble der 365 Studierenden, die gültige Antworten gaben, sowohl im curricularen Studienfaktor als auch im Nebenjobtätigkeitsfaktor überdurchschnittlich aktiv und im extracurricularen Studienfaktor unterdurchschnittlich aktiv

Literatur

Eckstein PP (2016) Angewandte Statistik mit SPSS – Praktische Einführung für Wirtschaftswissenschaftler, 8. Aufl. Springer Gabler, Wiesbaden

Eckstein PP (2019) Statistik für Wirtschaftswissenschaftler – Eine realdatenbasierte Einführung mit SPSS, 6. Aufl. Springer Gabler, Wiesbaden

12 Baumanalyse

12.1 Problemstellungen

Problemstellung 12-1
Verwenden Sie zur Beantwortung der nachfolgenden Fragestellungen die SPSS Datendatei **SB7.sav** aus dem lehrbuchbezogenen Downloadbereich. Die (unterdessen historischen) Daten stammen aus einer Befragung von Studierenden an Berliner Hochschulen, die im Jahr 1996 mit dem Ziel durchgeführt wurde, die Einstellung von Studierenden zur Frei-Körper-Kultur zu erforschen. Analysieren Sie mit Hilfe der sogenannten *Chaid*-Methode die in der SPSS Variablen *FKK* abgebildete Einstellung der befragten Studierenden zur Frei-Körper-Kultur. Verwenden Sie unter Beibehaltung der SPSS Standardeinstellungen als sogenannte Prädiktoren die folgenden Erhebungsmerkmale: Geschlechtszugehörigkeit, Sozialisation, Religionszugehörigkeit und Alter.

a. Wie viele und welche Prädiktoren haben einen signifikanten Einfluss auf die abhängige Variable?
b. Geben Sie die folgenden Baumkennzahlen an: i) Anzahl der Knoten, ii) Anzahl der Endknoten, iii) sogenannte Tiefe.
c. Welches unabhängige Merkmal hat den stärksten Einfluss auf das abhängige Merkmal?
d. Welcher Endknoten enthält die wenigsten Merkmalsträger? Charakterisieren Sie den betreffenden Endknoten.
e. Wie viele Merkmalsträger enthält der Endknoten mit dem höchsten FKK-Fan-Anteil? Charakterisieren Sie den Endknoten.

P. P. Eckstein, *Datenanalyse mit SPSS*,
https://doi.org/10.1007/978-3-658-31837-6_12

Problemstellung 12-2*

Verwenden Sie zur Lösung der folgenden Problemstellungen die SPSS Datendatei **VS7.sav** aus dem lehrbuchbezogenen Downloadbereich. Die Datei beinhaltet Daten von volljährigen Personen, die im Jahr 2007 im Rahmen der nationalen Verzehrstudie II deutschlandweit statistisch erhoben wurden. In den Ernährungswissenschaften und in der Physiologie geht man erfahrungsgemäß davon aus, dass der Körper-Masse-Index von volljährigen Personen bereits hinreichend genau durch solche Prädiktoren wie das Alter, die Geschlechtszugehörigkeit und der Schulabschluss bestimmt werden kann. Kann diese Erfahrungstatsache auch durch die verfügbaren Daten aus der nationalen Verzehrstudie untermauert werden? Überprüfen Sie diesen Sachverhalt unter Beibehaltung der SPSS Standardeinstellungen mit Hilfe eines sogenannten *CRT*-basierten Klassifizierungsbaumes.

a. Charakterisieren Sie kurz die applizierte Aufbaumethode.
b. Wie viele der vermuteten Prädiktoren erweisen sich als nicht geeignet zur Erklärung der Körper-Masse-Indizes der im Kontext der Verzehrstudie befragten Personen? Benennen Sie die Prädiktoren.
c. Worüber gibt der Knoten der Ordnung null im Klassifizierungsbaum Auskunft? Benennen und interpretieren Sie die tabellarisch bereitgestellten Informationen.
d. Wie viele „finale" Gruppen von Personen erhält man?
e. Charakterisieren Sie unter Verwendung der verfügbaren Informationen die größte „finale" Gruppe von Personen.
f. Charakterisieren Sie unter Verwendung der verfügbaren Informationen die kleinste Gruppe von Personen.
g. Charakterisieren Sie unter Verwendung der verfügbaren Informationen die Personengruppe mit dem höchsten durchschnittlichen Körper-Masse-Index.

Problemstellung 12-3*

Verwenden Sie zur Lösung der folgenden Problemstellungen die SPSS Datendatei **NB7.sav** aus dem lehrbuchbezogenen Downloadbereich. Die Datei basiert auf einem Marktforschungsprojekt aus dem Jahr 2006 im Kontext dessen Nutzer von Berliner Parkhäusern zufällig ausgewählt und befragt wurden. Von Interesse sind alle befragten Parkhausnutzer. Es ist zu vermuten, dass die SPSS Variable *Typ* von verschiedenen Prädiktoren abhängt. Nutzen Sie die SPSS Variablen *Anbindung*, *Kategorie*, *Geschlecht*, *Alter* und *Zufrieden* als Prädiktoren und erstellen Sie einen Klassifizierungsbaum unter Beibehaltung der SPSS Standardeinstellungen.

a. Welche Aufbaumethode ist im konkreten Fall geeignet? Warum?
b. Wie viele der vermuteten Prädiktoren erweisen sich nicht als geeignet zur Erklärung des Nutzertyps? Benennen Sie die Prädiktoren.
c. Wie viele disjunkte Parkhausnutzergruppen erhält man letzten Endes?
d. Charakterisieren Sie die größte „finale" Gruppe von Parkhausnutzern.
e. In welcher Gruppe von Parkhausnutzern ist der prozentuale Anteil von Parkhausfans am niedrigsten? Charakterisieren Sie diese Gruppe von Parkhausnutzern und geben Sie den prozentualen Anteil an.

f. In welcher Gruppe von Parkhausnutzern ist der prozentuale Anteil der Orientierungskritiker am größten? Charakterisieren Sie diese Gruppe von Parkhausnutzern und geben Sie den prozentualen Anteil an.
g. Welcher Parkhausnutzertyp kann mit Hilfe der in Rede stehenden Prädiktoren am besten „korrekt" klassifiziert und vorhergesagt werden? Geben Sie den prozentualen Klassifikationsanteil an.

Problemstellung 12-4*
Verwenden Sie zur Lösung der folgenden Problemstellungen die SPSS Datendatei **RH7.sav** aus dem lehrbuchbezogenen Downloadbereich. Die Daten basieren auf einer Gästebefragung in Romantik-Hotels aus dem Jahr 2010. Für die weiteren Betrachtungen sind alle befragten Hotelgäste von Interesse. Das Hotelmanagement ist daran interessiert zu erfahren, ob und inwieweit solche Kriterien wie *Land*, *Geschlecht*, *Alter*, *Familienstand*, *Abschluss* und *Reisegrund* als Prädiktoren zur statistischen Beschreibung und Erklärung eines gästebezogenen Gesamtzufriedenheitswertes angesehen werden können.

▶ **Hinweis**: Fügen Sie in die Arbeitsdatei eine Variable ein, welche für alle befragten Hotelgäste, die hinsichtlich der Zufriedenheitskriterien Z1 bis Z14 eine statistisch auswertbare Antwort gaben, das arithmetische Mittel der gemessenen Zufriedenheitswerte beinhaltet. Verwenden Sie diese Variable als einen Indikator für die Gesamtzufriedenheit.

Analysieren Sie unter Beachtung des vorherigen Hinweises und der beiden nachfolgend indizierten Prämissen den interessierenden Sachverhalt mittels eines sogenannten *Crt*-basierten Klassifizierungsbaumes: i) Mindestanzahl von 50 bzw. 25 Fällen im über- bzw. untergeordneten Knoten, ii) ansonsten Beibehaltung der SPSS Standardeinstellungen.

a. Geben Sie die applizierte Berechnungsvorschrift für den Gesamtzufriedenheitsindikator in der verbindlichen SPSS Syntax explizit an.
b. Wie verteilen sich die befragten Hotelgäste auf die gesamtzufriedenheitsbezogene Dichotomie von „gültig bzw. fehlend"?
c. Aus wie vielen i) Knoten, ii) dichotomen Knoten bzw. Knotenpaaren und iii) Endknoten besteht der Klassifizierungsbaum?
d. Beschreiben Sie aus sachlogischer Sicht kurz den Knoten i) nullter Ordnung, ii) mit dem höchsten Gesamtzufriedenheitswert, iii) mit der größten Gesamtzufriedenheitsstreuung, iv) achter Ordnung, v) zehnter Ordnung und vi) die endknotenbasierte Häufigkeitsverteilung.

Problemstellung 12-5*
Im Auftrag einer Berliner Tageszeitung wurden im Mai 2010 im Zuge einer Blitzumfrage volljährige und in Berlin wohnhafte Personen zufällig ausgewählt und unter anderem mit der folgenden Fragestellung konfrontiert: „Wie bewerten Sie die Inflationsgefahr, die aus der aktuellen Wirtschafts- und Finanzkrise erwächst?" Die validen Umfrageergebnisse sind in der SPSS Datendatei **BU7.sav** gespeichert, die im lehrbuchbezogenen Downloadbereich verfüg-

bar ist. Von Interesse sind alle befragten Personen. In der Demoskopie geht man von der Erfahrungstatsache aus, dass das interessierende Phänomen bereits hinreichend genau durch solche Prädiktoren wie Geschlechts- und Altersgruppenzugehörigkeit sowie Schulabschluss statistisch erklärt werden kann. Kann diese Erfahrungstatsache auch durch die Daten der Blitzumfrage untermauert werden? Überprüfen Sie diesen Sachverhalt unter Beibehaltung der SPSS Standardeinstellungen mit Hilfe eines *Chaid*-basierten Klassifizierungsbaumes.

a. Charakterisieren Sie kurz die angewandte Aufbaumethode.
b. Wie viele der vermuteten Prädiktoren erweisen sich als geeignet zur Erklärung der „Inflationsgefahr"? Benennen Sie die Prädiktoren.
c. Worüber gibt der Knoten der Ordnung null Auskunft?
d. Wie viele „finale" Personengruppen erhält man im konkreten Fall?
e. Charakterisieren Sie jeweils die Personengruppe, in welcher der prozentuale Anteil der Personen, die eine i) hohe bzw. ii) geringe Inflationsgefahr sehen, jeweils am größten ist? Geben Sie jeweils den prozentualen Anteil an.
f. Welche Ausprägung des Erhebungsmerkmals „Inflationsgefahr" kann mit Hilfe der in Rede stehenden Prädiktoren am „korrektesten" klassifiziert und vorhergesagt werden? Geben Sie den prozentualen Klassifikationsanteil an.

Problemstellung 12-6*

Verwenden Sie zur Lösung der folgenden Problemstellungen die SPSS Datendatei **SF7.sav** aus dem lehrbuchbezogenen Downloadbereich. Die Datei basiert auf semesterbezogenen Studierendenbefragungen, die am Fachbereich Wirtschafts- und Rechtswissenschaften der Hochschule für Technik und Wirtschaft Berlin auf der Grundlage eines standardisierten Fragenbogens bewerkstelligt wurde. Von Interesse sind alle Befragten.

a. Benennen und charakterisieren Sie die Variablen AG und ZS hinsichtlich ihrer Zustandsmenge und Skalierung.
b. Sie werden im Oberseminar zur Wirtschaftspsychologie aufgefordert, darüber zu referieren, inwieweit die Vermutung empirisch untermauert werden kann, dass der kategoriale Zufriedenheitsindikator ZS durch solche Prädiktoren wie Geschlechts- und Altersgruppenzugehörigkeit, Familienstand, Bafög-Empfang sowie Berufsabschluss statistisch erklärt werden kann. Überprüfen Sie den interessierenden Sachverhalt mit Hilfe eines sogenannten *Chaid*-basierten Klassifizierungsbaumes, indem Sie der Einfachheit halber die SPSS Standardeinstellungen beibehalten.
c. Welche der in Rede stehenden Erhebungsmerkmale bzw. Variablen können als Prädiktoren für die angestrebte Klassifizierung der befragten Studierenden identifiziert werden? Welche nicht?
d. Auf wie vielen sogenannten Knoten basiert der Analysebefund? Was kennzeichnen und beschreiben die ausgewiesenen Knoten?
e. Welche Klassifikation wird in der sogenannten ersten Tiefe des Klassifizierungsbaumes bewerkstelligt?
f. Wie viele sogenannte Endknoten werden insgesamt ausgewiesen? Charakterisieren die sogenannten Endknoten aus sachlogischer Sicht.

g. Treffen Sie eine kurze Aussage über die „Prognosegüte" der Klassifikation der befragten Studierenden hinsichtlich der „Zufriedenheit mit dem Studium".

12.2 Lösungen

Lösung 12-1

a. zwei Prädiktoren, Sozialisation und Alter
b. *Chaid*-Entscheidungsbaum mit i) fünf Knoten, ii) drei Endknoten und iii) einer Tiefe von zwei Gruppen- bzw. Klassifikationsebenen, siehe nachfolgende Abbildung

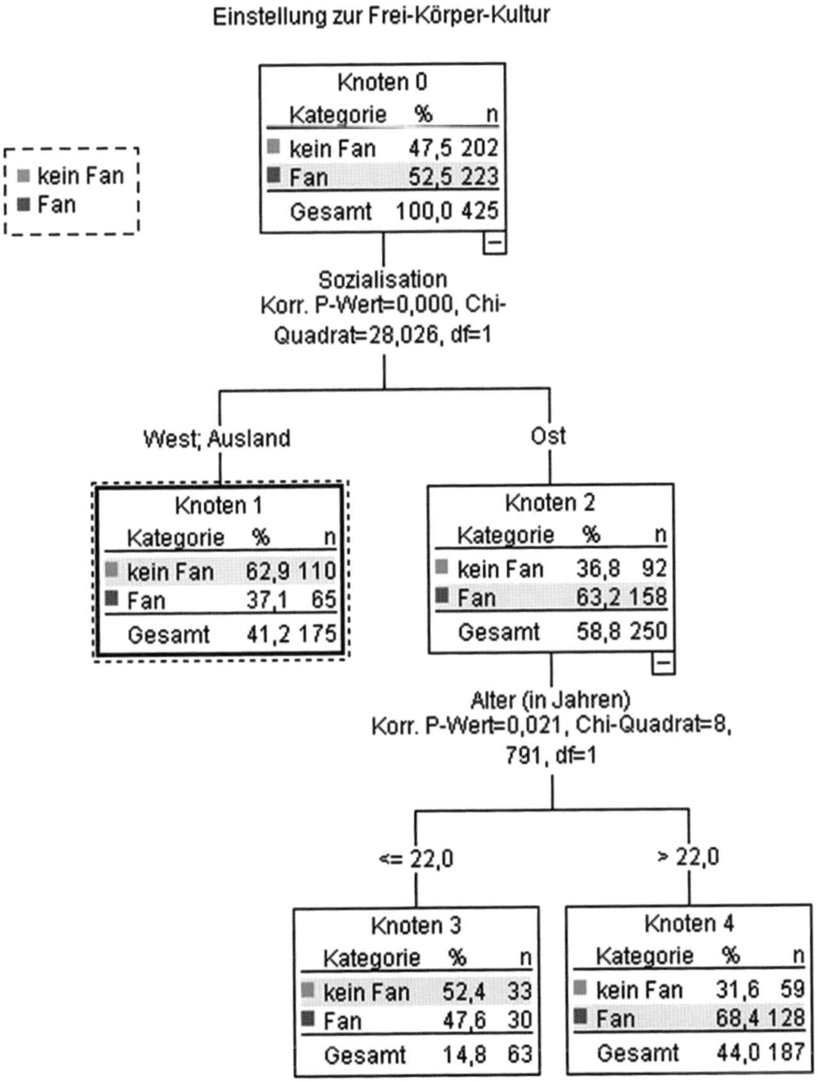

Chaid-Entscheidungsbaum

c. wegen $\chi^2_{0,95,1} \cong 28$ der nominale Prädiktor „Sozialisation“
d. Knoten 3: 63 Studierende, die angaben, höchstens 22 Jahre alt und im „Osten“ sozialisiert worden zu sein
e. Knoten 4: 187 Studierende, die angaben, älter als 22 Jahre und im „Osten“ sozialisiert worden zu sein, FKK-Fan-Anteil: 68,4 %

Lösung 12-2*

a. da der Körper-Masse-Index (KMI) metrisch ist, basiert das CRT-Verfahren auf dem Kriterium der kleinsten quadratischen Abweichung mit dessen Hilfe eine Menge von Personen hinsichtlich der Erhebungsmerkmale in „möglichst homogene“ und dichotome Untergruppen gegliedert wird
b. keiner der Prädiktoren erweist sich als ungeeignet
c. über die Stichprobenparameter für das Erhebungsmerkmal KMI: 1161 Personen, arithmetisches Mittel: 25,38 kg/m², Standardabweichung: 3,47 kg/m²
d. zehn Endknoten bzw. finale Gruppen
e. 105 weibliche Personen mit dem Schulabschluss „Hochschulreife“, dies sind 18,1 % aller erfassten Personen, im Durchschnitt besitzen diese Personen einen KMI von 21,6 kg/m², im Mittel streuen die einzelnen KMI um 2,57 kg/m² um den Durchschnitt von 21,6 kg/m²
f. 60 weibliche Personen mit einem Hauptschulabschluss, die älter als 58 Jahre sind, dies sind 5,2 % aller erfassten Personen, im Durchschnitt besitzen diese Personen einen KMI von 27,82 kg/m², im Mittel streuen die einzelnen KMI um 2,66 kg/m² um den Durchschnitt von 27,82 kg/m²
g. 90 männliche Personen mit einem Hauptschulabschluss, die älter als 48 Jahre sind, dies sind 7,8 % aller erfassten Personen, im Durchschnitt besitzen diese Personen einen KMI von 29,29 kg/m², im Mittel streuen die einzelnen KMI um 3,37 kg/m² um den Durchschnitt von 29,29 kg/m²

Lösung 12-3*

a. *Chaid*-basierter Klassifizierungsbaum, da die abhängige Größe „Nutzertyp“ eine nominale und dichotome Variable ist
b. zwei Prädiktoren, Geschlechtszugehörigkeit und Nutzeraltersgruppe
c. sieben Endknoten bzw. „finale“ Nutzergruppen
d. 270 Parkhausnutzer, die zufrieden sind und ihr Auto in Parkhäusern mit einer Anbindung an eine Hotel-, Verkehrs- oder Kultureinrichtung parken
e. Anteil: 4,1 %, insgesamt 74 Parkhausnutzer, die unzufrieden sind und ihr Auto in einem alten Parkhaus mit Anbindung an eine Handelseinrichtung parken
f. Anteil: 63,8 %, insgesamt 130 Parkhausnutzer, die unzufrieden sind und ihr Auto in einem Parkhaus mit Anbindung an eine Hotel-, Verkehrs- oder Kultureinrichtung parken
g. mit 76,5 % die Parkhausfans

Lösung 12-4*

a. mittels der Berechnungsvorschrift z. B. Zufrieden = (Z1 + Z2 + Z3 + Z4 + Z5 + Z6 + Z7 + Z8 + Z9 + Z10 + Z11 + Z12 + Z13 + Z14)/14 werden nur die Hotelgäste berücksichtigt, für die für alle 14 Indikatoren ein gültiger Wert auf der benutzten Zufriedenheitsskala gemessen und erfasst wurde
b. gültig: 337 Hotelgäste, fehlend: 491 Hotelgäste
c. Knoten als disjunkte Teilmengen von Hotelgästen: i) 11 Knoten, ii) 5 dichotome Knoten, iii) 6 Endknoten (der Ordnung 2, 3, 7, 8, 9, 10)
d. i) Gesamtheit von 337 befragten Hotelgästen, für die hinsichtlich der 14 Zufriedenheitskriterien ein „gültiger Gesamtzufriedenheitswert" berechnet werden konnte, ii) darunter 28 Hotelgäste, die aus privaten Gründen in einem Hotel in Österreich logierten, iii) darunter 95 Hotelgäste, die aus geschäftlichen Gründen in einem Hotel logierten, iv) darunter 70 Hotelgäste, die aus privaten Gründen in einem Hotel in Deutschland bzw. in der Schweiz logierten, weiblichen Geschlechts sind und mindestens einen gymnasialen Schulabschluss besitzen, v) darunter 53 Hotelgäste, die aus privaten Gründen in einem Hotel in Deutschland bzw. in der Schweiz logierten, männlichen Geschlechts sind und mindestens 52 Jahre alt sind, vi) Knoten 2: 95 Hotelgäste, Knoten 3: 28 Hotelgäste, Knoten 7: 58 Hotelgäste, Knoten 8: 70 Hotelgäste, Knoten 9: 33 Hotelgäste, Knoten 10: 53 Hotelgäste, insgesamt: 337 Hotelgäste, für die ein „gültiger Gesamtzufriedenheitswert" berechnet werden konnte

Lösung 12-5*

a. die *Chaid*-Aufbaumethode basiert auf dem Chi-Quadrat-Unabhängigkeitstest, mit dessen Hilfe eine statistische Gesamtheit in mehrdimensionale und paarweise disjunkte Teilgesamtheiten, auch Knoten genannt, gegliedert wird
b. zwei Prädiktoren: Altersgruppenzugehörigkeit und Schulabschluss
c. über die Zufallsstichprobe in Gestalt der Menge der 1011 zufällig ausgewählten und befragten Personen
d. sieben Endknoten
e. i) 233 Personen der oberen Altersgruppe, die zumindest einen Realschulabschluss besitzen, Anteil: 71,7 %, ii) 121 Personen der unteren Altersgruppe mit einem Hauptschulabschluss, Anteil: 67,8 %
f. geringfügige Inflationsgefahr mit 66,9 %

Lösung 12-6*

a. Altersgruppe AG: ordinal skalierte und binomiale bzw. dichotome Zustandsmenge, Zufriedenheit mit dem Studium ZS: ordinal skalierte und trinomiale Zustandsmenge
b. via Analysieren, Klassifizieren, Baum …, siehe Baudiagramm unter f)
c. als Prädiktoren geeignet: Geschlecht, Berufsabschluss, Altersgruppe; als Prädiktoren nicht geeignet: Familienstand, Bafög-Empfänger
d. auf insgesamt 7 Knoten, die jeweils disjunkte Teilmengen der befragten Studierenden kennzeichnen

e. geschlechtsspezifische Klassifikation
f. Chaid-Klassifizierungsbaum, siehe nachfolgende Abbildung

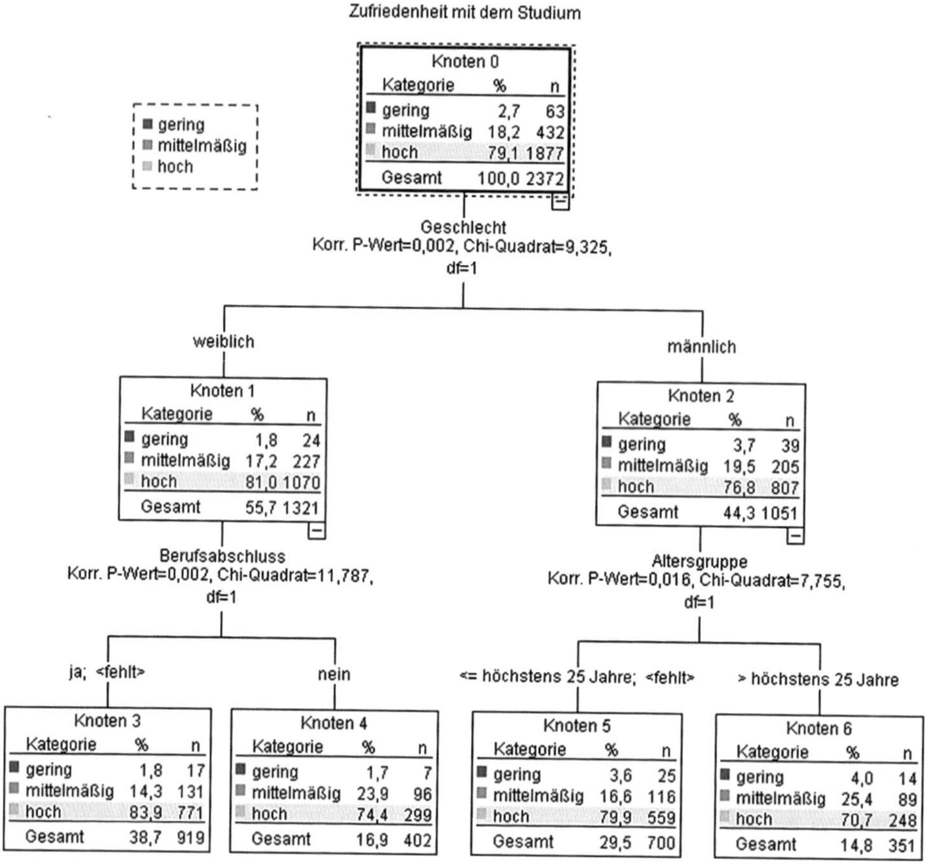

Chaid-Klassifizierungsbaum

insgesamt 4 Endknoten; 1. disjunkte Teilmenge (Knoten 3): 919 weibliche Studierende mit Berufsabschluss, 2. disjunkte Teilmenge (Knoten 4): 402 weibliche Studierende ohne Berufsabschluss, 3. disjunkte Teilmenge (Knoten 5): 700 männliche Studierende, die höchstens 25 Jahre alt sind, 4. disjunkte Teilmenge (Knoten 6): 351 männliche Studierende, die älter als 25 Jahre sind

g. Klassifikation, siehe nachfolgende Abbildung

Klassifikation

Beobachtet	Vorhergesagt			
	1 gering	2 mittelmäßig	3 hoch	Prozent korrekt
1 gering	0	0	63	0,0%
2 mittelmäßig	0	0	432	0,0%
3 hoch	0	0	1877	100,0%
Gesamtprozentsatz	0,0%	0,0%	100,0%	79,1%

Aufbaumethode: CHAID
Abhängige Variable: Zufriedenheit mit dem Studium

Klassifikationstabelle

lediglich die hohe Zufriedenheit kann prognostiziert werden

Literatur

Eckstein PP (2016) Angewandte Statistik mit SPSS – Praktische Einführung für Wirtschaftswissenschaftler, 8. Aufl. Springer Gabler, Wiesbaden

Eckstein PP (2019) Statistik für Wirtschaftswissenschaftler – Eine realdatenbasierte Einführung mit SPSS, 6. Aufl. Springer Gabler, Wiesbaden

Anhang

Verzeichnis der SPSS Datendateien

In die nachfolgende alphabetische Auflistung sind alle SPSS Datendateien (***.sav**) einbezogen, welche die Datenbasis für die angebotenen Übungs- und Klausuraufgaben bilden. Die Datendateien wurden mittels der Version IBM SPSS Statistics 25 erstellt bzw. bearbeitet. Zur Vermeidung von inhaltlichen Perturbationen und Irritationen mit den vorherigen Auflagen des Lehrbuches wurden alle SPSS Datendateien mit der Schlussziffer 7 gekennzeichnet, welche die Zugehörigkeit zur 7. Auflage des vorliegenden Lehrbuches indiziert.

AA7.sav
Die SPSS Datendatei beinhaltet Daten von zufällig ausgewählten Personenkraftwagen der Marke Audi A4, die im ersten Halbjahr 2013 auf dem Berliner Gebrauchtwagenmarkt angeboten wurden.

AB7.sav
Die SPSS Datendatei basiert auf einer Arbeitnehmerbefragung in Berliner Verwaltungen aus dem Jahr 2010.

AD7.sav
Die SPSS Datendatei beinhaltet Daten von zufällig ausgewählten Personenkraftwagen der Marke Audi, die im Jahr 2012 auf dem Berliner Gebrauchtwagenmarkt angeboten wurden.

AM7.sav
Die SPSS Datendatei basiert auf dem vom ADAC herausgegebenen Automarkenindex Automarxx für das Wirtschaftsjahr 2007.

P. P. Eckstein, *Datenanalyse mit SPSS*,
https://doi.org/10.1007/978-3-658-31837-6

AX7.sav
Die SPSS Datendatei basiert auf dem vom ADAC herausgegebenen Automarkenindex Automarxx für das erste Halbjahr 2008.

AZ7.sav
Die SPSS Datendatei beinhaltet die Augenzahlen, die beim Werfen eines gewöhnlichen Spielwürfels empirisch erfasst wurden.

BB7.sav
Die SPSS Datendatei beinhaltet für den Zeitraum von Januar 2006 bis Dezember 2010 die Zeitreihe von Übernachtungen (Angaben in 1000) in Berliner Beherbergungsbetrieben.

BL7.sav
Die SPSS Datendatei enthält arbeitsmarktbezogene Daten für die deutschen Bundesländer aus dem Wirtschaftsjahr 2002.

BM7.sav
Die SPSS Datendatei beinhaltet die im Wirtschaftsjahr 2017 an der Frankfurter Börse börsentäglich notierten Schlusskurse der Aktie der Bayerischen Motoren Werke Aktiengesellschaft.

BS7.sav
Die SPSS Datendatei basiert auf einer Befragung von Studierenden in den Bachelor-Studiengängen am Fachbereich Wirtschafts- und Rechtswissenschaften der Hochschule für Technik und Wirtschaft Berlin im Sommersemester 2018.

BU7.sav
Die SPSS Datendatei basiert auf einer Blitzumfrage, die im Mai 2010 im Auftrag einer Berliner Tageszeitung unter volljährigen und in Berlin wohnhaften Personen durchgeführt wurde.

BW7.sav
Die SPSS Datendatei basiert auf den stadtteilbezogenen Ergebnissen Berlins zur Bundestagswahl 2013.

DA7.sav
Die SPSS Datendatei beinhaltet die im Wirtschaftsjahr 2014 an der Frankfurter Börse börsentäglich notierten Eröffnungs- und Schlusskurse der Aktie der Daimler Aktiengesellschaft.

DS7.sav
Die SPSS Datendatei basiert auf einer Befragung von Studierenden in den Bachelor-Studiengängen am Fachbereich Wirtschafts- und Rechtswissenschaften der Hochschule für Technik und Wirtschaft Berlin im Sommersemester 2018.

EL7.sav
Die SPSS Datendatei ist das Resultat einer geschichteten Zufallsauswahl von Lehrveranstaltungen in den ehemaligen Diplomstudiengängen, die am Fachbereich Wirtschaftswissenschaften der HTW Berlin im Wintersemester 2002/03 evaluiert wurden.

EP7.sav
Die SPSS Datendatei beinhaltet Daten einer Palette von Hühnereiern, die im Mai 2015 in einer Brandenburger Freilandhaltung gesammelt und auf einem Berliner Wochenmarkt zum Kauf bzw. Verkauf angeboten wurden.

ET7.sav
Die SPSS Datendatei beinhaltet Daten von zufällig ausgewählten Eigentumswohnungen, die im Jahr 2012 auf dem Berliner Wohnungsmarkt zum Kauf bzw. Verkauf angeboten wurden.

EW7.sav
Die SPSS Datendatei beinhaltet Daten von zufällig ausgewählten Eigentumswohnungen, die im Wirtschaftsjahr 2011 auf dem Berliner Wohnungsmarkt zum Kauf bzw. Verkauf angeboten wurden.

FA7.sav
Die SPSS Datendatei basiert auf einer Studierendenbefragung im Wintersemester 2014/15 im Bachelor-Studiengang Betriebswirtschaftslehre der Hochschule für Technik und Wirtschaft Berlin.

FB7.sav
Die SPSS Datendatei basiert auf den empirischen Befunden von semesterbezogenen Studierendenbefragungen in den Bachelor-Studiengängen des Fachbereichs Wirtschafts- und Rechtswissenschaften der Berliner Hochschule für Technik und Wirtschaft.

FG7.sav
Die SPSS Datendatei basiert auf der Zeitreihe der monatlichen Fluggästezahlen (Angaben in 1000) auf den Berliner Flughäfen für die Wirtschaftsjahre 2011 bis 2018.

FS7.sav
Die SPSS Datendatei basiert auf einer Gästebefragung, die im ersten Quartal 2015 in Fünf-Sterne-Hotels im sogenannten deutschsprachigen Dreiländereck durchgeführt wurde.

GA7.sav
Die SPSS Datendatei beinhaltet Daten von zufällig ausgewählten Personenkraftwagen der Marke Audi A3, die im Wirtschaftsjahr 2011 auf dem Berliner Gebrauchtwagenmarkt angeboten wurden.

GB7.sav
Die SPSS Datendatei beruht auf einer deutschlandweiten Gästebefragung in Fünf-Sterne-Hotels aus dem Wirtschaftsjahr 2007.

GC7.sav
Die SPSS Datendatei beinhaltet Daten von Personenkraftwagen der Marke Renault Clio, die im ersten Quartal 2011 auf dem Berliner Gebrauchtwagenmarkt angeboten wurden.

GG7.sav
Die SPSS Datendatei beinhaltet Daten von zufällig ausgewählten Personenkraftwagen der Marke VW Golf, Benziner, mit einem 1,6-Liter-Triebwerk, die im Wirtschaftsjahr 2005 auf dem Berliner Gebrauchtwagenmarkt angeboten wurden.

GO7.sav
Die SPSS Datendatei beinhaltet Daten von zufällig ausgewählten Personenkraftwagen der Marke Opel, die im Wirtschaftsjahr 2011 auf dem Berliner Gebrauchtwagenmarkt angeboten wurden.

GS7.sav
Die SPSS Datendatei basiert auf einer Gästebefragung in einem Spa-Hotel im Bundesland Brandenburg aus dem Wirtschaftsjahr 2012.

GW7.sav
Die SPSS Datendatei beinhaltet Daten von zufällig ausgewählten und gebrauchten Personenkraftwagen, die im ersten Halbjahr 2010 auf dem Berliner Gebrauchtwagenmarkt angeboten wurden.

HE7.sav
Die SPSS Datendatei beinhaltet Daten von Eiern, die von Hühnern der Rasse Loheimer Braun gelegt und im Jahr 1996 auf einer Hühnerfarm im Bundesland Brandenburg statistisch erfasst wurden.

HL7.sav
Die SPSS Datendatei beinhaltet Daten, die zur Bewertung des neuen Hochschullogos der Hochschule für Technik und Wirtschaft Berlin im Sommersemester 2009 im Zuge einer Blitzumfrage stichprobenartig erhoben wurden.

JD7.sav
Die SPSS Datendatei beinhaltet die (fiktive) Zeitreihe der in den Jahren 2010/11 an der Nashville Stock Exchange, Tennessee, USA, börsentäglich erfassten Schlusskurse für die Stammaktie „Jack Daniels".

KB7.sav
Die SPSS Datendatei basiert auf einer Studie des Kaufverhaltens von zufällig ausgewählten Kunden in einem großen und stark frequentierten Berliner Baumarkt im dritten Quartal 2013.

KD7.sav
Die SPSS Datendatei basiert auf Preisen für kommunale Dienstleistungen, die im zweiten Quartal 2008 für ausgewählte Kommunen des Bundeslandes Brandenburg statistisch erhoben wurden.

KV7.sav
Die SPSS Datendatei basiert auf einer Studie des Kaufverhaltens von Kunden, die im Wirtschaftsjahr 2012 in einem großen und stark frequentierten Berliner Supermarkt bewerkstelligt wurde.

KW7.sav
Die SPSS Datendatei basiert auf den Wahlergebnissen zu den Kreistagen, Stadtverordnetenversammlungen und Gemeindevertretungen im Bundesland Brandenburg im Jahr 2008.

LG7.sav
Die SPSS Datendatei basiert auf Daten von lebendgeborenen Kindern, die im Jahr 2015 in Berliner Geburtskliniken „das Licht der Welt erblickten".

LH7.sav
Die SPSS Datendatei beinhaltet die Schlusskurse der Stammaktie der Deutschen Lufthansa AG, die von August 2010 bis Januar 2011 an der Frankfurter Börse notiert und erfasst wurden.

LM7.sav
Die SPSS Datendatei basiert auf einer Studie des Kaufverhaltens von zufällig ausgewählten Kunden in einem großen und stark frequentierten Berliner Lebensmittelmarkt im zweiten Quartal 2013.

LW7.sav
Die SPSS Datendatei basiert auf den Zweitstimmenergebnissen zur Landtagswahl 2014 im Bundesland Brandenburg.

MO7.sav
Die SPSS Datendatei beinhaltet Daten von zufällig ausgewählten Personenkraftwagen der Marke Opel, die im Jahr 2013 auf dem Berliner Gebrauchtwagenmarkt angeboten wurden.

MW7.sav
Die SPSS Datendatei basiert auf Daten von zufällig ausgewählten Mietwohnungen, die im Jahr 2016 auf dem Berliner Wohnungsmarkt angeboten wurden.

NB7.sav
Die SPSS Datendatei basiert auf einer Nutzerbefragung in Berliner Parkhäusern im November 2006.

OC7.sav
Die SPSS Datendatei beinhaltet Daten von zufällig ausgewählten Personenkraftwagen der Marke Opel Corsa, die im ersten Halbjahr 2018 auf dem Berliner Gebrauchtwagenmarkt zum Kauf bzw. Verkauf angeboten wurden.

PH7.sav
Die SPSS Datendatei beinhaltet Zufriedenheitswerte mit dem Parkhausinneren, die im Zuge einer Nutzerbefragung in Berliner Parkhäusern im November 2006 empirisch erhoben wurden.

PS7.sav
Die SPSS Datendatei basiert auf den bundesländerspezifischen Ergebnissen der PISA-Studie aus dem Jahr 2009.

RG7.sav
Die SPSS Datendatei basiert auf einer Gästebefragung in Romantik-Hotels aus dem Jahr 2013.

RH7.sav
Die SPSS Datendatei basiert auf einer Gästebefragung in Romantik-Hotels aus dem Jahr 2010.

RT7.sav
Die SPSS Datendatei beinhaltet Daten von zufällig ausgewählten Personenkraftwagen der Marke Renault Twingo, die im zweiten Halbjahr 2007 auf dem Berliner Gebrauchtwagenmarkt angeboten wurden.

SA7.sav
Die SPSS Datendatei basiert auf dem sogenannten Sozialatlas für die traditionellen Berliner Stadtbezirke aus dem Jahr 2005.

SB7.sav
Die SPSS Datendatei basiert auf einer Studierendenbefragung, die im Sommersemester 1996 an Berliner Hochschulen mit dem Ziel durchgeführt wurde, die Einstellung zur Frei-Körper-Kultur zu erforschen.

SC7.sav
Die SPSS Datendatei beinhaltet Daten von zufällig ausgewählten Personenkraftwagen der Marke Seat Cordoba mit einem Benzinmotor, die im Wirtschaftsjahr 2014 auf dem Berliner Gebrauchtwagenmarkt angeboten wurden.

SF7.sav
Die SPSS Datendatei basiert auf semesterbezogenen Studierendenbefragungen, die am Fachbereich Wirtschafts- und Rechtswissenschaften der Hochschule für Technik und Wirtschaft Berlin mittels eines standardisierten Fragebogens durchgeführt wurden.

SG7.sav
Die SPSS Datendatei beruht auf einer Kundenbefragung aus dem Jahr 2007 in Berliner Sportgeschäften.

SI7.sav
Die SPSS Datendatei basiert auf Sozialindikatoren, die im Jahr 2010 für europäische Länder gemessen wurden.

SK7.sav
Die SPSS Datendatei basiert auf den bundesländerspezifischen Ergebnissen der PISA-Studie aus dem Jahr 2013.

SL7.sav
Die SPSS Datendatei basiert auf der Schulleistungsstudie für Deutschland aus dem Jahr 2010.

SO7.sav
Die SPSS Datendatei beinhaltet Daten von zufällig ausgewählten Personenkraftwagen der Marke Skoda Octavia mit einem 1,6-Liter-Benzinmotor, die im ersten Halbjahr 2013 auf dem Berliner Gebrauchtwagenmarkt angeboten wurden.

ST7.sav
Die Datei beinhaltet Daten von zufällig ausgewählten Personenkraftwagen der Marke Smart ForTwo, die im Wirtschaftsjahr 2016 auf dem Berliner Gebrauchtwagenmarkt angeboten wurden.

TK7.sav
Die SPSS Datendatei basiert auf der Tageskassenabrechnung einer stark frequentierten Tankstelle im Landkreis Barnim, Bundesland Brandenburg, im Mai 2013.

UE7.sav
Die SPSS Datendatei beinhaltet die validen Ergebnisse einer Umfrage auf dem Campus „Treskowallee" der Hochschule für Technik und Wirtschaft Berlin im Sommersemester 2013.

VI7.sav
Die SPSS Datendatei beinhaltet volkswirtschaftliche und jeweils metrisch skalierte Indikatoren für die Länder des Euro-Währungsgebietes aus dem Wirtschaftsjahr 2010.

VP7.sav
Die SPSS Datendatei beinhaltet Daten von zufällig ausgewählten Personenkraftwagen der Marke VW Polo, die im Wirtschaftsjahr 2015 auf dem Berliner Gebrauchtwagenmarkt zum Kauf bzw. Verkauf angeboten wurden.

VS7.sav
Die SPSS Datendatei beinhaltet Daten von zufällig ausgewählten volljährigen Personen, die im Jahr 2007 im Rahmen der nationalen Verzehrstudie II deutschlandweit empirisch erhoben wurden.

VW7.sav
Die SPSS Datendatei beinhaltet Daten von zufällig ausgewählten Personenkraftwagen der Marke V(olks)W(agen), die im Wirtschaftsjahr 2010 auf dem Berliner Gebrauchtwagenmarkt angeboten wurden.

WR7.sav
Die SPSS Datendatei basiert auf einer Studierendenbefragung am Fachbereich Wirtschafts- und Rechtswissenschaften der Hochschule für Technik und Wirtschaft Berlin aus dem Wintersemester 2015/16 und dem Sommersemester 2016.

Datenzugriff via Internet

Alle in diesem Lehrbuch verwendeten SPSS Datendateien mit der Extension ***.sav** sind im vorhergehenden Abschnitt des Anhangs in alphabetischer Reihenfolge aufgelistet und stehen im Internet unter der Adresse

http://www.f3.htw-berlin.de/Professoren/Eckstein/download.html

zur Verfügung. Für den Fall, dass beim Datentransfer Probleme auftreten, wende man sich an eine der folgenden eMail-Adressen:

Frank.Steinke@HTW-Berlin.de oder Peter.Eckstein@HTW-Berlin.de

Herr Diplom-Wirtschaftsinformatiker Frank Steinke betreut den Downloadbereich und gewährt Hilfe bei Transferproblemen.